D1750058

Eingang am: 24.01.2013
Eigentümer: Dieter-Reiter

ACROSTAR
KRAFTEIER + KUGELMOTOREN
ERINNERUNGEN 1944 - 2012

Arnold WAGNER

Einbandgestaltung: Luis dos Santos

Bildquellen: ACABION Homepage 1, ANDERLÉ-Nachlass 1, Autocycles.org 1, BAV 2, Best Feet Forward1, BERRY-Patente 2, BFU 1, Paul BLEZARD 3, BMW-Pressedienst 1, BOHEMIA Mobil 2, CASTROL 1, Design-Werk 1, Escape-Net 2, Flight Fantastic 1, HALL-Marti Anna 2, HALL Chavi 1, HITENG AG 2, HORAK Karel 1, HORLACHER 1, KESSLER HR. 2, KOTAUSCHEK 2, LEXA Dan 11, LORIMER Jim 1, MÉGARD Patrick 5, Prof. Dr. U. MEYER 3, MOHN Kathy 1, PERAVES AG 18, PERAVES CZ 1, RAND-Mc NALLY mod. 1, SAA 1, SEITZ Eugen 2, SPEED Network 2, Prof. Dr. B. SPIEGEL 1, SWR-Foto 5, TRUMAN-Library 1, VW-Gesamtfahrzeug-Entwicklung 2, WAGNER-Werke 1, WAGNER Arnold Archiv 126, WALTL Wolfgang 2, WHN 5, WYRSCH Erwin 1.

ISBN: 978-3-613-30728-5

1. Auflage 2012

Sie finden uns im Internet unter www.motorbuch-verlag.de

Innengestaltung/Satz: Ronald Parusel, 72488 Sigmaringen
Druck und Bindung: Druck- und Medienzentrum GmbH, 70839 Gerlingen
Printed in Germany

Inhaltsverzeichnis

Anhänge

ACROSTAR KRAFTEIER + KUGELMOTOREN
ERINNERUNGEN 1944 -2012
Vorwort

Ist es heutzutage noch sinnvoll, ein Buch zu schreiben? Kann man dem Leser noch bildhaft Geschichten aus einem erlebnisreichen Dasein mit dem geschriebenen Wort derart vermitteln, dass dieser daraus eigene Vorstellungen entwickelt, die in etwa dem entsprechen, was der Autor von seinen Erfahrungen schriftlich festhalten wollte?
Ist nicht durch Film, Fernsehen und Computeranimationen für Viele das Lesen eines Buchs schwierig geworden, weil die direkte, lebende Bilddarstellung und Sprache dieser Medien ohne den oft mühsamen Umweg über Schreiben und Lesen und damit vermeidbarem Einsatz des eigenen Gehirns viel leichter konsumiert werden kann?
Nun, der Autor musste als *FLIEGER*, *ERFINDER*, *INGENIEUR* und *UNTERNEHMER* schnell gut Lesen und Schreiben erlernen bzw. beherrschen. Die Niederschrift seiner Lebenserfahrungen in diesem Buch kann daher bezüglich sprachlichen Ausdrucks als eine einigermaßen genaue Umsetzung bezeichnet werden. Von dieser Ausgangslage profitieren natürlich vor allem jene Leser, die, wie der Autor, auf eine genaue Zurücksetzung präziser Beschreibungen in virtuelle Erlebnisse dank eigener Phantasie zuzugreifen in der Lage sind. Wer seine Lese- und Schreibkünste wegen der bequemen Bildschirmkonsumation nie perfektioniert bzw. hat verkümmern lassen, muss sich daher mit größerem Fleiß meinem Gedruckten zuwenden, um ebenfalls in den Genuss dieser geschriebenen, dreifachen Lebensfilme zu gelangen. Mit einer flüssigen und prägnanten Schreibweise, die sich an derjenigen von Ian FLEMING und nicht an babylonischen Arabesken eines TOLSTOI oder SOLSCHENIZYN orientiert, habe ich mein Möglichstes getan, das vielschichtige Buch für einen großen Leserkreis akzeptabel und lesefreundlich zu gestalten.

Diese Aufzeichnungen basieren auf Erinnerung, gestützt von Dokumenten, die sich über *Flugwaffe* und *SWISSAIR*, bei *WHN (WOLF HIRTH Nabern)*, *PERAVES AG* und im *BFU (Büro Flugunfall-Untersuchungen)* in meinen zwei ersten Leben an-sammelten und sich im dritten bei der *HITENG AG* weiter anhäufen. Das erste Leben für die *FLIEGEREI* verlief zeitweise parallel zum zweiten, das den *<KRAFTEIERN = Kabinenmotorrädern>* gewidmet ist. Auch das dritte mit diesen *ERINNERUNGEN* und *KUGELMOTOREN* begann schon vor dem Ende des zweiten, dem Austritt bei der *PERAVES AG*. Für die Fachwelt sind komplizierte technische Vorgänge im Detail beschrieben, was aber den Allrounder, mittels Überfliegen jener Seiten und Zeilen, bitte nicht allzu sehr aufhalten sollte, auch wenn ihm nicht alles verständlich wäre.

Durchsicht und Verwendung der Dokumente, Niederschrift und Arbeitsbelastungen mit gleichzeitig mehreren Jobs wären mir nie möglich und erträglich gewesen ohne meine liebe Frau *Franziska*, die mir seit 40 Jahren tatkräftig hilft und den Rücken frei hält mit Entlastung von Haushalt und Alltags-Krimskrams. Auch lernte sie *Motorradfahren*, ersetzte ihre VW-GOLF-PKW durch bisher drei meiner *KRAFTEIER* und hat diese schon einige 100'000 km selbst bewegt. Freunde, die ich vor allem aus der Fliegerei und als Fahrzeugkunden kenne, leisteten mir bei den Detailerhebungen wertvolle Dienste. So widme ich dieses Werk meiner Frau und allen, die als Akteure und beim Verfassen mit dabei gewesen sind. Weil ich selbst über den endgültigen Text entschied, liegt jedoch die Verantwortung für Fehler und Ungenauigkeiten ausschliesslich bei mir.

Winterthur, im März 2012 ***Arnold WAGNER***

Kapitel I

Herunter kommen sie alle ...
Volksspruch über die Flieger

LANDUNG ... 23.01.1991
ENDE + BEGINN
(Letzter Flug)

Wie immer, wenn uns die Sichtverhältnisse nicht zum Autoland zwingen, schalte ich auf 14'000 Fuss im Sinkflug den Autopiloten und Autothrottle aus und vergnüge mich damit, diesen Riesenvogel, die ***BOEING 747-357*** im Leerlauf, wie vor fast 32 Jahren den *PIPER CUB*, von Hand bzw. per Servosteuerung <manuell> im Anflug zur Landung auf die Piste 14 des Zürcher Flughafens zu steuern. Auf dem Copilotensitz rechts neben mir ordnet der ***Isenrüedu*** *(Rudolf ISENSCHMID)* seine Beinkleider vom Reiseflug- in den Bürgerzustand, dh. er schliesst seinen bei den Hostessen berühmten Hosenladen. Auf den Ruf des Flight Engineers: „Shoulder harness" ziehen wir beide die <Hosenträger> (Schultergurten) herunter und antworten zugleich mit: „Fastened". Etwa über St. Blasien im Schwarzwald kommt auf Kurs 040° und Sinkfreigabe auf Flugfläche 90 Bodensicht zustande. Kurz darauf muss ich den Jumbo schwungvoll mit gut 30 Grad Querlage rechts auf den Localizer drehen, weil, wie üblich in Zürich zur Mittagszeit, der etwas überforderte Fluglotse die Anweisung zur Interzeption zu spät gegeben hat. Es macht mir Spass, die Wendigkeit der *B-747*, dieses Meilensteins menschlicher Ingenieurkunst, auszunützen. Nur mit <Basic-Instruments>, dh. ohne den <Flight Director> bringe ich die *N221GF* ohne Überdrehen auf die <Centerline> der Piste 14. Mit dem Ausfahren der Vorflügel, Landeklappen und des Fahrwerks wird der Gleitweg stufenlos zentriert. Kurz vor dem äusseren Marker ist die Landekonfiguration erstellt und ich schiebe die vier Leistungshebel zur Stabilisierung der Anfluggeschwindigkeit von 143 Knoten (265 km/h) etwa ein Viertel nach vorne. Drillmässig befehle ich: „Final Check", kontrolliere die grünen Fahrwerk-Verriegelungsanzeigen und füge bei: „Gear down and locked". Es soll ja nur zwei Kategorien von Piloten geben, nämlich solche, die schon einmal <auf dem Ranzen>, dh. ohne ausgefahrenes Fahrwerk gelandet seien und jene, die dieses Erlebnis noch vor sich hätten. In der ***SWISSAIR*** hat es ja, trotz der ausgeklügelten, akustischen und optischen Warnungen kürzlich eine Bauchlandung mit einer *DC-9* auf einem Schulflug gegeben. Der verantwortliche Fluglehrer, dessen Name sich bei etwas adipösem Körperbau auf <Spanferkel> reimte, wurde sofort vom Firmenvolk auf <Fahrwerkel> umgetauft. Man machte sich ein Vergnügen daraus, ihm bei der Begrüssung mit Händedruck den Arm kräftig nach unten zu schwingen, als ob ein imaginärer Fahrwerkhebel in die Ausfahrstellung umgelegt werden sollte. Nun, bei uns ist alles o.k. und ich ziehe nach der Freigabe zur Landung auf gut 100 Fuss langsam die Leistungshebel in Leerlauf, um nicht in den endemischen *SWISSAIR*-Fehler zu hoher Aufsetzgeschwindigkeit zu verfallen. Auf 50 Fuss nehme ich die Steuersäule zum Abflachen feinfühlig zurück und es gibt eine Eierlandung. Dazu muss man die Höhe des Fahrwerks über der Piste auf Dezimeter genau im Gefühl haben, was, bei einer Cockpithöhe von 20 Metern über Boden bei Landeanstellung und einer Distanz der 16 Räder der vier Hauptfahrwerke von über 40 Metern zu den Piloten, erstaunlicherweise erlernbar ist. „Reverse" und der *Ise* zieht auf meinen Ausruf die vier Bremsschub-Hebel voll nach hinten. Wir missachten zwar so die Flughafenempfehlung, nur Leerlauf-Bremsschub zu geben, schaffen uns aber Reserven im Fall von Radbremsproblemen und rutschiger Piste. Elegant drehen wir aus dem High-Speed-Turnoff in den Rollweg zum Tarmac und Ise verlangt die Freigabe zur Kreuzung der Westpiste. Erstaunlicherweise wird diese sofort erteilt. Wenn man mit diesem Riesenschiff und gut 50 Knoten (etwa 90 km/h) Richtung Flugsteig rollt, muss weit voraus klar sein, wo die Geschwindigkeit abgebaut und wohin das Ding zum Parkieren bewegt werden soll. Auch auf meinem letzten Flug versuche ich wie immer, mit speditivem Rollen die Abflugverzögerung aus Genf noch aufzuholen und pünktlich am Gate aufzukreuzen, was mir von den Supervisoren den Spitznamen *FITTIPALDI*, vom Flugsicherheitsbeauftragen *Capt. Peter BAUMANN* regelmässige Mahnschreiben eingebrockt hat. Aber was ist denn das? Ein gelber <Follow-me-VW> drängt sich vor uns auf die Leitlinie und dahinter folgen zwei ***ECOS***, ***KRAFTEIER***, einspurige ***Kabinenmotorräder***, sodass ich ungewohnt heftig bremsen muss, um uns am Ende der Kolonne einzureihen. Mein Staunen darüber löst ein Gelächter im Cockpit aus. Die Überraschung für meinen letzten Flug auf der Linie ist gelungen. Die Fahrzeuge sind von der Besatzung zu meiner Verabschiedung organisiert worden. *Ise* und ich werden per *ECO* zum OPS-Center gefahren, wo der Jumbo-Chefpilot *Piet KOOP* und die Chefstewardess meines letzten Fluges SR-111 New York-Genf-Zürich mit einigen Freunden und Bekannten meine letzte Landung auf dem Flughafen Zürich feiern wollen. Der Rummel dabei ist mir nicht allzu unangenehm. Als diese Chefstewardess, beiläufig meine Ehefrau ***Franziska WAGNER***, mich mit feuchten Augen fragt, ob ich denn einfach so ohne Weiteres abtreten könne, komme ich ins Nachdenken. Meine Antwort erstaunt die Zuhörer, denn mir ist genauso zumute wie vor über 30 Jahren nach der erfolgreichen Maturitätsprüfung, mit dem Unterschied, dass ich diesmal die Zeitspanne bei der *SWISSAIR* selbst gewählt habe und nicht einem Klassenzyklus unterworfen war. So kann ich aus Überzeugung verkünden, dass ich hiermit mein erstes, der Fliegerei gewidmetes Leben beenden und voller Freude mein nächstes, zweites Leben fortsetzen würde. Mit genau 49 Jahren und neun Monaten auf dem Buckel hätte ich diesen *gl-amourösen*, überbezahlten und oft unterfordernden Teilzeitjob eines Flugkapitäns etwa acht bis zehn weitere Jahre ausüben können. In den Gesichtern der Umstehenden kann ich die Verwunderung über meinen vorzeitigen Austritt aus der Fliegerei deutlich sehen. Die Herren Kapitäne sind doch alle unwillig, ihr Königreich abzutreten. Sie verdingen sich bei *AIR-CLASSIC, CROSSAIR, EDELWEISS oder SINGAPORE* usw., nur um noch ein paar Monate oder Jährchen weiter anzuhängen und <in die Luft> gehen zu können. Es gab sogar Selbstmorde, ausgelöst durch zwangsweise Pensionierungen. Auch der spätere Direktionspräsident *Robert STAUBLI* erneuerte nochmals seine Lizenz, um, zur Freude der *AEROPERS*, eine

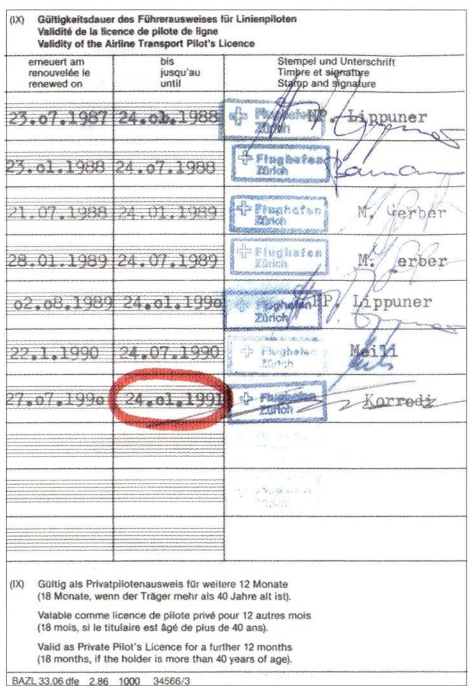

(IX) **Gültigkeitsdauer des Führerausweises für Linienpiloten**
Validité de la licence de pilote de ligne
Validity of the Airline Transport Pilot's Licence

erneuert am / renouvelée le / renewed on	bis / jusqu'au / until	Stempel und Unterschrift / Timbre et signature / Stamp and signature
23.07.1987	24.01.1988	Flughafen Zürich HP. Lippuner
23.01.1988	24.07.1988	Flughafen Zürich
21.07.1988	24.01.1989	Flughafen Zürich M. Gerber
28.01.1989	24.07.1989	Flughafen Zürich M. Gerber
02.08.1989	24.01.1990	Flughafen Zürich HP. Lippuner
22.1.1990	24.07.1990	Flughafen Zürich Meili
27.07.1990	24.01.1991	Flughafen Zürich Korrodi

(IX) Gültig als Privatpilotenausweis für weitere 12 Monate (18 Monate, wenn der Träger mehr als 40 Jahre alt ist).

Valable comme licence de pilote privé pour 12 autres mois (18 mois, si le titulaire est âgé de plus de 40 ans).

Valid as Private Pilot's Licence for a further 12 months (18 months, if the holder is more than 40 years of age).

BAZL 33.06 dfe 2.86 1000 34566/3

(I) Schweizerische Eidgenossenschaft
Confédération suisse
Swiss Confederation

(II) **FÜHRERAUSWEIS FÜR LINIENPILOTEN**
LICENCE DE PILOTE DE LIGNE
AIRLINE TRANSPORT PILOT'S LICENCE

Motorflugzeuge
Avions / Aeroplanes

(III) No 654

(IV) Name des Trägers / Nom du titulaire / Name of holder	Wagner Arnold
Geburtsdatum und -ort / Date et lieu de naissance / Date and place of birth	16.3.1941 St. Gallen
Heimatort / Lieu d'origine / Place of origin	Wattwil
(V) Staatszugehörigkeit / Nationalité / Nationality	Schweiz
(VI) Wohnsitz / Adresse / Address	8408 Winterthur, Oberfeldstrasse 53
gültig bis / valable jusqu'au / valid until	24.7.1987

(XI) Stempel / Timbre / Stamp
(VIII) Bundesamt für Zivilluftfahrt / Office fédéral de l'aviation civile / Federal Office for Civil Aviation

Erstausstellung am 8.5.1968

(X) Datum / Date 13.3.1987 (X) i.A. Hostettler

Ausgestellt nach den Normen der ICAO
Délivrée conformément aux standards de l'OACI
Issued in accordance with the norms of ICAO

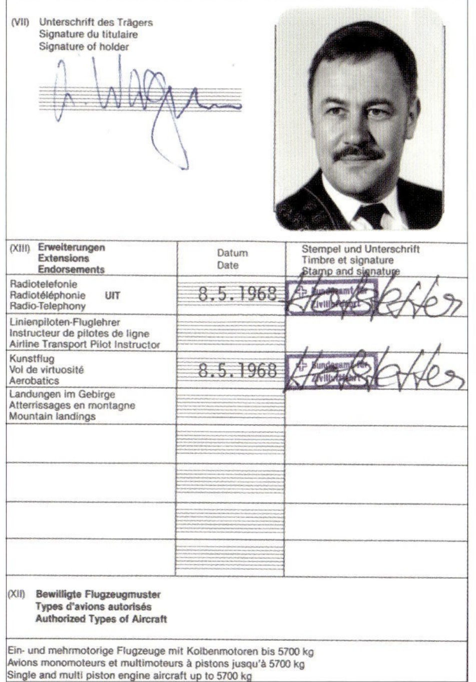

(VII) Unterschrift des Trägers
Signature du titulaire
Signature of holder

A. Wagner

(XIII) **Erweiterungen / Extensions / Endorsements**	Datum / Date	Stempel und Unterschrift / Timbre et signature / Stamp and signature
Radiotelefonie / Radiotéléphonie / Radio-Telephony UIT	8.5.1968	Bundesamt für Zivilluftfahrt Hostettler
Linienpiloten-Fluglehrer / Instructeur de pilotes de ligne / Airline Transport Pilot Instructor		
Kunstflug / Vol de virtuosité / Aerobatics	8.5.1968	Bundesamt für Zivilluftfahrt Hostettler
Landungen im Gebirge / Atterrissages en montagne / Mountain landings		

(XII) **Bewilligte Flugzeugmuster**
Types d'avions autorisés
Authorized Types of Aircraft

Ein- und mehrmotorige Flugzeuge mit Kolbenmotoren bis 5700 kg
Avions monomoteurs et multimoteurs à pistons jusqu'à 5700 kg
Single and multi piston engine aircraft up to 5700 kg

(XII) **Weitere Flugzeugmuster / Autres types d'avions / Other Types of Aircraft**	Datum / Date	Stempel und Unterschrift / Timbre et signature / Stamp and signature
DC - 9 PIC	14.8.1969	Bundesamt für Zivilluftfahrt Hostettler
DC - 8 PIC	14.11.1979	Bundesamt für Zivilluftfahrt Hostettler
B - 747 PIC	1.3.1984	Bundesamt für Zivilluftfahrt Hostettler

(XIV) Bemerkungen
Remarques
Remarks

Die AIRLINE-TRANSPORTLIZENZ des Autors lief am 24.01.1991 endgültig ab.

neue *DC-10* eigenhändig von Long Beach nach Zürich zu überfliegen. Und dieser Kerl hier gibt seinen Traumjob einfach so ab, lacht darüber und zeigt keinerlei Rücktrittsschock! Was ist hier los? Am nächsten Tag, dem 24.01.1991 ist meine Fluglizenz abgelaufen, fast 32 Jahre und etwa 16'500 Flugstunden nach dem ersten Alleinflug am 9. April 1959 im *PIPER HB-OGZ* über der Allmend Frauenfeld. Die aktive Fliegerei habe ich nun definitiv an den berühmten Nagel gehängt und seither nie mehr ein Flugzeug gesteuert. <Fliegen ist für die Jungen>, diese verwunderliche Deklaration eines noch wirklich nicht pensionsreifen Flugprofis soll hier etwas näher begründet werden. Nach *Nevil SHUTE <is a man's opinion determined by his experiences>*. Mein vorzeitiger Abschied wurde geplant, weil ich alles gesehen habe, was in der Luftfahrt überhaupt zu erleben ist. Flugmodelle, Hängegleiter mit und ohne Motor, Sport- und Kunstflugzeuge habe ich konstruiert, gebaut und geflogen, am Segelflug geschnuppert, Kampf- und Transportflugzeuge in der Flugwaffe gesteuert, Fallschirmabsprünge gemacht und mich schliesslich bei der *SWISSAIR* über *DC-3, CV-440, CV-990, DC-9* und *DC-8* zum *B-747-Kapitän* hochgedient bzw. hochgesessen, denn die Beförderungen auf der Linie erfolgen nach Senioritätsliste. Mit einigen meiner Eigenkonstruktionen musste ich, wie *Otto LILIENTHAL* und die *Brüder WRIGHT*, gleichzeitig mich selbst und das Fluggerät *FLIEGEN* lehren und lernen. Die menschlichen und administrativen Seiten des Flugwesens, das zum Zeitpunkt meines Rücktritts in der alten Bundesverfassung (Grundgesetz der Schweiz) noch als *LUFTSCHIFFAHRT* bezeichnet wurde, sind mir bei Fluglehrertätigkeiten mit den Schülern, periodisch-notorischem Krach in den Fluggruppen des *AEROCLUBS*, mit scharfem und leichtem Arrest und häufigen Unfällen mit Beerdigungen in der Flugwaffe sowie bei ernsten und heiteren Gesprächen in Chefpilotenbüros und Cockpits der *SWISSAIR* vorgeführt worden. Über 24 Jahre nebenamtlicher Tätigkeit beim *BFU (Büro Flugunfall-Untersuchungen)* mit Gutachten-Erstellung, Mitarbeit im und die Leitung des Luftfahrttechnischen Betriebs *WHN (WOLF HIRTH Nabern)* 1969-1980 haben mir auch viele Einsichten vermittelt, die dem <nur> Piloten nicht immer zugänglich sind. Fasziniert, ja geblendet von einer Folge eindrucksvoller Erlebnisse, immer abwechselnd, Kampf gegen Langstreckenmüdigkeit, körperlichen und geistigen Höchstleistungen, Unterforderung, dauernder Ortsveränderung, unregelmässigen Einsätzen mit Zerhackung des Privatlebens, Nachtleben auf den Aussenstationen mit den Kabinenbesatzungen und Wohlstandsverwahrlosungs-Erscheinungen, brauchte ich dann einige Jahre, den Entschluss zum Rücktritt aus dieser filmmässig ablaufenden Dauerunterhaltung zu fassen und durch zu ziehen. Rückblickend musste ich mir auch darüber Rechenschaft geben, dass meine Vorstellungen des Pilotenberufs von der Entwicklung zunehmend fossilisiert wurden. In den Chefpilotenbüros wird heute verkündet, nur noch Manager im Cockpit seien erforderlich. Die alten Haudegen-Piloten, zu denen ich mich auch zählte, würden nun als Sicherheitsrisiko betrachtet. Wirklich FLIEGEN zu können war der Stolz meiner Pilotengeneration. Diese Fähigkeit ist heute aus der Mode gekommen. *FACHLICHE KOMPETENZ*, nebst Glück, habe ich immer als Hauptgründe für die Flugsicherheit gesehen, denn Glück hat ja auf die Dauer bekanntlich nur der Tüchtige. Zum Ende meiner Karriere musste ich aber feststellen, dass die meisten jungen Linienpiloten, zufolge Trainingsmangel, dies wiederum wegen der vorgeschriebenen Benützung der Steuerautomatik beim kleinsten Wölklein am Himmel, heute eher schwache, ja zum Teil sogar schlechte Flieger sind. Als Manager berieseln sie den wehrlosen Fluggast mit end- und wertlosen Ansagen. Statt speditiv zum Start zu rollen, verschwenden sie kostbare Zeit zu Erklärungen, warum man Verspätung habe. Diese wird natürlich nur grösser bei einem Rolltempo, das befürchten lässt, das Flugzeug könnte auf dem Rollweg Wurzeln schlagen. Im Flug drehen sie lieber noch Holdings mit Ansagen zu Wetter und Anschlussflügen statt <GOPFERTAMI> am Speedlimit aufzuholen, was möglich ist. Vielleicht ist das gut so, denn wer den Barberpole-Approach nie gelernt hat, kann sich damit auch bei Postkartenwetter, ohne auf der ILS herumstehende Chefpiloten ganz schön in die Nesseln setzen.

Abgestürzt bin ich aus der Luft zwar mehrmals fast, doch nur abends, bei den früher üblichen Festen und Feiern, einige Male total. Gegen 700 Tage, beinahe zwei Jahre, habe ich zeitmässig während meiner Fliegerkarriere in der Luft verbracht, wovon rund 500 Tage auf Linienflügen, 100 in der Sportaviatik und den Rest bei der Flugwaffe. Aus dem Flugzeug <*über den Wolken*>, wo, nach *Reinhard MEY* <*die Freiheit wohl grenzenlos sein*> müsse und <*was uns gross und wichtig erscheine, plötzlich nichtig und klein*> würde, ist

die SICHTWEITE eindrucksvoller. Laut *Richard BACH* sieht die Möwe *Jonathan Livingston SEAGULL,* die am Höchsten fliegt, auch am Weitesten. Diese Erweiterung des Horizonts, die VOGELPERSPEKTIVE, ist sicher einer der Gründe für den menschlichen Flugwunsch. Wieso kann man aber freiwillig darauf verzichten und sich anderen Aussichten zuwenden? Mein persönliches Motiv dafür liegt in der Erkenntnis, dass besonders die Linienfliegerei mit detaillierten Anforderungen an Teamarbeit kaum Kreativität zulässt, ja sogar individuelle, auch vorteilhafte Abweichungen von der geforderten Norm gar mit Strafe belegt. Zum Jahresende erinnert man sich an unzählige Erlebnisse in rascher Abfolge, aber an keine einzige schöpferische Tat oder Tätigkeit. So bleiben reiche Erinnerungsfilme, aber eigene, wahrnehmbare, ja sogar verwendbare Werke gibt es nicht. Dies im krassen Gegensatz zu meiner Ingenieurs- und Konstrukteursarbeit, mir eigene Flügel, etwa für *Kunstflug* oder gewichtsgesteuertes Gleiten und Segeln zu schaffen. *ACROSTAR* und *DRACULA* sind nicht nur virtuell vorhanden, sondern *REALITÄT*. Dazu kamen dann im Verlauf des zweiten Lebens noch die *KRAFTEIER*, dh. *Kabinenmotorräder* der Typen *ECOMOBILE* und *Mono-Tracer*.

Die Befriedigung über Werke eigener Kreativität ist mit derjenigen am schönsten Erinnerungsfilm überhaupt nicht vergleichbar.

Kapitel II

Hänschen klein geht allein ...
Volkslied von Franz Wiedemann

ANFÄNGE + VORBEREITUNGEN
ab 16.03.1941 (Jugendzeit)

An diesem Sonntag des Kriegsjahres 1941 erblickte um zwei Uhr morgens die Welt mein Licht in der alten Gynäkologie des Kantonsspitals St. Gallen, sehr zum Ärger meiner Mutter, ***Clara WAGNER*** geb. ***Rupp***. Etwas später, bei der ersten Geburt im gerade eröffneten Neubau, wäre ein Goldlöffel gewonnen worden. Meine ersten datierbaren Erinnerungen sind kleine, schwarze, brummende Punkte am Himmel über dem Bodensee, amerikanische Bomber 1944-45 und Vater ***Arnold*** *August* ***WAGNER jun.*** in <Bourbaki-Uniform>. Als HD (Hilfsdienstsoldat) steckte ihn die Schweizer Armee in eine übrig gebliebene, blaue Uniform aus dem ersten Weltkrieg. Ein weiteres, beeindruckendes Erlebnis war der sonntägliche Gang zur Scheune im <GÜETLI>, unserem kleinen Bauerngut. Dort steckte in der Tenne unter Wolldecken unser *ADLER-Trumpf-Junior-Auto*. Der Vater deckte dann die linke Türe ab und öffnete sie. Ich durfte auf dem Fahrersitz Platz nehmen, mich am Steuerrad halten und Motorgeräusche von mir geben. Wieso ich als drei- bis vierjähriger Knirps schon wusste, wie Automotoren tönen, ist mir nicht mehr erklärlich, denn bis 1946 gab es ja kein Benzin. Dorfarzt Dr. BÜCHLER besuchte seine Patienten mit einem Topolino, der zwei Azetylenflaschen hinten auf dem Reserverad aufgepackt hatte und wie eine Dampfmaschine schnaufte. Die *USEGO-FBW*-Lastwagen, welche das ***Kaufhaus*** meiner Eltern in ***THAL*** wöchentlich einmal belieferten, hatten Holzvergaser, die pfiffen wie Dampfkessel beim Ablassen von Überdruck. Quer durch *THAL*, vom Steinigen Tisch zum Lutzenberg, verlief eine Tanksperre mit Betonklötzen und in den Boden eingerammten Eisenbahnschienen. Diese Hindernisse waren um- und verwickelt mit Kilometern von Stacheldraht. Beim Haus von Oberst ANDEREGG war die Dorfstrasse zur Hälfte blockiert und die Wachtsoldaten mit dem Karabiner in der Hand riefen: „Halt-WER DA?" Sie erschossen schon etwa nachts einen besoffenen Radfahrer, wenn sie Angst und vielleicht dagegen selbst ziemlich gebechert hatten. Vom Kriegsende bekamen wir nur mit, dass die Verdunkelung aufgehoben und die Lichtabdeckungen an den Fenstern entfernt wurden. Im *Kaufhaus* gab es die nach wie vor knappen Lebensmittel nur gegen Rationierungsmärkli. Als die Rationierung abgeschafft wurde, half uns die Grossmutter, mit übrig gebliebenen Coupons zu Weihnachten kleine Kartonplakate zu kleben, Text <FROHE> <WEIHNACHT> <ALLEN>.

Im Frühjahr 1946 erkrankte ich an Diphterie mit einer Gaumensegellähmung, sodass mir Getränke gleich wieder aus der Nase liefen. Nachts sah ich im Dunkeln das ***Totemännli***, welches aussah wie der schwarze, rauchende Käfer aus dem Buch <Globi im Märchenreich> und meinen Hals bis fast zum Erdrosseln würgte. Es gelang Dr. BÜCHLER, Penizillin für meine Rettung zu bekommen und ich sehe heute noch, wie er mir eine aus Kindersicht riesige Spritze in den Oberschenkel drückte. Einen Tag später holte er mich mit seinem Azetylen-Topolino ab und fuhr mich die 20 km ins Kantonsspital St. Gallen. Das war meine erste Autofahrt und es wurde mir fürchterlich schlecht. Die sechs Wochen im Spital waren mein erster Kreis der Hölle. Nach Betäubung mit einem äthergetränkten Wattenbausch vor der Nase schnitt man mir auch noch prophylaktisch die Mandeln. Auf dem Rückweg vom Operationssaal erwachte ich und musste sofort kotzen. Die geschnittenen Mandeln brannten wie glühende Kohlen, man legte mich heulend ins Bett. Das nächste Erlebnis war eine drohende Krankenschwester, die mich als Bettseicher ausschimpfte und mir Prügel androhte. Ein Tag verlief schlimmer als der andere. Als <Bazillenträger> war ich zudem von den andern Kindern isoliert. Nach unendlich langer Zeit stand aber plötzlich und unverhofft eines Morgens mein Grossvater ***Arnold WAGNER sen.*** da und holte mich ab. Wir fuhren im Tram zum Bahnhof und bestiegen den Zug nach Rorschach, meine erste Fahrt mit der Eisenbahn. Der Grossvater, 68, Maschinen- und Elektroingenieur, erklärte mir, dass der auffällige, rote Griff beim Wagendach an der Türe eine Notbremse sei und man damit den Zug anhalten könne. Er wollte mir aber partout nicht erlauben, das sofort auszuprobieren. Er habe 1904 bei Westinghouse in Chicago gearbeitet und wisse, dass die Notbremsen immer funktionierten. Bei einer Betätigung würde die Lokomotive pfeifen und der Zugführer bei Missbrauch eine Busse austeilen. Geduldig erklärte er mir, was Chicago, der Zugführer, Missbrauch und eine Busse seien.

Mit Grossvater Arnold WAGNER sen. nach der Abholung im Spital

Als wir an Rheineck vorbeifuhren, erkannte ich den Güterschuppen, wo mein Vater mit dem Militärvelo und Anhänger alle paar Tage Lieferungen für das *Kaufhaus* abholte und uns manchmal dabei mitnahm. Später lieferte dann Camioneur WICK mit seinem *SAURER-2C-LKW* aus Rheineck an. Wir fuhren aber nicht nach Hause, sondern nach Chur. Dort stiegen wir auf die Arosabahn um und am späten Nachmittag kamen wir in Maran bei Frau ZEY an, wo unsere Familie deren Waldchalet ferienhalber gemietet hatte. Beim Essen auf dem Balkon konnte man Eichhörnchen und Meisen mit Nüssen anfüttern. Als verspätetes Geburtstagsgeschenk bekam ich eine aufziehbare Berg- und Tal-Bahn. Die Freude über die Rückkehr zur Familie liess mich schnell gesund werden. Zu dieser Zeit wimmelte es in Arosa von G.I.-Urlaubern, amerikanischen Soldaten in Khaki-Uniformen, die uns Kaugummi gaben und eine mir unverständliche Sprache hatten. Der Vater erklärte uns, diese Amis hätten den Krieg gegen die Deutschen gewonnen. Ein früheres Lungensanatorium in der Nähe des Waldchalets, die Deutsche Heilstätte, war mit einigen internierten deutschen Soldaten in abgerissenen, feldgrauen Uniformen belegt. Obwohl wir natürlich noch nicht begriffen, was es mit diesem Krieg auf sich hatte, machten uns die Erklärungen und Erlebnisse grossen Eindruck. <Uns> d.h. meiner ein Jahr älteren Schwester und dem zwei Jahre jüngeren Bruder. Im August 1946 bekam dann unsere Familie noch ein weiteres Brüderlein.

Kurze Zeit nachher wurde das Auto-Fahrverbot wegen fehlendem Benzin in der Schweiz aufgehoben. Der *ADLER* in der Scheune liess sich aber nicht mehr starten und Garagist Alfred HERSCHE aus Rheineck schleppte ihn ab. Am nächsten Tag fuhr er damit auf dem Kirchplatz beim *Kaufhaus* vor. Der Vater liess mich hinten einsteigen und brachte den Garagisten nach Rheineck zurück. Auf dem Rückweg ging uns der <Most> aus, dem damals noch 50% ***Emserwasser*** (Äthylalkohol) beigegeben wurde, in Ems bei Chur durch Holzverzuckerung in einer riesigen, vom Bund finanzierten Fabrikanlage hergestellt, das die Dichtungen am Benzinhahn unter dem Instrumentenbrett zerfrass und auf den Boden tropfte und lief. Wir mussten nach Hause marschieren. So endete meine erste Fahrt in unserem eigenen Auto. Mir wurde also früh klar, dass Autos ohne Benzin stehen bleiben müssen...

Unsere stattliche Gemeinde *THAL* im Kanton St. Gallen mit den vier Dörfern *THAL*, BUECHEN, STAAD und ALTENRHEIN hat knapp zehn Quadratkilometer, liegt am Bodensee und am alten Rhein, grenzt an Rorschach, Rorschacherberg, Wienacht-Tobel, Heiden, Wolfhalden, Lutzenberg und Rheineck und war mit damals 4'500 Einwohnern eine der grösseren Gemeinden des Kantons Sankt Gallen. Der 1929 von den Dornier-Werken angelegte Flugplatz ***Altenrhein***, das zweitgrösste Weinanbaugebiet Buechberg sowie der See fügen sich zu einer reizvollen, abwechslungsreichen Landschaft mit dem Eindruck von grosser räumlicher Weite. Unser Doppelhaus am Kirchplatz mit dem *Kaufhaus* im Untergeschoss, zwei Etagen für unsere Familie und eine für die Grosseltern im Eggerhaus sowie drei vermieteten Etagen im Bärlocherhaus liess uns in ebenfalls grosszügigen Raumverhältnissen aufwachsen. Bei *Fräulein KREBSER* lernten wir im Chintzgi (Kindergarten) pünktliches Erscheinen und erste Umgangsformen. Die Primarschulen mit vorzüglichen Lehrkräften waren für Reformierte und Katholiken getrennt, die Kirche hingegen wurde von beiden Konfessionen benützt. Die Sekundarschule in Rheineck war per Velo oder Postauto erreichbar und bikonfessionell. Der spätere Besuch der Kantonsschule St. Gallen, zu meinem Glück mit einem langen Schulweg, nämlich per Velo nach Rheineck, Bummelzug nach Rorschach, Umsteigen und Schnellzug nach St. Gallen plus 15 Minuten Fussmarsch vom Bahnhof zur Kanti ergab die Möglichkeit, während der 40 Minuten Zugfahrt die oft versäumten Hausaufgaben nachzuholen. Sonst hätte ich sicher die C-Matura nicht so leicht geschafft. Schulmässig war ich meist ziemlich unterfordert, da in der Primar zwei Klassen gleichzeitig in einem Schulzimmer unterrichtet wurden und man so den Stoff zweimal mithören konnte. Die Lehrer *Paul NEUENSCHWANDER* und *Eugen NEF* bildeten uns für die Prüfung zur Sekundarschule so gut aus, dass der Sprung leicht zu schaffen war. Auch zur Kantiprüfung wurde man in der Realschule Rheineck von den Volksbildhauern *Walther ENZ, Albert OESCH, Hans BAUMANN* und *Hans SONDEREGGER* gut vorbereitet. Rückblickend kann ich sagen, dass meine Schulzeit durch solide Grundlagen meinen Eintritt ins erste Leben sehr erleichtert hat.

Im Gegensatz zu dieser räumlichen Weite gab es eine Engstirnigkeit und Verklemmtheit in der damaligen Gesellschaft, die selbst uns jetzt kaum mehr, geschweige denn heutigen Generationen begreiflich erscheint. Sie war stark religiös verbrämt mit dem wichtigsten Aspekt der Konfession. Man kaufte, je nachdem, beim katholischen oder reformierten Milchmann ein. In der gemeinsamen Kirche unterwies uns Pfarrer *Giulio FASCIATI* vorwiegend über die Irrtümer der Katholiken. Eine Stunde früher war von Pater *KURER* offenbar Gegenrecht gehalten worden. Wir ABC-Schützen der getrennten Primar bedachten dann die <Konkurrenz> aus dem anderen Schulhaus mit Schmeicheleien wie <Katholik du Galgeschtrick> und hörten hierauf von jenen <Reformiert hät's Füdle verschmiert>. Schulrat und Lehrerschaft setzten die Uhrzeit fest, ab wann Schüler einer Klasse abends nicht mehr ausser Haus gesehen werden durften. Das Rauchen einer Zigarette, Ausnehmen eines Vogelnests, Abschuss eines Staren mit dem Luftgewehr oder ein Kinobesuch führten zu Verhören ganzer Klassen durch Pfarrer und Lehrer mit Protokollen und Massregelungen. Noch 1956 in der Kanti verfügte *Rektor Prof. Dr. Ernst KIND*, dass die 14-20-jährigen Schülerinnen (auf dem UKAS als <Mädchen> bezeichnet) zum Unterricht in (Ski-)HOSEN nur bei Winterwetter mit Schnee zugelassen seien. Positiv war allerdings, dass uns damit die beiden wichtigsten Rechtsgrundsätze eingetrichtert wurden, nämlich <Lass Dich nicht erwischen> und <Wo kein Kläger, da kein Richter>. Auch zuhause gab es strenge Regeln. Wenn ich Schulkollegen verprügelte, führten deren elterliche Reklamationen, verbunden mit Drohungen eines Einkaufsboykotts im *Kaufhaus* jeweils zu verzinsten Abreibungen durch *Vater WAGNER*. Zudem war Frömmigkeit in der Familie die zentrale Richtschnur, nach welcher alles abzulaufen hatte. Mein *Onkel Rudi WAGNER* war als Pfarrer der pietistischen Möttlinger-Bewegung verfallen und zog nach und nach unsere ganze Familie mit hinein. Ergo war nicht nur der strikte Unterweisungsbesuch streng vorgeschrieben, sondern an den meisten Sonntagen stand auch eine Möttlingerversammlung in St. Gallen oder Zürich auf dem Programm, wozu oft auch noch Evangelisationsbesuche kamen. Nur einmal schwänzte ich eine sonntägliche Kinderlehre und ging stattdessen zum Haslerrank im Lutzenberg, um Hans STUCK, Bergkönig im Cisitalia, Baron Toulo DE GRAFFENRIED im Maserati, Willy-Peter DÄTWYLER im Alfa 4,5-l-Kompressor und Arthur HEUBERGER im Porsche 356 usw. am Bergrennen Rheineck-Walzenhausen-Lachen fahren zu sehen. Das kostete mich eine Woche Zimmerarrest ab vier Uhr mit jeweils einem zu schreibenden Aufsatz über fromme Themata. Zur Freude meines *Vaters*, der meinen Rennfimmel nicht begriff, bewies ich in einem dieser Aufsätze, dass Rennen vor GOTT ein Gräuel wären, weil ER sowieso der Schnellste und somit die Rennfahrer Gotteslästerer seien, indem sie mit IHM in Konkurrenz träten. Positiv an der ganzen Sache ist aber, dass mir so praktisch täglich Religion in kleinsten Dosen injiziert wurde und ich dadurch gegen alle Glaubens-Heilslehren immun geworden bin. Die Abwendung von der Religion prüfte ich in der Praxis nach, indem ich eine Woche lang das vorgeschriebene Nachtgebet wegliess. Als mich daraufhin weder ein Blitz vom Himmel erschlug noch andere Heimsuchungen vorkamen, war für mich der Religionsglaube gelaufen. Mein Denken konnte sich nun in jeder Hinsicht frei entfalten. Wissen ist Macht und kann nur durch Lernen und Denken erworben werden. Glauben per se ist ohne Gebrauch des Hirns möglich und muss also mit dem Gegenteil von Denken und damit erworbener Klugheit, mit *DUMMHEIT* gleichgesetzt werden. Lenin hatte ausnahmsweise recht, als er Religion als Opium für das Volk bezeichnet hat. Rückwirkend habe ich später diese ***Immunisierung gegen*** den ***GLAUBEN*** als grosses persönliches Glück erkannt.

Dass es damals schon anders ging, wurde mir klar, als ich Schulferien bei meinem *Götti* (Paten) ***Willy WAGNER***, einem jüngeren Bruder meines Vaters, verbringen durfte. Er war Chefredaktor des <BRÜCKENBAUERS> und enger Mitarbeiter von Gottlieb *DUTTWEILER* bei der <MIGROS>. Tante Bertie nahm mich jeweils zu Besuchen ins Limmathaus mit. Als wir dort einmal einem grossen, dunkel gekleideten Mann begegneten, wandte sich die Tante nach dessen Begrüssung zu mir um und flüsterte: „*Dasch de DUTTI!*" Das Familienleben dort war ganz anders als bei uns. Kein drohender Gott hockte über allen und unsere Beterei und Singerei wurde verlacht. Am Sonntag hatten meine Cousins und Cousine die Wahl, zur Unterweisung zu gehen oder etwa das Denkmal des von amerikanischen Mustangs im Hürstwald 1944 abgeschossenen Me-109E-Piloten Paul TREU zu besuchen. *Willy* nahm Stellung gegen Autoritäten zugunsten seiner Kinder, wenn er dies für richtig fand. Er war die erste ***autonome*** Person, die mir begegnete. Nicht nur war er Kantonsrat beim *LdU (Landesring der Unabhängigen)*, sondern scheute sich auch nicht, nach einem Krach mit *DUTTI* MIGROS und BRÜCKENBAUER an den Nagel zu hängen und zum <BEOBACHTER> zu wechseln. Kurz, er war eine in sich selbst stabil wurzelnde Persönlichkeit, die nur unwesentlich von fremden Einflüssen wie Kirche, Gesellschaft und Broterwerb bestimmt wurde. Die These im Kaufhaus, externe Autoritäten hätten immer recht, galt bei ihm bereits als fossil. Man war der geistigen Enge entrückt und so mindestens 30 Jahre weiter. Es ist kein Wunder, dass ich, von Willy sehr beeindruckt, selber, zuerst unbewusst, später zielgerichtet nach eigener Autonomie strebte. Wer sie persönlich einmal erreicht hat, weiss, dass dies das erstrebenswerteste aller Lebensziele ist. Bei Wilhelm TELL und den PRIMITIVEN (Bezeichnung von Dr. Albert SCHWEITZER für die Eingeborenen in GABUN) heisst ebendieses Lebensziel FREIHEIT.

Die räumliche Weite des Dorflebens andererseits, mit Buechberg, Lüchlihöhlen, Kellentobel und altem Rhein war für Indianer-, Räuber- + Poli-Spiele, Velo- und Ski-Rennen sowie anderen Zeitvertreib ideal. Besonders interessant war natürlich der Flugplatz ***Altenrhein***, 1929 bei der Gründung flächenmässig der grösste Europas. Hier baute *DORNIER* die *Do-X*, das damals grösste Flugboot der Welt und hier wurde es auch zu Wasser auf den Bodensee gelassen und dann im Flug erprobt. Die Rampe hinter der riesigen Werkhalle zum See konnte noch besichtigt werden. Oft machte dort ein Bruder meiner Mutter, *Luftamt-Inspektor* ***Samuel RUPP***, mein Onkel Sämi, Jahreskontrollen an Sportflugzeugen. Bei den Kontrollflügen nahm er jeweils Zaungäste als Ballast mit. So kam ich schon als Töggelischüler (Kindergärtler) 1947 hinter *Sämi* und meinem Grossvater *WAGNER* im dreisitzigen *Fieseler-Storch* zum ersten Flugerlebnis. Noch heute sehe ich das Drehen von Sämi an der Velokette, welche die Vorflügel verstellt, das Auseinanderfahren der Teleskop-Federbeine beim Start und das angstvolle Antlitz meines Grossvaters, falls er einmal kurz in einer Kurve nach innen in den Abgrund zu schauen wagte. Auch wurde in den DORNIER-Werken, welche nach dem Krieg in *FFA (Flug- + Fahrzeugwerke Altenrhein)* umfirmierten, der schweizerische *Düsenjäger P16* entwickelt. Der *P16*-Chefkonstrukteur, *Dr.-Ing. Hans-Luzi STUDER*, war ein Nachbar von uns in *THAL*. Am 25. April 1955 waren wir gerade in der Seki-Turnstunde in Rheineck, als dieser *P16*, nach tagelangem Aus- und Einhallen und vielen Rollversuchen erstmals startete und, wegen der Landesgrenze zu Österreich, diesseits des Alten Rheins über unsere Köpfe donnerte. Lehrer *Albert OESCH* kommandierte uns auf die Velos und wir spurteten nach

Konfirmanden, in roten Kreisen v. l.: Autor, Pfr. FASCIATI, Chrigel SCHÄR

Altenrhein, wo wir gerade rechtzeitig ankamen, um die etwas ruppige Erstfluglandung von Testpilot *John HÄFLIGER* mitzuerleben. Dem hervorragenden Lehrer *OESCH* verdanke ich, neben diesem historischen Landungserlebnis, auch die mir drillmässig eingebläute Fähigkeit, heute noch <von Hand> Quadratwurzeln ziehen zu können, nachdem das schriftliche Rechnen zufolge Rechenschieber- und später Computer-Benützung praktisch total vergessen ging.

In dieser Zeit von Sekundarschule und Kanti kamen auch meine ersten näheren Kontakte zum anderen Geschlecht zustande. Fast vollständig wurden sie von der weiblichen Seite aus gesteuert. Annemarie, die Tochter des erwähnten Dorfarztes Dr. BÜCHLER, organisierte einen HAUSBALL, zu dem ich eher unerwarteterweise eingeladen wurde. Sie stand auf meinen besten Schulfreund *Benno KAISER*. Diverse junge Damen benützten die Gelegenheit, ihre Wunschkandidaten ebenfalls einladen zu lassen. Meine erste, geheime Flamme, *Chrigel*, jüngste Tochter des reformierten Malermeisters *SCHÄR*, hatte es gezielt auf mich abgesehen. Der harmlose Tausch von Fötelis, linkische Tanzvergnügen im Coiffeurschritt (mit dem der Friseur um den Kunden im Stuhl kreist) und heimliche Spaziergänge mit tief empfundenen Gesprächen führten mich zu völlig neuen Erkenntnissen über den vermutlichen Sinn des Lebens. Aber bald wurde ich aus der Romantik heraus in die Wirklichkeit befördert. Zufällig reparierte ich der jungen Frau eines unserer Wohnungsmieter während des Militärdiensts ihres Mannes ihr Fahrrad. Sie lud mich daraufhin auf Kaffee und Kuchen ein. Diese warmherzige Frau vernaschte mich dann zu unserem beidseitigen Vergnügen. So verlief meine Einführung in die Rolle des Mannes im Doppelbett angenehm und problemlos...

Vater WAGNERS Autofimmel, anfangs in der Tenne am eingemotteten *ADLER-Trumpf-Junior* statisch, später mit den *CITROËNS, DKW-3=6, AUTO-UNION-1000* usw. an Sonntagsausfahrten mit Vollbremsungen, Pannen und Beschimpfungen dynamisch zelebriert, war mir sozusagen singulär-positiv vererbt worden.

Hier zeigte er sich ungewöhnliche grosszügig, denn schon als Sekundarschüler durfte ich sonntags, nach bravem Unterweisungsbesuch, in einem Sandsteinbruch im Krähenwald allein mit dem *CITROËN-Légère*

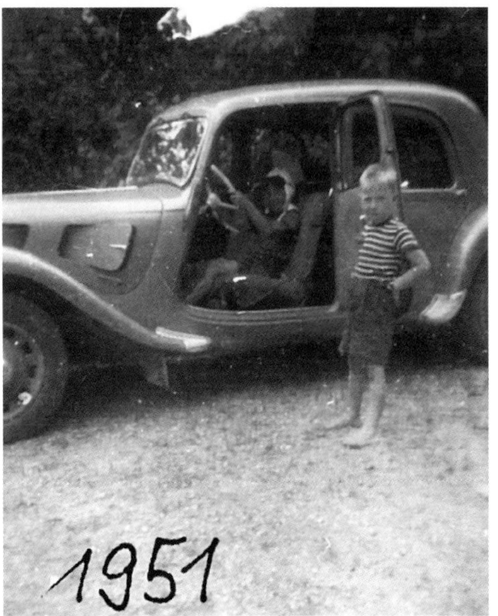

CITROËN 11 Légère im Krähenwald, Autor mit Sportkappe und Brille am Steuer

und später mit dem *Familiale*, einer achtsitzigen Limousine, viertelstundenweise selbst herumfahren.
Meine durch Abwendung von der Religion gewonnene, innere Autonomie führte bald dazu, dass ich gegen die Autoritäten Eltern, Schule und Kirche aufmüpfig wurde. Von allen Seiten bekam ich daraufhin Standpauken zu hören gemäss dem <Bischnix-Häschnix-Chaschnix-Wirschnix>-Prinzip. Das *Kaufhaus* kam damals wegen der aufkommenden MIGROS und der KONSUMVEREINE wirtschaftlich in Schwierigkeiten. Mein Vater empfahl mir deshalb, als sichere Existenzgrundlage den Lehrerberuf zu ergreifen. Ich stellte mich gegen ihn, denn 1'000 CHF Gehalt im Monat und zwölf Wochen Ferien als Lebensziele waren mir zu wenig attraktiv. Wie viele Jugendliche wusste ich schon genau, was ich nicht wollte, hatte aber nur nebelhafte Vorstellungen von eigenen Berufszielen. Statt für eine Lehrstelle als Automechaniker bei der renommierten *CITROËN-Garage* Hugo LUTZ in St. Gallen plädierte nun *Onkel Sämi* für die Oberrealschule mit Matura Typ C an der Kanti (Kantons-Mittelschule) als Start zu einer (Flieger?)-Karriere. Quasi als Versuch bestand ich die Kanti-Aufnahmeprüfung und auch die Selektion für die staatlich geförderte *FVS (Fliegerische Vor-Schulung).* So wurden ziemlich zufällig die Weichen für meine Ausbildung gestellt, die vorerst nach der C-Matura in ein Maschinen-Ingenieurstudium an der ETH und dazu 18 Monate Praktikum bei der Lastwagenfabrik ***SAURER*** in Arbon mündete.

Überlegungen in späteren Jahren zum Einfluss der Jugendzeit auf die eigene Entwicklung ergeben zwar eine subjektive, aber doch die am wenigsten schlechte Analyse, weil notgedrungen auch der beste Biograph weniger und dies lückenhafter zu wissen bekommt. Natürlich besteht eine Rückkopplung von Erlebnis mit Auseinandersetzung. Trotz dieser Einschränkung wage ich zu sagen, dass mein Weg ins erste Leben hauptsächlich durch frühes Erkennen der abartigen Frömmelei und damit verbundener Konflikte mit den Autoritäten bestimmt wurde. Das dadurch notwendige Hinterfragen, Prüfen und ggf. Verwerfen aller gängigen Ansichten und Werte ist die beste Schule des Verstandes, weil das Schwimmen gegen den Strom erbarmungslose Angriffe des Systems auf den <Querulanten> zur Folge hat und nur Logik, Tüchtigkeit und Zuverlässigkeit diese Angriffe wirkungslos machen können. Meine sich entwickelnde Kette von Konflikten mit Eltern, Schule, Kirche, Militär, Partner, Arbeitgeber und Behörden begann erst abzureissen, nachdem Reputationen in gegenseitigen Respekt mündeten. Schlussendliche Erkenntnis war und ist, dass im Konflikt erworbene Fähigkeiten die Einordnung in Hierarchien verunmöglichen. Erst der eigene Betrieb bzw. die berufliche Selbständigkeit lassen <Querulanten> zur Entfaltung kommen, weil die Schaffung von Neuem anstelle des Althergebrachten nicht mehr durch Systemverteidiger und Konservatismus blockiert und gebremst wird. Nach ***Alexander SOLSCHENIZYN*** liegt <*die Ursache jeder schöpferischen Tat in der Unzufriedenheit mit der gegenwärtigen Situation*>. Jeder Pionier, Neuerer und Erfinder startet also mit der Kritik, dem Verriss des Bestehenden. Da das Establishment hauptsächlich kritikschwache Mitläufer umfasst, deren Vorbilder und Leiter ihre Privilegien und damit das System erhalten wollen, ist der Startpunkt jeder Neuerung, nämlich die Erkenntnis: <Das ist ein Seich>

in den Hierarchien verboten und wird mit Giftgas bekämpft und blockiert. Pioniere, Neuerer und Erfinder stören die Ordnung im System und sind daher unerwünscht. Geradezu als unmöglich hat sich die Förderung von Innovation durch die Gesellschaft und grosse Hierarchien wie Staats- und Grossbetriebe erwiesen, <*da* ***Innovation*** *eben genau* ***das ist*****,** ***was eine staatliche Kommission nicht*** *als solche* ***zu erkennen vermag***>. Je vertikaler Hierarchien organisiert sind, je mehr Stufen sie haben, je grösser die Macht über Untergeordnete, desto steriler, konservativer, veralteter und unbeweglicher, ja sogar unfähiger und dümmer werden sie. Das Militär, der ML (Marxismus-Leninismus) und auch das Papsttum lassen als Beispiele grüssen. Sinnlose Grundsätze, etwa <*wer befehlen will, muss auch gehorchen können*>, so logisch wie <wer schwimmen will, muss auch untergehen können>, Dogmen der Unfehlbarkeit, die Seniorität, das <closed shop>- Prinzip usw. fördern Inzucht und Verblödung und führen schliesslich zum Exitus des praktizierenden Systems, siehe z.B. die Fälle *KÄSE*- oder auch *SOWIET-UNION*. Geblendet durch die Fliegerei, spielte sich mein erstes Leben noch innerhalb oder in der Nähe solcher Systeme ab. Mit der endlichen Erkenntnis der Zusammenhänge wurde dann der Neubeginn und die Gründung eines eigenen Systems/Betriebs quasi unvermeidlich.

Kapitel III

START … *zum 02.02.1961 usw. (Militärfliegerei)*

Wer will unter die Soldaten …
Preussisches Volkslied

Noch erinnere ich mich an die Begeisterung, mit welcher wir <ziviler Sauhaufen> an diesem Montag im Zug nach Payerne auf dem Weg in die Rekrutenschule sassen, zusammen mit den <Fläblern>, auf welche wir <Flieger> schon damals glaubten herabsehen zu müssen. Der Weg in die Fliegertruppe hatte über die *FVS (Fliegerische Vor-Schulung)* mit zwei 14-tägigen Kursen in Frauenfeld auf der Allmend geführt. Fluglehrer ***Hansruedi ERZ***, damals noch Polizist und nebenamtlich, nach dem Nachtdienst bei der Stapo Zürich, tagsüber mit uns fünf hoffnungsvollen Fliegerküken beschäftigt, drillte uns mit militärischem Ton und Präzision. Zwei *PIPER-L4-Cub* mit 65 PS, *HB-ONK* und *HB-OGZ*, mussten jeweils auf die Ankunftszeit des Fluglehrers ausgehallt, aufgetankt und geputzt bereitgestellt werden. Dann mühten wir uns nacheinander ab, auf der Platzvolte im Downwind Kurs Kirchturm Frauenfeld Höhe 600 Fuss/Grund zu halten und dann die riesige, zweieinhalb Kilometer lange Allmend im Anflug nicht zu verfehlen. Ich war theoretisch und praktisch gut vorbereitet durch *Onkel Sämi*, der mir den ersten Modelldiesel WEBRA Winner mit 2,5 ccm schenkte, mich an schulgeschwänzten Nachmittagen bei Flugzeugkontrollen Handreichungen machen liess und auch auf die Kontrollflüge mitnahm.

Zudem hatte ich es im Modellbau auf damals pionierhafte, funkferngesteuerte Motorflugmodelle gebracht, die etwa im Verhältnis 100:1 Arbeitsstunden zu Flugzeit erforderten und meist bald durch die häufigen Abstürze zur Generalüberholung oder zum Wegschmeissen verurteilt waren. Das Modell eines *PIPER-J3-Cub* mit 1,8 m Spannweite entflog mir einmal auf dem Flugplatz *Altenrhein* mit viel Sprit wegen einer Steuerungspanne und wurde später vom Bauern Friedrich HANSER in Reutenen bei Non-

nenhorn, auf der anderen Seite des Bodensees, gefunden. Es stand dann jahrzehntelang beschädigt auf dem Dachboden des *Kaufhauses*, bis es meine Söhne revidierten und mir zu meinem 50. Geburtstag wieder schenkten. Noch heute hängt es nun in meinem Büro. *Sämi* hat mir Tricks der Fliegerei beigebracht wie die Verwendung der Radschuhe, das damals noch übliche Anwerfen des Motors an der Luftschraube von Hand, das Filtern des Benzins beim Tanken und geerdeter Maschine, Ölstandskontrolle und viele weitere Details. Dazu verwendete *Sämi* auch Sprüche wie *<Ohne Öl und auch Benzin kommt der Flieger nirgends hin>*. Mit der *ERZ'schen* Drillmethode hatte ich keine Mühe. Sie passte später nahtlos in die Militärflugdidaktik und half mir, in der *Flugwaffe* und auch bei der *SWISSAIR* die strengsten Selektionen durchzustehen. Zarte Gemüter, insbesondere Frauen, kamen aber damit nicht zurecht und *Hansruedi ERZ* war als Fluglehrer bei jenen nie populär. Nach 47 Landungen und knapp 6 Stunden am Doppelsteuer wurde ich am 09. April 1959 auf den ersten Alleinflug geschickt, das unvergesslichste Flieger-Erlebnis...
Nach diesen Kursen waren nur noch der Navigations-Dreieckflug und die Alpeneinweisung selbst zu finanzieren und wir erhielten bereits das begehrte PP-Brevet, den Privatpilotenschein. Die Kohle dafür, wie auch für den *Kunstflugschein*, auf einem der MFG Thurgau vom Bund abgegebenen *Bücker 131 Jungmann* erflogen, verdiente ich mir in harter Arbeit mit Stollenvermessungen bei den Bleniokraftwerken im Tessin während der Kantiferien. Die positiven *FVS*-Qualifikationen führten, nach einer weiteren Selektion im *FAI (Flieger-Ärztliches Institut)*, dann direkt zur Aushebung in die Fliegertruppe.
Interessanterweise machte ich meinen PP-Schein vor der Autoprüfung. Zuvor hatte ich mir mit 16 Jahren ein *MOPED*, die *DKW-HUMMEL* erspart. Es hatte lumpige 1,35 PS bei 50 ccm und lief knapp 40 km/h. Die finanziell besser gestellten Kantischüler hatten *KREIDLER-Florett*, *MOTOM* bzw. *ZÜNDAPP-Falconetten* mit bis zu 5 PS, die leicht entdrosselt werden konnten und 70 km/h erreichten. Mit meinen Modellflug-Motorenkenntnissen frisierte ich nun meine *DKW-HUMMEL* so erfolgreich, dass ich damit alle anderen abhängen konnte. Nach jeweils etwa fünf Minuten Vollgas musste ich jedoch stoppen und winkte die

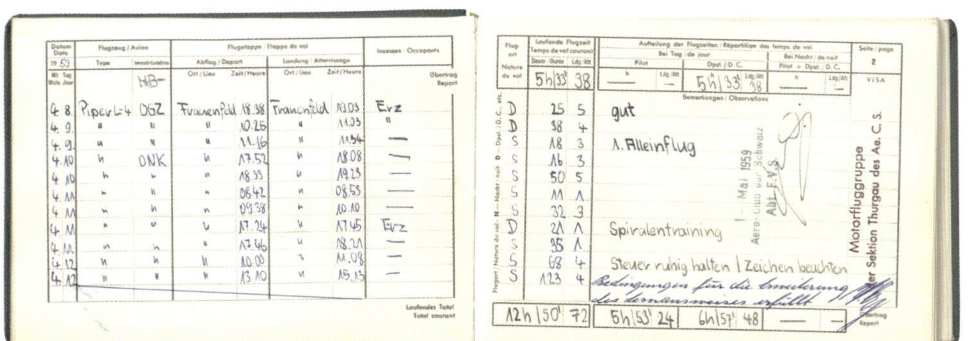

Flugbuch des Autors: Erster Alleinflug am 09.04.1959 mit der HB-OGZ

anderen lachend vorbei. Weil meine *HUMMEL* keine Gebläsekühlung hatte, wurde dann wegen Überhitzung die Gefahr eines Kolbenfressers akut. Meine Mitschüler fanden dieses Geheimnis aber nie heraus und ich blieb Frisierkönig. Mein erstes eigenes Auto war ebenfalls ein *DKW-3=6*-Zweitakter mit 125'000 km, für welchen ich mein DOLNON-Kornett zu 900 CHF und ein kurz vorher erworbenes Motorrad, die *HOREX* Regina 350, opfern musste. Der DKW-3=6 (wobei 3=6 für 3 gleich 6 Zylinder beim Viertakter steht) konnte einfach frisiert werden und bei Gerhard MITTER am Solitüde-Ring (Später SCHWABEN-GARAGE) waren Teile dazu erhältlich. Ziel war nun der *ALFA ROMEO Giulietta Sprint Veloce*, ein 1200-ccm Sportwägelchen, das die hablichen HABISREUTINGER, BUCCI- und BÜHLER-Kanti- und Studien-Kollegen vom Vater geschenkt bekamen, wenn sie (meist knapp) promoviert worden waren. Auch hier erreichte ich mein Ziel, mich von den anderen nicht abhängen zu lassen. Allerdings war die Thermosyphon-Kühlung ohne Wasserpumpe nach zehn Minuten auch am Ende und der Motor kochte, wenn ich zur Seite wich und die Verfolger vorbei liess. Durch die geänderten Steuerschlitze war der Leerlauf so hoch, dass nach Abstellen des heissen Motors abgewartet werden musste, bis die Wassertemperatur nur noch handwarm war und erst dann der Starter die Selbsterhaltungsdrehzahl wieder erreichte. Mein erster Kontakt zu ARALDIT-Epoxy-Klebern kam hier zustande, nämlich für das Einkleben von KORK in die Kolben zwecks Verringerung des Totraums und damit Erhöhung der Vorverdichtung. Diesen Sport-*DKW* behielt ich fast vier Jahre und hatte grossen Spass. Er endete mit dem Entzug des Fahrzeugausweises wegen durchgerosteter Türen und fast 250'000 km auf dem Tacho in einem Autofriedhof am Nebengraben.

Sinnigerweise mussten wir PA (Piloten-Anwärter) am 02.02.1961 zusammen mit der Flieger-Bodentruppe einrücken und erst einmal die halbe Rekrutenschule mit den Ausbildungszielen ***Achtungstellung***, militärisch Grüssen, Marschkolonne, Karabiner-Drill und später Gasmaskentürks, Uralt-LMG-Bedienung bis zu kurzem Fachdienst als Flugzeug-Waffenwarte am *DH-112 Venom* vertrödeln. Fachlich und menschlich wurde katastrophal wenig geboten. Es gelang dem Kader, innert kaum zwei Stunden aus dem eingerückten, militärbegeisterten Haufen einen praktisch geschlossenen Block von Armeegegnern zu machen, was mich auch heute noch erstaunt. Denkt man an die Freude, mit welcher wir als <PFÜDIS>, mit aus Latten gefertigten Säbeln und aus Zeitungen gefalteten Papiermützen den WK-Soldaten im Dorf hinterher gerannt waren mit dem brennenden Wunsch, auch Soldat zu sein, ist dieses zielgerichtete Umbiegen von Begeisterung in Ablehnung ein negatives pädagogisches Wunder. Die Gründe dafür wurden mir erst später klar, weil mein Engagement für die Fliegerei mir über die schlimmsten Vorkommnisse hinweghalf. Ans FLIEGEN dachten wir, wenn man uns zwang, die *Achtungstellung* in minimalen Einzelschritten während mehr als vier zeitverschwendeten Wochen zu lernen, den Karabiner an-, um- vor- und unterzuhängen, zu schultern und dann auf Befehl <Gewehre bei Fuss> wie einen Baseballschläger mit dem Kolben auf den Boden und womöglich dem Kameraden rechts auf den linken Fuss zu knallen. Nach stundenlangem Exerzieren mussten wir abends in knappster Zeit die verdreckten Profilsohlen der Marschschuhe in der abgestellten Waschanlage mit

Holzspan und SCHPEUZ (Spucke) trocken blitzsauber auskratzen, <weil Wasser den Profilgummisohlen schade>. Hier lernte ich die bösartige, verbreitete Gattung der meist kleinwüchsigen Militärsadisten kennen, welche aus Freude am Quälen ihre Machtstellung zu Schikanen, besonders für weniger schlauen Rekruten, die sich schlecht wehren konnten, ausnützten. Man konnte sich durch Unauffälligkeit den Nachstellungen des Zugführers *Leutnant Edi KECK* entziehen, was aber durch Namen wie FASNACHT oder FROSCH verunmöglicht wurde. Wenn man in sein Visier geraten war, tönte es beim Marschieren „links, links, FRIEDERICH, Arschloch, links, links“ usw. usf.. Küchendienst und Sonntagswache statt Urlaub waren dann sicher. In diese Drillzeit fiel die einzige totale Sonnenfinsternis zu unseren Lebzeiten in Europa. Am besagten, klammkalten, wolkenlosen Wintermorgen wurden wir wie üblich in unseren erbärmlich-lächerlichen, z.T. noch aus dem ersten Weltkrieg stammenden Exuniformen in unsinnigen, friderizianischen Marschübungen gedrillt. Als es immer dunkler wurde und selbst die vielen Spatzen an den Küchenabfällen hinter der Kaserne verstummten, befahl uns *Lt KECK* <Auf ein Glied, Front Korona> und sagte dann *„Ruhn, da gsäähter Tzunnefeischterniss“*. Zwei Minuten später ging derselbe Unsinn fröhlich weiter. Dieser Absturz in den zweiten Kreis der Hölle war für mich blasierten Studiosus wohl der schlimmste meines Lebens. Es nützte mir nichts, zu wissen, dass beim Differenzieren die zweite Ableitung bei einer Wendestelle Null wird. Als ich an meinem 20. Geburtstag, mit aufgesetzter Gasmaske in einer Ackerfurche kriechend, meine ganze Ausrüstung verdrecken und nach Luft japsen durfte und mir *Lt KECK* auch noch den Stahlhelm nach unten und die Maske in den Dreck drückte, um mich angeblich aus der feindlichen Schusslinie in Deckung zu bringen, schloss ich innerlich endgültig mit diesem Militärsadismus ab. *Albert EINSTEINS* berühmtes Zitat, dass, <*wer sich in der Marschkolonne wohlfühle, sein Gehirn aus Irrtum mitbekommen hätte, da ihm das verlängerte Rückenmark für sein Dasein ausreichen würde*>, bekam ich zwar erst später zu Gesicht. Es umschreibt aber heute noch treffend meine Ansicht über das Verweilen in Hierarchien mit vertikaler Befehlsgewalt, die sich nicht von Kompetenz, sondern nur von der Ranghöhe ableitet.

Die Rettung erfolgte eine Woche nach RS-Halbzeit durch Abkommandierung der verbliebenen *PA (Piloten-Anwärter)* nach Locarno-Magadino zur Flugausbildung, der *VSP (Vor-Schulungs-Periode)*. Unter dem ruhigen Kommando von *Oberst Ernst ZERKIEBEL* konnten wir dort die ***Bücker**-Doppeldecker* der Versionen *Bü-131-Jungmann* (Zweisitzer) und *Bü-133-Jungmeister* (Einsitzer) sowie dann den ***Pilatus P-3*** fliegen. Die *FLUGWAFFE* besass noch etwa 50 Vorkriegs-*BÜCKER*-Trainingsflugzeuge aus den Jahren 1936-40. In der ersten Woche dieser *VSP* erfolgte gerade der Weltraumflug des Russen *Juri GAGARIN*, den ich später, wie *Carl Clemens BÜCKER* und *Gerhard FIESELER*, an Kunstflugmeisterschaften persönlich kennen lernen sollte. Der Unterschied zwischen unseren Verspann-Doppeldeckern und der Weltraumrakete liess uns allerdings daran zweifeln, ob die offensichtlich veraltete Schweizer *Flugwaffe* ihrer Aufgabe noch gewachsen sei. Aber der Flugwunsch übertönte alle Zweifel. Weil ich einerseits vom ERZ-Drill bestens auf die militärische Flugschulung vorbereitet war, andererseits keinesfalls mehr mit den 50% aus dem *VSP*-Flugdienst zu Eliminierenden nach Payerne in die Hölle zurück wollte, hatte ich eine hervorragende Motivation und damit Erfolg. Dies zeigte sich u.A. darin, dass ich den Abschlusswettbewerb der 20 selektierten *PA*, bestehend aus Linktrainer-Blindflugübung, *Bücker-Kunstflug* und einer Aussenlandung im *P-3*-Schulflugzeug in Ascona mit der besten Wertung gewann. Mit durch Praktikum bei *SAURER* für mein Maschineningenieur-Studium ausgefüllten Unterbrüchen dauerte die Ausbildung zum Militärpiloten 55 Wochen in anderthalb Jahren. Am 26. Mai 1962 bekamen wir als Wachtmeister-Unteroffiziere aus der Hand von *Divisionär Etienne PRIMAULT* das Militärfliegerbrevet. Zufolge der MIRAGE-Affäre wurde *PRIMAULT* einige Monate später dann abgesetzt. Der damalige Kommandant der Flugwaffe, Brigadier *Hugo TROLLER*, wegen seiner kurzen Beine PFEFFERZWERG genannt, begrüsste uns daraufhin im Pilotenkorps an der Brevetierungsfeier mit dem schnarrenden Spruch: „Meine Herren, Sie unterstehen jetzt meinem Kommando!"

Meine Fliegerei in einer Miliz-Kampfstaffel der Reserve auf dem *DH-112-Venom*-Düsenkampfflugzeug nahm bald eine unerwartete Wendung. Typisch militärpersonalpolitisch

Unterschrift des Inhabers:
Signature du titulaire:
Firma del titolare:

Arnold Wagner

Militärflieger-Brevet
Brevet de pilote militaire
Brevetto di pilota militare

Auf Grund der mit Erfolg bestandenen Prüfungen erteile ich dieses Militärflieger-Brevet an:

Vu le résultat positif des examens, je délivre le présent brevet de pilote militaire à:

Visto il resultato positivo degli esami, rilascio il presente brevetto di pilota militare a:

Wagner Arnold

Geboren / né le / nato il: 16. März 1941

Heimatort / Lieu d'origine / Luogo di origine: Wattwil SG

Der Kommandant und Waffenchef der Flieger- und Fliegerabwehrtruppen

Le commandant et chef d'arme des troupes d'aviation et de défense contre avions

Il comandante e capo d'arma delle truppe d'aviazione e della difesa antiaerea

Bern, den 26. Mai 1962

Pilotenschüler + Fluglehrer vor einem DH-100 Vampire, ganz links der Autor

versetzte man mich ungefragt in eine Staffel mit dem uralten, schwächeren *DH-100-Vampire*. Trotz dieses hoffnungslos veralteten Flugmaterials war das Fliegen technisch interessant und anspruchsvoll. Besonders das Alpengebiet vermittelt im Jet unvergleichliche Erlebnisse, die nur derjenige ermisst, der schon ab Grindelwald der Eigernordwand entlang hochgezogen, über den Eiger-Gipfel mit einer halben Rolle zum Konkordiaplatz des grossen Aletschgletschers abgeschwungen und dann auf wenigen Metern Flughöhe diesen bis ins Wallis <abgefräst> hat. Als Unteroffiziere flogen wir in der üblichen <Finger Four>-Kampfformation, in der Schweiz *DPTR (Doppelpatrouille)* genannt, als <Söhne> hinter zwei Offizieren. Die jährlich auf fünf Dienste verteilten 36 Reservediensttage, mit individuellem Training dazwischen ab Dübendorf, genügten gerade zum knappen Halten des Trainingsstands. Relativ häufige, tragische Unfälle, meist mit tödlichem Ausgang trübten jedoch das Bild und die Witwen mit den kleinen Kindern an den geschmacklosen Militärbegräbnissen verfolgten mich in bösen Träumen jeweils noch jahrelang. Selber wurde ich von einem unfähigen Verbandsführer bald einmal beinahe an der Mürrenfluh <abgstreift>. Trotz meiner Militäraversion absolvierte ich daraufhin 1965 die *OS (Offiziers-Schule)*, um nicht mehr als <Sohn> hinter Nieten herfliegen zu müssen, sondern als Verbandsführer mindestens vorne zu sein.

Lustig war auch das *IT (Individuelles Training)*, das alle zwei bis vier Wochen zu absolvieren war. Am Vortag musste man in Dübendorf telefonisch ein Flugzeug reservieren. Etwa eine Stunde vor der Reservationszeit traf man auf dem Flugplatz ein. Dann wurde ein feierliches Ritual mit Ausfüllen und Abgabe der Fluganmeldung beim *FDL (Flugdienstleiter)* zelebriert. Dieser <Flugdienstverleider> schickte uns dann zur Flugzeugübernahme nach einer der Hallen, wohin per Diensttaxi gefahren wurde. Die Bereitstellung der Übungsflugzeuge war Aufgabe der *DMP (Direktion der Militärflugplätze, heute BAMF)*. Die vielen grossen Hallen auf dem historischen Flugplatz Dübendorf, wo schon Oskar BIDER 1919 abstürzte, sind zum Teil uralt, aber regelmässig renoviert und innen blitzsauber. Eine perfekte Ordnung herrscht und ein gläsernes Kabuff für den Hallenchef thront in jeder an einem strategischen Punkt. Wenn man nun in eine solche Halle trat, wurde man von den darin verlorenen Mechanikern freundlichstens, ja geradezu überschwänglich begrüsst. Der Hallenchef rief meist noch mehr Leute zusammen, die Tore wurden zurück- und das reservierte Flugzeug mit mindestens dreifachem Überbestand aus der Halle geschoben. Meine anfängliche Verwunderung über diese Zeremonie schlug sich bald in der Erkenntnis des ***Übergrüssungstheorems*** nieder.

Dieses *Übergrüssen*, das ich auch in anderen Grossbetrieben gefunden habe, ist nichts anderes als der Ausdruck von Freude über den Unterbruch der Langeweile bei Mitarbeitern, die wenig oder nichts zu tun haben. Man ist froh, palavern zu können, damit die Zeit vergeht. Perfekte Ordnung, zusammen mit *Übergrüssen* ist ein absolut untrügliches Zeichen für minimale Betriebsproduktivität. In rentablen Firmen arbeiten die Leute mit vollem Einsatz unter Stress und reagieren unwirsch auf Störungen durch Besucher...

Der Rest meiner Militärkarriere sei hier, zeitlich vorgreifend und abschliessend geschildert. Er bestand im Wesentlichen in einer fast lückenlosen Abfolge von ***AFFÄREN***. Die erste war *FLAT-TOSS (Flachschleuderwurf)*, eine von mir erfundene und entwickelte Bombenabwurfmethode. Bei taktischen Übungen hatte es sich gezeigt, dass wir mit unseren alten

Vämpi- und *Venom*-Kaffeemühlen gegenüber der damals modernen, radarisierten 35-mm-Kanonenflab chancenlos waren, weil man zum Angriff auf Erdziele jeweils etwa zehn Kilometer vorher aus dem Tiefstflug hochziehen musste, was Radarerfassung und Abschuss bedeutete. In der *OS (Offiziersschule)*, wo wieder ausbildungsmässig katastrophal wenig geboten und locker beaufsichtigt wurde, entwickelte ich also anstelle der Steilangriffe das besagte *Flat-Toss-Bombenabwurfverfahren* aus dem Tiefstflug. Nach einigem Training war ich damit in der Lage, die Zielgenauigkeit von rund 30 m Durchschnittsablage des Steilangriffs zu egalisieren und bald sogar zu verbessern. Allerdings stellte dies navigatorische und fliegerische Anforderungen, denen leider nur die wenigsten Staffelpiloten gewachsen waren. Die Windkorrektur musste rechnerisch im Kopf, mittels Differenz von Soll- und Ist-Navigationszeit, ermittelt werden. Der Vorhaltepunkt im Uralt-Reflexvisier wurde durch definiertes Verklemmen der Sonnenblende mit einem Papierstück in Form einer Spiegelung ablesbar gemacht. Mein Pech hatte mich in die Staffel eines berüchtigten Häuptlings verschlagen, der als Swissairkapitän und Segelflieger einen unverdienten Ruf genoss, weil er sowohl menschlich als auch fliegerisch bedenkliche Wissenslücken hatte. Seine Ideen und Taten erinnerten mich immer an den Spruch von Paul VALERY, wonach <der Unwissende nicht weiss, dass er nichts weiss, ja, von der Tatsache seiner Unwissenheit nicht einmal eine Ahnung hat>. Als er nun von meiner Methode hörte, versuchte er, daraus im nächsten Dienst bei einer taktischen Regimentsübung für sich Kapital zu schlagen. Die ganze Staffel sollte damit ein durch Zieltücher supponiertes Kraftwerk bei Hetzlingen in der Nähe des Soppensees mit Übungs-Gipsbomben angreifen und die darum herum postierte Radarflab so klar verseckeln. Meine Einwände, ausser mir habe nie jemand formell diese Methode trainiert, sie sei, ausser auf grossen Schiessplätzen, noch nie im Gelände angewendet worden und schon gar nicht im Verbandsflug einer ganzen Staffel, alles fiel auf taube Ohren. Die Oberleutnants der Staffel redeten mir vertraulich zu, man solle den Alten ruhig damit hereinfallen lassen. Man wollte die gespannte Lage in der Staffel gegen ihn ausspielen und so griffen wir von Interlaken aus dreimal diese markierte Wiese mit durchschlagendem Erfolg an. Im Schiessleiter-Kommandoposten mussten die Nudel- und Spaghetti-Hüte in Deckung gehen, zwei (vermutlich meiner) Gipsbomben fielen ins Ziel und der ganze Rest, 70 Stück, prasselte in die angrenzenden Felder, in die Umgebung von Bauernhöfen, Traktoren, Strassen und Wegen. Das Resultat war, dass man mich jungen Leutnant, zufolge der Oberleutnants, die ihre schützenden Hände über mich hielten, ungeschoren liess, dafür aber den Häuptling einlochte und die allgemeine Schadenfreude seine Ranküne zielgerichtet auf mich zog.

Kaum hatte sich mein Verhältnis zum Nachfolger-Kommandant, der zufolge dieser Bombenaffäre dann statt des nun abgesetzten Häuptlings aus einer anderen Staffel eingesetzt wurde und das Kommando übernahm, eingespielt, wurde ich in der nächsten *Affäre* zum ***ENFANT TERRIBLE*** der Flugwaffe hochgejubelt. Zu dieser Zeit, anfangs der Siebzigerjahre, hatten die Staffeln Piloten-Überbestände, während die *DMP* wegen der Hochkonjunktur ihre Minimalleistungen immer mehr abbaute und oft nur für die Hälfte der eingerückten Piloten im *TK (Trainings-Kurs)* Kampfflugzeuge verfügbar waren. Man flog diese im Turnus,

wobei bald davon noch ein Teil durch technische Probleme auszufallen pflog. So musste man Pflichtstunden auf Propeller-Übungsflugzeugen abfräsen und/oder sich halbtageweise anderweitig beschäftigen. Geländetürks, Sport und Pistolenschiessen usf. wurden aufgeblasen und ins Dienstprogramm eingebaut. Das absolvierten wir recht locker, indem wir z.B. unsere 120 Schuss Jahres-Pistolen-Pflichtmunition mit <Wildwestschiessen> verballerten, aus uralten 1948er-Chevy-Limousinen mit Mannschaften aus allen Fensterlöchern bei Vorbeifahrten am Schiesstand feuernd. Dies brachte mich auf die Idee, dasselbe Verfahren, aber aus einem Trainingsflugzeug heraus, spätabends dem neuen Kadi vorzuschlagen. Weinselig sicherte er mir Straflosigkeit zu, wenn ich dabei nur einen Schuss auf eine normale P-Scheibe setzen könne. Ebenso gut im Schwung versicherte ich ihm, das sei kein Problem, aber seine Straflosigkeit sei nicht genug. Er müsse mit mir eine Wette eingehen, sämtliche Getränke am baldigen Staffelfest zu übernehmen, wenn ich träfe. Im Falle der Erfolglosigkeit würde ich selber zahlen. Nach weiteren Runden war alles abgemacht und die Sache stieg am nächsten Tag.
Das für mich nicht überraschende Resultat waren vier von fünf abgegebenen Schüssen auf der P-Scheibe. Zuvor hatte ich Berechnungen über den möglichen Schusswinkel, die Schussdistanz, Geschossflugzeit und Vorhalt bei der gegebenen Fluggeschwindigkeit über Grund offenbar richtig überschlagen.

Für Untersuchung angefertigte Skizze: Pilatus P-3-05-Flugzeug mit Position der Pistole und Schussrichtung

Nach dem rauschenden Staffelfest am folgenden Wochenende erhielt der Kommandant der *Flugwaffe* ein halbes Jahr später eine anonyme Zuschrift, in welcher die ganze Schiessübung detailliert beschrieben wurde. Zwar konnte ich den üblen Neider mittels

SCHWEIZERISCHE ARMEE

Zahl der Ausfertigungen gemäss Verteiler
Zutreffendes einsetzen, siehe Fussnote
Bei Platzmangel Zusatzblatt verwenden

Form 22.46 d

(Funktion des Strafenden) (a) (Ort, Datum)

Der Kommandant Fliegerregiment 2 6032 Flpl Emmen, den 4.6.71

Disziplinarstrafverfügung

(Grad, Name, Vorname, Geburtsdatum, Zivilstand, Beruf, Wohnadresse, Einteilung)

gegen Oblt Wagner Arnold, 15.3.41, verheiratet, Linienpilot
Badstrasse 9 8953 Dietikon, L Fl St 5 (bis 31.12. 70: Fl St 9)

1. **Tatbestand (b)**

Die Abklärung des Tatbestandes hat folgendes ergeben:

Anlässlich des TK der Fl St 9 vom 10.-15.8. 1970 wurden am Abend des 12.8.70 in der Of-Messe in Payerne von den Piloten der Fl St 9 u.a. Luftkampf-Verfahren des 1. Weltkrieges diskutiert. Oblt Wagner stellte dabei die Behauptung auf, dass man sicher auch von einem Flz aus ein Ziel in der Grössenordnung einer Manns-Scheibe am Boden treffen könnte. Es wurde dabei "gewettet", ohne jedoch konkret zu sagen um was, und es sind anschliessend an den in der Folge geschilderten Vorfall scheinbar auch keine Wetten eingelöst worden.
Am Morgen des 13.8. erhielten Oblt Wagner und Oblt Fritschi vom St Kdt den Auftrag, mit einem Flz P-3 Aufklärungs-Objekte zu rekognoszieren, die später als Aufklärungs-Ziele für Kampfprofil-Einsätze Verwendung finden sollten. Es waren diverse Aussenlandungen auf Militär- und Zivilflugplätzen vorgesehen, wobei die beiden Piloten abwechslungsweise als Pilot bzw Passagier eingesetzt waren.
Oblt Wagner nahm eine nicht aufgezogene P-Scheibe, seine Ordonnanz-Pistole und ein Magazin Patronen mit auf den Flug. In Bleienbach wurde der dortige Flpl-Chef für für das Pistolenschiessen aus dem P-3 "gewonnen", die Scheibe N der Piste aufgestellt und ein auf dem nahen Felde arbeitender Bauer (Gemeindepräsident von Bleienbach!) als "Schiesswache" engagiert.
Oblt Fritschi als Pilot führte nun 4 Anflüge (praktisch identisch mit flachen Landeanflügen) aus und Oblt Wagner feuerte bei geöffnetem Kabinendach schräg/seitlich aus dem Flz 5 Schüsse (3x1 + 1x2) gegen die Scheibe ab.
Vom Flpl-Chef Bleienbach wurde auf der Scheibe eine Bestätigung angebracht, wonach die 4 Treffer mit Pistole aus dem Flz erzielt wurden. Nach der Rückkehr in Payerne wurde der St Kdt über die Durchführung informiert und er nahm auch Kenntnis vom Resultat dieser Schiessübung.
Der St Kdt ergriff keine Sanktionen und meldete das Vorkommnis dem Kurs-Kdt nicht.
Der Kdt Flwaf Br 31 erhielt durch eine anonyme Zuschrift Kenntnis von diesem Vorfall und hat in der Folge den Kdt Fl Rgt 2 mit der Untersuchung und der disziplinarischen Erledigung beauftragt.

2. **Verfehlungen (c)**

Der Fehlbare hat durch sein Verhalten folgende Verfehlung(en) begangen:

- grober Unfug, entsprungen aus überspitzter Rechthaberei
- Abänderung bzw Ausdehnung eines Flugauftrages ohne zwingende Gründe
- Gefährdung von Mensch und Material durch Hantieren mit einer Waffe im Flz

3. **Strafzumessung (d)**

Bei der Festsetzung des Strafmasses wird berücksichtigt:

3.1. strafmindernd: bis dahin als initiativer, unbescholtener Of; guter Pilot und Verbandsführer bekannt

3.2. erschwerende Umstände:
- ausgesprochen schlechtes Beispiel innerhalb der Einheit und der Flugwaffe
- Mangel an Verantwortungsbewusstsein, Disziplin und Einsicht bei der Durchführung dieser unsinnigen Handlung

Folgende Strafe ist bei Berücksichtigung aller Umstände angemessen: 10 Tage scharfer Arrest

(a) Die Buchstaben verweisen auf die Erläuterungen (Auswahltexte) in Ziffer 6 des Aktenumschlags, Form 22.45 Disziplinarstrafsache.

4. Aus diesen Gründen wird **verfügt:**

(Grad, Name, Vorname)

4.1. Der Fehlbare wird wegen Oblt Wagner Arnold
undiszipliniertem Verhalten im Flugdienst und
fahrlässigem Umgang mit einer Schusswaffe
disziplinarisch bestraft mit (e)
<u>10 Tagen scharfem Arrest</u>

4.2. Die Strafverfügung wird dem Bestraften (f) schriftlich eröffnet durch Kdt Fl Rgt 2

4.3. Die Strafe ist zu vollziehen durch (g) Kdo Fliegerschule 250/71 in Emmen
(die Strafe muss spätestens am 30.9. verbüsst sein)

4.4. Gegen diese Strafverfügung kann der Bestrafte innert (h)
5 Tagen nach dem Tag der Zustellung

beim (i) Kdt der Flwaf Br 31
Disziplinarbeschwerde erheben.

(Funktion und Unterschrift des Strafenden)

Fliegerregiment 2
der Kommandant

Oberst Mändli

5. **Verteiler (k)**
Strafkontrolle

Geht an:
Bestraften (2 Expl: 1 Expl für Empfangsbestätigung, siehe Ziffer 7 der Strafverfügung)

z K an:
- Kdt Flwaf Br 31
- Kdt L Fl St 5

6. **Eröffnung / Zustellung (l)**
Diese Disziplinarstrafverfügung wurde am 4.6. 1971 um 18.30 Uhr
durch die Post (eingeschrieben) versandt

(Funktion und Unterschrift)

Fliegerregiment 2
der Kommandant

7. **Empfangsbestätigung**
Diese Disziplinarstrafverfügung fand ich am 8.6. um 0900 Uhr
bei Rückkehr aus der BRD unter
Hinweis auf die Möglichkeit der Disziplinarbeschwerde mit der Post zugestellt. zuhause vor.

(Unterschrift des Bestraften)
(Oblt Wagner)

8. **Erklärung des Bestraften betr. Disziplinarbeschwerde**
Ich beabsichtige nicht, Disziplinarbeschwerde zu erheben, weise aber darau
hin, dass alinea 2 unter Punkt 2 (Verfehlungen) nicht zutreffend ist
(Unterschrift des Bestraften)
Bezüglich Termin erhalten Sie nach Rücksprache
mit der Besatzungsplanung der Swissair Bericht.

(Oblt Wagner)

Disziplinarstrafverfügung für den Autor – Verdikt: 10 Tage scharfer Arrest

eines morphologischen Schemas und Schriftvergleichen im eigenen Staffelkreis ermitteln, doch die Verfolgung des Systems richtete sich humorlos gegen mich.

Zehn Tage scharfer Arrest und der Hinauswurf aus der Kampfstaffel waren die zu tragenden Konsequenzen. Eingesperrt zu werden war eine ganz neue Erfahrung. Der Vollzug von scharfem Arrest war 1971 noch nicht menschenrechtskompatibel. Die ersten fünf Tage verblieb man in der Zelle eingesperrt. Nur der Offiziers-Putzer besuchte mich am Morgen um 06.00 Uhr mit dem Frühstück, machte das Bett und räumte auf. Obwohl mir ein Radiogerät, Büromaterial und eine Schreibmaschine zur Verfügung standen und ich in der Kiste ein Buch, das ***Handbuch des Kunstflugs*** verfasste, machten mir besonders die fremde Verfügung über meine Zeit und Bewegungsfreiheit sehr zu schaffen. Lese ich heute in der Zeitung, ein Verbrecher habe für seine Taten NUR gerade ein paar Monate *unbedingt* gefasst, weiss ich nun über die Schwere einer solchen <nur-Strafe> Bescheid. Autonome Leute, gewohnt über sich selbst zu verfügen, werden durch Einsperren psychisch stark belastet und abgestraft. Wie dagegen chronische Knastis reagieren, vermag ich nicht zu sagen...

Nachdem sich der Rauch etwas verzogen hatte, machte man sich Gedanken über meine militärische Weiterverwendung. Einen simplen Austritt aus der *Flugwaffe* und der Armee gab es damals ja nur für den Fall eines Privatkonkurses, der Homosexualität oder strafrechtlicher Verfehlungen. So landete ich im Abfallhaufen der Flugwaffe bei den noch mit Kolbenmotoren ausgerüsteten ***Pilatus-PC-6-PORTER****-Transportflugzeugen* der Leichten Fliegerstaffel 7. Abfallhaufen deshalb, weil die Einheit nur aus *Nieten, Kriminellen und Senilen* bestand, nämlich aus Piloten, die erwiesenermassen nicht fliegen konnten und z.B. im Landeanflug Bäume abrasiert hatten, aus Piloten mit belasteter Vergangenheit wie ich und aus solchen jenseits aller Altersgrenzen. Sinnigerweise erfüllten einige mehrere dieser drei Kriterien.

Flugschule mit dem Turbo-PORTER auf Skis, rechts der Autor als Fluglehrer.

Kurz nach meiner Umteilung platzte hier meine nächste *Affäre*. Im Laufe einer Auseinandersetzung sagte ich zu einem uns nicht direkt vorgesetzten, nicht besonders hellen Major, der sich in unsere Angelegeheiten einmischte, diese gingen ihn einen verdammten Dreck an. In der Sache bekam ich recht, wurde aber dennoch drei Tage eingekastelt wegen *<ungebührlichen Betragens gegenüber einem Höheren>*. Der damalige Kommandant der *Flugwaffe*, Brigadier *Arthur MOLL*, der zufällig davon hörte, liess mir ausrichten, die Sache sei zwar in Ordnung. Wenn er aber den Namen *WAGNER* noch einmal vernehme, mache er endgültig TABULA RASA !
Fliegerisch war die *PORTER*-Staffel interessant. Hauptaufgabe war das Absetzen von Fallschirmgrenadieren. Dies waren unglaublich motivierte, von einem unwahrscheinlichen Korpsgeist erfüllte Soldaten. Wir setzten sie, auch bei beschissenem Wetter und nachts, im Hoch- und Tiefflug ab. Die meisten Piloten des Abfallhaufens waren aber kaum in der Lage, die damals noch ausschliessliche Sichtflugnavigation sauber durchzuführen. Die meisten schwierigen Einsätze floppten, weil z.B. bei einem Nachtstart in Sitterdorf mit Absprung über Platz zwei von sechs Flugzeugen sich nach Friedrichshafen verirrten. Selber bemühte ich mich, dieser Fallschirm-Elitetruppe einen ebenbürtigen Flug-Navigationsservice zu bieten und entwickelte Methoden, mit denen ich ohne Mithilfe der Links- und Rechts-Lämpchen des Fallschirm-Gruppenführers den windkorrigierten Ausstiegspunkt genau fand. Mit der Zeit gewöhnten sich die Fallschirmspringer daran, auf mein Kommando abzuspringen, weil ich dieses nur dann gab, wenn wir am richtigen Ort waren. Das normale Verfahren, nämlich, dass der Gruppenführer nach der Meldung, man sei etwa innerhalb von zwei Kilometern des Ziels die Türe öffnete und versuchte, von hinten rechts Geländemerkmale zu finden und dann die links-rechts-Lämpchen drückte, führte dagegen bei den meisten schwierigen Einsätzen zum Abbruch. Logischerweise war es nach vom Piloten navigierten

Challenge-de-Tourisme-Kurzlandung: Oblt Ernst SCHUPPLI mit dem Kolben-PORTER kommt einen Meter zu tief und reisst das Landehindernis ab.

Anflug über einige Dutzend oder hundert Kilometer von hinten mit Sicht nur nach einer Seite praktisch unmöglich, richtig zu franzen. Das gestörte Vertrauen der Fallschirmgrenadiere in die Piloten des Abfallhaufens führte einmal zur Abstimmung unter jenen, welche Piloten sie im Kriegsfall transportieren sollten. Schulterklopfend gab mir der Kdt dann durch, es sei nur für mich gestimmt worden.

Endemische Navigationsfehler und darauf folgende Klagen des Fallschirmkommandos beim *Kdo Flugwaffe* lösten <Inspektionsflüge> aus. Das Rösselspiel der Flugwaffe kam angetanzt und kontrollierte Navigation, Zeiteinhaltung und Ziellandekönnen, wobei vom Kadi wegen Flugzeugmangels die grössten Nietenpiloten meist versteckt werden konnten. Trotzdem kam es jeweils zu zwerchfellerschütternden Ereignissen. So passierte im Birrfeld ein *PORTER* die Ziellandelinie mit drehenden Rädern, weil er ein paar hundert Meter früher in einem Maisfeld bereits Bodenberührung hatte. In Triengen brach einer bei der Seitenwind-Ziellandung nach links aus, umkreiste im folgenden Ringelpilz den begutachtenden Inspektor neben der Piste, dabei wieder Vollgas gebend, in die Luft springend und stieg dann kommentarlos mit Kurs Emmen auf und davon. Bei der lockeren Führung konnte ich selbst ebenfalls manche lustige Übung aufziehen, z.B. Landungen neben dem Ferienhaus der Eltern mir bekannter junger Damen etwa auf dem Nassenfeld, wo für uns Kaffee und Kuchen bereit gehalten wurden, oder Gerümpelfliegen à la Challenge de Tourisme Internationale mit Wettsteigen, Drifterwerfen und Hindernis-Kurzlandungen etc.. Zeitweise hielt der einzig wirklich gute Kadi meiner Militärzeit seine Hand schützend über Ereignisse, die sich sonst zu weiteren Affären entwickelt hätten, so z.B. als wegen einer an meinem Flugzeug gezündeten, roten Rauchpetarde die Flugplatz-Feuerwehr von Locarno mit zig Mann und 15 Fahrzeugen ausrückte. Mit der Einführung der *Turbo-PORTER* und der späteren Umrüstung der Kölbeler-Flugzeuge bekam der Abfallhaufen Zulauf von militärisch <besser> bewerteten Piloten. Der Freiraum wurde enger und der Dienstbetrieb straffer und kontrollierter.

In dieser Phase kam es zu vielen Fehlwürfen beim tiefen Absetzen von Fallschirmgrenadieren. Mit dem *Kolben-PORTER* hatten wir diese auf 100 m/Grund aus dem horizontalen Reiseflug bei 170 km/h und leichtem Abdrosseln abgesetzt. Beim Turbo-PORTER hatte man dann 240 km/h drauf. Um die Geschwindigkeit abzubauen wurde es Usus, kurz vor dem Absetzen 30 Grad hochzuziehen und eine Art Katzenbuckel oder Wurfparabel zu fliegen, wobei die Springer nun aus 3-400 m/G in einer Phase geringer Beschleunigung ausstiegen. Das führte bei Gruppensprüngen dazu, dass die horizontale Separation verkürzt wurde und die Gefahr des Sprungs in den Schirm des Vordermannes beim Aussteigen auftrat. Zudem wurde die Abdrift des nahezu unsteuerbaren T10-Rundkappenschirms wegen der bis zu viermal grösseren Sprunghöhe ebenso bis zu viermal mehr. Nach Sprüngen in Hochspannungsleitungen und Bäume fielen dann beim Feldflugplatz Schüpfheim drei Grenadiere mit Vollpackung in die hochgehende Kleine Emme und die Rettung aus dem Fluss war nur der Tatsache zu verdanken, dass die Bewachungsinfanterie des Feldflugplatzes am Ufer in Stellung war und die Springer am Schirm herauszog.

Bei der Diskussion zwischen den Kommandanten der Staffel und der Fallschirm-Grenadierkompagnie regte ich an, wieder ein präzises Horizontal-Absetzverfahren auf 100 m/Gd. zu entwickeln. Dies wurde mir aufgetragen und ich bekam zwei *PORTER*, vier Springer sowie 20 T10-Fallschirme zur Verfügung. Krux war die Frage, bis zu welcher Geschwindigkeit die Springer ohne Behinderung durch den Staudruck, der bei 240 km/h immerhin schon fast 280 kg/m2 beträgt, aus der Seitentüre rechts abspringen konnten, wollten und durften. Wir verlegten zum Militärflugplatz Mollis. Graduell steigerten wir die Absetzgeschwindigkeit von 150 auf 240 km/h. Zur Sicherheit hatte ich einen Fsch Gren Leutnant auf den nach hinten gedrehten, rechten Pilotensitz gesetzt, der die Abgänge beobachten und die Reissleinen einziehen sollte. Er war ein schlechter Beobachter und schaute nur auf den abspringenden Mann, nicht aber auf das Fallschirmpack an der Reissleine, das beim Straffen in die Nähe des Heckrades hochschnellte. Am Abend war unser Fazit, dass der Absprung ohne grössere Probleme auch bei 240 km/h möglich, die Clearance zum Höhenleitwerk immer noch genügend gross sowie kein übermässiger Einfluss auf das Flugzeug durch den Leinenzug spürbar seien. Beim Falten der Schirme zeigte sich aber, dass bei fünf Kalotten in der Nähe des Kamins der Fallschirmstoff einen Riss von 50-80 cm aufwies. Mein Fallschirmexperten-Leutnant erklärte das als Folge des schon mürben Stoffs dieser <uralten Schrottschirme>. Sicherheitshalber liess ich mir von der Fallschirmwerkstatt in Dübendorf dann die zulässige Geschwindigkeit für die T10-Öffnung mit 300 km/h bestätigen. Diese Risse hatten allerdings eine andere Ursache, nämlich die spitzen Kanten der PORTER-Heckradführung.
Am nächsten Tag wollte ich die Navigationsdaten für Abwurfparabel, Öffnung und Gleitzeit ermitteln, dass, mit Pilotensicht auf das linke Fahrwerkrad, damit, wie beim Lastenabwurf, definierte Abwurf- und Landepunkte angegeben werden konnten, die nur noch durch die Wind-Abdrift von Fall zu Fall zu korrigieren waren. Man gab mir dazu einen *Turbo-PORTER*, sechs Springer mit Vollpackung und zehn Fallschirme mit. Auf dem Flugplatz Reichenbach liess ich ein Zielkreuz als Landepunkt auslegen und bereitete mein Navigationsbesteck genau vor. Beim präzisen Anflug mit dem voll geladenen *PORTER* gab ich das Zeichen zum Absprung auf dem Rad-Punkt und war gespannt, inwieweit hier bei Windstille meine Navigationsannahmen korrigiert werden müssten, die sich aus der Ablage des Landepunkts vom Zielkreuz ergeben würden. Aber statt ***einem Reissleinenruck*** gab es deren ***zwei***, was den *PORTER* richtiggehend abbremste. Ich erhöhte die Turbinenleistung auf Maximum und konnte damit einen marginalen Steigflug herstellen. *„Der Othmar hängt noch am Flugzeug!“* rief der Reissleinen-Einzieher neben mir. Der Fallschirm hatte sich mit dem KAMIN, dh. der runden Öffnung in der Mitte der Kalotte, die mit den zusammengefassten Fallschirmleinen kräftig umsäumt ist, an der Heckrad-Geradeführung verhängt und der Springer hing noch an den Leinen hinter dem verkehrt ausgezogenen Schirm. An sich war die Situation eines angehängten Springers bekannt und es gab zwei Lösungen dafür. Entweder landete man so, wobei man mit Reserve über die Platzhindernisse anfliegen und dann den menschlichen Ballast vor der Landung fein aufsetzen musste. Erfahrungen hatten gezeigt, dass die Schutzkleidung und der Helm Verletzungen verhinderten. Oder

man stieg auf etwa 1'000 m/Gd und gab dem Angehängten das Zeichen zur Trennung vom Hauptschirm, worauf dieser die Leinenschlösser öffnete und mit dem Notschirm landete. Um Zeit zu gewinnen, entschied ich mich zum Steigen, nahm Kurs auf Interlaken und meldete das Vorkommnis dem Tower. Ein Kamerad meiner Staffel war zufällig mit einem *PORTER* in der Nähe und kam auf meine Aufforderung in Formation. So konnte man mir eine genaue Beschreibung der Situation von aussen vermitteln. Über dem Platz wurde dem Othmar das Trennungszeichen gegeben. Alles verlief gut, nur an die Vollpackung hatte niemand ausser Othmar gedacht. Er warf sie daher auf 1'000 m/Gd als Erstes ab, trennte die T10-Leinenschlösser und landete glatt mit dem Notschirm. *Oblt Marco HIPLEH*, mein Kamerad im anderen *PORTER* bestätigte mir, dass Schirm und Leinen schön verkehrt hinter meiner Maschine flatterten und ich landete auf der Hartbelagpiste damit, stellte das Triebwerk ab und wir stiegen aus. Der schon bestellte Werkfotograf machte Aufnahmen von der Hängesituation des Schirms, ich nahm ihn ab und wir schoben den *PORTER* von der Piste, um diese wieder frei zu machen. Dann befahl ich alle zu einem stärkenden Kaffee in die Flugplatzkantine. Knapp 15 Minuten nach der Landung läutete dort schon das Telefon für mich. Gregor FUST, ein Reporter vom BLICK (Schweizer Boulevardzeitung nach dem Muster von BILD), der mir von einem DC-8-Erdbeben-Hilfsflug nach Algier einschlägig bekannt war, wollte die Story vom ***Drama in der Luft*** haben. Ich sagte nur, dass es ausser einem geplatzten Rucksack weder Material- noch Personenschäden gegeben habe und verwies ihn an die Informationsstelle der Flugwaffe, Papiermühlestrasse in Bern. Nach dem Auflegen läutete es erneut. *Hptm HÄBERLI* von ebendieser Informationsstelle war am Apparat. Ich beschrieb ihm den Vorfall im Detail, worauf er meinte, ich hätte professionell reagiert und mir dafür dankte. Erneutes Läuten und *Oberst Athos TAMINELLI*, Chef Flugsicherheit, befahl mir, den *PORTER* samt Schirm auf der Piste stehen zu lassen und mich für eine Untersuchung verfügbar zu halten. Mein Einwand, wir hätten nach Fotodokumentation den Schirm abgehängt und den *PORTER* von der Piste geschoben, negierte er damit, er habe eben mit dem Kontrollturm telefoniert und das Flugzeug stehe immer noch auf der Piste. Im Übrigen hätte ich vorläufig Flugverbot. Ich meldete mich militärisch ab, d.h. ich rief ins Telefon: *„OBERSCHT, melde mich APP!"* und hängte auf. Dann rief ich die Pilatus-Werke an und verlangte einen mir bekannten Werkpiloten. Fritz RAYHER liess sich den Vorfall schildern und sagte dann, dass vor zwei Jahren, nach einem ähnlicher Vorfall in Sitterdorf (der mir vom *BFU* her bekannt war) ein vorläufiges Verbot von Reissleinen-Absprüngen aus dem *PORTER* sowie eine Modifikation mit einem Abweiser per Bulletin herausgegangen seien. Ganz sicher habe die *Flugwaffe* das alles auch erhalten. Ein weiteres Gespräch mit dem *BAMF*-Werkflug in Dübendorf förderte zutage, dass das Bulletin irgendwo schubladisiert worden war und die Abweiser sich in ein Magazin des *BAMF (Bundes-Amt der Militär-Flugplätze)* verirrt hätten. Man werde für Abhilfe sorgen. Nun wurde ich per Dienstwagen abgeholt und sah noch, dass man *PORTER* und Fallschirm wieder originalgetreu auf die Piste gestellt hatte. Am nächsten Tag erschien mein *Drama in der Luft* einspaltig auf der Titelseite des BLICKS, beschrieben mit meinen Worten an *Hptm HÄBERLI*, inklusive meiner <professionellen Reaktion> und innert weniger Tage waren dann die Abweiser an die *Flugwaffen-PORTER* montiert. Dass der BLICK so schnell Kenntnis vom Vorfall erhielt, beruhte auf einen Anruf vom Flugplatz Interlaken. Offenbar wurde von dort, zeitgleich mit dem Alarm, auch sofort der BLICK aufgeboten. Diese detaillierte Schilderung zeigt nach meinem Dafürhalten die typischen Funktionsabläufe unserer damaligen *Flugwaffen*-Militärhierarchie treffend auf.

Schliesslich machte mir dann aber ein steinwüster, militärverrrückter Telefonitis-Kadi von sehr beschränkten Fliegerfähigkeiten mit seiner Reglementiererei, dem Papierkrieg und seinem Ernstfallgeschwafel den Dienst derart unerträglich, dass ich 1984 mit einem weiteren *Affärchen* meinen Hinauswurf aus der Staffel provozierte und auch prompt, mit einem Verweis, auf den Boden in die Fliegerleitorganisation abgeschoben wurde. Hier hätte ich <nach Bedarf> zu ein paar weiteren sinnlosen Diensttagen aufgeboten werden können, stellte aber bald fest, dass niemand mein Schwänzen bemerkte, wenn ich einfach dem Aufgebot keine Folge leistete. Dann kam es ja 1989 zum erfreulichen Schrumpfprozess von Armee, Fliegertruppe und Zivilschutz, nachdem GORBI und die Russen sich als präsumtive Ernstfälle abgemeldet hatten. Die Nachricht, ich hätte meine Miliz-Dienstpflicht erfüllt und sei in die Armeereserve um geteilt, erhielt ich 1995 mit einem von Bundesrat OGI unterschriebenen Zertifikat, das mein Soldatenleben beendete. Zu Umtrunk und Imbiss, einer Einladung von Militärdirektorin Rita FUHRER, war ich No Show. Im Zeughaus wurde mir bei der Abgabe von Stahlhelm und Gasmaske und der P-Umstempelung meiner 9mm-SIG-Pistole dann immerhin noch ein Halbliter guter Weisswein aus den Zürcher Staatskellereien ausgefolgt, der offenbar bei jenen Verabschiedungen übrig geblieben war.

Meine eigenen Erfahrungen im und mit dem Militär lassen sich nun aber nicht losgelöst von Sinn und Zweck der Schweizer Landesverteidigung betrachten. Sicher war das Konzept, von der Gründung des Bundesstaates 1848 bis etwa zum Untergang Adolfs des Grossen 1945, nämlich dasjenige einer möglichst zahlreichen, also Miliz-Schutztruppe gegen umliegende, mit unseren Bevölkerungsgruppen ethnisch verwandte Nationalitäten zweckmässig. Der Erfolg, das Ausbleiben von Übergriffen selbst bei umschliessenden Kriegslagen in zwei Weltkriegen, beweist dies eindeutig. Spätestens aber mit der Atombombe und der Aufteilung der Welt in Blöcke riesiger Macht ist dieses Konzept zur Folklore verkommen. Wir haben nicht wegen unserer Pfaditruppe, sondern als Trittbrettfahrer der *NATO* Schutz seit 1945 genossen. Die Österreicher haben ja bewiesen, dass es viel näher beim Russen mit einem Bruchteil unseres Militärbudgets auch ein problemloses Überleben gab. Das Armeekonzept wurde und wird jedoch nie wirklich den neuen Bedürfnissen, sondern nur den vorhandenen Mitteln, Waffen und Kaderwünschen angepasst. Weil kein Leistungsbeweis von der Armee verlangt wird, entwickeln sich Leerläufe und Unfähigkeit krebsartig. Gleichzeitig werden Teilbereiche zu Privatpfründen umfunktioniert, die Flugwaffe zum Gratis-Aeroklub, die Regiebetriebe zu geschützten Werkstätten ausserhalb des rauhen Konkurrenzklimas, die Kaderpositionen zum Machtmissbrauch usw. usf.. Protegiert wird alles durch Verketzerung jedes Nachdenkers und der Verfolgung mit Gift und

Galle selbst konstruktiver Kritikansätze. Dabei versuchen beim militärischen Establishment alle, für ihre Pfründe das grösste Stück aus dem Etat abzuschneiden. Man denke etwa an den Einsatz der *Flugwaffenoffiziere* und *BAMF-Beamten* für den F/A-18A. Die Schlüsselfrage, gegen wen denn diese Maschinen überhaupt zum Einsatz benötigt würden, wird einfach erschlagen mit der Antwort: *„Wir sind keine Zukunftspropheten"*. Napoléons Ansicht, <Gouverner c'est prévoir>, gilt nicht mehr, denn weder die Deutschen, Franzosen, Italiener oder Österreicher, geschweige denn der Felsensepp von und zu Liechtenstein kämen hier als zu bekämpfende Aggressoren in Frage. Jeder andere Angreifer müsste zudem erst einmal jene belästigen, bevor er bei uns auftauchen könnte, wobei die Abwehr dagegen zweckmässigerweise im NATO-Verband an der Aussenseite zu platzieren wäre. So erscheinen die lächerlichen Bemühung der Kavalleristen und Brieftaubenfreunde zur Erhaltung ihrer Armee-Dienstzweige mittels Petitionen und Verfassungsinitiativen beinahe sympathisch. Für die Petition zur Verpflichtung, der Bund müsse minimal 24 Schwadronen Kavallerie halten, kamen immerhin 485'000 Unterschriften zusammen. Das verschwommene Feindbild beeinträchtigt nun auch die zweite, wichtige Funktion der Armee, nämlich den Aufbau eines Zusammengehörigkeitsgefühls zwischen den ach so verschieden gearteten Oberwallisern, Innerrhödlern, Bernern, Tessinern, Romanisch- und Deutsch-Bündnern, Zürchern, Waadtländern, Jurassiern usw. durch den Dienst in einer gemeinsamen Organisation. Gemeinsam schikaniert zu werden und die Zeit totzuschlagen ergibt nicht dieselbe Klammer wie die gemeinsame Abwehr einer ernsthaften Bedrohung. Und mit dem durch Tabuisierung und Verketzerung verbundenen Kompetenzverlust werden auch die Einsätze im Katastrophenfall, bei Trümmerräumung, Strassenbau und anderen Hilfsaufträgen immer ineffizienter und der Vergleich von Militär zu Leerlauf noch naheliegender.

Wir bräuchten also eine Rückbesinnung und Neudefinierung der Staats- und Armeeaufgaben ohne Scheuklappen und ohne Rücksicht auf die bestehenden Organisationen. Weil aber damit eben gerade diese Organisationen selbst beauftragt sind, die sich damit selbst verändern, verkleinern oder sogar selbst auflösen müssten, kann das Resultat dieser klassischen <Bock als Gärtner>-Bemühungen nur in Bockmist bestehen. Bei den Armeeleitbildern ab 1995 plante man so für die Schweiz mit knapp sieben Mio. Einwohnern inkl. 20% Ausländern 500'000 Soldaten, während das vereinigte Deutschland mit 80 Mio. nur noch 250'000 Mann aufgestellt hat. Die heute überflüssige, allgemeine Wehrpflicht für Männer kann aus fossilisierten Gründen nicht abgeschafft werden, ja man diskutiert nun sogar im Rahmen der Gleichberechtigung auch über die obligatorische Erfassung der Frauen. Erfolgreich hat der Ständerat 2011 den Abbau auf 80'000 Mann gestoppt und wieder 120'000 ins Spiel gebracht. Die vielen Überzähligen werden einfach mittels medizinisch-psychologischer Gründe ausgeschaubt. Als Feindbilder beschwört noch heute der unselige Pfarrerssohn ***Dr. Christoph BLOCHER*** die präsumtiven Feinde unserer *ewigen NEUTRALITÄT*, nämlich die ***NATO*** und die ***EUROPÄISCHE UNION***, mit denen wir längst schon militärisch, wirtschaftlich und gesetzmässig so verwoben sind, dass wir allein nicht mehr existieren könnten. *Dr. BLOCHER* stieg zum hier lange dominierenden Politiker auf, ursprünglich von Beruf gelernter Landwirt, was auch heute noch an seiner Ausdrucksweise erkennbar ist. Auf dem zweiten Bildungsweg wurde er dann Jurist. Seine Militär-Dienstpflicht erfüllte er bei der Boden-Luftschutztruppe und brachte es dort bis zum Oberst der Reserve. Später erwarb er unter schleierhaften Umständen ***spekulativ*** die nach der Aufgabe der *Emserwasser*-Produktion 1956 (Siehe Kap. II Seite 17) darniederliegenden, riesigen Emser Werke und setzt heute sein dadurch gewonnenes Milliardenvermögen zu politischer Einflussnahme ein. An der Abstimmung vom 06.12.1992 verhinderte er, zusammen mit dem Volksschauspieler Walter RODERER (Buchhalter NÖTZLI) den Eintritt der SCHWEIZ in den ***EWR*** mit dem historisch knappsten Volksmehr von 50,3 % Nein- Stimmen. Er verursachte damit den grössten Wirtschaftsschaden der Schweizer Geschichte, indem wir bis heute keinen ***freien Warenverkehr*** mit der ***EU***, aber an der Grenze eine Abermillionen fressende, riesige Zollpapierorganisation mit endlosen REDTAPE-Behinderungen haben, die sich mit Tausenden von aufgehaltenen Lastwagen und schmarotzerhaften Spediteur-Firmen auf Bürgers Kosten duelliert, was, unter vielen weiteren Folgen, die *SWISSAIR*-Pleite sowie etwa die Verlagerung unserer *ECOMOBILE*-Produktion nach Tschechien indirekt auslöste. Sein Anti-EU-Kurs hat bisher einen Übergang vom CHF zum EURO verhindert und die SNB (Schweizer Nationalbank) muss nun Milliarden zur Stützung der Euro-Untergrenze von 1.20 CHF ausgeben, die aber für die Wirtschaft zu tief ist und wohl trotzdem von der SNB auf die Dauer nicht haltbar sein wird. *BLOCHER* erinnert mich daher immer an meinen erwähnten Götti *Willy WAGNER*, der schon zu meiner Jugendzeit verkündet hatte: *„Pfarrers Söhn' und Müllers Chüe grote sälte oder nie!"* Kurz, nicht nur beim Militär sind unsere massgeblichen Geister bald 75 Jahre hinter der Gegenwart zurückgeblieben, sondern auch in der Politik. Dieser geistige Rückstand ist *idiopathisch*, dh. man hat ihn sich selbst beigebracht. Hoffnung auf eine Besserung besteht lediglich in der Erkenntnis, dass auch geistig Zurückgebliebene dem natürlichen Alterungsprozess unterliegen und dann einmal das Zeitliche segnen müssen...

Was kostete mich nun das Schweizer Militär? Bis heute insgesamt 1'434 Diensttage, dh. nahezu vier Lebensjahre. Gebracht hat es mir viele Flugerlebnisse, einige (meist negative) persönliche Erfahrungen und als Höhepunkt zum Schluss die Erkenntnis, dass ***Hühner nicht fliegen können***. Mit dieser Geschichte sei das Kapitel Militär vorerst einmal abgeschlossen. Als ich wegen der erwähnten Schiesserei aus dem Flugzeug und dem anonymen Brief zum Kdt der *Flugwaffe* zitiert wurde, war es für diesen kaum fassbar, dass, bei seinen detaillierten Dienstvorschriften und Trainingsprogrammen, schon rein zeitlich, eine derartige Übung überhaupt erdacht, geschweige denn sogar durchgeführt werden konnte. Als ich ihn damit zu beschwichtigen versuchte, dass es in der *Flugwaffe* immer <Übungen> gegeben habe und er das doch wissen müsste, herrschte er mich an: „Was für Übungen?" Unbedachterweise gab ich einen <Versuch> preis, bei dem ich zwar nicht aktiv mitgewirkt, ihn aber als Zuschauer miterlebt habe. Es war die Abklärung der Frage, ob ein Huhn fliegen könne, welche durch den Abwurf eines solchen aus einem *Pilatus-P-2*-Flugzeug geklärt worden war. Das Resultat dieser meiner verbalen Unvorsichtigkeit kam in der nachfolgenden Untersuchung der Schiesserei aus dem Flugzeug durch ebenfalls angeordnete Ermittlungen in jener Sache zum Tragen. Dieses Unterfangen konnte ich nur durch Verweigerung jeglicher Denunziation gerade noch abblocken. Das relevante *Resultat,* nämlich eine ***Federwolke*** mit nachfolgendem ***Flatterabsturz*** des armen Viechs, interessierte das *Flugwaffen-Kdo* merkwürdigerweise überhaupt nicht.

Kapitel IV

METO-Power, Water off ...

CV-440-Drillbefehl

STEIGFLUG ... ab 01.11.1962 (LINIENFLIEGEREI SWISSAIR)

An diesem Tag trat ich, nach einer weiteren Selektion, in die ***SLS*** *(Schweizerische Luftverkehrs-Schule)* in Kloten als Linienpilotenaspirant ein. Nach der Brevetierung zum Militärpiloten war ich erst einmal unschlüssig, was zu tun sei und überbrückte die Zeit vorerst mit dem Praktikumabschluss für mein begonnenes Maschinen-Ingenieurstudium. Lastwagenfabrikant *SAURER* war zu dieser Zeit ein interessantes Lehrobjekt, konnte ich doch nach den Stationen Lehrwerkstatt, Giesserei, Formenbau und Lastwagenmontage in die Flugmontage vordringen, wo die Goblin-Triebwerke der Vämpis und die HS-51-Motoren der *C-36*-Zielschlepper überholt wurden. Am Prüfstand habe ich beim Hispano-Suiza-Motor die Zuverlässigkeit des Druckluftanlassers, den regelmässigen Leerlauf mit den Flammen an den Auspuffstutzen und das Heulen des Radialladers mit Barometerdose sehr bestaunt. Hier sah ich erstmals auch, wie <MURKS> in grossem Umfang entsteht. Auf Grund eines abgerissenen Kurbelwellen-Ausgleichsgewichts mit Motorschaden, der zu einer MORANE-Notlandung mit Fallschirmabsprung zufällig meines Cousins *Mundi WAGNER* geführt hatte, kam man bei der *DMP* auf die Idee, die Haltebolzen auf den doppelten Durchmesser zu verstärken. Damit wurde das Schwingungsverhalten der HS-51-Kurbelwelle derart gestört, dass nun die so modifizierten Motoren reihenweise versagten, sodass alles wieder auf die Original-Haltebolzen zurückgebaut werden musste.

Die meisten der 100 modifizierten Motoren hatten nicht einmal 20 Std. geflogen und die Kosten der erneuten Revision beliefen sich auf etwa 55'000 CHF pro Motor. Die *DMP* nahm diese Kosten später zum Anlass, die *C-36*-Zielschlepper <aus Zuverlässigkeitsgründen> auf die Version *C-3605* umbauen zu lassen, dh. mit Occasions-PT-6-Turbinen aus dem Vietnamkrieg der Amerikaner auszurüsten. Dieser Occasionskauf führte zu weiteren Notlandungen, sodass dann der *C-36* ausgeschaubt und durch den neuen *PC-9* der Pilatuswerke ersetzt wurde. Weiter hatte ich auf dem Lastwagen-Motorenprüfstand eine Serie von fast 100 Neumotoren zu prüfen. Sie stammten aus OM-Chassis, die bei *SAURER* an Halde waren und den *2C* ersetzten, da das kleine Neumodell *2D* nicht mehr gebaut werden sollte. Der verantwortliche Mitarbeiter für das Ablassen des Kühlwassers an diesen Fahrzeugen im Herbst war im Sommer 1961 in Rente gegangen.

So froren die Motoren ein, platzten teilweise und mussten ausgebaut, revidiert und nach Prüflauf wieder eingebaut werden. Zum damaligen Zeitpunkt konnte *SAURER* die rund eine Mio. CHF für solche Aktionen dank Lastwagenkontingentierung noch locker verkraften.

Nun aber hatte ich die Entscheidung über meine berufliche Zukunft zu treffen. Sollte ich das unterbrochene Studium wieder aufnehmen oder dem Ruf von Flugkapitän *Theo SCHWARZENBACH* zur *SWISSAIR* folgen? Am letztmöglichen Tag war ich mir immer noch unschlüssig und knobelte also mit einem Fünfliber. Kopf Wilhelm TELL entschied für Kloten und die goldene Kette, die mich dann 28¼ Jahre an die *SWISSAIR* fesseln sollte. Ein Theoriehalbjahr, wo Morsen und Astronavigation die hauptsächlichsten, aber auch unnötigsten Fächer waren, hatte immerhin den Vorteil, dass der ein- und ehemalige, auch seebefahrene Navigator ***Harry HOFMANN*** uns den trockenen Stoff mit zahllosen Anekdoten aus seiner Schiffs-Offizierslaufbahn hochinteressant darlegte. Bei Gelegenheiten wie meinem Sieg 1963 an der ***SKM*** *(Schweizer Kunstflug-Meisterschaft)* war er immer bereit, Feiern schon während der Kursstunden zu starten und hielt auch jedes Mal selber bis zum Schluss im Morgengrauen durch.
Dann folgte die Flugausbildung auf der *DC-3*. Anfänglich glaubten wir, diesen <Riesenvogel>, der später <*Appenzeller BOEING*> hiess, mit 13 Tonnen Gewicht und 28 Plätzen sowie einer Cockpithöhe von drei Metern bei der Landung nie zentimetergenau mit den Rädern aufsetzen zu können. Erstaunlicherweise entwickelte sich das Gefühl dafür aber praktisch sofort. Und wer den heiklen *Bü-133-Jungmeister* im Militär bei Seitenwind auf Hartbelag landen konnte, dem machte die DC-3-Tante mit ihren grossen Massenträgheitsmomenten um alle Achsen überhaupt keine Mühe. Noch erinnere ich mich an die Prüfungsflüge für den Berufspilotenschein, wo die Fluglehrer ausstiegen und zwei Schüler allein die Kiste auf 800 Meter Dreipunkt zu landen hatten. Sinnigerweise herrschte am Prüfungstag kräftiger Nordwind, sodass zu den Distanzschätzproblemen auch noch Seitenwindkorrekturen kamen, die vor allem den Nicht-Militärpiloten Probleme aufgaben. Die am Boden kontrollierenden Inspektoren hüpften noch mehr von einem Fuss auf den anderen als die *DC-3* vom linken auf das rechte Rad und zurück, weil ein Jahr zuvor bei einem solchen Prüfflug einer Maschine, der *HB-IRN*, bei einem Ringelpilz ein Fahrwerk abrasiert worden war. Das machte uns Schülern wenig Kummer, denn es wurde damals nur der Fluglehrer dafür vergattert. Für die Prüfung war auch ein längerer Flug in der Nähe des VOR-Funkfeuers Zürich-Ost auszuführen, bei dem eine Motorpanne simuliert und einmotorig eine Acht zu fliegen war. Als ich diese Übung hoffnungsvoll und gut innerhalb der Höhentoleranz von +/-100 Fuss erfüllt hatte, versuchte Fluglehrer *Teddy SCHULTHESS*, den toten Motor wieder zu starten, was ihm aber in mehreren Versuchen nicht gelang. Schon vorher war mir aufgefallen, dass die Zylinderkopftemperatur auf null stand und so den Motorausfall anzeigte. So sagte ich zum Fluglehrer und dem hinten sitzenden Luftamtexperten *Fritz HÜGLI*: „Der linke ist hinüber und jetzt müssen wir halt einmotorig nach Kloten zurück!" Selbst durfte ich dann den <Featherbutton> drücken und den linken Propeller segeln. Fluglehrer *SCHULTHESS* rief schon weit vor der TMA den Zürich-Tower mit ernster Stimme auf. Den grössten Teil seines

SWISSAIR-SLS-DC-3-Schulflugzeug HB-IRN

Palavers bekam ich nicht mit, weil ich mit dem einmotorigen Auflinieren der *DC-3* auf den Final der Piste 28 genug zu tun hatte. Wir landeten glatt und rollten von der Piste in den Rollweg vor dem alten Militärhangar. Vor dem Tarmac mussten wir anhalten. Die Freigabe nach rechts zur *SWISSAIR*-Maintenance kam und ich merkte, dass das Abdrehen aus dem Stand mit Radbremsen nach rechts bei ausgefallenem, linkem Motor bei der *DC-3* unmöglich ist. Während der Fluglehrer einen Traktor anforderte, fiel mir die Lösung dieses Problems ein, indem ich die Maschine um 270 Grad mit dem rechten Motor nach links drehte und nun auf Kurs rechts zur Maintenance war. Der Luftamtinspektor sagte beifällig: „Sau guet!" Aber der Fluglehrer grollte und murmelte etwas von Befehlsmissachtung. Den Kopf aus dieser Schlinge konnte ich nur dadurch ziehen, dass ich ihn auf seine Unterlassung von adäquaten Manöver-Instruktionen für die *DC-3* mit Triebwerkausfall am Boden, die er offensichtlich selbst auch nicht kannte, hinwies. Mit kleinlaut geäusserten Bedenken wurde mir daraufhin das Berufspiloten-Brevet immerhin doch noch ausgestellt.
Die Ausbildung im Schulgebäude erfolgte parallel mit Kursen für die Stewardessen und wir kamen dadurch in direkten Kontakt mit diesen ausgesuchten Damen. Obwohl das Tenü der Pilotenschüler etwa dem von Absolventen landwirtschaftlicher Schulen entsprach und stark gegen den eleganten Dresscode der Stewards abfiel, waren wir die Hähne im Korb. Dies nicht zuletzt deswegen, weil eine beträchtliche Gruppe von Stewards mehr an ihren eigenen Kollegen als an den Damen interessiert war. Seit dieser Zeit hatte ich Zulauf von <Haushälterinnen>, welche sich für die Besorgung meines Junggesellen-Haushalts sehr interessierten und mir den Rücken für meine anderen Tätigkeiten wie etwa *Kunstflug* gerne frei hielten.

Während der Ausbildung besuchten wir am 4. September 1963 die Meteostation in Payerne, um den Aufstieg einer Wetterballonsonde mitzuerleben und die Einrichtungen zu deren Verfolgung und Signalübertragung kennen zu lernen. In der Gegend von Lenzburg kreuzten wir auf der Hinfahrt eine grosse Gruppe von Polizei- und Feuerwehr-Fahrzeugen.

In Payerne erfuhren wir vom Absturz der *SWISSAIR-Caravelle* bei Dürrenäsch. Am Abend bei der Rückfahrt standen wir betroffen vor dem Krater, welchen die abstürzende Maschine mit Passagieren aus Humlikon, die fast die halbe erwachsene Dorfbevölkerung umfassten, mit uns teilweise bekannten Besatzungsmitgliedern und weiteren unglücklichen Passagieren beim Aufschlag verursacht hatte. Noch wusste ich nicht, dass ich später in das *BFU (Büro Flugunfall-Untersuchungen)* berufen würde, dort während 24 Jahren mitarbeiten und die Ursachen für solche Unfälle suchen helfen sollte.

Gemessen am Militär war die Fliegerei in der *SWISSAIR*, auf die wir in der *SLS* nun theoretisch vorbereitet wurden, geradezu hochwissenschaftlich. Der beste Performance-Instruktor, Capt. *André HOOL*, war ausgebildeter ETH-Ingenieur mit Spezialisierung auf Flugleistungsberechnung und drillte uns in Tabellen- und Grafik-Benutzung zur Bestimmung von Start- und Landestrecken, Steigleistungen mit und ohne Triebwerksausfall, Steig- und Anfluggeschwindigkeiten usw., unter Berücksichtigung von Temperatur, Luftdruck, Höhe, Fluggewicht und Flugzeugmustern. Sofort wandte ich diese neu erworbenen sowie eigene Kenntnisse auch auf unsere *DC-3*-Schulflüge an. Das führte zum ersten Krach mit der SWISSAIR-Hierarchie. Damals, 1963, als die ersten Düsen-Passagierflugzeuge *DC-8*, *Caravelle* und *CV-880M* gerade die *DC-6*- und *DC-7*-Kolbenmotorflugzeuge ablösten, war ein allgemeiner Jetfimmel in der Firma ausgebrochen. Die Jet-bezogenen Blätter des *PIH (PILOT'S HANDBOOK)* waren blau statt weiss, es gab Kurse in Jet-Meteorologie, Jet-Performance, Jet-Operations usw.. Während sich die alten Kapitäne redlich bemühten, nach langen Herrscherjahren auf den Kolbenflugzeugen die Umschulung auf den schnelleren und grösseren Jet zu schaffen, wobei manche Koryphäe durchfiel und, unvorstellbar, permanent vom linken Kapitänssitz nach rechts auf den Copilotensitz verbannt wurde, war bei unseren Fluglehrern das gegenteilige Syndrom weit verbreitet. Als Kapitäne auf dem verbliebenen *CV-440*-Propellerflugzeug wollten sie die Umwälzung nicht bis zur Beförderung auf die *Caravelle* abwarten. Somit wurden die Flugprozedere dieses braven Brummers <Jetlike> umgekrempelt, z.B. auf Anflug mit konstantem Flap-Setting, Clean-Holding und geänderte Startkonfigurationen. Besonders weit trieb es ein eifriger Romand, mein Fluglehrer *Capt. Jeannot LANZ*. Bei den ersten ILS-Blindlandeanflügen dozierte

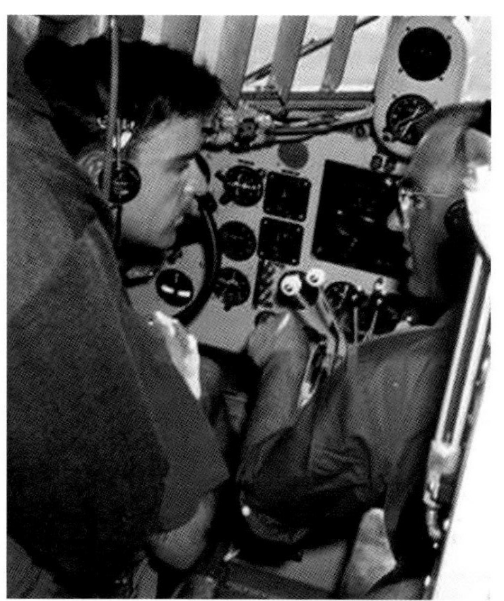

DC-3-Cockpit – rechts Capt. LANZ, links SLS-Schüler Maurice DECOPPET

er, der Gleitweg müsse mit dem Leistungshebel, bei konstantem Anstellwinkel bzw. Höhenruderausschlag, eingehalten werden. Meine dann aus verschiedenen Parametern erstellte Energiebilanz des Anflugs für Jet- und Propellerantrieb hingegen zeigte ein merkwürdiges Ergebnis, nämlich, dass der Gleitweg grundsätzlich nur über die Variation des Anstellwinkels bzw. des Höhenruders gehalten werden kann. Zwar sind beim Jet schnellere und mehr Korrekturen an den Leistungshebeln notwendig als beim Propellerflugzeug, aber die Veränderung der Leistung ohne Korrektur des Anstellwinkels führt zu grossen Überschreitungen der Geschwindigkeits- und Höhen-Toleranzen und damit zu <not qualified> Anflügen. Vertrauensvoll wandte ich mich also an *Capt. LANZ*, der weder meine Arbeit anschaute noch verstand. Er sei zwar <nur Kaufmann> gewesen, gebe uns aber klare Weisungen, wie geflogen werden müsse. Im Übrigen sei mein vorgeschriebenes Tagebuch hundsmiserabel, im Stil eines Maurers geführt. Päng! Unnötig zu sagen, dass *LANZ*, sonst ein brillanter Pilot, mit seiner Methode eher schwache ILS-Anflüge vorzeigte. Meine Umstellung auf das richtige System hingegen schlug auf gute Qualifikationen durch. Betroffen allerdings machte mich die Entdeckung, dass also auch bei *SWISSAIR* nicht jede Beförderung nach Befähigung und Eignung ablief.

Zum Thema *LANZ* wäre nachzutragen, dass das System von seinen kaum technisch begründbaren Vorstellungen lange geblendet blieb und er als Chefinstruktor bei der Einführung der *DC-9* mit dem <Instruction-Guide> eine Bibel für Umschulungskurse schuf, welche das Fliegen bis zum <Geht-nicht-mehr> verkomplizierte. Mit der *LANZ'schen Niere*> erfand er eine ausserhalb der ICAO-Toleranzen liegende Art des Holdingfliegens. Als Gefühlspilot propagierte er Übungskombinationen wie etwa den Durchstart nach klap-

SWISSAIR CV-440 CONVAIR-Liner <Metropolitan>

CV-440-Nightstop Nizza auf dem Schiff von Capt. Eric ERB im Hafen MENTON. V.l.n.r. der Autor, Ruth W., Capt. Oski KUPRECHT, Rita SCH.

penloser Landung mit Verzögerung durch Reverse und die <*Full-flaps-zero-slats-manual-spoiler-fullbrakes-Landung*>, welche die *DC*-Technik weit überforderten und bei ersterer zum Overrun mit einem Triebwerk in Reverse und dem anderen im Vollschub bzw. bei letzterer zu geplatzten sämtlichen Reifensätzen führten. Erst Jahre später wurde *LANZ* dann von einem übereifrigen Stellvertreter ausgebremst, aus dem Cheffluglehrersessel gekippt und musste seinen Hut als Funktionär nehmen.

Genau ein Jahr nach SLS-Beginn übernahm uns die *SWISSAIR*. Dabei setzte man uns noch 20 KLM-Piloten vor die Nase, die nach Seniorität eine Woche früher eingestellt wurden. <KRISE> war 1962 bei *SWISSAIR* angesagt. Ein *SLS*-Kurs wurde annulliert und unserer auf das Minimum von acht Mann gedrückt, von denen drei ehemalige *DC-6-Bordtechniker* waren und einer dann noch geschasst wurde. *SLS*-Schulleiter *Capt. Theo SCHWARZENBACH* dozierte, dass die *DC-8* doppelt soviele Passagiere wie *DC-6* und *DC-7* doppelt so schnell transportiere und dass man ergo nun nur noch einen Viertel der Piloten brauche. Cheffluglehrer *Capt. Hugo MUSER* war unermüdlich im Vortrag, dass es zwar tragisch sei, wenn HANSLI das Geigenspiel nicht lerne. Jeder solle also sofort melden, falls er die Ausbildung nicht mehr zu schaffen glaube. Dann würde ihm kein Ausbildungs-Kostenersatz aufgebrummt. Bis in die 90er-Jahre, wo erstmals seit 1950 die *SWISSAIR* von eine Krise durchgeschüttelt wurde, waren alle regelmässig repetierten Untergangsszenarien reine Seifenblasen. Wegen voreiliger Cockpit-Personalstopps und der langen Piloten-Ausbildungszeiten mussten periodisch Anheuerungsaktionen, z.B. von KLM, der Bundeswehr-Luftwaffe oder sogar aus dem australischen Busch die Lücken füllen. Weil die Beförderung der Piloten nach Seniorität, dh. nach Eintrittsdatum erfolgt, nahmen wir diese Feuerwehraktionen der Firma begreiflicherweise übel.

Erster Job bei der Firma war *Copi* (Copilot) auf dem *CV-440, <Metrop>* genannt. Anfangs 1964 kamen wir als sog. <Baby-Pilots> auf die Linie mit der Berechtigung, vom Klappsitz hinten im Cockpit die <Communications> zu händeln. Etwa im Mai machte ich meinen ersten Flug als selbständiger *Copi*. Es war der Beginn einer tollen Zeit. In Genf, Nizza, Rotterdam, Hamburg, Helsinki etc. gab es Übernachtungen, <Night-Stops>, bei denen junge Damen vom <geflogenen Personal>, unsere ausgesuchten Stewardessen, sich sehr rührend um uns junge *Copis* kümmerten.

Die Arbeit war interessant, besonders wegen der komplexen Pratt & Whitney-Double-Wasp-18-Zylinder-Sternmotoren. Schon Anlassen, Durchdrehen über 12 Blades gegen Pleuelschläge von Öl in den hängenden Zylindern, <Primern>, Boosterzündung ein und das dumpfe Losfeuern der grossen Töpfe waren Erlebnisse dritter Art. Je nach Temperatur wurde mit Gefühl gearbeitet. Man HÖRTE das fette, faule Zünden oder mageres, rassiges Hochdrehen, oft von lautem Knallen begleitet. Bald wussten wir, welche Kapitäne <es> konnten und welche nicht. Liefen die Motoren, rollte man zum Warmlaufenlassen an die heute vergessene Runup-Position, wobei der *Copi* durch langsames Schliessen des Cockpitfensters die Druckkabine startbereit machte. Nachdem 40 Grad Öltemperatur erreicht waren, wurde Leistung gegeben, das Autofeathersystem getestet und dann Magnete und Proppellerregler überprüft. Daraufhin war man zum Start mit Wassereinspritzung und 2 x 2'500 HP (Horsepower) bereit. Das Brummen der Motoren hörte man nach fünf Rotationstagen noch zwei weitere Nächte im Bett. Die Flugleistungen nach einem Motorausfall waren knapp. Spezielle Kurzplatzrunden wurden für hinderniskritische Pisten beim Homebase-Check 1:1, dh. ohne Simulator, im Flug geübt. Die Zylinderköpfe waren mit Verstellen der Cowl-Flaps von Hand genau auf 190° C zu halten. Das Ausleanen (Abmagern) des Gemisches mittels 12er-Drop war eine Technik-Zelebration, die noch komplizierter wurde, wenn in den Wolken die Vergaser auf genaue +15° C vorgeheizt werden mussten. Obwohl die Flugzeiten bei 360 km/h Reisegeschwindigkeit, gegenüber den 850-1'000 km/h der heutigen Jets, mehr als doppelt so lang waren, hatte der nichtfliegende, <Assisting Pilot> bei der Motorbedienung mehr zu tun als später auf der *DC-9* mit den simplen <LÖTLAMPEN>, wie wir die Jet-Triebwerke damals bezeichneten. Und fast jeden zweiten Flug überliessen uns die Kapitäne die Maschine nach dem Start mit dem Ausruf: *„Your controls“*. Wir durften bis nach der Landung selbst <ventilen>, dh. das Flugzeug steuern.

Freundlicherweise machte die *SWISSAIR* bald nur noch spärlich Gebrauch von meinen Diensten. Bereits war die Abneigung der Passagiere gegen die langsamen, lauten Propellermaschinen spürbar und das Netz der *METROP*-Flüge verminderte sich schnell. Mehr Freitage und leere Abschnitte im Monatseinsatz veranlassten einen fanatischen Flieger, *Peter THUT*, zur Abfassung eines ironischen Artikels im Gewerkschaftsblättli *AEROPERS-Rundschau* über einen Verein der *METROP-Piloten* namens <*GANGGO-KLUB*>, nämlich der Aufforderung der Ehefrauen: „GANGGO poschte, wennt suscht nüt z'tue häscht!" Mich brachten diese gewonnenen Freitage dazu, ein Hobby in der Sportfliegerei, den ***Kunstflug***, mehr und mehr als Geld-, Zeit- und Langeweile-Vernichtungsmittel zu betreiben.

Bereits nach knapp zwei Streckenjahren, noch durch die Offiziersschule verkürzt, schulte man uns dann auf den ***Convair CV- 990A Coronado*** um, eine vierstrahlige Düsenmaschine mit eindrucksvollen Flugleistungen wie Machzahl 0,912 und einer Staudruckgrenze von 435 Knoten <angezeigt>. Obwohl wir normalerweise langsamer flogen, liess sich mit dem *CV-990* praktisch jedes <Rennen> gegen *B-707, DC-8* usw. gewinnen. Wenn man am Funk die errechnete Position für das Anflugfunkfeuer einer anderen Maschine hörte, z.B. der fast gleichzeitigen *Lufthansa-B-707* von Bangkok nach Hongkong, war es meist durch <Heizen> am Barberpole (Rotweisser Zeiger der Maximalgeschwindigkeit) möglich, sich der Hansa vor die Nase zu setzen und Anflugpriorität zu bekommen. Erst 15 Jahre später ging das gleiche Spielchen mit der *B-747* auch, die ebenfalls Mach 0,91 lief gegenüber nur 0,83 der *DC-10*. Die interessanteste Erfahrung für uns <*Copis*> war, dass die fliegerischen und menschlichen Fähigkeiten der Kapitäne durch die Leistungsfähigkeit der schnellen Maschine schonungslos aufgedeckt wurden. Das gestresste <um-sich-Schlagen> mit gleichzeitiger Mühe, sich nicht vom Flugzeug geistig überholen zu lassen, führte beim damaligen Hierarchiegefälle zwischen König *Captain* und den Dienern *Copi* und *Bordtechniker* oft zu haarsträubenden Situationen. So musste ich bei einem bekannten, hochrangigen Pilotenfunktionär, der regelmässig im Anflug Orientierungsprobleme bekam und im Blindflug schwach war, mehrmals am Funk auf Befehl an die *ATC (Luftverkehrskontrolle)* durchgeben: „All navigation aids are unstable and fluctuating..", dh. alle Navigantionshilfen seien instabil und schwankten. Es war für uns Fünfundzwanzigjährige sehr schwierig, den <diplomatischen Weg> zu finden, um einem überforderten Kapitän zu helfen und die Lage im Interesse der Flugsicherheit zu entspannen, ohne mit Anschnauzern wie: *„T'Schnorre zue!"* abgefertigt zu werden. Bald merkten wir, dass unter den schlimmsten Problemfällen auch Funktionärspiloten, mit einigen Ausnahmen, waren. Manche flogen fast nur wochenends, sassen werktags im Büro und wechselten womöglich noch zwischen *DC-8* und *CV-990* hin und her. Durch mangelndes Training und ihre Autoritätsstellung als Chefpiloten, Streckenfluglehrer und Technische Piloten gab es besonders oft Zwischen- und sogar Unfälle, weil sie sich bei ihren Fehlern nichts sagen liessen. Den schlimmsten <CHLAPF> (= harte Landung) meiner über 28 Jahre in der *SWISSAIR* erlebte ich 1967 am Sonntag, den 4. Juni auf dem *CV-990* in Tel Aviv, wo der Herr Kapitän zu langsam anflog, meine Hinweise mit dem wissenden Spruch, die Geschwindigkeiten würde er sowieso nächstens ändern, beiseiteschob und dann einen Aufschlag produzierte, dass einige Sauerstoffmasken in der Kabine herunterfielen. Dann gab er erschreckt Leistung, statt die Spoiler herauszuziehen, sodass das Flugzeug wieder in die Luft sprang, riss wieder die Leistungshebel nach hinten und die Maschine fiel herunter auf das rechte Hauptfahrwerk. Dann sprang sie wieder in die Luft, fiel auf die linke Seite und dieses Sackgumpen wiederholte sich noch zweimal, bis wir endlich rollten und ich voll Reverse geben konnte. Haarscharf standen wir nach einer Vollbremsung knapp vor dem Pistenende still. Während die Mechaniker dann die Maschine untersuchten und der legendäre *Dixi HEIM* (ein Original von Stationsmanager) die aufgeregten Passagiere beruhigte, musste ich den Kapitän zum Kontrollturm begleiten und mich dort als Zeuge für eine angeblich völlig falsche Windangabe vor der Landung, Grund für den <Chlapf>, betätigen. Beinahe hätte man die Maschine für den Rückflug nach Zürich nicht mehr freigegeben, weil eine Triebwerkverkleidung angeschabt war. Dann hätte ich den am nächsten Morgen ausgebrochenen Sechstagekrieg in Israel aus nächster Nähe miterlebt. Da der Kapitän den Mechanikern aber versicherte, er hätte schon in Zürich Schleifspuren an der Triebwerksverkleidung bemerkt und sich gewundert, dass diese nicht in den <Hold-items> eingetragen worden seien, liess man uns laufen. Die Verspätung musste ich am Public-Address mit der <falschen> Windangabe bei der Landung, <outside of *SWISSAIR's* control> verkaufen.

Oft haben wir uns dann gefragt, warum bei *SWISSAIR* mit Zielsicherheit viele, nicht nur fliegerische Funktionärsposten mit denkbar ungeeigneten Persönlichkeiten besetzt waren und wurden. Entweder mussten diese Leute schon vorher persönlich, als Piloten auch fliegerisch Mühe gehabt haben, oder sie wurden in der Funktionärskarriere mangels Training immer schlechter. Dass die *SWISSAIR* dabei mit der unglücklichen Auswahl nicht allein stand, zeigt der schreckliche Unfall der KLM- und PANAM-Jumbos in Teneriffa, sinnigerweise auch an einem Sonntag, 27.03.1977 mit 583 Toten. Verursacht wurde er durch KLM-Chefpilot *Veldhuyzen van ZANTEN*, der ohne Freigabe des Towers bei schlechter Sicht startete, wobei sowohl Copilot als auch Bordtechniker nicht wagten, ihn daran zu hindern, obwohl sie wussten, dass keine Startfreigabe erteilt worden war und der PANAM-Jumbo im Nebel auf der einzigen Piste zurückrollte. Interessanterweise war Chefpilot *Veldhuyzen* in KLM-Inseraten als Garant für Flugsicherheit mit einer Erfahrung von 14'000 Flugstunden porträtiert worden. Der schuldlose, gleichaltrige PANAM-Jumbo-*Captain Victor GRUBB* hatte als <normaler> Linienpilot dagegen schon weit über 20'000 Std. Flugerfahrung. Der Fall ging mir besonders nahe, weil ich, zusammen mit *Ruedi GESER* als *Copi*, einen *BALAIR-DC-9-Flug* an jenem Sonntag in Teneriffa abholen musste und wir sowohl das Wetter als auch die beiden Jumbos von KLM und PANAM kurz vor dem Unfall selbst gesehen hatten.

Diese verfehlte Kaderpolitik der *SWISSAIR* hat mich bei meinem Austritt zu einem Artikel in der *AEROPERS*-Rundschau veranlasst, der auch auszugsweise im Buch <*Die SWISSAIR-Story*> von Swissair-Schreck *Sepp MOSER* abgedruckt wurde. Dazu muss man wissen, dass besonders in der Ära *STAUBLI* die Selektion der Pilotenfunktionäre auf dem

Inzuchtweg erfolgte, indem am Route-Check-Pilots-Meeting vertraulich alle neuen Kapitäne durchgehechelt, daraus die geeignet Scheinenden bestimmt und dann vom Flottenchef angefragt wurden, ob sie eine Funktion übernehmen wollten. Somit ergänzten sich die Bewahrer des Systems quasi aus sich selbst und jeder Vorschlag wurde zudem auf dem Dienstweg noch von oben überprüft. Dabei wurde etwa der Sohn eines Funktionärs abgelehnt, weil sich sein Vater gerade mit dem grossen Manitu verkracht hatte. Kein Wunder, dass dergestalt Leisetreterei endemisch und Fähigkeit bzw. Kompetenz rarer wurden. Im oben erwähnten Artikel <Zur Genese der Inkompetenz> kam ich, nach der Beschreibung einer Reihe von Fehlern und Pannen, zu den folgenden Erkenntnissen: <Die *SWISSAIR* ist personalpolitisch in eine Pannensituation geraten. Trotz aller Beschönigungsversuche gab es noch nie soviele Flops in wenigen Monaten. Es soll nun aufgezeigt werden, wie dieses Debakel entstehen musste, trotz aller redlichen Bemühungen. Dazu müssen wir uns mit der Führung, Autorität, Hierarchie, Kommandokette und Beförderungskriterien genauer auseinandersetzen.
Wie alle Grossbetriebe ist die *SWISSAIR* aus einem Klein- zum Mittelbetrieb bis zum heutigen Koloss gewachsen. Mit dem Wachstum stellte sich die Frage, wie über eine immer mehr Stufen umfassende Hierarchie nun Weisungen, früher Befehle, durchgesetzt und kontrolliert werden können, d.h. wie ein solches Mini- und später Maximonster überhaupt noch geführt werden kann. Wurde früher, nach <Wir, Wilhelm von Gottes Gnaden> angenommen <Wem Gott ein Amt gibt, dem gibt er auch Verstand> und Diskussionen wie Rückfragen als Majestätsbeleidigungen geahndet, kann heutzutage die Führung nur noch über die Motivation der Mitarbeiter praktiziert werden. Bei der alten Kommandokette genügten ein gutes Gehör, Vokabeln wie <Jawohl> und ein krummer Rücken als der von Gott verliehene Amtsverstand. Heute muss der Vorgesetzte zwei grundlegende Fähigkeiten haben, nämlich *MENSCHLICHE* und *FACHLICHE KOMPETENZ.* Die Beförderungsfalle liegt nun darin, dass kompetente Leute à priori schwieriger zu behandeln und zu führen sind als Dummköpfe. Der autoritäre Chef schaufelt der Kompetenz das Grab, wenn er bei Beförderungen denjenigen bevorzugt, welcher ohne *WENN* und *ABER*, präzise jede Weisung sofort durchführt. Wer aber macht solches am besten? Zwei Kategorien stechen dafür ins Auge, nämlich der *DUMME*, der ohne Befehle verloren ist und sich akribisch bei der Ausführung an dieselben klammert, und der *STREBER*, der die Vorliebe des Chefs für Gehorsam erkannt hat und zwecks Karriere dasselbe tut wie der Dumme. Beide sind als Kaderleute ungeeignet, denn dem Dummen fehlt es an fachlicher, dem Streber an menschlicher Kompetenz. Fachliche Kompetenz ist leicht feststellbar, insbesondere bei technischen Berufen. Ein Pilot, bei dem jede zweite Landung ein <CHLAPF> wird, kann schnell als unfähig eingestuft werden. Menschliche Kompetenz ist schwieriger zu erkennen. Sie ist nichts anderes als die Gabe, sich in die Situation des Mitarbeiters, Partners oder Untergebenen versetzen zu wollen und zu können, damit man diesen entsprechend seinen Fähigkeiten und Bedürfnissen motivieren kann. Wird bei der Besetzung von Kaderposten nicht in erster Linie auf fachliche und menschliche Kompetenz abgestellt, nimmt die *INKOMPETENZ* des Systems zwangsläufig zu. Seit etwa zehn Jahren ist feststellbar, dass eine Reihe von

Beförderungen durch autoritäre Chefs nach anderen Kriterien erfolgt sind. Das Firmenvolk witzelte in der von Direktionspräsident Robert STAUBLI dominierten Ära 1981-88, (der als Chefpilot grosse Verdienste beim schwierigen Übergang zum Düsenflugzeug hatte), in Kenya sage man ***NAIROBI***, bei *SWISSAIR* dagegen ***JA ROBI***. Kritiklose Befehlsempfänger mit bürokratisch-präzisem Vollzugsverhalten und Mitnahme von eigenen Seilschaften auf dem Beförderungsweg haben damals das Bild des Kaders nachhaltig verändert. Dass bei *SWISSAIR* nur noch Streber und Dummköpfe an den Schalthebeln waren, ist natürlich nur bedingt richtig. Der Mensch ist schliesslich zu vielschichtig, als dass sein Charakter auf diese zwei Begriffe reduziert werden könnte. Doch die Ausrichtung nach oben und die dadurch bewirkte Zukehrung der Hinterseite zur Basis, zusammen mit der Inzucht des Systems, hatten aber zu einem weitgehenden Zusammenbruch der Kommunikation von unten nach oben geführt>.

Die Geschäftsleitung und das höhere Kader hatten etwa ab1990 schon sichtbar abgehoben und sich mehr und mehr von der Realität entfernt. Man interessierte sich nur noch bedingt für das Tagesgeschäft und hat strategische Spiele mit gewaltiger Überschätzung der eigenen Möglichkeiten begonnen. Stolperstein wurde das knappe ***Volksabstimmungs-NEIN*** zum ***EWR*** vom 06.12.1992, das die *SWISSAIR* von den Kabotage-Landerechten innerhalb der EU ausschloss (Siehe dazu Kap. III Seite 41). Mit der darauf folgenden, vollen Übernahme der belgischen *SABENA*, um den Fuss in der *EU* zu behalten, begann der Abstieg, weil man sich unbegreiflicherweise dazu verpflichtete, für alle zukünftigen Kapitalbedürfnisse dieser *SABENA* aufzukommen. Dasselbe Muster wurde dann auch beim Einkauf in und von marode(n) Linien- und Charter-Gesellschaften weiter verwendet, sodass diese Verlustbringer Zugriff auf die *SWISSAIR*-Kasse bekamen und sich entsprechend bedienen liessen. Als begabtester *STREBER* kam ***Philippe BRUGGISSER***, seit 1979 bei der *SWISSAIR FINANZ-CONTROLLER*, trotz eines finanziellen Flops (EUROACTIVIDADE-Golf) auf dem INZUCHTWEG 1996 an die Firmenspitze und führte mit der verfehlten *HUNTER-Strategie* der *Mac KINSEY*-Unternehmensberatung, weltweiten Allianzen und den Aufkäufen weiterer maroder Airlines die *fliegende Bank SWISSAIR* zielgenau in die Zahlungsunfähigkeit. Der ebenfalls aus sich selbst ergänzte Verwaltungsrat merkte erst im Januar 2001, dass schon mehr als die fünf bis sechs Milliarden CHF eigener Substanz der Firma verputzt waren und schasste *BRUGGISSER* sehr zögerlich, wohl weil etwa Verwaltungsratspräsident *Eric HONEGGER* als früherer Kantonspolitiker oder *Vreni SPÖRRY-TONEATTI* als FDP-VR-Mandatssammlerin bei den diffusen *BRUGGISSER*-Machenschaften offenbar immer nur BAHNHOF verstanden hatten. ***Moritz SUTER*** sollte dann das Debakel richten und ich beglückwünschte ihn zu seinem, wie er mir sagte, *SCHLEUDERRSITZ*. Nach nur vier Wochen musste er den Bettel hinschmeissen, weil er weder vom Verwaltungsrat noch von den Personalverbänden unterstützt wurde. Besonders die Pilotengewerkschaft *AEROPERS* machte u.a. im Zusammenhang mit der dringenden Sanierung der *BALAIR* bösartig auf Obstruktion und rügte sogar den Verwaltungsrat, <weil *BRUGGISSER* ohne Würdigung seiner Verdienste> entlassen worden sei.

Als mich *Moritz SUTER* anrief und mir mit grausam erkälteter Stimme die Umstände seines Rücktritts erklärte, indem er sagte: *„Die Firma ist KAPUTT und nicht mehr zu retten"*, war ich sprachlos und meinte: *„Aber wie kann das denn so schnell gekommen sein?"* *Moritz* krächzte nur noch: *„Du wirst Dich an meine Worte zur kaputten Firma bestimmt noch erinnern"* und hängte auf.
Der schliesslich mit Unterstützung des BLICKS zum <*SUPERMARIO*> hochgejubelte und vom Verwaltungsrat dann eingesetzte Sanierer ***Dr. Mario CORTI***, wiederum auf dem Inzuchtweg ausgewählt, scheiterte klar an dieser nun schon sehr schwierigen Aufgabe durch mangelnde *FACHKOMPETENZ* und seinem Wunsch, niemandem weh zu tun und populär bei den Mitarbeitern zu bleiben. Obwohl er durch die krasse Unvorsichtigkeit, eine ***Nachlass-Stundung*** der Airline in den Medien vorab anzukündigen, zum finalen Totengräber der *SWISSAIR* wurde und damit das Grounding selbst verursachte, behauptete er dann lautstark bei der Gerichtsverhandlung zur *SWISSAIR*-Pleite, ***MAN*** habe das Schiff in eine Felswand gesteuert. Dabei stand er selber als verantwortlicher Kapitän auf der Kommandobrücke. Realistisch gesehen verursachten das Zugreifen der Gläubiger auf deren Werte und die Liefersperren wegen der angekündigten Zahlungsunfähigkeit den Kollaps. Es braucht dazu keine Intrigen- und Räuber-Geschichten als Erklärungen. *Dr. Mario CORTI* ***wusste*** offensichtlich ***nicht***, was jeder selbständige Handwerker oder *KMU-CEO* wissen ***MUSS***, nämlich wie die Gläubiger und Lieferanten auf eine angekündigte Nachlass-Stundung reagieren. Möglicherweise orientierte er sich am Gläubigerschutz des US-Insolvenzrechts Chapter 11, bei uns aber nicht vorhanden und natürlich unwirksam im Fall der *SWISSAIR*. Dass die Piloten bei den Protestkundgebungen 2001 auf dem Bundesplatz in Bern dann <*CORTI, CORTI!*> skandierten, zeugte ebenfalls von gleicher Ahnungslosigkeit und ersetzte weder die total versäumten Sanierungsmassnahmen, noch wurde damit die grösste Pleite der Schweizer Wirtschaftsgeschichte verhindert.

Dieses Kapitel soll aber nicht nur Negatives betonen. Die Ausrichtung der Funktionäre nach oben hatte auch zur Folge, dass auf der Linie ein relativ unreglementiertes, lockeres Klima herrschte. Das kam besonders uns Copiloten auf dem rechten Sitz zugute. Schönste Flugerlebnisse wie VFR-Flüge von Nizza nach Genf oder von Zürich nach Innsbruck mit dem CV-440, Honkong-Anflüge über Cheung-Chow mit dem CV-990, Bangkok-Slings vor der grossen Touristenflut, Hotelsuiten im Peninsula in Kowloon usw. beeindruckten mich und ich lernte fliegerisch und menschlich viel von den abwechselnden Cockpit- und Kabinenbesatzungen. Manche, meist heute noch bestehende Freundschaften habe ich damals geschlossen. Mein Eintritt in die SLS zur (Pseudo-) Krisenzeit 1962, nämlich während der finanziell anforderungsreichen Ablösung der Kolbenflugzeuge *DC-6* und *DC-7* durch die Düsenmaschinen *DC-8, Caravelle + CV-990,* hatte sein Gutes im nachfolgenden <Zug im Kamin>, d.h. die *SWISSAIR* musste in den Folgejahren stark expandieren. Da Piloten nach Dienstalter befördert werden, bedeutete dies starken Rückenwind. Bereits nach vier Jahren als Copilot kam das Aufgebot zum Kapitänskurs für die zweistrahlige *DOUGLAS DC-9.* Mit meiner Beförderung in den linken Sitz, einem beträchtlichen Salärsprung und der Übertragung der Verantwortung für ein Linienflugzeug der *SWISSAIR* hatte ich, bereits kurz nach meinem 28. Geburtstag, die zweite Cruising-Altitude, meine zweite berufliche Reiseflughöhe in meinem ersten Leben erreicht...

Oft habe ich mir Gedanken darüber gemacht, was eigentlich die Ursachen der Faszination Fliegerei seien. Eine wichtige Komponente für den Flugwunsch ist sicher die Herausforderung, etwas zu können, was die Natur dem Menschen verwehrt und nur Vögeln und Insekten gewährt hat. Agressive Charaktere gehen gerne auf solche Herausforderungen ein. *AGRESSIVITÄT* ist daher ein häufig zu beobachtender Charakterzug von Piloten. Dies manifestiert sich u. A. so, dass bei Fliegerklubs periodisch wüste Kräche über alles Mögliche ausbrechen. Dann wird auch das Kind in Mann/Frau bzw. der *SPIELTRIEB* angesprochen, denn Flugzeuge wie eine *B-747* wären wohl die interessantesten Spielzeuge überhaupt, wenn man sie nach eigenen Wünschen und nicht nach einem Einsatzplan bewegen dürfte. Zum Dritten wäre das Esel-Glatteis-Syndrom zu nennen, denn bekanntlich begibt sich jenes Grautier auf die rutschige Gefahrenfläche, wenn es ihm zu wohl wird. Unser Freund, *Anthropologe Prof. Dr. Bernt SPIEGEL*, bezeichnet die Flieger als Typ *REIZSUCHER*, im Gegensatz zum *REIZVERMEIDE*R, den *SPIEGEL* aber auch für notwendig hält. Tatsächlich bewirkt ja beim Reizsucher ein gefahrloser, überraschungsfreier und geordneter Lebenslauf Monotonie und damit periodische Ausbruchsversuche. Dass nicht alle Menschen dieses <Esel-aufs-Eis-Verhalten> haben und somit das Zusammenleben erleichtern, bestätigt die *SPIEGEL'sche* Notwendigkeitsthese auch für den Reizvermeider. Hingegen ist das persönliche Profil mir bestens bekannter Flieger überwiegend geprägt durch Ehrgeiz, Freude an Spielereien und Unfähigkeit, längere Zeit abschalten und ruhig bleiben zu können. Praktisch manifestiert sich solches eben im Fliegen, in Motorrädern, Sportwagen, Computeritis, Affären, gescheiterten Ehen und, wenn überhaupt, in Aktivferien. Später bin ich dank *Bernt SPIEGEL* auch noch auf das *MOBILITÄTSBEDÜRFNIS* als weitere Komponente gestossen (Kap. XI S. 206-7). Mit diesen Überlegungen lassen sich viele Verhaltens-Puzzles erklärend zusammensetzen. Der Rücktritt vom Rücktritt des *Michael SCHUMACHER* hat demgemäss quasi zwangsläufig erfolgen müssen.

Relativ früh in der Geschichte der Fliegerei haben sowohl die Militärs als auch die Airlines versucht, die Beständigkeit des Flugwunsches der Pilotenanwärter zu ergründen und damit wohlmeinend eine Selektionshürde gegen ungeeignete, unmotivierte, schwache Bewerber vor der immer umfangreicheren, teuren Flugausbildung zu errichten. Dass Gesundheit, Sinnesorgane, Reaktionsvermögen, fachbezogene Intelligenz usw. an definierten Werten überprüft werden müssen, ist genauso logisch und notwendig wie etwa die Elimination der Daltonisten bei den Lokomotivführern. Wie alle Piloten meiner Generation wurden wir mehrfach im *FAI*, dem *Fliegerärztlichen Institut* in Dübendorf sowie von Medizinern des Ärztlichen Dienstes der *SWISSAIR* auseinander genommen. Dabei spielten die Psychiater und Psychologen eine immer wichtigere Rolle. Von meinen zwölf Klassenkameraden in der Kanti, die sich zum fliegerischen Vorunterricht FVS meldeten, fiel einer wegen Daltonismus (Rotblindheit) durch, vier wurden positiv bewertet und sieben aus psychologischen Gründen refüsiert. Von den damals (1958) 2'200 *FVS*-Anmeldungen pro Jahr kamen 300 in den ersten Kurs, 200 in den zweiten und rund 40 wurden schliesslich zu Militärpiloten brevetiert, von denen dann etwa 20 zur *SWISSAIR* übertraten. Die Mehrzahl der ausgeschaubten 99 %, schätzungsweise etwa 65%, fielen dem Rorschach-Test, einem biographischem Fragebogen, dem Aufsatz <*Hans, der junge Militärpilot schaut nachdenklich in die Gewitternacht hinaus*> oder dem Gespräch mit den Psychologen und Psychiatern zum Opfer. Auch als positiv beurteilter Kandidat frägt man sich natürlich, ob eine solche Charakterselektion tatsächlich wirksam ungeeignete Pilotenanwärter eliminieren könne. <*A man's opinion is determined by his experience*>, sagt *Nevil SHUTE*. Nachdem wir selbst bei der Ausbildung sahen, dass der Prozentsatz der Flieger-Versager mit positiver Psycho-Beurteilung kaum gegenüber der früheren Selektion ohne Gehirnwäsche absank und dass viele Abgewiesene über Charter-Fluglinien oder ausländischen Ausbildungsmöglichkeiten doch noch zu ihrem Linienpilotenbrevet kamen, von der *SWISSAIR* in Zeiten von Pilotenknappheit eingestellt wurden und dann normal funktionierten, erlaube ich mir das Urteil, dass diese Art der Selektion etwa mit dem Begriff <LOTTO> zutreffend umschrieben werden kann. Es liesse sich darüber noch viel erzählen. Anlässlich eines Disputs über einen abgewiesenen Kandidaten fragte mich ein Cheffluglehrer einmal, mit was ich diese Charakterselektion denn ersetzen würde. Meine Antwort (1970) war, man solle die Automarke des Prüflings feststellen und etwas in seine Beziehungen hinein schnüffeln. Wer einen damaligen Volvo oder Ford mit hinterer Starrachse und Halbelliptikfederung fahre, habe sicher kein fliegerisches Gefühl und wer in seinen Beziehungen nicht <easygoing> sei, mit dem werde man in der Zusammenarbeit im Cockpit Probleme haben. Der Vorschlag wurde empört zurückgewiesen, worauf ich stattdessen wiederum das viel schnellere, einfachere und etwa gleich wirksame System der VERLOSUNG (LOTTO) erfolglos vorschlug.

Kapitel V

Bei Motorpanne Brandhahn schliessen

Bücker-Betriebsvorschrift

REISEFLUG 1
meist mit BODENSICHT (Kunstflugzeuge)

Bereits zu meiner Studienzeit betätigte ich mich wettkampfmässig im *Kunstflug* und verlochte zeitweise jeden Rappen in die für einen Studenten sündhaft teuren *Bücker-Kunstflug-*Stunden à damals (1960) 360.- CHF. Während der *SLS* gewann ich *1963 die* ***SKM*** *(Schweizer-Kunstflug-Meisterschaft)* Kat. B *(Bücker 131)* in Grenchen bei meiner zweiten Teilnahme an einer *SKM*. Bei meiner ersten, 1962 in der Juniorenkategorie in Lausanne, war ich <nur> Zweiter geworden, ein Lapsus, der mir in den insgesamt sechs *SKM* nie mehr passieren sollte. Zwei andere Luftverkehrsschul-Absolventen waren auch mitgeflogen und wir nahmen nach der *SKM* meinen Siegerpokal und die Goldmedaille in die *SLS* mit. *Harry HOFMANN*, seebefahrener Ex-Navigator und Instruktor, sagte hierauf seine Lektionen ab und wir begaben uns gemeinsam zur Kegelbahn des Frohsinns in Opfikon. Im damaligen Stil dauerte die Feier bis zum nächsten Morgen. Während meine Kumpane im Englisch-Unterricht bei *Mrs. DÜRST* vor sich hin dösten, musste ich in den Linktrainer. Prompt schlief ich im dunklen, warmen und engen Kabuff bereits im Steigflug ein. Instruktor Pierre PASTEUR hatte bisher grosse Stücke auf meinen Linkkünsten gehalten. Die Notwendigkeit, die Türe des immer noch drehenden Linktrainers zu öffnen und mich wach zu rütteln, manifestierte sich nun in Kopfschütteln und dem mehrfach wiederholten Wort <Unglaublich>. In Anbetracht meiner später wieder erreichten Topform sah er mir aber die Sache nach.

Carl Clemens BÜCKER im Gespräch mit dem Autor vor der KZ-8 1967

Die Schweizer Kunstflugszene wurde damals von den *Bücker-Doppeldeckern* dominiert. Dies, weil die *Flugwaffe* von 1936 bis 1940 bei den Dornier-Werken in Altenrhein 84 *Bü-131* und 52 *Bü-133* herstellen liess, als Ausbildungsflugzeuge einsetzte und die verbliebenen Maschinen ab 1958 zu Preisen von ~ 4'000 CHF sukzessive an die Motorfluggruppen des AEROCLUBS verscherbelte.

Carl Clemens BÜCKER hatte in Rangsdorf bei Berlin 1933 die *Bücker-Werke* gegründet. Die von A.J. ANDERSON konstruierten Doppeldecker *Bü-131 + Bü-133* wurden zum Welterfolg und insgesamt in zehn verschiedenen Ländern rund 7'000 Mal gebaut. An den Deutschen Kunstflug-Meisterschaften 1967 in Rheine-Eschendorf lernte ich den damals 73-jährigen *BÜCKER* persönlich kennen. Er versuchte immer noch, eine Wiederaufnahme der Produktion seiner Doppeldecker zu organisieren. Seine Erzählungen über seine Erfahrungen als Seeflieger ab 1915, als Konstrukteur in Schweden und als Fabrikant während des Krieges waren sehr interessant und beeindruckend. Weil ich aber schon mit den Doppeldeckern abgeschlossen hatte und bereits die *KZ-8* flog, versprach er mir, Unterlagen über den *Bücker-182-Kornett* (Tiefdecker) zu schicken. Allerdings hatte ich bereits den Eindruck, mit <Leichenschändungen>, dh. der Wiederbelebung alter Flugzeuge, könne man im internationalen Wettkampfkunstflug keinen Blumentopf mehr gewinnen.

Der Umgang mit dem zweisitzigen *Bü-131* war anforderungsreich. Bereits das Anwerfen des HIRTH-HM504-A2-Motors am Propeller von Hand war ein Glücksspiel, das stundenlang dauerte, wenn man nicht mit unserem *METROP*-Gehör fette faule von mageren knalligen Zündungen unterscheiden konnte. Im Steigflug war die Sicht direkt nach vorne gleich Null, weil vom hinteren Sitz gesteuert wurde. Auch bei der Landung hatte man keine Chance, das Rollfeld vor sich auf Hindernisse einzusehen. Bei hohem Gras und beim Bremsen hob sich der Schwanz der Maschine sofort, wenn der Knüppel nicht ganz angezogen war

Bü-131 nach Überschlag in Spreitenbach - Ursache = 20 cm Nass-Schnee

und/oder spürbare Verzögerung auftrat. Die mechanischen Seilzugbremsen waren giftig. Seitenwind-Landungen auf Hartbelag, insbesondere mit dem einsitzigen *Bü-133*, gelangen nur wirklichen Könnern, zu denen wir damals stolz gehörten. Einigen Überschlägen, Folgen kleiner Pilotenfehler, habe ich zugesehen. In zwei Fällen lag die Maschine dann auf dem Rücken, dh. auf Oberflügel und Seitensteuer. In einem weiteren Fall neigte sich die Maschine nach vorne auf den Propeller, hob kurz das Fahrwerk ab, drehte sich um etwa 180 Grad um die Propellerachse und fiel dann auf das Fahrwerk zurück. Die Aussteigversuche der Piloten und Passagiere wurden in allen Fällen zu Zwerchfellerschütterungen des Tages. Das Lösen der Sitzgurte in Rückenlage führte in einem Fall zu einem Kopfsturz in einen Kuhfladen. Im zweiten zogen Pilot und Passagierin in der Aufregung sowohl am Fallschirmgriff als auch am Sitzgurtschloss, fielen heraus und verschwanden unter zwei Seidenhaufen. Der Rettungsversuch aus der Maschine, die noch auf Propeller und Fahrwerk stand, endete mit einem im Unterflügel steckenden Pilotenbein und wilden Befreiungszuckungen, da ausfliessendes Benzin panikauslösend gewirkt hatte. In der Luft waren diese *Bücker*-Doppeldecker die Lieblinge der reinen Gefühlspiloten, da sie überausgeglichene Steuerorgane haben und mit geringen Steuerdrücken in extreme Fluglagen gebracht werden konnten. Beim einsitzigen Jungmeister war das anfangs so extrem, dass besonders die Flugschüler die Maschine dauernd nervös übersteuerten. So kam man in der *Flugwaffe* auf die Idee, dem Schüler einen Serviettenring zu geben, den er in der Steuerhand zu halten und damit um den Knüppelgriff herum zu steuern hatte. Später wurde der Höhensteuerausgleich reduziert. Der Jungmeister blieb aber immer sehr nervös in der Steuerung. In der Pilotenschule kamen wir uns 1961 noch wie Baron von *RICHTHOFEN* im Ersten Weltkrieg vor, wenn wir mit Lederhaube und Windbrille hinter der kleinen Schutzscheibe im offenen Cockpit sassen und den Flugweg durch und über die NACA-Motorhaube und tanzende Ventilstösselstangen erspähen mussten. Von den Flugleistungen her sind jedoch die Bücker, wie alle Doppeldecker, schwach. Sie haben hohe Abkippgeschwindigkeiten, langsamen Reiseflug, schwache Steigleistungen und schlechte Rückenflugeigenschaften. Im Kunstflug reichte beim *Bü-131* die Motorleistung nur bei einfachen Figuren zum Halten der Flughöhe. Man stieg auf etwa 1'000 m/Grund für ein 15-Figuren-Programm und soff dann mit Vollgas und allen Höhenhaltungstricks schnell auf 500 m/G ab, der damaligen gesetzlichen Mindestflughöhe für Kunstflug. Die Bücker kamen nach Grundüberholung vom Militär zum AECS (Aero-Club der Schweiz) mit wegen des Alters übertriebenen Einschränkungen. So waren gerissene und gestossene Figuren streng verboten worden. Diese nun daher besonders interessanten Figuren lernte ich autodidaktisch auf als Rundflügen getarnten Abstechern über die deutsche Grenze hinter die Hegauer Kegel. Das schlechte Gewissen wurde dadurch beruhigt, dass für diese Flüge nur der Reiseflugtarif von CHF 90/Std. zu entrichten war.

Die mangelhaften Flugleistungen der Bücker gegenüber international führenden Flugzeugmustern an Wettbewerben, wie *ZLIN-526A, JAK-18PM, Pitts-S1* usw. sowie technische Probleme bei den Vorkriegsmotoren wie Kurbelwellenbrüche beim HIRTH HM504-A2 und

Teilemangel beim SIEMENS Sh14-A4 führten zu Versuchen, die Veteranen-Doppeldecker mit neueren, stärkeren und robusteren Motoren zu modernisieren. Der Erste war Kunstflug-Vater *Albert RÜESCH*, der zwei *Bü-131*-Flugzeuge auf Lycoming-Motoren von 170 und 180 PS umbauen liess. *Flug-Ing. Fritz W. DUBS* von der Motorfluggruppe Zürich folgte mit der 180-PS-Bücker-Lerche. Zwar verschlangen diese Umbauten Unsummen, aber die Lycoming-Motoren brachten doch beachtliche Leistungsverbesserungen, vor allem mit eindrucksvollen Steigwinkeln. Hingegen wurde die Sicht nach vorn durch den breiteren, zu hoch eingebauten Lycoming-Boxer noch katastrophaler und das Zickzackrollen am Boden sowie kurzzeitig wiederholte Abdeckkurven im Flug in noch kürzeren Abständen eine lästige Notwendigkeit. Der Blufferstart mit etwa 600 m horizontalem Anlauf, halbem Looping und halber Rolle wurde im Zusammenhang mit der schlechten Sicht nach vorne zu einem echten Verkehrsproblem.
Auf Grund meiner Platzierung in Grenchen 1963 nominierte man mich 1964 als erstes Ersatzmitglied in die Kunstflug-Nationalmannschaft . Als wegen des üblichen Aviatikkrachs zwei Gesetzte den Hut nahmen, konnte ich als Nachrückender 15 Std. subventioniert mit der *DUBS'schen Bücker-Lerche* für die ***III. FAI-Kunstflug-Weltmeisterschaften*** 1964 in Bilbao (Spanien) trainieren. Chef des Schweizer Teams wurde eine bekannte Flieger-Persönlichkeit, nämlich der (in Personalunion) Kommandant der MFGZ (Motorfluggruppe

RÜESCH-Bü-131-170PS, Autor, Chefmech. Hans VOLKART

Zürich des *AECS*) und Präsident des Überwachungsgeschwaders der *Flugwaffe, <Düsenwilly> Oberst* ***Wilhelm FREI***.
Die Lerche überflog ich nach Bilbao mit Chefmech. *Hans VOLKART* im vorderen Sitz als Passagier. Bei dreckigstem Regenwetter mogelte ich mich am Flughafen Genf vorbei nach Bellegarde, wobei in den Tälern vor Amberieu wegen der wirklich hundsmiserablen Sicht mit dem Lycoming-Brocken vor mir beinahe ein Unglück passierte. Eine quer zum Tal und zu meiner verfolgten Eisenbahnlinie verlaufende Hochspannungsleitung sah ich beim Franzen in Bodennähe so spät, dass ich sie gerade noch knapp unterfliegen konnte. Damit hatte ich genug von IFR im offenen Sportflugzeug, in diesem Fall IFR = I FOLLOW RAILROADS und landete in LYON-Bron. Ohne unser Gepäck, das im VW-Bus mit *Oberst FREI* auf dem Weg nach Perpignan war, übernachteten wir in einem Vorort von LYON.

Am nächsten Morgen blies ein Mistral von gut 50, mit Böen bis 65 km/h und wir bestiegen die Lerche schon im Hangar. Ich radebrechte mit den Mechanikern, uns je zu zweit an den unteren Flächen zu halten und zum Rollfeld zu führen. Das spaltbreite Öffnen der Hangartore war schon gefährlich. Kaum waren wir draussen, wurden sie wieder geschlossen. Ich startete den Motor und kaum lief er, begann die Lerche zu hüpfen. Wild schreiend und gestikulierend drehte ich die Nase in den Wind, erhöhte die Leistung und wollte die Fuhre

Hansruedi RÜESCH und der Autor auf Bü-131-180PS-LERCHE 1964 an den III. FAI-Kunstflug-Weltmeisterschaften in BILBAO (Spanien)

in die Luft retten. Aber die Mechaniker auf der linken Seite hielten am Flügel fest, während die anderen rechts losliessen. Vollgas und ein hustender Motor schüttelten uns schliesslich frei. Fast vertikal stiegen wir, Nase im Wind, über die Abfertigungsgebäude und den Tower weg. Damals hatte die *LERCHE* noch kein Funkgerät und man franzte (navigierte) mit flatternden Karten im offenen Cockpit. Ein Anschiss am Funk wegen meines <Notstarts> ohne Freigabe, direkt vom Abstellplatz vor dem Hangar, blieb mir also erspart. Rhônetalabwärts wurde das Wetter dann immer besser. In Perpignan konnte ich nochmals mein Seitenwind-Landekönnen im abflauenden Mistral zeigen, bevor wir nach Biarritz weiterflogen und dort *Oberst FREI* mit dem VW-Teambus und Assistent *Roman ZELLWEGER* trafen. Auf dem Überflug nach Bilbao fräste ich im Tiefstflug den Atlantikstrand zwischen Bidart und Hendaye ab, wobei Hans im vorderen Sitz fleissig fotografierte, bis sich das Oberteil der Kamera-Lederhülle losriss und wegflog. Die Verständigung im offenen Flugzeug erfolgt durch Handzeichen. Obwohl ich Hans' nach unten gerichteten Zeigfinger richtig als Aufforderung zur Sandstrandlandung deutete, zog ich es vor, Unverständnis zu mimen und weiter zu fliegen. Ereignislos kamen wir in BILBAO an, wenn man von unserer Beobachtung absieht, dass sich weder Stier, Matador noch Publikum in der Stierkampf-Arena von San Sebastian von einem tief darüber fliegenden *Bücker* ablenken liessen.

Diese Kunstflug-Weltmeisterschaften 1964 waren mein erster Kontakt mit dem modernen Leistungskunstflug auf internationalem Niveau. Staunend verfolgte ich das Training der Russen mit ihren riesigen *JAK-18*-Brummern, der Tschechen mit den *ZLIN-226A-Akrobaten* und der Schmetterlingsammlung <Rest der Welt>, Chevalier d'ORGEIX' *STAMPE SV4*, Neil WILLIAMS *COSMIC-WIND* bis hin zu Harold KRIERS *KRIER-KRAFT*-Eigenbau-Doppeldecker. Erstmals wurde die WM nach dem System <Aerokryptographie *ARESTI*>, einer Kunstflug-Figurendefinition mit Zeichen, Schwierigkeitskoeffizienten, Bewertungskriterien und Randbedingungen ausgetragen. Die *ARESTI*-Bibel, mehr als 250 Seiten stark in ENGLISCH, war von mir als einzigem Schweizer genau durchstudiert worden. Zum Erstaunen von *Oberst FREI* und des als <Juge International> anwesenden Obersten ***Francis LIARDON***, Luftamtexperte und damals bekanntester Kunstflieger der Schweiz, setzte sich Ersatzmann *WAGNER* bereits im ersten Programm an die Teamspitze. Als nach bekannter und unbekannter Pflicht sowie Kür eins und Finalkür die Punkte zusammengezählt wurden, lag hinter dem spanischen Sieger CASTAÑO, den Tschechen BEZAK und TREBATICKI sowie vier Russen der unbekannte, 23-jährige *WAGNER* auf *Platz ACHT*. Die Schweizer Hoffnungen, Sohn *Hansruedi* und Vater *Albert RÜESCH* sowie *Daniel BOIS* begnügten sich mit dem 11., 43. und 47. Platz von 48 Konkurrenten. Zudem reichte es der Schweiz zum dritten Mannschaftsplatz hinter Tschechen, Russen und vor den Spaniern. *Oberst FREI* beschlagnahmte die diesbezügliche Trophäe, ohne mich und die anderen Piloten zu fragen, gleich für die Aufstellung im Foyer des Überwachungsgeschwaders.

Menschlich war Bilbao sehr interessant. Zum ersten Mal kam ich mit veritablen Grössen der Fliegerei in direkten Kontakt. Neben ***Gerhard FIESELER***, dem Chef der Internationalen Jury sitzend, sahen wir einen Stierkampf und ich lauschte dem redseligen *FIESELER*, der ununterbrochen über die <WM> 1934 in Vincennes und apodiktisch zum modernen Kunstflug quatschte. *FIESELER, FREI und LIARDON*, Idole unserer Bubenträume, verwandelten sich von Halbgöttern in Menschen mit Stärken und Fehlern, worunter der für mich schlimmste Fauxpas das gegenseitige <sich nicht Ausstehen-Können> war. Dann machte ich selbst einen grossen Fehler mit der wenig glücklichen Idee, meine damalige Freundin nach Bilbao einzuladen. Der Besuch störte im Wettkampf und zu allem Überfluss verkrachten sich die anwesenden Damen dann noch untereinander.

Beim Rückflug wollte *Hans VOLKART*, wohl wegen der abgeworfenen Kamera-Lederabdeckung, nicht mehr mitfliegen. Um sechs Uhr morgens, am Montag nach dem Abschluss der *WM*, bereiteten wir uns bei Sternenschein zum Start vor. Aber die Spanier vom Flight Information Office (FIO), wo der Flugplan aufzugeben war, behielten die Rollläden unten und liessen sich Zeit zum Aufstehen. Mittlerweile begann vom nahem Meer her Advektionsnebel aufzuziehen. Noch sah man senkrecht oben einzelne Sterne. Ich setzte mich in die Lerche und rollte zum Pistenanfang. Die Idee war, die dünne Nebelschicht mit Hilfe des Wendezeigers nach dem Start zu durchstossen. Nach dem Abheben tauchte ich sofort in die Suppe ein und wollte den Wendezeiger durch leichtes Flügelschwenken prüfen und zentrieren, aber kein Wank des Pinsels erfolgte. Links aus dem Cockpit blickend, traf mich beinahe der Schlag! *Hans VOLKART* hatte nach dem Wettbewerb pflichtbewusst die Abdeckung des Antriebs-Venturis montiert und sie war immer noch dort, sodass der Wendezeiger gar nicht laufen konnte. Nach einigen bangen Sekunden schoss die Lerche, leicht rechts hängend, aus dem dicken Nebelmeer in den sonnengleissenden Morgenhimmel. Ich nahm Kurs ONO (Ost-Nord-Ost) und wollte die Karte aus der Seitentasche zum Franzen nehmen, als mich ein weiterer Schlag durchzuckte: Ich Trottel hatte die Kartenmappe im Kofferraum, der sich nur am Boden öffnen liess, eingeschlossen!
Keine Chance, im Flug über dem Nebelmeer daran zu kommen. Nun war das geographische Gedächtnis gefragt. Ich hielt die Pyrenäen schön rechts und flog und flog Kurs ONO, aber der Nebel wollte und wollte nicht enden. So kam ich gefühlsmässig in die Gegend von PAU, erkannte dort vom Hinflug den Gave de Pau und verfolgte diesen bis zum Fluss ADOUR. Links davon fand sich, bei Annäherung an Biarritz, schliesslich im auflösenden Nebel der Flugplatz. Beinahe stiess ich auf der Platzvolte im Tiefflug mit *Herbert GREB*, dem deutschen Wettbewerbsteilnehmer auf *Zlin 226* zusammen, der sich auf ähnliche Weise von Bilbao nach Biarritz durchbeschissen hatte. Als wir nach der Landung zusammen ins FIO traten, erklärte uns der eben aufgestandene Beamte, dass unsere Landung unmöglich im Sichtflug stattgefunden hätte, man sei nämlich noch unter dem Blindflugminimum. Mit der durch die durchbrechende Sonne hilfreich erfolgten Ausräumung dieses Missverständnisses, das fast zum Einsatz der Zollfahndung geführt hätte, waren die Probleme der Heimreise erledigt. Der Rest war CAVOK (Ceiling And Visibility OK).
Bilbao hatte mir gezeigt, dass die Zeit der frisierten Vorkriegsdoppeldecker im modernen Leistungskunstflug endgültig vorbei war. Allerdings existierte andererseits eine wirklich

Abschied vom Doppeldecker: KZ-8 (1966-09)

gute Spezial-Wettkampf-Kunstflugmaschine ebensowenig. Meine Abwendung vom Bücker, welche ich frivol in einem Artikel in der AERO-REVUE über die *Bücker-<LEICHE>* (statt *LERCHE*) mit dem Terminus <Fledderei> für die Umbauten publizierte, nahmen mir die *MFGZ-* und *AERO-CLUB*-Establishments natürlich als Majestätsbeleidigungen übel. Auf meiner Suche nach Besserem sah ich zufällig einmal auf dem Sportflugplatz Speck-Fehraltorf einen hübschen kleinen Tiefdecker-Einsitzer in einer dunklen Hangarecke, ziemlich mit Staub bedeckt. Diese ***KZ-8*** der Firma *Kramme & Zeuthen* war in Dänemark 1948 für ein Luftzirkusprojekt gebaut worden und durch verschiedene Hände, auch von *Albert RÜESCH*, hierher gelangt. Keine 300 Std. hatte sie auf dem Buckel, weil sie <schwierig zu fliegen> sei und niemand damit richtig zurechtkomme im Kunstflug. Nachdem ich mich zu ihrem Eigentümer in dessen modernes Büro eines neuen Fabrikbetriebs durchgefragt hatte, bot ich ihm, nicht ohne Fracksausen, an, das Maschinchen zu kaufen und wieder seinem Ursprungszweck, dem *Kunstflug* zuzuführen. ***Eugen SEITZ***, elf Jahre älter als ich, war ein erfolgreicher Selfmade-Typ, der mit von ihm erfundenen und verbesserten Pneumatik- und Hydraulikventilen eine Produktion aufgebaut hatte und damit seinen Musterbetrieb und Hobbies wie die Sportfliegerei finanzierte. Er musterte mich lächelnd und fragte, was ich denn dafür bezahlen wolle? Angesichts meiner bescheidenen Finanz- und Ersparnislage fragte ich zurück, was er denn unbedingt dafür haben müsste? Ein Probeflug und bei Gefallen 13'000 CHF, mit der Bedingung, dass ich dann <damit etwas zeige>, war die sehr anständige Antwort. Selber konnte ich gerade einmal 1'000 CHF auftreiben und ein Freund pumpte mir die restlichen 12'000 CHF, sodass die Transaktion nach dem Probeflug bald über die Bühne gehen konnte. Sie sollte u. A. zu einem jahrzehntelangen Freundschaftsverhältnis zwischen mir und *Eugen SEITZ* unter Einbezug unserer Familien führen.

Mit dieser *KZ-8* verschoben sich meine Entwicklungs- und Konstruktionsarbeiten vom Modellflug zum wirklichen Flugzeugbau. Meine Vorbildung aus Modellbau, ETH- Studium, *SAURER*-Praktikum und die Kenntnisse aus der Sportfliegerei mussten bald aktiviert und erweitert werden, denn schon beim Probeflug war mir aufgefallen, dass der Gipsy-Major-Motor im Rückenflug erbärmlich kotzte und der Öldruck auf null fiel. Für den Nicht-Techniker sei dazu nur so viel gesagt, dass ein normaler Schwimmervergaser sofort den Motor ersäuft, wenn er in Rückenlage gedreht wird. Die Benzinleitung saugt Luft aus dem Tank, wenn kein Pendelschlauch eingebaut ist. Auch das Öl ist nicht mehr dort, wo die normale Ansaugleitung ansaugt. Der Walter-Kunstflugvergaser war also auszubauen und das Ölsystem mit einer Erweiterung für Rückenflugschmierung zu versehen. Dazu nahm ich erst einmal den Versager auseinander und wandte mich auch an die Servicestelle für den Gipsy-Major-VIII bei der ehemaligen De-Havilland-Engine-Division (DHED) von Bristol Siddeley in Hatfield. Die Rückenflug-Modifikation für den Versager, der damit wieder Vergaser wurde, knobelte ich mittels eines Verlängerungsstifts der Schwimmernadel und einer Druckfeder für das aufgesetzte Kugelventil selbst heraus. Von DHED in Hatfield bekam ich Zeichnungen von Rückenflug-Ölsystemen, aber die erforderlichen Modifikationsteile gab es nicht mehr. Das einfachste System arbeitete mit einer Schwerkraft-Umschaltung der Öl-Ansaugleitung vom Öltank auf eine zusätzliche Öl-Ansaugeitung in den oberen Motorgehäusedeckel. Ich konstruierte nun selbst ein Schieberventil mit schwerem Kolben. Freundlicherweise liess *Eugen SEITZ* dieses und die anderen Modifikationsteile für mich in seinem Betrieb herstellen. *Sämi RUPP*, der Bedenken hatte, sagte mir, ich müsse die Modifikationen vom Hersteller genehmigen lassen.

Aber *KZ* war bereits 1954 pleite gegangen und wir schrieben nun 1965. Man einigte sich dann, da niemand genaue Unterlagen von diesem Einzelstück hatte, dass *Sämi* meine Modifikationen <ausser Dienst> als Luftamt-Inspektor sicherheitsrelevant prüfen würde. Nach drei Monaten seit dem Kauf war die erste Entwicklungsphase abgeschlossen. An der ***SKM*** *1965* in Locarno gewann ich auf Anhieb die <offene> Klasse der Flugzeuge mit über 130 PS. *Oberst FREI* und seine favorisierte *Bücker-LERCHE*-Pilotengruppe legten vergebens und verärgert Protest ein, während *Eugen SEITZ* mir ein damals übliches Glückwunschtelegramm schickte mit Inhalt: „Es ist GROSSES gezeigt worden mit der *KZ-8* - herzliche Gratulation!“

Zwischenzeitlich hatte sich das Verhältnis zu meiner aktuellen Freundin vertieft und warf bereits erhebliche Schatten auf meine finanzielle Unabhängigkeit. Um ihr den Flugzeugkauf zu beichten, musste ich auf eine günstige Gelegenheit warten. Meine Lösung bestand darin, dass ich den Besuch bei *Eugen SEITZ* nach Probeflug, für den Vertragsabschluss auf den Termin legte, an welchem sie die Autofahrprüfung bestand. Bei der anschliessenden Feier konnte ich ihr den Kauf der *KZ-8* auf Pump ohne viel Theater mitteilen. Aber als wir etwas später heirateten, führte sie, nicht zu Unrecht, unsere missliche Finanzlage auf das einsitzige <Egoistenflugzeug> zurück. Als Copilot verdiente ich damals (1965) bei der *SWISSAIR* inkl. Militärflugzulage gut 1‘800 CHF pro Monat. Das war, plus Spesenentschädigung, fast doppelt so viel wie ein Schullehrer in den ersten Jahren bekam. Heute (2012) überweist mir der Bund eine Alters- und Hinterbliebenen-Versicherungs-Rente (AHV) von 1'762 CHF. <*Tempora mutantur et nos mutamur in illis*>.

In den Sommer 1965 fiel zeitlich eine Episode, die ich wieder als schlimmen Absturz in den 3. Kreis der Hölle empfunden habe. Eine Woche nach dem Honeymoon im Tessin musste ich in die *OS (Offiziersschule)* einrücken. Ein gesundheitsbedingt <gegroundeter> Flieger, *Oberst* ***WÜTHRICH***, agierte als Schulkommandant dieser *Flieger- und Fliegerabwehr- (Fl + Flab-) OS*. Etwa 50 Aspiranten aus der Flieger-Bodentruppe, 60 aus der Flab und wir 12 Piloten wurden gemeinsam allgemein, jedoch getrennt in den Fachdiensten (Flugzeugwartung + -Bewaffnung bei der *Fl-Bodentruppe*, Schießen bei der *Flab* und Kampfflug bei uns) ausgebildet. Wieder wurde erschreckend wenig geboten. *Oberst WÜTHRICH* machte uns Piloten mit seinen senilen Fliegergeschichten vor den *Fläblern* und *Bödelern* schrecklich lächerlich. Sein für 1965 unglaubliches Ausbildungsziel war, <*EXERZIEREN, wie es selbst WESTPOINT und St. CYR nicht besser können*>. Entsprechend übten wir jeden Samstagmorgen auf der Querpiste in Dübendorf friderizianischen Unsinn bis zur Harstformation, einer Marschkolonne mit 16 Mann in jedem Glied! Eine weitere Marotte des Schulkommandanten war wiederum die verdammte ***Achtungstellung***. Jede Klasse wurde, mit Knarre bei Fuss, vor dem Tor des grossen JU-52-Hangars, welches aus vertikalen Brettern bestand, am Anfang, in der Mitte und zum Schluss der OS je dreifach, nämlich von der Seite, schräg von vorn und gerade von vorn abgelichtet. Jeder Offiziersaspirant bekam dann die drei vergrösserten Bilder und musste die Haltungsfehler mit Rotstift einzeichnen. Sollte der gleiche Haltungsfehler mehrmals auftreten, drohte *Oberst WÜTHRICH* mit der Entlassung ohne jede Berücksichtigung der Leistungen im Fachdienst. Ebenso störrisch wehrte er sich gegen die von den Fluginstruktoren verlangte Entlassung eines schwachen Piloten, da dieser die beste *Achtungstellung* der Pilotenklasse habe! Das Resultat war wenig später im Truppendienst ein Unfall, wobei der Sohn (Patrouillenflieger) tödlich abstürzte und der nicht entlassene Pilot mit dem Schleudersitz absprang. Dieser unnötige Personenschaden und der Verlust zweier Kampfflugzeuge führten dann schlussendlich doch noch zur wegen der guten *Achtungstellung* vorerst verhinderten Elimination des Unfallpiloten aus der *Flugwaffe*. Auch im Flugdienst der OS kam es wegen einer unbegreiflichen Order kurz vor Schluss noch zu einem Unfall. Es sollte von uns die schöne, runde Zahl von insgesamt 1'000 Ausbildungs-Flugstunden totalisiert werden. Als die Zeit knapp wurde, verfiel der Chefffluglehrer auf die Idee, Doppelpatrouillen mit vollen Zusatztanks in die Luft zu schicken, die auf 10'000 m Höhe das Viereck Dübendorf-La-Chaux-de-Fonds-Sion-Samedan mehrmals abfliegen mussten. Man konnte so die Flugdauer des *DH-112-Venoms* auf nahezu drei Stunden ausdehnen. Jeder solche Verband trug somit zwölf Stunden zum Gesamttotal bei. Ergänzt auf 16 Piloten mit Fluglehrern, brachten wir dergestalt <Tages-Flugleistungen> von fast 50 Stunden zusammen und das Ziel der tausend <Ausbildungsstunden> wurde tatsächlich erreicht. Allerdings war das eine schrecklich langweilige, unnütze Geradeaus-Fliegerei. Drei Tage vor der Brevetierungsfeier sass ich mit zwei Kameraden nach dem Mittagessen in der Offiziersmesse beim Kaffee, als Chefffluglehrer *Major Ernst*

WYLER ans Telefon gerufen wurde und draussen der Flugplatzalarm losging. Der Major spurtete daraufhin zu seinem Dienstwagen und wir rannten zu unseren Fahrrädern. Als wir das Flugplatz-Haupttor erreichten, war die Feuerwehr schon entlang der Piste aufgestellt und ein einsamer Venom näherte sich der Landezone 29. Unsere Abstellplätze befanden sich auf der südlichen Querpiste. Wir wussten, dass das landende Flugzeug dort abgestellt würde und empfingen es in respektvollem Abstand. Von aussen sah man nur, dass der Kofferdeckel am Flugzeugbug oben zerbeult war. Dann näherte sich der Dienst-Mercedes von *Oberst WÜTHRICH,* der ungewohnt flink ausstieg und auf den soeben aus dem *Venom* kletternden UeG-Fluglehrer zu hinkte. Der Oberst packte die rechte Hand des Aussteigenden mit beiden Händen, schüttelte sie mehrmals und stöhnte: *„Herr Oberlühtnant, gratuliere, dass Deer no läbit !“* Bei der Flugdienstleitung war zwischenzeitlich eine Meldung von einem zufällig durch WK-Leute besetzten *Fl BMD-Posten (Flieger-Beobachtungs- + Melde-Dienst)* eingegangen, ein Venom hätte unweit eines Beobachtungsturms Nähe Bad Ragaz eingeschlagen. Dann rief unser Kamerad, *Aspirant Fritz HUGGLER* an, er sei mit dem Schleudersitz abgesprungen und habe sich bei der Landung mit dem Fallschirm beim Bahnhof Landquart verletzt. Was geschehen war, rekonstruierte sich dann wie folgt: Dem Fluglehrer war es auf den langen Geradeausflügen als <Sohn> des Aspiranten-Verbandsführers langweilig geworden. So setzte er sich von hinten unter das Höhensteuer in der Mitte des Doppelrumpf-Leitwerks der Führermaschine. Aus dem engen Verbandsblindflug wussten wir, dass, wenn man mit der Flugzeugnase von unten nahe genug ans Leitwerk des vorausfliegenden Flugzeugs heranflog, beim Führerflugzeug Buffeting (Schütteln) am Steuerknüppel und ein Anheben des Flugzeughinterteils spürbar wurden. In diesem Fall genügte etwas Föhnturbulenz, dass das Manöver insofern misslang, als der Kofferdeckel des <Sohns> von unten am Höhenruder des Führers anstiess, dieses in der Mitte zerbrach und die beiden Bruchstücke abgerissen wurden. Der arme *Fritz* wusste nicht, wie ihm geschah, als sein Venom plötzlich mit der Nase nach unten in den Sturzflug überging, der weder durch das nun abgerissene, wirkungslose Höhensteuer, noch durch die daran befestigte Trimmung zu stoppen war. So blieb ihm nur der Absprung und er wunderte sich sehr, als man ihm erklärte, der andere sei wohlbehalten in Dübendorf gelandet.

DH-112 Venom im Landeanflug, vorne links oben schwarz der Kofferdeckel

In diesem Zusammenhang ist zu erwähnen, dass damals in Deutschland der *F-104G-Starfighter* als <Witwenmacher> durch zahlreiche Abstürze bekannt wurde. Die Presse begann, die Zahl der Unglücksflugzeuge zu addieren und war nun etwa beim 165. Absturz angelangt, was 18% von insgesamt 916 bei der deutschen Bundeswehr beschafften *F-104G* ausmachte. Bis zur Ausserdienststellung 1991 wurden 292 Maschinen oder 32% durch Unfälle verloren. Zum Vergleich hatten wir in der *Flugwaffe 226 DH-112 Venom*, hier in Lizenz gebaut. Der erwähnte Unfall war der 62. Totalverlust, was 27% der Gesamtzahl ist. Bis zur Ausserdienststellung 1985 gingen nahezu 100 Maschinen oder 44% durch Unfälle verloren. Prozentual gesehen war unser *DH-112-Venom* also der wesentlich gefährlichere Witwenmacher als der *F-104G-Starfighter*...

Da der Ausbildungschef der Armee sinnvollerweise befohlen hatte, *JEDER* Schweizer Offizier müsse im Ernstfall einen Infanteriezug im Gefecht führen können, hatten wir Piloten drei Wochen zuvor eine ganze Woche durch Gefechtsausbildung mit Sturmgewehr und Handgranaten vertrödelt. Bei der Fahrt zum Obersiezsäss zuhinterst im Weisstannental ergab sich ein unwahrscheinlicher Glücksfall. Unsere rasende Pilotenklasse mit ihren Jeeps hatte sich, trotz verbotenem Beizenstopp, vor die militärisch in Gefechtskolonne strassenkriechenden Bödeler und Instruktoren gesetzt, als ein Erdrutsch beim von uns bereits passierten Anstieg hinter Mels die Strasse ins Weisstannental für zwei Tage unterbrach und uns von Kommando und Kameraden abschnitt. Somit erhielten wir nur telefonische Anweisungen für die Schiesserei und wir verpfefferten den Grossteil der Munition durch wildes Herumballern und machten dazwischen auf der Alp Gelände-Fahrversuche mit den Jeeps. Interessanterweise war, trotz zuschaltbarem Geländegang und Vierradantrieb, der Jeep nur unwesentlich besser als ein gewöhnlicher Instruktoren-VW-Käfer. Im ansteigenden Alpgelände kam man ungefähr 20 m weiter hoch, wenn es trocken war. Bei Nässe war der Käfer Adolfs des Grossen dem Jeep sogar überlegen. Unsere Idylle wurde abrupt beendet, als überraschend der von *Adj Uof NELL* im Instruktoren-VW pilotierte *Oberst WÜTHRICH* als Erster die geräumte Abrutschstelle passierte und gerade von Weisstannen das schmale Natursträsschen zum Obersiezsäss hochgefahren wurde, als wir von oben zum Mittagessen nach Weisstannen herunter tollten. Die Jeeps wurden abwechslungsweise gefahren und jeder legte seine Ehre darein, die anderen Insassen möglichst durch zackige Bolzerei zu erschrecken. Der Teufel wollte es, dass ich gerade an der Spitze aus einem engen Tunnelchen preschte, als *Adj Uof NELL* von unten um die nächste Haarnadelkurve kam. Meine Notbremsung war insofern erfolgreich, als es mir gelang, etwa einen Meter vor der Stossstange des VW-Käfers anzuhalten. Als ich dann den Rückwärtsgang einschaltete und die Kupplung kommen liess, um Adj NELL Platz zum Weiterfahren zu machen, kamen durch den eingeschalteten Vierradantrieb Steine nach vorne ins Rutschen und prasselten auf den Kofferdeckel des Käfers. Erst jetzt bemerkte ich, dass auf dem Beifahrersitz *Oberst WÜTHRICH* sass und seine beiden Hände auf das lädierte Herz presste, während *Adj NELL* wütend aus dem Käfer sprang und mich gewaltig zusammenschiss. Die direkte Folge war, dass bei der nächsten Theorie vor der ganzen *OS Aspirant WAGNER* nach vorne befohlen und seine graue Karte (militärischer Führerausweis) konfisziert und von *Oberst WÜTHRICH* feierlichst zerrissen wurde. Darauf folgte ein langer, tiefer Blick in meine Augen und der markige Spruch: *„Aspirant WAGNER*, meein Komposs ischt ab jietzt auf Eeuch ggrichtätt, abthrätten!"

In die Zeit der OS fielen auch meine ersten Flugmeetings mit der *KZ-8*. Damals war für zivile Flüge im Urlaub eine Bewilligung des Kommandos erforderlich, die ich auch beantragte. Man würdigte jedoch diesen Antrag keiner Antwort. Aber bereits bei der ersten Show war unser Klassenlehrer, der zugleich OS-Chefffluglehrer war, unter den Zuschauern und lud mich am Montag vor. Er lobte zwar meine Vorführung, erinnerte mich an die Vorschriften und erwähnte, dass bei einem Unfall die Militärversicherung nicht zahlen würde. Ich wies auf das unbeantwortete Gesuch hin und auf die Schwierigkeiten, ein eigenes Flugzeug ohne die jeweils 500 Fränkli pro Meeting finanzieren zu können. Das Gesuch habe er nicht weitergeleitet, weil es sowieso vom *OS-Kdt* abgelehnt worden wäre. Er zwinkerte mir dabei zu, was ich dahingehend interpretierte, dass er weiterhin ein Auge zudrücken würde. So begann meine stattliche Anzahl von Tiefflug-Vorführungen halbwegs legal und ich habe insgesamt an mehr als 100 Shows geflogen. *Kunstflug* in Bodennähe ist die gefährlichste, aber fliegerisch, sowohl für Pilot wie Zuschauer, eindrucksvollste Flugart. Nur in Bodennähe ist die vertikale Dimension der Flugzeugbewegung dynamisch sichtbar. Mit zunehmender Höhe reduziert sich alles auf einen anscheinend ebenen Bewegungsablauf. Auch die Geschwindigkeit ist nur im Tiefflug wirklich manifest. Selbst der Jet steht auf 10'000 m optisch fast still und nur vorbeirasende Wolkenfetzen zeigen die 1'000 km/h manchmal an. Aber die Nähe des Bodens ist sehr gefährlich, was in der *US-AIRFORCE* zum wichtigen Lehrsatz führte: *<There's NOTHING so USELESS in AVIATION as the SKY ABOVE YOU and the RUNWAY BEHIND YOU !>*
Meine AIRSHOW-Vorbereitungen habe ich in meinem Handbuch des Kunstflugs kurz zusammengestellt. Wichtigstes Kriterium ist die Höhe, aus welcher ich mit einer Reserve von ~ 25% gegen den Boden ziehen kann. Im *KZ-8* waren es, mit 150 km/h in Rückenlage, = 300 m über Grund. Da, je nach Abnahme des statischen Drucks, beim Höhenmesser Fehler (Position Errors) auftreten, sind diese vorher ebenfalls zu ermitteln und zu berücksichtigen. Das Programm muss vorher ausgearbeitet sein und ist AUSWENDIG peinlichst genau einzuhalten. So sind alle kritischen Punkte des Abfangens gegen den Boden vorab bekannt und es müssen keine Blitzentscheidungen getroffen werden. Durch Ausnützung lokaler Möglichkeiten für Überraschungseffekte, wie etwa Verschwinden im Rückenflug in einer Geländesenke und dann Auftauchen zwischen den Hangars von einer anderen Seite her wird das Programm spannend. Lediglich zwei wirklich gefährliche Situationen habe ich bei meinen ~ 100 Airshows erlebt. In Langenthal-Bleienbach flog ein Flugschüler den für mich gesperrten Platz mit einer *CESSNA* an und ich konnte ihm im Rücken-Tiefflug gerade noch um ein paar Meter ausweichen. In Lommis hatte ich einen Motor-Ausfall wegen einer abgebrochenen Drosselklappenachse. Dagegen sah ich fast ein Dutzend andere Flieger während eben dieser Meetings herunterfallen, meist mit fatalen Folgen. Das Schlimme

daran war, dass gerade solche Unfälle oft den Erfolg des Flugtags beim Publikum ausmachten, denn z.B. ein Absturz am Samstag sorgte etwa für einen Zuschauerrekord am Sonntag. Ich hatte oft den Eindruck, dass die Menge kam in der Hoffnung, uns CRASHEN zu sehen. Der makabre Scherz einer bekannten Fallschirmgruppe, beim Sprung auch eine Puppe abzuwerfen, deren Fallschirm sich nicht öffnete und die dann auf dem Platz aufschlug, war als gelungener Ersatz für einen wirklichen Unfall immer ein Publikumshit.

Parallel zu meinen Kunstflugaktivitäten hatte ich 1965 den Privatpiloten-Fluglehrerkurs gemacht und ab Frühjahr 1966 einige FVS-Kurse für 18-19-Jährige geleitet. Die vom Bund bezahlte Ausbildung zum PP-Schein für zukünftige Militär- und Berufspiloten war zwar sehr streng. Zeitweise hatte ich allein bis zu fünf Schüler innert 14 Tagen zum Alleinflug und zur PP-Zwischenprüfung zu bringen, was bis zu 100 Platzvolten pro Tag bedeuten konnte. Wenn man den Fortschritt der ungelenk mit den Köfferchen eingerückten Bubis zu Solopiloten in der kurzen Zeit betrachtete, erlebte man jedoch grosse Befriedigung bei dieser Ausbildungsaufgabe. Zeitweise hatte ich für diese Kurse Unterstützung von Fluglehrer-Aspiranten. So auch im Sommer 1966 in Langenthal-Bleienbach, wo mir ***Moritz SUTER***, ein eben auf abenteuerlichem Karriereweg über Charterfirmen, LUXAIR usw. zur *SWISSAIR* gekommener *Copilot* aushalf. Wir verstanden uns sehr gut, denn er bildete die Schüler kompetent und ruhig aus. Abends frönten wir einem gemeinsamen Hang zur Verfressenheit, indem wir abwechselnd im Gasthof KREUZ oder im gegenüber liegenden BÄREN beim Dorfeingang speisten. Das Schwärmen von den Portionen gegenüber führte dazu, dass uns immer grössere Platten aufgetischt wurden. Berner Schlachtvieh ist bekannt als währschaft und ohne Drückeberger. Wo aber die Wirte schlussendlich die Riesenkoteletts gefunden haben, mit welcher sie die gegenüberliegende Konkurrenz zu übertreffen hofften, ist mir heute noch schleierhaft. Der bald darauf folgende Aufstieg von *Moritz SUTER* als Pionier des Regionalluftverkehrs durch die Gründung der ***CROSSAIR*** und deren Ausbau zu einem profitablen Unternehmen mit 5'000 Mitarbeitern und Milliardenumsätzen war für mich keine Überraschung. Seine legendäre Fähigkeit, Leute einzuschätzen, zu begeistern, für sich zu motivieren und einzunehmen, zeigte sich bereits damals. Seither sind wir uns freundschaftlich verbunden und die Verfressenheit zelebrierten wir ab und zu in der KRONENHALLE, unweit seiner späteren, feudalen Wohnung an der Winkelwiese in der Zürcher Altstadt. Mehrmals verstand er es, mich trotz meiner chronischen Zeitnot für seine Zwecke einzuspannen, so bei Garantie-Streitigkeiten mit dem Flugzeuglieferanten SAAB, gegen unberechtigte BAZL-Beschränkungen in Lugano-AGNO und für Arbeiten im Zusammenhang mit IFR-Anflügen nach Sion usw. Als der gegen ihn voreingenommene Chef des *BFU (Büro Flugunfall-Untersuchungen)*, *Jean OVERNEY*, in den Unglücksfällen von Nassenwil und Bassersdorf ein Kesseltreiben gegen ihn entfachte, was zur einer Anklage vor dem Bundesstrafgericht in Bellinzona führte, konnte ich ihm wegen meiner langjährigen Mitarbeit beim *BFU* einige Hilfe und Dienste über meine Kenntnisse und Verbindungen erweisen. Da er 1991 die Aktienmehrheit der *CROSSAIR* an die *SWISSAIR* verkauft und dabei wohl ziemlich verdient hatte, wurde er nachher von vielen Investmentsuchern belästigt und ich prüfte einige ihm vorgeschlagene Projekte auf seinen Wunsch bezüglich technlogischem Gehalt, da er meine Fähigkeiten als Konstrukteur und Ingenieur offenbar hoch einschätzte. Ende 2003 besuchten wir in Lörrach einen angeblichen Kugelmotor-Erfinder. Die daraus sich entwickelnde Geschichte wird im Kapitel XVI über den Beginn meines dritten Lebens zu erzählen sein. Tatsache ist, dass dank ihm der Bund die konkursite *SWISSAIR 2001* durch Aufkauf und Refinanzierung der *CROSSAIR* retten und als *SWISS INTERNATIONAL AIRLINES* weiterführen konnte, was heute noch am Kurzzeichen *LX (CROSSAIR)* der SWISS-Flüge manifestiert wird. Ohne *Moritz SUTER* gäbe es u.a. heute keine grosse schweizerische Linienfluggesellschaft mehr...

Kapitel VI

ZWISCHENSTEIGFLUG *1966 - 1970* *(CV-990-WM66+68-DC9)*

Ziel ihrer Luftmacht ist die Weltherrschaft

CH-Nachrichtendienst über die UDSSR

Anfangs 1966 beförderte uns die *SWISSAIR* vom *CV-440 Metrop* auf den *CV-990 Coronado*. Dies war der grösste fliegerische Schritt aller meiner Umschulungen. Diese Maschine mit rund 120 Tonnen max. Abfluggewicht, gegenüber den 45'000 LBS oder 19'500 kg des *Metrop* hatte zwar sensationelle Flugleistungen, war aber keineswegs einfach zu fliegen. Wegen grosser Flügelpfeilung litt sie unter <Dutch Roll>-Taumelschwingungen, insbesondere im Landeanflug. Dessen Amplituden konnten durch Steuerimpulse so stark aufgeschaukelt werden, dass die äusseren Triebwerke, trotz einer Boden-Neigungsfreiheit von 8° in einigen Fehllandungen an der Piste streiften. Beim Durchstart hob sich durch den Schub die Nase derart, dass man ohne sofortiges Kopflast-Trimmen drücken musste, bis die Steuersäule am Instrumentenbrett anstand und dann nur eine Leistungsreduktion ein unkontrollierbares Aufbäumen stoppte. Man war beim Checkflug jeweils froh, wenn ein Triebwerkausfall simuliert wurde, weil man mit drei Triebwerken weniger Gefahr lief, wie eine Rakete durch alle Höhenlimiten zu donnern. Zur Landung brauchte man ein gutes Lagegefühl, da sowohl durch Leistungsabbau als auch Geschwindigkeitsreduktion eine immer stärkere Kopflastigkeit durch dosiertes Ziehen auszugleichen war und darüber das Abflachen und Ausschweben überlagert werden mussten. Der Kurs in Stockholm-Arlanda machte Freude, weil einerseits der Instruktor *Harry GEIGER* souverän unsere Bemühungen bis an die Limite unkorrigiert laufen liess und mir andererseits die Zähmung des widerspenstigen Vogels erstaunlich schnell gelang.

Dass damals mit diesen Apparaten noch <Steep Turns>, eine 8 mit 45° Querlage innerhalb von +/- 100 Fuss (= 30 m) geübt wurden, wobei sich die Flügel kräftig durchbogen und man, bei Einhalten der Höhenlimite, mit einem Knall in die eigene Wirbelschleppe donnerte; dass man Abkippübungen mit von den Strömungsablösungen zitternden Kabinenwänden machte und dass eine Fehlmanipulation bei einer <alternate-longitudinal-trim-Übung> in einem veritablen Männchen resultierte, zeigt den sorglosen, unbelasteten Umgang mit den neuen Düsenmaschinen durch die damals verantwortlichen Funktionäre. Uns nichtsahnenden AZUBIS machte dies selbstverständlich viel mehr Spass als die späteren <ZERO-FLIGHT-TRAININGS> der 80er-Jahre, wo nach 30 Simulatorstunden nur einige wenige Landungen tatsächlich mit dem Flugzeug geflogen wurden. Mit dem *Coronado* kam ich erstmals auf Langstrecke, kurz auf den Südatlantik bis Rio und dann nach

SWISSAIR-CV-990A Coronado

Fernost bis Tokyo. Damals waren lange Direktflüge wegen der beschränkten Reichweite des *CV-990*, der in den USA von *CONVAIR* als <Coast to Coast-Racer> konzipiert war und gut 4'500 km + Reserven schaffte, unmöglich. Auf dem Südatlantik wurde etwa Zürich-Genf-Dakar-Rio-Buenos Aires-Santiago de Chile geflogen. Die Fernost-Flüge gingen von Zürich über Genf-Athen-Karachi-Bombay oder Kalkutta-Bangkok-Honkong-Tokyo. Man war auf einer Rotation zwischen zehn und 20 Tagen unterwegs und es gab natürlich bei den Slings, wo die Besatzungen ausgewechselt wurden, bis zu vier Tage Aufenthalt. Besonders beliebt war der Sling in Bangkok, wo man nach dem Flug von Karachi über Bombay oder Kalkutta der wartenden Ablösebesatzung übergab und dann drei oder vier Tage frei hatte. Die paradiesischen Zustände vor der Touristeninvasion im alten ERAWAN-Hotel mit einem ausnahmsweise grosszügigen <Deplacement>, dh. der von der Firma bezahlten Unkostenentschädigung, ermöglichten wirkliche Ausschweifungen. Von masslos überpfefferter Thai-Soup beim billigen Chicken-Fritz bis zum gediegenen Dinner im Hotel gab es Menü-Auswahl und in der vor dem Hotel gelegenen DEW-DROP-BAR wimmelte es von netten Thai-Girls, die sich beim ohrenbetäubenden Musikkrach in der finsteren, klimaunterkühlten Atmosphäre handgreiflich besonders für blonde Jünglinge interessierten. Sie wussten, dass ebendieses Deplacement plus einige 10-$-Scheine reichten, den Crew-Bag ins Hotelzimmer zu stellen, mit wenigen Strand-Utensilien ins <Crew-Control>, dh. eben in den TAUTROPFEN zu gehen, sich vom nettesten Girl ein Taxi für die mehrstündige Fahrt nach Pattaya organisieren zu lassen, gemeinsam hinzufahren, am idyllischen, damals noch hotellosen Strand einen Bungalow zu mieten, zu baden, Wasserski zu fahren, die unglaublichen Sonnenuntergänge und Mondnächte an diesem Traumstrand zu erleben und nach der Rückkehr mit dem verbliebenen Kleingeld, nach dem hastigen Packen und Anziehen der Uniform, noch anständige Tips zu verteilen. Insbesondere wegen des guten, in Literflaschen kühl servierten SINGHA-Biers war die Hitze auch bei hoher Luftfeuchtigkeit erträglich. Zu einer Zeit, als bei uns mit Liane, dem Urwaldmädchen die nackte Brust in Kinos für Skandale und Anzeigen der Statthalter sorgte, gab es schon deftige <Blue-Movies>=

Pornofilme, Massagesalons mit Dr. WARD-Spiegeln und weitere, bei uns erst Jahrzehnte später aufgekommene bzw. tolerierte Praktiken im Zusammenhang mit dem ältesten Gewerbe bzw. mit dem von Wilhelm BUSCH beschriebenen <Hang zum Küchenpersonal> des Jünglings. Alles wurde damals, dh. vor der Überschwemmung mit US-Vietnam-GI-Urlaubern und später europäischen Sex-Touristen, in vergleichsweise geradezu harmloser Form offen angeboten und betrieben. Und wenn einmal, nach dem berühmten Spruch: *<Schwanz verbrannt, die Hure kichert, hoffentlich ALLIANZ-versichert>* etwas schief gelaufen war, konnte dank der noch wirksamen Antibiotika (Peniszillin!) beim Rückflug anlässlich des Karachi-Slings eine diskrete Visite beim *SWISSAIR*-Stationsarzt *Dr. SIMCOX* fast alles wieder geradebiegen. Für die heutige, AIDS- und drogengeplagte Generation sind die paradiesischen Zustände ab Anfang der Sechzigerjahre wie hier beschrieben, zusammen mit dem Abbau verklemmten Verhaltens der Frauen zufolge der Antibabypille, wohl kaum mehr nachvollziehbar. Das ziemlich hilflose Medizinergestammel zur AIDS-Bedrohung hätte man sich in jener fortschritts- und schulmedizingläubigen Zeit jedenfalls überhaupt nicht vorstellen können.

Ein fliegerischer Leckerbissen oder Albtraum, je nach pilotischer Fähigkeit, war der damalige Anflug auf die Piste 13 des früheren Flughafens KAI-TAK in Hongkong. Bei schönem Wetter und Ostwind glich das Flugerlebnis für Besatzung und Passagiere einem Sightseeing-Tiefflug zwischen den steilen Hügeln, wobei wir Piloten natürlich die Logensitze inne hatten. Bei schlechtem Wetter, tiefer Wokenuntergrenze und Gewitterneigung konnte es, noch ohne DME in unseren Flugzeugen, wegen der ADF-Mittelwellenstörungen recht gefährlich werden. Immer werde ich mich an meinen Einführungsflug mit dem Sektorchef und einem abgesägten, früheren Propellerkapitän als zusätzlichem Copiloten erinnern. Zufolge meiner Unerfahrenheit wurde ich aus dem rechten Pilotensitz auf den Navigatorsitz verbannt. Die beiden älteren Herren tasteten sich knapp unter der Wolkenbasis von Cheung Cheow zum Green Island vor. Wegen der hohen Steuerkräfte hielt der Sektorchef das Steuerhorn mit beiden Händen und setzte, mit längeren Pausen, durch kurzes Loslassen des Steuers mit der rechten Hand die erforderliche Leistung. Über der Küste von Kowloon befahl er beim Einleiten der Rechtskurve vor dem Chequered Board <FULL FLAPS>. Die Speed begann gefährlich zusammenzufallen, während er zweihändig gegen das vergnügliche Taumeln des Coronados im Dutch Roll kämpfte und offenbar das Steuer nicht loslassen konnte oder wollte. Deshalb rief er lautstark zum Copiloten hinüber: „GAAS !“ Dieser, schon etwas schwerhörig, reagierte bühnenreif, indem er seine linke Hand muschelförmig an sein Ohr legte, sich gegen den Chef lehnte und in noch grösserer Lautstärke brüllte: „WAAS?“ Souverän rettete der Bordmechaniker die Situation, indem er, entgegen den Procedures, die Leistungshebel ergriff und die Geschwindigkeit stabilisierte. Nach dem Aufschlag mit vier schwitzenden Helden im Cockpit gab es dann das Debriefing, dh. ein Gespräch über die gerade erlebte Situation. Es wurde, wie üblich, mit der Feststellung durch den Chef abgeschlossen, unschöne Manöver kämen bei solchem Wetter vor, aber, man könne ihm glauben, die <*SAFETY*> sei <in keiner Weise tangiert> gewesen.

In der Fliegerei ist das Wort ***SAFETY*** (Flugsicherheit) der wohl meist missbrauchte Begriff überhaupt. Fliegen ist, und das schleckt keine Geiss weg, die schwierigste, gefährlichste und unfallträchtigste aller Fortbewegungsarten. Wenn auf dem Land oder im Wasser dem Strassen- bzw. dem Schienenfahrzeug oder dem Schiff der Treibstoff ausgeht, steht das Vehikel still. Man muss allenfalls die Bremsen anziehen oder Anker werfen. Im Flug bedeutet eine Spritpanne Notlandung mit oder ohne Crash. Eine Motorpanne ist am Boden bzw. im Wasser gleichbedeutend mit einer Spritpanne. Im Flug hat man sich dagegen mit Fallschirm, Schleudersitz oder Mehrmotorigkeit abgesichert. Landfahrzeuge oder Boote mit zwei, drei oder vier Motoren sind unüblich, weil man jederzeit stoppen kann. Im Flug werden solche Absicherungen notwendig, weil, wie bei einer Spritpanne, durch Motorschaden genauso ein Absturz droht und man nicht einfach anhalten kann. Fast gebetsartig werden in jeder Airline diese Gefahren bannend beschworen durch

SAFETY FIRST
SCHEDULE SECOND
ECONOMY THIRD
COMFORT FOURTH

Mit Statistiken wird <nachgewiesen>, dass Fliegen sicherer sei als Autofahren. Dabei wird ein übler Trick angewendet. Ich fliege von Zürich nach Madrid in zwei Stunden und überlebe das. Nehme ich das Auto, bin ich zwei Tage unterwegs. Die Chance, in 48 Stunden zu verunglücken, ist natürlich wesentlich grösser als in zwei Stunden. Was mich daher, insbesondere als Pilot interessieren sollte, ist nicht meine Überlebens-Wahrscheinlichkeit pro zurückgelegtem Kilometer, sondern pro Lebens-Stunde, -Tag oder -Jahr. Pro mittlere Flugstunde aller Flugsparten ereignen sich immer noch fast viermal mehr Unfälle, meist mit fatalem Ausgang, als pro Stunde Autofahrt. Wenn ein Flugzeug herunterfällt, sucht das *BFU* nach der <Ursache> für den Absturz. Diese liegt erwiesenermassen darin, dass jedes Flugzeug in der Luft potentiell Absturzgefahr bedeutet. Gesucht werden aber nur pilotische Fehler, mechanische Schäden und Mängel usw.. Dies, weil der allgemeine Köhlerglaube annimmt, dass Flugzeuge von selbst in der Luft bleiben und nur durch menschliche Fehler herunterfallen würden. Dass jedoch eine ganze Reihe absoluter Spitzenleistungen erforderlich sind, ein Flugzeug überhaupt in die Luft zu bringen und es schon bei kleinem Abfall dieser Spitzenleistungen gnadenlos herunterfallen könnte, übersehen nicht nur Otto Normalverbraucher, sondern auch Bundesanwaltschaft, Presse und das Publikum. Die allgegenwärtige Absturzgefahr muss natürlich für die Beteiligten psychologisch in Schranken gehalten werden. Dafür wurden die Debriefings eingeführt, bei denen, wie erwähnt, jede kritische Situation, sofern schlussendlich nichts passiert ist, damit ausradiert wird, dass, glauben Sie mir, die *SAFETY* nicht tangiert war.

Während der Französischen Revolution gab es einen Bischof und später Fürsten, Maurice TALLEYRAND de Périgord, eine der verschlagensten und intelligentesten Persönlichkeiten, die nacheinander der Nationalversammlung, Robespierre, dem Direktorium, Napoléon, den Bourbonen und schliesslich Bürgerkönig Louis-Philippe in hohen Ämtern diente, ohne je bei den politischen Wechseln gross in Schwierigkeiten zu geraten. Dieser Fürst TALLEYRAND prägte damals den Satz, dass die Einleitung zu einer Lüge mit den Worten „Glauben Sie mir..“ erfolge. Wer nach kritischen Flugsituationen, <glauben Sie mir>, versichert, die *SAFETY* sei nicht tangiert gewesen, belügt so sich selbst und die CREW. Man hat den Crash eben noch mit Glück vermeiden können.

Im Sommer ***1966*** nahm ich mit meiner ***KZ-8*** an den ***IV. FAI-Kunstflug-Weltmeisterschaften*** *in* ***Moskau-TUSCHINO*** teil. Dies war mit meinen interessantesten Flügen in Sportflugzeugen verbunden, mussten wir doch die ganze Strecke Schweiz-Moskau und zurück in Etappen von 3-400 km im reinen Sichtflug, auch hinter dem Eisernen Vorhang, zurücklegen. Zur Planung gab es nur ungenaue RAF-Flug- und PKW- Strassen-Karten Massstab 1:1‘000‘000 oder 1:2‘500‘000. *Eugen SEITZ* hatte zwischenzeitlich eine *PIAGGIO-149D* von der Deutschen Bundeswehr gekauft, die noch Tarnbemalung mit notdürftig überspritzten Balkenkreuzen auf den Flügeln aufwies. Wir luden diese *PIAGGIO* mit Ersatzteilen voll. *Max DÄTWYLER*, ein Freund von *Sämi RUPP* und bekannter Schweizer Flug- und Industrie-Pionier, kam als Mechaniker + *Copilot* mit. Das Team umfasste auch noch *Eugen HASLER* mit einem *ZLIN-326*, für den ich, wie auch für die *KZ-8*, gerade einen besseren Propeller konstruiert und bei INFANGER in Ennetbürgen hatte bauen lassen.

Der neue INFANGER-Propeller des Autors

Speck-Fehraltorf-Salzburg-Bratislava-Kosice-Lwow-Schitomir-Tschernikow-Kaluga-Moskau war unsere zugewiesene Route. Theoretisch hätten wir Funkverbindung untereinander in den drei Maschinen halten und ich den Funkverkehr erledigen sollen. Aber die batteriebetriebene, provisorische Installation in meiner *KZ-8*, welche nicht über Generator und Bordnetz verfügte, gab schon im ersten Regenguss vor Salzburg senderseitig den Geist auf. Weil weder *Eugen SEITZ* noch *Eugen HASLER* Erfahrung im internationalen Flugfunk hatten und auch nur wenig Englisch sprachen, kam es umständehalber zum Kreuzen des Eisernen Vorhangs und der Landung in Bratislava ohne rechtzeitiges Einholen der <ENTRY-CLEARANCE> und Landebewilligung. Bei den damals geladenen Gewehren und Flabgeschützen am Todesstreifen ging man bei solchen Fehlern grosse Risiken ein. Wir wurden beinahe verhaftet. Nur der tschechoslowakische *ZLIN-326* von *Eugen HASLER* hellte die Gesichter der mürrischen *APPARATSCHIKS* am Flughafen BRATISLAVA etwas auf. *HASLER* durfte sogar mit Kontrollpilot weiter nach Otrokovice fliegen und dort beim Hersteller einen grossen Service machen lassen. Nach dem Kontrollflug gestikulierte *ZLIN-Chefpilot VLCEK* mit den Mechanikern und man holte eine Zugwaage zur Standschubmessung. Man fand dort heraus, was wir schon wussten, nämlich, dass der *ZLIN-326* mit meinem Propeller über 300 kg Standschub abgab, gegenüber 220 kg mit dem Originalpropeller, der in der Form einem Nussbaumprügel glich. Später verkaufte ich deswegen total zehn solcher Propeller an Besitzer von Flugzeugen mit dem Walter-6-III-Motor, u.a. auch an *Sepp HÖSSL* für die *Super-KLEMM. HERRGOTTS-SCHNITZER* von *Rosenheim* nannten wir dann den Propeller-HOFFMANN und seinen Konstrukteur Gerd MÜHLBAUER, die vergebens versuchten, meine Propeller leistungsgleich zu kopieren, sodass mir dieser Markt bis zum Ersatz der Fixpropeller durch verstellbare Luftschrauben erhalten blieb...

Am nächsten Tag durften wir nach längerem Palaver hinter einer META-SOKOL nach KOSICE überfliegen. Dabei perfektionierten wir unser Verständigungssystem, indem die beiden Eugens mir Fragen stellten, die ich hören, aber nicht per Funk (wegen des Senderausfalls) beantworten konnte. Also pumpte ich am Höhensteuer für JA und wackelte mit dem Querruder für NEIN.

Am Ziel waren bereits die Teams der Tschechoslowakei, Westdeutschlands, Frankreichs und Ungarns eingetroffen. ***Wilhelm SACHSENBERG***, alter Kriegsflieger und Leiter der BRD-Delegation des *DAEC (Deutscher Aero-Club)*, riss uns dort bei der Willkommensfeier mit einer Tischrede in Reichsdeutsch heraus, indem er den tschechoslowakischen Apparatschiks für Verständnis und Nachsicht gegenüber den mehrfach vorgekommenen Einflugfehlern dankte. Seine konsequente Verwendung deutscher Ortsnamen wie KASCHAU, PRESSBURG und LEMBERG tat der Wirksamkeit seiner Ansprache keinen Abbruch, denn alles endete in einem verbrüdernden Riesenfest bis früh in den nächsten Morgen. Mit brummendem Schädel starteten wie gegen Mittag in Kosice/KASCHAU, wobei die BRD-Piloten dann konsequent KASCHAU-Tower aufriefen.

Als wilder Sauhaufen aus *ZLINS, BÜCKER-Lerche, KZ-8*, einer *CESSNA-172, NORD-3202, JAK-18* und der *P-149D* flogen wir im Pulk Richtung Lwow/LEMBERG. Beim Tempo der langsamsten Maschine, der *C-172*

DAEC v.l.n.r. Präsident G. BRÜTTING, Wilhelm SACHSENBERG, die PATZIGS

mit etwa 180 km/h, verölten mir die Kerzen und ich musste, wie eine Hornisse um den Bienenschwarm kurvend, mit Vollgas und Ausleanen die Kerzen freibrennen. Nach einigen Loopings setzte ich mich wieder hinter die Meute, in welcher im BRD-Team hochdekorierte Jagd- und Kriegsflieger wie ***Walter WOLFRUM***, *Gerhard PAWOLKA* usw. mitflogen. Wenn man sich dem einen oder anderen solchen von hinten näherte, machte er plötzlich eine Abwehrkurve, um einen nicht in <Schussposition> kommen zu lassen. Spielte man mit, gab es daraus längere Schau-Luftkämpflein. So landeten wir in Lwow / LEM-BERG, früher polnisch, damals russisch, heute ukrainisch, auf dem grossen Militär- und Zivil-Flugplatz, der in der WM-Ausschreibung als einer der Einflugpunkte in die Sowjetunion für die WM-Teilnehmer bestimmt worden war. Zu meiner Überraschung fand sich ein zwar ausdehnungsmässig riesiger, aber bezüglich Ausrüstung und Infrastruktur sehr primitiver Grasplatz, auf dem viele, sich offensichtlich in schlechtem Zustand befindliche, ältere *MIG-17*-Flugzeuge im Freien, offenbar seit Monaten oder Jahren, abgestellt waren. Mein vom Nachrichtendienst der Schweizer *Flugwaffe* geprägtes Bild der bis zu den Zähnen bewaffneten Russen mit modernsten Flugzeugen, welches regelmässig zur Begründung unserer Militärkredite bei meinem Dienst in der *Flugwaffe* beschworen und als vertraulichste Information verbreitet worden war, bekam die ersten grösseren Sprünge. Zwei Tage wurden wir in Lwow <wegen Gewittern> festgehalten. Die erste Nacht logierten wir in einem CAMPING, einer Ansammlung halbverfaulter Hütten, etwa wie bei uns vergammelte Schrebergärten, mit unmöglichen sanitären Bedingungen. Reklamationen führten am nächsten Tag zum Transfer ins Hotel MOSKWA. Dort wurde eine Ladung verdienter Genossen hinausgeworfen und zu den Schreberhäuschen gekarrt, während wir sechs Stunden auf das Wechseln der Wäsche in den Hotelzimmern warten mussten. Ein Franzose, *André DELCROIX*, benutzte mit uns die Wartezeit ausgiebig zur Wodka- und Kaviardegustation, mit welcher uns die Intourist-Apparatschikovas bei Laune halten wollten. *DELCROIX* regte sich schliesslich derart auf, dass er angesoffen auf das gegenüberliegende Postamt schwankte, um ein Protesttelegramm aufzugeben. Nach 50 Jahren Sozialismus war die Höflichkeit der Russen soweit entwickelt, dass einer den unverständlichen Fremdling vor dem Schalter einfach beiseiteschob, worauf ihm *DELCROIX* eine Ohrfeige knallte und prompt von der Polizei abgefasst wurde. Seine Auslösung durch die Intourist ergab rote Köpfe, weil *DELCROIX* kein Blatt vor den Mund nahm. Zu *Eugen HASLER*, von Beruf Architekt, sagte er angesichts des verfallenen und verlotterten Stadtbildes: „Monsieur l'architècte, est-ce-que vous prenez des idées?“ Dann schimpfte er auf die kommunistischen Idioten, bis die Ohren der besonders hübschen Dolmetscherin der Franzosen brannten. *DELCROIX* sollte später der erste meiner

André DELCROIX mit Eva KAPRASOVA, CZ-Kunstflug-Championeuse

ACROSTAR-Kunden werden. In Lwow kamen noch weitere Teams an, so das polnische und das ostdeutsche, das zum Unterschied mit GDR (German Democratic Republic) gegenüber der BRD (Bundesrepublik Deutschland) firmierte. GDR- und BRD- Teams hielten dann würdevolle, räumliche und vokale Distanz zueinander.

Nach der Landung dieser Nachzügler fuhr ein Tanklastwagen zu den abgestellten Flugzeugen und tankte diese auf. Als wir nach zwei Tagen weiterfliegen sollten, erinnerte ich unsere Intourist-Dolmetscherin daran, dass unsere Flugzeuge noch nicht betankt waren. Im FIO ergab sich daraus ein längeres Palaver. Diesem entnahm ich, dass in der Sowjetunion alle Zivilflugzeuge der Aeroflot und die Militärmaschinen der Luftwaffe gehörten und der entsprechende Treibstoff an den Flugplätzen formlos einfach abgegeben wurde. Für die brüderlich behandelten WAPA-Staaten galt dasselbe Procedere. In der WM-Ausschreibung war für uns westliche Teams jedoch die Bezahlung des Benzins für die Überflüge vorgeschrie-ben. So fuhr auch bei der *KZ-8*, der ***P-149*** und beim *Z-326* der Tankwagen vor, der genau gleich aussah wie die nach dem Krieg von den Amis gekauften War-Surplus-GMC-Dreiachser-Zisternen der Schweizer *Flugwaffe*. Ein *Apparatschik* in goldbetresster Uniform rief uns zu sich, ging hinten zum russischen GMC und entnahm einem grossen Drainplug Benzin mit einer gläsernen Schöpfkelle. Es hatte eine blaugrüne Kennfarbe und er schüttelte das Glas, hielt es uns vor Augen und nickte fragend? *Walter WOLFRUM* nahm das Glas in die Hand und nickte zurück, worauf das Tanken begann. Als die Tankerei fertig war, rief uns der Gold-*Apparatschik* wieder zusammen und machte mit Daumen und Zeigfinger das internationale Zeichen für Bezahlen. Da keine Messuhr beim Tanken gelaufen war, erhob sich sofort ein fragendes Gemurmel, wieviel man denn nun tuggen müsse? Wieder rettete uns Walter, indem er eine 100-Rubel-Note hervorzog und dem Goldfasan in die Hand drückte. Der steckte sie strahlend ein, schüttelte Walter die Hand und wir waren startbereit. Diese Bezahlung des Benzins war eine zwerchfellerschütternde Show, die sich bis Moskau und wieder zurück nach Lwow/LEMBERG hinzog. Wo man hinkam, wussten die *Apparatschiks* entweder nicht, dass man das Benzin zahlen sollte und waren mit 10 oder 20 Rubel Schmiergeld zufrieden, oder sie wollten unglaubliche Beträge. Man erinnere sich, dass kurz vorher CHRUSCHTSCHOW bei einer Währungsreform für den Rubel 4.85 CHF (gegenüber dem USD ($) bei 4.15) als offiziellen Kurs festgelegt hatte. Die Bundesdeutschen wechselten schwarz und erhielten 500 Rubel für 100 Westmark, sodass das Benzin für ungefähr 20 Flugzeuge, dh. etwa 1'000 Liter, 20 Westmark oder 2 Pfennig pro Liter kostete. Als beim Rückflug ein Goldfasan 500 Rubel wollte, zeigten wir ihn bei der Intourist-Dolmetscherin an und er wurde vor unseren Augen durch einen Beamten mit Handschellen abgefasst. Die Benzinstory ist damit noch nicht beendet. Wir stellten nämlich fest, dass das Benzin kein Crackbenzin, sondern Leichtbenzin mit wesentlich geringerer Viskosität war, etwa so, wie bei uns Drogerien Reinigungsbenzin verkaufen. Die Vergasermotroren liefen zu fett damit, rauchten und brachten zu wenig Leistung. Erst im Laufe des Wettbewerbs merkte ich, warum meine Vorführungen nicht normal abliefen. Dies war ein wesentlicher Grund für meine nicht gerade optimale Platzierung (26. von 68 Teilnehmern) in Moskau.

Nach zwei Tagen erhob sich also in Lwow ein Schwarm von über 60 Maschinen hinter einem vierzehnplätzigen *AN-2*-Doppeldecker, der als Pfadfinder mit abwechselnd 120 bis 160 km/h vorauszuckelte. Zwei *JAK-18*-Kunstflugmaschinen amteten als Hirtenhunde, die versprengten oder neugierigen Kursabweichlern nachflogen und diese mit Flügelwackeln, Handzeichen usw. wieder auf Kurs in die gewünschte Richtung zu scheuchen versuchten. Die *KZ-8* bekam wieder Kerzenverölung.

Da die JAKs etwas langsamer waren, machte ich mir einen Spass daraus, in grosser Entfernung um den Bienenschwarm herumzugurken, ohne mich einholen zu lassen. Bis zur ersten Zwischenlandung in SCHITOMIR hatten die Hirtenhunde offensichtlich per Funk deswegen schon eine Zigarre für mich vorbereitet, die man mir verpassen wollte. Mein Hinweis auf die katastrophale Zucklerei und meine Kerzenprobleme unter 200 km/h führten dazu, dass *Max DÄTWYLER* vom *P-149D* in den *AN-2* umsteigen musste und der AEROFLOT-Navigator WASSILJI bei *Eugen SEITZ* Platz nahm. So konnten wir mit der *P-149D* und der *KZ-8* ungestört mit etwa 240 km/h vorausfliegen und kamen in TSCHERNIKOW und KALUGA jeweils etwa eine halbe Stunde vor dem Bienenschwarm an. Intourist hatte die Anzahl der Maschinen offensichtlich nicht durchgegeben. So ging bei unserer Landung mit den zwei Flugzeugen der ganze offizielle Zeremonienempfang los mit Musik, Ansprachen, Kaviarbrötchen und Wodka. Wenn dann der Bienenschwarm bzw. Sauhaufen später

18-1

Пролетарии всех стран, соединяйтесь!

МОСКОВСКАЯ ПРАВДА

ОРГАН МОСКОВСКОГО ГОРОДСКОГО КОМИТЕТА КПСС и МОССОВЕТА

1966 год 6 АВГУСТА, СУББОТА ● № 182 (14150) ● 47-й год издания ● Цена 2 коп.

6 августа 1966 г. «Московская правда»

В НЕБЕ И НА ЗЕМЛЕ ТУШИНА

Завтра открытие IV чемпионата мира по высшему пилотажу

В НЕБЕ Тушина парят легкокрылые разноцветные птицы — асы 16 стран проводят тренировки перед IV чемпионатом мира по высшему пилотажу. Но и на земле не умолкает рев моторов: спортсмены проверяют свои машины, ремонтируют. Многие из них проделали немалый путь.

Участники чемпионата продолжают съезжаться прямо с неба. Вчера, во время пресс-конференции, состоявшейся в Тушине, приземлился самолет с гербом Швейцарии. Его окружили официальные представители чемпионата, девушки с цветами. Поднялся стеклянный колпак, и показалась... аэрофлотовская фуражка. Штурман В. Ананин, став лоцманом небесных трасс, сопровождал швейцарских спортсменов от границы до столицы.

64 спортсмена и спортсменки будут состязаться за призы и награды чемпионата. Приятно то, что отмечены будут не только победители и их тренеры, но и конструкторы тех машин, которые, по общему признанию, окажутся лучшими.

Сегодня — тренировки, завтра — праздник. С понедельника начинается рабочая жизнь чемпионата. Кому она принесет радость и победы? Посмотрим...

М. ВТОРОВ.

НА СНИМКЕ: швейцарский пилот Зейц и его русский «лоцман» Ананин.
Фото В. Раевского.

Titelseite PRAVDA vom 06.08.1966 - Eugen SEITZ + Navi WASSILJI vor P-149D

CH-Delegation in TUSCHINO v.l.n.r.: Autor, Eugen SEITZ, Eugen HASLER, Max DÄTWYLER und ein Pimpf mit der falschen Tafel („Jugoslawia")

eintrudelte, wurde die Zeremonie einfach nochmals wiederholt. Als wir am 5. August 1966 als erste in *Moskau-TUSCHINO* landeten, gab es einen grossartigen (Presse)-Empfang und *Eugen SEITZ* zierte am nächsten Tag die Frontseite der PRAWDA mit Konterfei und Blumenstrauss vor der *P-149D* als erster Sportflieger aus dem Westen, der seit 1938 auf diesem Flugplatz gelandet sei. Die Tatsache, dass mit dieser von *FOCKE-WULF* in Lizenz gebauten *PIAGGIO* ausgerechnet einem Ex-Bundeswehr-Flugzeug mit Tarnbemalung und kaum abgedeckten Balkenkreuzen die Ehre dieser PRAWDA-Titelstory wiederfuhr, sorgte natürlich bei unseren BRD-Freunden *SACHSENBERG, PAWOLKA und WOLFRUM* für heimliche, kaum unterdrückbare Heiterkeit.

Die WM selbst verlief für mich schlecht, weil die *KZ-8*, besonders im Rückenflug, zu wenig gute Flugleistungen hatte, welche, wie erwähnt, durch das niederviskose Russenbenzin wegen Überfettung noch weiter absackten. Es reichte mir also nur zum 26. Rang von 68 Teilnehmern.
Weil ich hier erst- und einmalig den Final an einer Kunstflugmeisterschaft nicht erreichte und deshalb den letzten Durchgang, die Finalkür, nicht mehr fliegen musste, hatten wir ausgiebig Zeit, in Moskau Kreml, Lenin-Mausoleum, Warenhaus Gum, Museum der Roten Armee und auch Bolschoi-Ballett, Donkosaken usw. mit Intourist-Führung zu besichtigen.

Die UR-KZ-8 in Moskau-TUSCHINO an der IV. WM 1966

Auf dem ROTEN PLATZ, hinten das Warenhaus GUM – v.l.n.r.: Eugen HASLER, der Autor, Oberst Walo HÖRNING, Max DÄTWYLER

Auch wurde uns eine Rundfahrt mit einem Tragflügelboot auf der MOSKWA angeboten, die mit einem Zwischenfall endete. Im Bestreben, bei den zumeist westlichen Klassenfeinden Eindruck zu schinden, beschleunigte der Kapitän schon bei der ersten freien Wasserfläche auf Flügelgeschwindigkeit und mit einer eindrucksvollen, seitlich die Fensterhöhe erreichenden Gischtwelle hob sich der Aluminiumkahn aus dem Wasser. Etwa 15-20 Minuten zischten wir so mit unerhört lautem Motorengeräusch und schätzungsweise etwa 60-70 km/h dahin, als es plötzlich vorne links krachte und das Boot so starke Schlagseite nach Backbord bekam, dass es linksseitig Wasser schöpfte und ich ein Kentern befürchtete. Da die Bestuhlung in der Kabine flugzeugartig inkl. Sitzgurten ausgeführt war, fiel, STALIN sei Dank, niemand über Bord und mit sofortigem Abdrosseln und einer engen Kurve richtete sich der Kahn wieder auf und stoppte. Auf der Brücke begann ein lautes Palaver und schliesslich sprang ein Matrose in Badehosen und Schwimmweste ins Wasser. Es ging nicht lange, bis er gestikulierend auf der Seite auftauchte und wieder an Bord gezogen wurde. Unsere Dolmetscherin erklärte uns, der linke vordere Tragflügel hätte ein im Wasser schwimmendes, grosses Holzstück (vermutlich einen geflössten Baumstamm) getroffen. In Schlangenlinien schlichen wir dann mit etwa 5-10 km/h mehr als eine Stunde zur Landungsstelle zurück. *Charlie HILLARD*, ein US-Pilot, wollte beim Aussteigen Fotos von der beschädigten Backbordstruktur machen. Aber die US-Dolmetscherin und ein Matrose rannten ihm nach und nur mit lautstarken Gesten wurde eine Konfiskation oder Zerstörung seiner Kamera knapp abgewendet. Das war nicht das erste Mal, wo es beim Fotografieren Probleme gab. Weil ich diese kannte, nahm ich selten oder nie eine Kamera in die Ostländer mit. Bei der Rückfahrt zum Hotel JUNOST zeigte mir *Charlie* ein Buch über die sowjetische Sportfliegerei, das in einem Zelt in Tuschino nebst anderen, schlechten Farbdrucken gratis verteilt wurde. Die Vorwort-Seite war herausgerissen und er erklärte mir, dass dort ein seitenfüllendes Bild des eben abgesägten Parteisekretärs *Nikita CHRUSCHTSCHOW* war. Als er es den buchverteilenden Damen zeigte, nahm ihm eine das Buch wieder ab und gab es Minuten

später zurück und siehe da, *CHRUSCHTSCHOW* war weg! *Charlie HILLARD* begegneten mir später wieder an Veranstaltungen in Magdeburg, Hullavington, am Basel-Airport und in Salon-de-Provence, wo er die Kunstflug-WM 1972 gewann. Kurz vor meinem Austritt aus der *SWISSAIR* sah ich ihn 1990 zum letzten Mal in OSHKOSH beim EAA-Fly-In. 1996 unternahmen wir eine USA-Reise (Kap. XIII) mit zehn *ECOMOBILE*-Kabinenmotorrädern und unsere Route plante auch einen Besuch in Fort Worth / Texas, um *Charlie* zu besuchen. Eine Woche vor unserem Besuch, am 16.04.1996, war er jedoch mit seiner Hawker-Sea-Fury in Lakeland, Florida tödlich verunglückt mit einem Überschlag wegen zu starkem Bremsen bei einer Seitenwindlandung.
Der Schweizer Botschafter *Anton Roy GANZ* besuchte uns in Tuschino und erzählte einiges über Geschichtsfälschung, etwa in Museen, das Ändern von Tatsachen, Ortsnamen, Begriffen usw.. Stalingrad wurde gerade in Wolgagrad umgetauft. Der im Westen als Zuckerbäckerstil von repräsentativen Bauten bekannte Stalin-Klassizismus und dessen Sozialistischer Realismus hiessen nun <Style of The Former Administration>. In einem Gespräch zwischen unserem Teamchef, *Oberst* ***Walo HÖRNING***, einer beeindruckenden Fliegerpersönlichkeit, Botschafter *GANZ* und mir kam zum Ausdruck, dass die Sowjetunion nicht das von Radio Freies Europa, Readers Digest, The Voice of America sowie vom Schweizer Nachrichtendienst und bei der Offiziersgesellschaft dargestellte, waffenstarrende Reich des Bösen sei, sondern ein zwar riesiges, aber rückständiges, ineffizientes, plebeyisches und sattes Entwicklungsland, in eigene Probleme verstrickt und an der Riesenbeute des zweiten Weltkriegs derart überfressen, dass es nach aussen keine allzu grosse Bedrohung mehr darstellen konnte. Meine dann auch im Militärdienst der *Flugwaffe* verkündete, fundierte Meinung führte schliesslich zu Denunziationen durch Vorgesetzte, Fichenüberwachung und Blockierung meiner *MIRAGE-Umschulung*, weil unsere strammen Militärköpfe ihr geliebtes Feindbild und damit die Existenz unserer Pfadiarmee gefährdet sahen. Hingegen hat die historische Entwicklung ab 1989 meiner damaligen Auffassung eher überraschend und vollkommen Recht gegeben.

Am Abend des Sonntags, 14. August 1966 ging die WM mit einem riesigen Bankett im Hotel UKRAINA zu Ende. Dabei machte ich auch nähere Bekanntschaft mit ***Juri GAGARIN***, dem ersten sowjetischen Kosmonauten. Kleinwüchsig, bescheiden und voller Interesse für die Kunstfliegerei, war er offensichtlich durch die ihm vom System verliehene Prominenz etwas überfordert und wollte tatsächlich Näheres über die Schweiz und unsere *AECS*-Fliegerei erfahren. Vielleicht aber war ihm alles nur eingetrichtert worden oder ein Schmäh' der Dolmetscherin, die an

Aus der P149D in Tarnbemalung aufgenommen: KZ-8 über den Karpaten

diesem Abend kräftig Krimsekt und Wodka zusprach. Alle Russen, u.a. auch die Funktionäre (Bild S. 83) waren toll im Schuss und gut gelaunt, so auch Wettkampfleiter ***Vladimir KOKKINAKI*** (links) und Adlatus *Ivan SERATOV* (rechts), die ich später näher kennenlernte. Nachdem keine Notwendigkeit mehr bestand, die reklamierenden Fremdlinge im Land zu behalten, umso mehr als die Russen mittels eines Tricks alles gewonnen hatten, was zu gewinnen war (Sie verwendeten Barographen, die mit Massstabfehlern die russischen Höhenüberschreitungen vertuschten, was zwei Jahre später in Magdeburg aktenkundig wurde, siehe dazu auch *Unbekannte Pflicht*, Seite 219 u. folgende), starteten wir zum Rückflug und schafften es bis Lwow/LEMBERG in einem Tag. Am nächsten schon erreichten wir um 15 Uhr Kosice/KASCHAU und wollten es dann wissen, indem wir um 16 Uhr zum Direktflug nach WIEN-Schwechat starteten. Wegen Gegenwind wurde es später als geplant. Wir landeten nach Einbruch der Dunkelheit auf dem internationalen Flughafen ohne Funkkontakt, weil meine Begleiter im *ZLIN* und im *PIAGGIO* die Frequenzen nicht fanden und ich als stummer Zuhörer im *KZ-8* nichts tun konnte, als in der Dunkelheit mit einigen Vollkreisen neben dem Tower auf der pistenabgewandten Seite diesen auf die Eindringlinge aufmerksam zu machen. Glücklicherweise rollte gerade eine *BALAIR*-Maschine mit einem mir bekannten Captain, *Paul WUHRMANN*, zum Start und ich hörte am Funk mit, dass ihm der Tower die Rollfreigabe zum Line-Up auf die Piste 29 annullierte. Da ich das Flugzeug auf dem Rollweg anhalten sah, setzte ich mich mit einer engen, halben Rechtsvolte vor die beiden anderen Flugzeuge des Verbands und zur Landung an. Während des Ausschwebens rief *Päuli WUHRMANN* am Funk: „Das sind jo t'Schwyzer Kunschtflüger wo vo Moskau retour chömed, Grüezi mitenand!" und wiederholte das auf Englisch für den Tower. So wurden die Wiener Fluglotsen aufgeklärt und stellten auch den Zusammenhang zu unseren Flugplänen von Kosice her. Der Empfang im FIO war demgemäss wienerisch-freundlich. Man zeigte Verständnis für unsere Probleme wie abgelaufene CS-Visa, technische Funkprobleme und Gegenwindverspätung. Nach einem klärenden Gespräch stellte man uns sogar einen Dienstwagen als Gratistaxi zum Hotel PRINZ EUGEN in die Stadt zur Verfügung.

Manchmal schon habe ich davon geträumt, dass die eher humorschwachen Fluglotsen und die Flugpolizei in Zürich uns bei einem solchen Vorfall abgefasst, eingebuchtet, mit einem Prozess-Rattenschwanz verfolgt, gebüsst und mit lebenslänglichem Flugverbot belegt hätten. Natürlich sind solche Albträume immer überzeichnet und sie verschwanden mit der Zeit. Heute noch bin ich aber froh, dass ich den Flughafen Zürich nie auf diese Art und Weise testen musste. Zur Feier der erfolgreichen Rückkehr über den Eisernen Vorhang, der damals ja sonst für Sportflieger praktisch unpassierbar und gefährlich war, gestatteten wir uns dann einen Besuch im Nachtklub MAXIM, den mir die beiden Eugens grosszügig offerierten. Dort sah ich den einzigen wirklich guten und lustigen Striptease meines Lebens und der ging so: An einem stillen Bergsee will eine kurvenreiche Blondine baden und zieht sich langsam und umständlich aus. Gerade als sie sich vollends entblättern will, zeigt sich hinter dem Schilf ein zwerghafter, hässlicher Gamsjäger. Mit einem lauten Schrei verhüllt die Walküre daraufhin ihre Kurven mit ihrem Badetuch. Beide starren einander an und der bärtige Jägergnom winkt ihr zu. Sie senkt das Badetuch leicht. Der Gamsbehutete zieht einen Leder-Geldbeutel und klimpert damit, was ein weiteres Absinken des Badetuchs zur Folge hat. Nun zieht unser Gnom langsam immer grössere Noten aus dem Geldbeutel und die Blondine enthüllt sich mehr und mehr. Schliesslich schmeisst sie mit einer einladenden Geste das Badetuch weg. In diesem spannenden Moment schreit der Gamsjäger markerschütternd auf, lässt Geld und Beutel fallen und ergreift heulend die Flucht, während die Walküre vor Schreck ins Wasser fällt - Vorhang.

Unser Rückflug von Wien endete beinahe tragisch. Und das kam so: Wegen des lustigen Abends kamen wir erst gegen Mittag in die Luft und bei immer schlechterem Wetter mogelten wir uns schliesslich nach Altenrhein durch. Vor der Landung machte ich noch einen Verwandtenfräs (= Tiefflug bei Verwandten) über dem *Kaufhaus* in *THAL*. Nach der ersten Tiefpassage trat meine Mutter auf die Veranda vom Annex, wo ich früher mein Zimmer hatte. Als ich zum zweiten Mal anstach und hochzog, gab es einen Knall, der Motor begann zu rumpeln und war auf Magnet zwei tot. Abbruch und Landung in Altenrhein, wo ich feststellen musste, dass sich die seitlichen Halteschrauben des Hufeisen-Permanentmagnets gelöst hatten und herausgefallen waren, sodass der Magnet nur noch <magnetisch> klebte, beim Abfangen heruntergefallen war und sich nun zwischen Gas- und Mixergestänge verklemmt hatte. Ein weiteres Anstechen und der Magnet von zwei bis drei kg wäre sicher vollends heruntergefallen und durch die hintere Kühlluftöffnung auf das *Kaufhaus* und möglicherweise sogar auf die Mutter abgeworfen worden. Die Reparatur frass eine Stunde, das Wetter verschlechterte sich immer mehr und zwischen Winterthur und unserem Ziel Speck-Fehraltorf war es endgültig zu mit aufliegenden Regenwolken. Ich konnte die *P-149D* hinter der *KZ-8* noch auf den Segelflugplatz Winterthur-Hegmatten zurück lotsen. *Eugen HASLER* mit dem *ZLIN* verfranzte sich beim Versuch, ins Tösstal einzufliegen und musste schliesslich auf dem damals noch nicht ganz industriell überbauten Seemer Feld notlanden, wobei er, dank hohem Gras, etwa 20 Meter vor einer Fabrikhallen-Betonmauer ohne Schaden zum Stillstand kam. Lange habe ich mich mit diesem Vordringen in zu schlechtes Wetter, einer fliegerischen ***Todsünde***, befasst und bin zum Schluss gekommen, dass eine erfolgreiche Überwindung vieler Probleme über fast 2'500 km von Moskau zurück es uns psychologisch sehr schwierig machte, 15 km vor dem Zielflugplatz umzudrehen und den Flug abzubrechen. Am nächsten Tag überführten wir die drei Maschinen in je etwa vier Minuten Flugzeit nach Speck. Bei *Eugen HASLERS ZLIN* montierten wir vorsichtshalber die Flügelend-Zusatztanks ab und luden das Gepäck aus. Die Polizei, unser Freund und Helfer, sperrte noch eine quer über das Feld verlaufende Strasse und *Eugen* kam so zu seinem wohl kürzesten Überlandflug.

Moskau hatte Unzulänglichkeiten der *KZ-8*, besonders im Rückenflug, enthüllt. Da ich kein Geld für ein neues Flugzeug hatte, wurden Phantasie und Querdenken notwendig. Gewöhnliche Modifikationen hätten den notwendigen Leistungssprung nicht geschafft. Dazu musste ich wesentliche Verbesserungen ERFINDEN. Schon als Primarschüler hatte ich gelernt, dass Erfindungen mit der Erkenntnis <Das ist ein SEICH> beginnen und so zum Nachdenken über Verbesserungen anregen. Meine erste Erfindung machte ich mit etwa elf Jahren, als ich mich über das mühsame Bäume Schütteln und Zusammenlesen von Maikäfern ärgerte, zu welchem wir von der Schule abkommandiert wurden. Die 50 Rappen, die Schlosser Jakob LUTZ für jedes Kilo mit Heisswasser verbrühte, tote Maikäfern im Auftrag der Gemeinde zahlte und sie dann im Garten vergrub, waren mir zu wenig Anreiz. Zufällig las ich gerade ein Buch über ***Thomas Alva EDISON***, der bekanntlich Telegraphist war und sich über Wanzen und Läuse in den Telegraphiestationen ärgerte; <Das ist ein Seich> oder eher <That's shit>. Er beendete die Läuseplage damit, dass er Blechstreifen mit Abständen von einem Millimeter an die Holzwände der Stationen nagelte und sie abwechselnd mit den Plus- und Minuspolen der grossen Säureakkumulatoren verband, welche damals den Strom für die Telegraphie lieferten. Wenn nun die Läuse und Wanzen aus den Ritzen krochen und dabei zwei Blechstreifen berührten, gab es einen bläulichen Blitz-Lichtbogen und <vergaste> das Insekt, wie *EDISON* es nannte. Also begann ich über eine Maikäferfalle nachzudenken und baute ein Sperrholzkistchen von 20x20x20 Zentimetern, das eine Glühbirne enthielt und in der Mitte einer Seite einen drei Millimeter breiten, senkrechten Spalt hatte. Wie *EDISON* nagelte ich zwei Blechstreifen beidseitig neben den Spalt und verband sie mit den beiden Stromkabeln der Lampenfassung. Der Erfolg dieser Erfindung war dreifach durchschlagend. Eine halbe Nacht beobachtete ich die Einrichtung, die ich auf das Fenstersims meines Zimmers bei der Annex-Veranda stellte. Trotz schon abflauender Käfersaison kamen die Brummer, fassten pendelnd Richtung auf den Lampenspalt, der genau die Breite eines Käferkopfs hatte. Sobald die Kontaktbleche berührt wurden, entstand der *EDISON'sche* Vergasungsblitz. Mit immer noch ausgefahrenen Flügeln drehten die Käfer eine Exitusvrille auf den Verandaboden. Zufrieden mit mir und der Welt kroch ich ins Bett nach etwa einem Dutzend Abstürzen, liess die Falle weiter laufen und schlief ein. Unsanft erwachte ich jedoch durch ein animalisches Gebrüll und krachendes Sperrholz. *Vater WAGNER* hatte sich frühmorgens zur Post begeben und bei der Rückkehr das merkwürdige Licht auf dem Balkon des ältesten Juniors, der an diesem Tag erst um 10 Uhr

Schule hatte, bemerkt. Aus Sparsamkeit wollte er diese Stromverschwendung untersuchen und abstellen. Ahnungslos fasste er das Objekt an den stromführenden Blechen an und erhielt einige kräftige 220-V-Stromschläge. Wütend schleuderte er dann das Kistchen zu Boden und trampelte tobsüchtig darauf herum. Ich konnte gerade noch die Verandatüre abschliessen, so den Berserker auf dem Balkon aussperren, mich hastig anziehen und in die Schule abhauen. Über meine Rückkehr nach Hause möchte ich lieber des Sängers Höflichkeit schweigen lassen.

Jahre später erzählte ich diese Erfinderstory einmal einem Studenten der Biologie, der als Vertiefungsrichtung die giftlose Schädlingsbekämpfung gewählt hatte. Er fand Gefallen und genügend Substanz an meiner Maikäferfalle und wollte sie wissenschaftlich perfektionieren. Nachdem die Entomologie herausgefunden hat, dass der Feldmaikäfer (Melolontha-melolontha), besonders an Abenden nach heissen Tagen aus dem Boden kriecht, kreisend im Flug hochsteigt und die tiefstehende Sonne als Kursbake ansteuert, sodass entsprechend gelegene Baumgruppen-Silhouetten am Horizont einen sehr starken Befall erleiden, wurde eine gegenüber meiner <*WISSENSCHAFTLICHER*> konzipierte Käferfalle entwickelt. Sie bestand aus einer frequenzmässig auserwählten Käferlampe, um welche, quasi wie die Lüfter auf den Dampfschiffen, ein gebogener Stoffschlauch von Baumhöhe herunter führte, in dem mittels eines Ventilators ein ansaugender Luftstrom mit doppelter Käfer-Steigleistung die Brummer ansaugen und dann ins bekannte Siede-Wasserbad befördern sollte. Die Anlage wurde an einer strategisch korrekten Befall-Baumgruppe Nähe Irchelturm bei Buch am Irchel aufgestellt. Die Studenten und der Professor begaben sich nach Beobachtung der ersten Saugerfolge zufrieden zum verspäteten Nachtessen in ein nahe gelegenes Gartenrestaurant. Dort begossen sie diese selektive und umweltschonende Schädlingsvernichtung gebührend. Aber wie bei mir wurde die Selbstzufriedenheit wieder durch ein akustisches Störsignal unterbrochen. Es hörte sich etwa an wie ein Fuchs im Hühnerstall. Die heraneilenden Wissenschaftler trafen auf einen teilweise heruntergerissenen Stoffschlauch und einen jämmerlich schreienden Schatten über dem Siedebad, der sich als angesaugter und dann abgestürzter UHU entpuppte. Trotz dieses Wildschadens einer geschützten Gattung und des aktiv bei der Eulenrettung tätigen Professors wurde der verschreckte Proband dann aber schliesslich doch, vielleicht nicht gerade <summa cum laude>, Doktor der Biologie.

Nun, Solschenizyns Unzufriedenheit mit der herrschenden Situation, vor allem mit den KZ-8-Rückenflugleistungen, war da, <so ein Seich>. Schöpferische Erfindungen waren nun gefragt, um in internationalen Kunstflug-Wettbewerben die Konkurrenz versägen zu können. Das Rückenflug-Ölsystem wurde nochmals entscheidend verbessert und dafür das System der gegenfördernden Pumpen erfunden, das beim *ACROSTAR* später Furore machen sollte. Aerodynamik-Verbesserungen mittels Radverkleidungen und Auskleidung der Übergänge Rumpf-Flügel machten viel Arbeit und die Applikation einer integrierten Nicksteuerung wurde erstmals vom Fesselflug-Modell auf ein wirkliches Kunstflugzeug übertragen.

Der Endeffekt war spektakulär Die *KZ-8* wurde gut 15% schneller im Reiseflug. Die Abkippgeschwindigkeit in Rückenlage verringerte sich um 40% dank der höhensteuerbetätigten Wölbklappen. Die Anstellwinkeldifferenz zwischen Normal- und Rückenflug bei 200 km/h reduzierte sich von fast 15 auf nunmehr unter sechs Grad. Mit der so modifizierten Maschine gewann ich die Internationalen ***SKM*** *1968* in *Yverdon* und *1969* in *Altenrhein*.

Der neue Kunstflug-Schweizer-Meister 1968

Rund 80 Flugzeuge nahmen in Yverdon an den Schweizer Kunstflugmeisterschaften teil. — Unser Bild zeigt den Sieger und neuen Schweizer Meister im Kunstfliegen, Arnold Wagner aus Zürich. -ne

Bei den ***V. FAI-Kunstflug-Weltmeisterschaften 1968 in Magdeburg*** wurde ich gesamthaft Sechster und in der unbekannten Pflicht Dritter. Allerdings wäre diese WM beinahe durch den Einmarsch der WAPA-Armeen in die CSSR geplatzt. Wir sahen die DDR-Panzer sogar am Wettkampf-Flugplatz vorbeifahren. Die Tschechen hingen an ihren Transistorradios und reisten schliesslich bei Nacht und Nebel zurück. Die westlichen Teams waren heillos zerstritten darüber, ob man gehen oder bleiben solle. Der Entscheid dazu wurde so lange verzögert, bis die WM zu Ende war und der letzte Kürdurchgang zeitlich nicht mehr drin lag. Daher wurden hier von der *FAI (Féderation Aeronautique Internationale)* keine Weltmeistertitel vergeben oder anerkannt. In einer eher peinlichen Schlussveranstaltung sind die vorne liegenden DDR-Piloten und -Pilotinnen Erwin BLÄSKE, Peter KAHLE und Monika SCHÖSSER dafür zu <Meistern des Sports> promoviert worden.

In seinen 2009 publizierten Erinnerungen unter dem Titel ***Unbekannte Pflicht*** gibt mein Freund ***Walter WOLFRUM*** ungenauerweise auf S. 232 die Obgenannten als FAI-Weltmeister bzw. Vizeweltmeister an, was aber offiziell nicht zutrifft.

Anfangs 1969 war meine Copiloten-Zeit bei der *SWISSAIR* abgelaufen. Die Expansion erforderte neue Kapitäne. Wir begannen die Umschulung auf die *DOUGLAS-DC9-32*, ein zweistrahliges Kurz- und Mittelstreckenflugzeug mit anfangs 90, in den späteren Versionen -40, -50 und -82 bis zu 160 Sitzplätzen. Gegenüber dem *Coronado* war das Ding ziemlich problemlos zu fliegen. Dies insbesondere deshalb, weil ich die erwähnten Absonderlichkeiten des *LANZ'schen* Instruction Guides nicht mitmachte, sondern die Procedures auf

Die modifizierte KZ-8 mit Radverkleidungen, knüppelbetätigten Wölbklappen, vergrössertem Seitensteuer usw. an der V. WM 1968 in Magdeburg DDR

diejenigen des Flugzeugherstellers reduzierte und vereinfachte. *Nick GROB*, mein Fluglehrer, warnte mich zwar, dass der Captains-Kurs ohne die *LANZ'schen* Hints und Tips schwierig zu schaffen wäre und eine Durchfallquote von bis zu 25% bestehe. Er war aber ehrlich genug, nachher zuzugeben, dass die Umstellung zu überzeugenden Resultaten geführt hätte. Die Schulflüge fanden ab Wien-Schwechat statt und man flog nach Bratislava hinüber, wo die Anflüge, Landungen und Starts auf dem lokalen Flughafen erfolgten, weil die Kommunisten scharf auf die Landetaxen-Devisen waren und die Bevölkerung wegen Fluglärm hinter den Eisernen Vorhang eh nix zu meckern hatte.
Nicks Klasse bestand aus mir und einem Ex-*Caravelle*-Captain, *Trevor ATKINS*. Er sorgte für das Ereignis des Kurses und zwar so: Die *Caravelle* hatte Schempp-Hirth-Bremsen wie ein Segelflugzeug, welche über der Platzgrenze, <over threshold> dh. auf ca. 50 Fuss ausgefahren wurden. An genau derselben Stelle, wo die Caravelle den Betätigungshebel dieser Segelflugzeugbremse hatte, war bei der *DC-9* der Griff für die SPOILER. Diese werden normalerweise durch das Anlaufen der Räder am Boden automatisch ausgefahren und drücken das Flugzeug durch die Vernichtung des Auftriebs auf die Piste zur Verhinderung von Sprüngen, besonders wenn die Landung missraten ist. Nun sollte unser *Caravelle*-Captain einen Anflug mit <Manual-Spoilers>, dh. simuliertem Ausfall der Automatik und Spoilerbetätigung von Hand durchführen. Um das Ausfahren ja nicht zu vergessen, fasste er den Hebel schon in der Luft an. <Over threshold> kam es zum *Caravelle*-Reflex und er fuhr die riesigen Spoiler statt am Boden schon auf etwa 50 Fuss = 15 Metern aus. Innert

Sekundenbruchteilen fiel die *DC-9* auf den Pistenanfang und es gab ein Geräusch, wie wenn ein Konzertflügel vom Balkon im ersten Stock geschoben würde. Unsere Gebisse und Wirbelsäulen gingen auf Anschlag und wir rollten verdattert auf der Piste, bis *Nick* <REVERSE> (Rückwärtsschub) gab und abbremste. Ein Mechaniker musste von Schwechat kommen, um die *DC-9* zu untersuchen. Bis dieser da war, hatte ich selbst fast zwei Stunden Zeit zu eigenen Untersuchungen. Meine Voraussage, es sei ausser ein paar herausgefallenen Sauerstoffmasken in der Kabine nix kaputt, stiess auf Unglauben, erwies sich aber als richtig und ich sollte dann Auskunft geben, wie ich zu dieser Schlussfolgerung gekommen sei. Die *DC-9* hatte gleichmässig auf beide Hauptfahrwerke aufgeschlagen und die Sinkgeschwindigkeit liess sich aus der Anfluggeschwindigkeit und der Höhe der Spoilerbetätigung einigermassen abschätzen. Zudem war sie leicht, da ausser mit Sprit in den etwa 50% gefüllten Flügeltanks sonst unbeladen. Keine sichtbaren Verformungen, Tanks und Fahrwerkstruts dicht und im normalen Federbereich ergaben, dass die sicheren Lasten der Fahrwerk- und Flugzeug-Struktur nicht überschritten worden waren. Die *DC*-Technik war offenbar robuster als wir gefühlsmässig zu glauben wagten.

Um den Stress auf die zukünftigen Kapitäne nicht zu gross werden zu lassen, wurde der Captains-Kurs in zweimal drei Tagen, mit einer Erholungspause von zwei Tagen dazwischen, durchgeführt. Als Kapitäne in SPE wurden wir von der AUA (Austrian Airlines) in der ersten Klasse der *Caravelle* von Wien nach Zürich und zurück geflogen. Am Samstag, bevor wir am Sonntagmorgen hätten wieder nach Wien fliegen sollen, wurde uns telefonisch mitgeteilt, das Schulflugzeug sei defekt. Wir sollten den gebuchten AUA-Flug nehmen, aber die Schulflüge würden erst montags stattfinden. *Trevor* und ich liessen es uns in der AUA-First-Class also gut gehen, mit Apéro, Vorspeise mit weissem, Hauptgang mit Rotwein sowie zum Nachtisch und Kaffee noch einigen Williams und Cognacs. Der AUA-Superservice war von der *SWISSAIR* abgekupfert, aber durch die charmanteren Stewardessen noch wienerisch verbessert worden und erfolgte in schnellem Ablauf während der Flugzeit von gut einer Stunde. In Schwechat überraschte uns der *SWISSAIR*-Mechaniker beim Aussteigen und führte uns direkt zur nahe parkierten *DC-9*. Der Defekt sei repariert worden und wir könnten sofort mit dem Flugtraining beginnen. *Trevor* schaute mich fragend an. Meine gute Laune verführte

Die erste DC-9-32 der SWISSAIR

mich dazu, im Captains-Sitz Platz zu nehmen. Als *Nick GROB* nach kurzer Zeit erschien, begannen wir die überraschende Trainings-Session, bei welcher ich bald zur Hochform auflief. Als mich nach etwa einer Stunde *Trevor* im linken Sitz ablöste und auch eher über seiner normalen Tagesform agierte, dachte niemand mehr an Promille- und Alkohol-Vorschriften. Aus der nebenamtlichen Tätigkeit beim *BFU (Büro Flugunfall-Untersuchungen)* wusste ich auch, dass damals in der Luftfahrt nur geringe Bussen bei alkoholisiertem Fliegen ausgefällt werden konnten. Die entsprechenden Vorschriften waren, nicht wie beim Strassenverkehr im Gesetz (SVG) festgelegt, sondern nur in einer Verordnung (LFV), sodass die Strafandrohung lediglich auf geringe Busse lautete, während Lizenzentzüge oder Gefängnis unmöglich waren. Trotzdem machte mich das Ereignis nachdenklich. Schon beim *Kunstflug* hatte ich erkannt, dass volle Konzentration mit einer Tendenz zu Überreaktion einhergeht. Diese kann auch durch Ermüdung bekämpft werden. So begann ich am Anfang meiner *Kunstfliegerei* vor Wettbewerben rennmässig um den Flugplatz zu laufen, um das nervöse Übersteuern zu vermeiden. Auch war bekannt, dass beim Biathlon vor den Schiessübungen Bier zwecks ruhiger Hand getrunken wurde. Später begann ich ebenfalls Versuche mit Bier vor *Kunstflug-Wettbewerbsflügen*. Mein überraschendes Fazit war, dass eine nicht allzu grosse Menge ***Alkohol*** zwar die *Überreaktion dämpft*, aber noch keine Ausfälle in der Beherrschung des Flugzeugs bewirkt. Die Gefahr der Enthemmung, welche sich beim Strassenverkehr vor allem in den Geschwindigkeitsexzessen manifestiert und schon bei geringen Alkoholmengen eintreten soll, ist in der Fliegerei kaum signifikant, da man die genauen Procedures nicht schneller fliegen kann. Auch beim Kunstflug kann ein eintrainiertes Programm nicht <enthemmt> oder schneller geflogen werden. Lediglich bei unvorbereiteten, freien Flügen in Bodennähe sind Unfälle im Zusammenhang mit meist exzessivem Alkoholismus bekannt. Dies wohl deshalb, weil dann der Respekt vor der Bodennähe vermindert wird und mentale Ausfälle auftreten. Diese Erkenntnisse habe ich später praktisch angewendet, dh. mir keinen Zwang zu strikter Abstinenz mehr beim Essen vor Flugeinsätzen auferlegt.
Nach Bestehen des Captains-Kurses waren als Kapitäns-Stift etwa drei Monate sogenanntes <Upgrading> mit Streckenfluglehrern, <Route-Check-Pilots>, zu absolvieren. Zufolge der schon erwähnten, mangelhaften Personalpolitik der *SWISSAIR* hatte es unter diesen wenig gute Flieger, aber viele Korinthenkacker, die sehr mühsam waren mit ihren auswendig gelernten, irrelevanten Vorschriftendetails. Vielfach erinnerten mich die Flüge an die Cabaret-Szenen von Cesi KEISER, wenn er seiner Frau das Autofahren verlehrt. Diese *Friedhofstrategen* dozierten laufend, welche Regel gerade beachtet werden müsse, damit im Falle eines Unfalls oder Vorfalls man sich korrekt verhalten hätte und nicht angeschuldigt werden könne. Mein Terminus *<Friedhofstrategie>* entstand dann dafür in einem Artikel in der *AEROPERS*-Rundschau, wo ich mit meiner Meinung nicht zurückhielt, dass die Hauptaufgabe des Kapitäns in der sicheren Durchführung des Fluges bestehe und nicht in der Fähigkeit, so zu fliegen, dass auf dem Grabstein später eingemeisselt würde: *<Sie stürzten unter Einhaltung aller Vorschriften schuldlos ab>*. Mein Ziel war also einfach der Flug ohne Schreibereien. Wenn keine Rapporte verfasst werden müssen, ist auch kein Problem aufgetreten. Ein Chefpilot klagte mir einmal, es sei eben

sehr schwierig, Vorschriftsgläubigkeit mit Vernunft zu vereinen. Es sei leider dem System noch nicht gelungen, dafür ein Mittel zu finden. Als ich vorschlug, einfach in die Handbücher eine wesentliche Vorschrift absichtlich und erkennbar falsch aufzunehmen, etwa bei der Treibstoffberechnung die Reserve vom Tripfuel abzuziehen statt dazu zu zählen, um die Kerle zum Denken zu animieren, schlug er sich die Hände vor den Kopf. Sicher gäbe es tatsächlich einige Leute, stöhnte er, die falsche Vorschriften wörtlich befolgen und mit einer Spritpanne herunterfallen würden. Meinen Hinweis auf <Naturselektion> nannte er dann <blasphemisch>.

Nun, mit 28 Jahren wurde ich zum Kapitän befördert. Die hierfür beachtliche Salärerhöhung bekam ich schon ein halbes Jahr früher ausgerichtet, da ein senioritätsjüngerer Kollege vorher befördert worden war. So war ich nun mein eigener Chef und konnte mir Arbeitsweise und Umgang mit Besatzung, Passagieren und Stationspersonal selbst organisieren. Wegen meiner Querelen mit der Hierarchie hatte ich den Ruf eines schwierigen Untergebenen. Also nahm man an, dass sich daraus auch ein problematischer Chef entwickeln würde. Aber fachliche und menschliche Kompetenz, die ich mir mit grosser Strenge gegen mich selbst angeeignet hatte, führte zu einem problemlosen Verhältnis. In den über 22 Jahren, in welchen ich als Linienkapitän bei *SWISSAIR* arbeitete, musste nichts vom Chef geschlichtet werden, weder bei Untergebenen, Flugsicherung noch beim Bodenpersonal. Einige wenige Kabinenbesatzungs-MitgliederInnen haben anfangs, ohne vorherige persönliche Aussprache, Rapporte wegen Bagatellen wie. z.B. hoher Rollgeschwindigkeit, eingereicht. Das konnte ich abstellen, dass ich vor den Flügen beim Captains Briefing festlegte, Reklamationen bitte zuerst mit mir persönlich zu besprechen. Mit den Route-Checkpiloten hingegen hatte ich bis fast zum Schluss Probleme. Daher begann ich meine Chefs zu bitten, mich nicht mehr durch vorschriftsgläubige Federfuchser checken zu lassen, sondern mir Leute zu schicken, von denen ich noch etwas lernen könne. Am Schluss, auf der *B-747*, beruhigte sich die Lage dank des kompetenten Chefs *Piet KOOP* und es galt dann fast als eine inoffizielle Ehrung, den Route Check vom *Arnold WAGNER* abnehmen zu dürfen. Abschliessend ist festzustellen, dass es ein grosses Glück war, relativ jung und früh aus der schwierigen, Anpassung, Geduld und Diplomatie verlangenden Position des Copiloten in den Kommandantensitz wechseln zu können. Ohne die Freiheiten der Kapitänsposition hätte wahrscheinlich meine Karriere in der *SWISSAIR* kaum 28 ¼ Jahre gedauert. Auch andere Annehmlichkeiten stellten sich nun ein. Obwohl ich anfangs noch verheiratet war, interessierten sich vor allem die etwas dienstälteren Stewardessen bei den Night-Stops für den jungen Herrn Kapitän. Insbesondre im Crew-House in Genf, wo die *DC-9*-Besatzungen oft einige Tage nacheinander einquartiert waren und ein <Eros-Center> im Keller mit Wurlitzer-Box und Tangobeleuchtung sehr gut frequentiert wurde, konnte man heterosexuellen Komplikationen in jener Vor-HIV-Zeit nicht immer ausweichen. Nach einer solchen, etwas durch Zudringlichkeit geprägten Episode sah ich mich, es war zufällig im Jahre der Frau, zur Abfassung und Publikation eines diesbezüglichen Gedichts in der *AEROPERS*-Rundschau veranlasst.

Unser Gedächtnis ist ja insofern merkwürdig, als einem gewisse Dinge für immer erhalten bleiben, ohne dass man weiss warum, während Wichtigeres oft verloren geht. Erhaltene Relikte bei mir sind z.B. der für die Praxis völlig wertlose *EULER' sche POLYEDERSATZ* <Ecken + Flächen = Kanten + zwei> oder Versmasse. Noch heute kann ich Beispiele wie <Auf steigt der Strahl und fallend giesst er voll der Marmorschale Rund> für den Jambus oder <Meine eingelegten Ruder triefen, Tropfen fallen langsam in die Tiefen> für den Tröchäus exakt zitieren. So wurde dieses Gedicht nach dem Homerischen Distichon, mit je zweimal Hexameter und Pentameter sowie einer Anleihe bei Werner FINCK mit Endreim wie folgt konstruiert:

CREW-HOUSE-TRAUM(A) IM JAHRE DER FRAU

Schleicht durch off'ne Tür die Hostess an mein Bette
und sie behauptet, schlaflos noch zu sein.
Und sie fragt, ob ich beiläufig Wünsche hätte?
Um sie reinzulegen, sag' ich: „NEIN !"

Eigentlich hatte ich nie etwas gegen Emanzen. Aber dieses harmlose Sprüchlein klopfte eine ganze Anzahl solcher aus dem Busch und brachte sie dazu, mir alle Schande zu sagen oder solches in wütenden Entgegnungen im KAPERS-Blättchen drucken zu lassen. Dabei beruhten die Verse auf einem tatsächlichen, nur wenig abgewandelten Vorkommnis. In Sachen Versmass und Qualität erreichten aber die Angriffe keinesfalls auch nur annähernd den Stein des Anstosses. Die Aufregung hängt wohl damit zusammen, dass das stark belastete Verhältnis der Geschlechter bei der *SWISSAIR* nie entkrampft war. Homoerotik und Doppelstecker bei einem Teil der Stewards sowie die normale Entwicklung bei vielen Piloten und involvierten Stewardessen verursachten ein hohes Spannungspotenzial. Insbesondere diese zeitweise grassierende *NORMALENTWICKLUNG*, nämlich <Heirat-Familie-Blufferhüttenbau-Drei- oder Vieleckverhältnis mit Stewardess(en)-Scheidung-Da-Capo> sorgte für hohen Wellengang. Die wirtschaftliche Folge der bei den Exfrauen normalen <pleurer-comfortablement-Mentalität>, nämlich ein Salärsprung vom gutsituierten Kapitän zum Ober-Hilfsarbeiter, zahlten die zwar selbst schuldigen Opfer dann verbal der Gegenseite mit bösen und mehrheitlich ziemlich primitiven Geschichten heim. Noch harmlose solche waren schadenfreudige, hinterhältige Munkeleien, es werde mit dem neuen Eherecht nun zu einem gewaltigen Anstieg der Frauen-Mortalitätsrate bei Bergwanderungen kommen. Oder <*Schlage täglich Deine Frau. Wenn Du nicht weisst warum, sie wird es wissen!*>. Weiter, dass Frauen sich wie Kapuzineräffchen entwickelten, bei welcher Spezie der Zoo mehr als zweijährige Weibchen wegen Bösartigkeit nicht mehr entgegennähme usw.. Selber muss ich gestehen, dass es schwierig war, nicht unter dem Eindruck der Berechnung meiner Scheidungs-Folgekosten darüber ins Theoretisieren zu kommen, inwieweit sich die Frauen nur durch den ihnen offenbar angeborenen Grässlichkeitsgrad unterscheiden würden. Mit der Zeit, der Inflation und neuen Beziehungen wechselten die Bannerträger dann wieder ins gemässigte Lager, und zwar beidseitig! Wenn man selbst gegenüber der holden Weiblichkeit zwar keine Abneigung, aber auch keinen Drang zu Handgreiflichkeiten oder Gewalt verspürt, darf man heute durchaus aussprechen, dass die (sexuelle) Belästigung nicht nur in der von den Feministinnen lauthals verschrienen Richtung vorkommt. Dass dies sogar immer so war, können wir schon in der Bibel, im Alten Testament, erstes Buch MOSE (Kapitel 39 ff.) nachlesen, nämlich in der bekannten Geschichte von *Joseph und Potiphars Weib*. Bei aller Gleichberechtigung wäre es aber heute bestimmt noch eine verfrühte Aussage, man sei gegen die Strafbarkeit der Vergewaltigung in der Ehe, um dadurch den Abertausenden von betroffenen Ehefrauen das Zuchthaus zu ersparen...

Kapitel VII

Wenn man weiss, was man will, ist alles andere einfach

Maréchal Fernand Foch

REISEFLUG 2 - 2 FLUGHÖHEN
ab 1969 (WHN+ACROSTAR)

Entgegen den Erwartungen nahm die Arbeitsbelastung auf der *DC-9* wenig zu. So hatte ich nach wie vor Zeit, mich mit allem Möglichen weiter zu befassen. Zwar hatte sich am 22.12.1966 bei uns erstmals Nachwuchs gemeldet. Stammhalter *Felix* wurde am 22.09.1969 durch seinen Bruder Urs, dem nachmaligen <Zerstörer>, etwas aus dem Mittelpunkt gedrängt. Wenn ich mich mit meinen Junioren abgab, nach Ansicht ihrer Mutter allerdings viel zu wenig, konnte ich mich als ganz passabler Vater behaupten, dies aber nur mit viel Energie und Einsatz. Mein Hauptproblem war, wie manchmal auch als Fluglehrer, eine gewisse Ungeduld gegenüber den putzigen, aber zeitweise mühsamen und begriffsstutzigen Kerlchen nicht zum Ausbruch kommen zu lassen. Dies wäre ja bekanntlich das sicherste Mittel zur Zerstörung von Lernfähigkeit und Beziehungen. Ursache für diese Ungeduld sind hohe Ansprüche, die man an sich selbst stellt. Diese hohen Ansprüche sind die Grundlagen für Kompetenz. Auf Unfähigkeit reagiert der Kompetente gerne unwirsch und überfordert damit den Durchschnitt. Er wird daher als arrogant wahrgenommen und muss als Lehrer und Vorbild sein Verhalten dauernd auf Überheblichkeit prüfen, um die Beziehungen zu seiner Mitwelt nicht zu beschädigen. Das ist die erste Strafe, die man für Strenge gegen sich selbst und damit für die Kompetenz erleidet. Somit können Fähige als Vorbilder und Lehrer nur mit rigoroser Selbstbeherrschung störungsarme zwischenmenschliche Beziehungen haben. Die zweite Strafe für die Kompetenz wurde schon von KONFUZIUS darin erkannt, dass es nämlich für den Fähigen eine ständig wiederkehrende, unangenehme Aufgabe sei, den Narren sagen zu müssen, dass sie Narren seien. Der Unfähige hingegen bleibt ohne Selbstkontrolle populär und fühlt sich daher auch stärker vom Lehrfach angezogen. Meine guten Lehrer und Professoren waren allerdings immer streng und persönlich distanziert. Mit einer Ausnahme *(Harry HOFMANN)* haben mir die <Happy-go-lucky>-Plauderer nichts Wesentliches beibringen können.

Zur Vorbereitung der *V. WM 68* in Magdeburg hatte mich *Walter WOLFRUM*, hochdekorierter Jagdflieger, nach dem Krieg deutscher Kunstflugmeister und später Bunderstrainer der deutschen *Kunstflug-Nationalmannschaft*, zur Teilnahme an deren Trainingslagern in Straubing eingeladen. Dort stellte ich erfreut fest, dass meine modifizierte *KZ-8* mit 145 PS den von den Deutschen geflogenen, motorisch leistungsstärkeren *Zlins*, der *Super-Klemm 35-160* und der *Bücker-LEICHE* leistungsmässig überlegen war. An der ***V. WM 68*** war ich von diesen Lehrgängern der Einzige, der in den Final der 25 Besten kam und dann den Schlussrang sechs belegte. Die *KZ-8* hatte sofort den Spitznamen *rasendes Feuerzeug* weg, wogegen die *Klemm* als *Grossmutter* bezeichnet wurde. Sofort schlug man mir vor, mein *Feuerzeug* mit einem stärkeren, modernen Motor auszurüsten und dann nachzubauen. Selbstverständlich hatte ich mir seit langem Gedanken über das *Kunstflugzeug* der Zukunft gemacht und mich, nach reiflicher Überlegung, von der *Leichenschändung*, dh. der Wiederbelebung alter Modelle mit neuen, stärkeren Motoren definitiv abgewandt. „Was soll man denn bauen?" war die allgemeine Frage. So kam es dann im Winter 1968 zu einer Einladung für einen Vortrag vor Spitzen des *DAEC (Deutscher Aero-Club)* in Nürnberg im <Gelben Posthorn>, wo ich am 18.12.1968 über mein eigenes Kunstflugzeugprojekt *<Swiss ACROMASTER>* referierte. Dieses Idealkonzept eines reinen Wettkampf-Kunstflugzeugs hatte ich seit einigen Jahren, nach umfangreichen Recherchen über alle bekannten Typen als Nachfolger der *KZ-8* zu konstruieren begonnen. Ohne Limiten, auf einem weissen Blatt Papier, richtete ich alle Entwurfsdaten auf symmetrische Flug-Leistungen und -Eigenschaften im Normal- und Rückenflug aus. Ein neuartiges Kinematiksystem mit integrierten Querrudern, Wölbklappen und Pendel-Höhenruder sowie übergrosse Ruder- und Steuer-Flächen sorgten für höchste Roll- Gier- und Nick-Wendigkeit. Mein Vortrag wurde begeistert aufgenommen. Eine Gruppe um *Walter WOLFRUM*, *Horst GEHM* und ***Josef HÖSSL*** entschloss sich, mir beim Realisieren eines Prototyps zu helfen, der nun natürlich nicht mehr <Swiss-ACROMASTER> heissen durfte. Auf Vorschlag von *Walter WOLFRUM* mauserte sich das Flugzeugprojekt zum ***ACROSTAR*** und wir gründeten dazu die *ACROSTAR-GmbH*. *Walter WOLFRUM* wurde Geschäftsführer und erledigte den Papierkram.

Die Entwurfsdaten lieferte ich der *ACROSTAR-GmbH* pfannenfertig an. Eine Firma ***WHN (WOLF HIRTH Nabern)*** hatte für *HÖSSL* eine *Klemm-35D* mit *Walter-Minor-6-III-160PS-Motor*, eben die erwähnte *Grossmutter*, nachgebaut und schien uns für den Bau ein ge-

KLEMM-Grossmutter mit meinem Propeller - Sepp HÖSSL hinten am Leitwerk

eigneter Betrieb zu sein. So hatte ich zu *WHN* bereits seit Herbst 1968 Kontakt und besuchte den Werkflugplatz kurze Zeit später, am 18.03.1969 mit meiner *KZ-8*. Die Witwe des Betriebsgründers und weltbekannten Segelfliegers ***Wolf HIRTH***, *Frau* ***Clara HIRTH***, begrüsste mich nach der Landung am Flugzeug. Sie sollte mir später über ihre Verbindungen in der deutschen Fliegerei direkte Kontakte zu wichtigen und berühmten Persönlichkeiten verschaffen wie etwa zu *Ludwig BÖLKOW, Elly BEINHORN, Hanna REITSCH, Martin SCHEMPP, Eugen HÄNLE, Klaus HOLIGHAUS, Egon SCHEIBE, Ludwig C. VOGEL, Karl BÖLKOW, Hermann MYLIUS* und *Reinhold FICHT* etc.. Bei der Konferenz traf ich ehrfurchtsvoll auf *Prof. Dr. Richard EPPLER* und *Dipl.-Ing. Hermann NÄGELE*, welche zusammen 1959 das erste moderne Kunststoff-Segelflugzeug <PHOENIX> konzipiert und bei *WHN* hatten bauen lassen. Die Idee, bei der Weiterentwicklung PHOEBUS dann statt ungesättigtem Polyesterharz das eigentlich als Bindemittel für Autofarben entwickelte Epoxy zum Bau armierter Flugzeugstrukturen zu verwenden, sollte sich in den nächsten 30 Jahren weltweit von diesem kleinen Werk aus durchsetzen. Weiter waren *WHN-Betriebsleiter Leo MEEDER* und *Betriebs-Ing. Hermann FREBEL* sowie *Walter WOLFRUM* und *Sepp HÖSSL* anwesend, als ich meine Vorstellungen einmal mehr vortrug und darlegte. Die modifizierte *KZ-8* wurde ausgiebig inspiziert und diskutiert und ich musste mit einer Tiefflug-Akro-Show den Beweis antreten, dass mein Konzept nicht nur reine Theorie, sondern bereits auf fundierte Praxis abgestützt war. Spontan und ohne die Finanzierung abschliessend geregelt zu haben, wurde der Bau eines Prototypen beschlossen. Damit begann mein Commuterdasein per Auto zwischen der Schweiz und Kirchheim/Teck-Nabern, zwischen meinen nun zwei Arbeitsplätzen bei der *SWISSAIR* als Pilot und bei *WHN*, zuerst als Projektleiter *ACROSTAR*, der sich von meinem Projekt *W-15* zum *HI-27* wandelte. 1974 wurde ich Technischer Leiter des Gesamtbetriebs und meine Pendlerei mit bis zu 90'000 km pro Jahr endete erst im Winter 1980-81. Diese elf stressigen Jahre waren für mich ausserordentlich lehrreich. So bekam ich Einblick in den aufblühenden Kunststoff-Segelflugzeugbau und arbeitete mit Flugzeugbauern, Konstrukteuren und Ingenieuren am *ACROSTAR* und später an weiteren technischen Projekten zusammen. Die mühsame und ineffiziente HIN- und HER-Fahrerei, allein mit einer Aktenmappe in einer Tonne oder mehr PKW-Blech, führte später zur Erschaffung des ***KRAFTEIS***, nämlich des modernen *Kabinenmotorrads,* das ich dank meiner bei *WHN* erworbenen Fähigkeiten in Kunststoff-Segelflugzeug-Technologie ab 1980 realisieren konnte.

Autors KZ-8 im Rückenflug, das <Feuerzeug> über dem Werkflugplatz Nabern

Bei der Ausarbeitung der *ACROSTAR*-Konstruktion wurde mein Konzept im Wesentlichen beibehalten. Aber die Versammlung von Spezialisten machte es mir schwer, alle meine

Vorstellungen durchzusetzen. Ich traute mir fälschlicherweise nicht zu, viel mehr über den *ACROSTAR* nachgedacht und damit besser im Bild zu sein als diese berühmten Koryphäen. Einige wirkliche Verbesserungen, aber auch manche Verschlimmbesserung kamen dadurch zur Ausführung. *Prof. EPPLER* war ein Gegner meiner Wölbklappenkinematik und des gepfeilten Flügels. Er glaubte, sein 20% dickes, rüebliartiges *EPPLER-467-Profil* anstelle meines *NACA-0018-30* würde auftriebsmässig auch ohne Klappen genügen. Beinahe wäre hier das Projekt gescheitert. Schliesslich konnte ich mein Kinematiksystem und den Pfeilflügel als Kompromisse durchdrücken, indem wir das *EPPLER-467-Profil* akzeptierten, das sich dann als böse Hypothek wegen des dicken Totwasserstreifens erwies. Auch dessen hoher Widerstand wirkte sich, besonders bei dynamischen Figuren, schädlich aus. Der Sechszylinder *FRANKLIN-6A-350-C1* lief schöner, hatte 10% mehr Leistung als mein *LYCOMING AIO-360* und verbrauchte statt 45 nur 33 l/Std bei Vollgas-Kunstflug dank von uns aufgesetztem Bendix-Stromberg PS5BD-Niederdruck-Einspritzvergaser mit Höhenregelung, ***erledigte*** aber später den *ACROSTAR* mit dem *zweimaligen* und endgültigen **Konkurs** dieses *Motoren-Herstellers*. Ein von *Walter WOLFRUM* erwähnter CONTINENTAL-Motor stand nie zur Debatte. Die Flügel- und Leitwerkbauweise von *Dipl.-Ing. Hermann NÄGELE*, anstelle meiner Holzkonstruktion, mit Schaum-Rippen und –Stegen sowie Glas-Roving-Epoxy-Holmgurten brachte zwar enorme Gewichtsvorteile. Aber strukturinterne

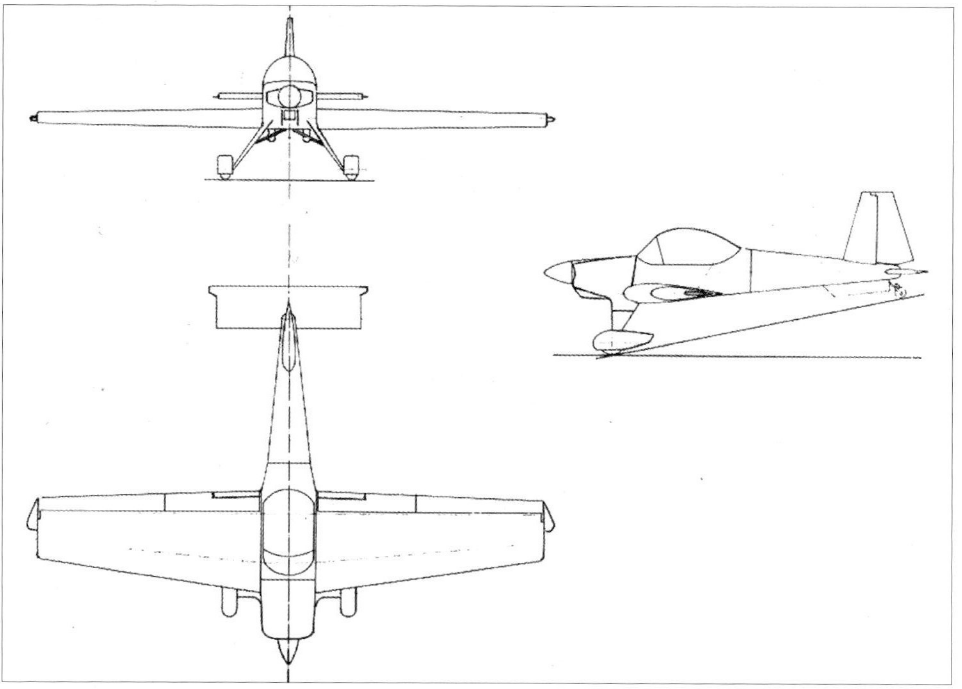

(W-15)-HI-27 ACROSTAR MK.II

Kämpfe zwischen allzu unterschiedlicher E- Module liessen die Innereien ganzer Flügelnasen zerbröseln, sodass einige Flügel, nach Entfernung der Sperrholznasen, strukturell innen komplett neu aufgebaut und verstärkt werden mussten. Nur ein von mir rechtzeitig heraus gegebenes Safety- Bulletin verhinderte Unfälle, weil ich die schlimmsten <Materialflieger> kannte und rechtzeitig vor weiteren Überbelastungen abhalten konnte. Nicht genau zutreffende Darstellungen in *Walter WOLFRUMS <Unbekannter Pflicht>* auf Seite 235 werden durch meine oben aufgeführten, belegten Feststellungen hier korrigiert.

<Rollout> des ACROSTAR-Flügels mit Cockpit am 16.01.1970

Echte Vorteile entstanden durch die Verwendung des MONSUN-Böhler-Stahlfahrwerks, von *Leo MEEDERS* gelungenen Hauben-Halterungen und -Verschlüssen sowie der durch *Hermann FREBEL* umkonstruierten Integralsteuerung ohne Gleitteile auf Stangensteuerung mit Drehhebeln, worauf wir *Hermann FREBEL* auf *<Hermann HEBEL>* umtauften. Auch die hier erstmals angewandten Integraltanks zwischen Flügelnasen, Rippen null und eins links und rechts sowie der vorderen Holmbeplankung, abgedichtet durch ein benzinfestes Epoxy-Laminat, waren super und das Prinzip konnte später auf die Tanks der *ECOS* übertragen werden, wobei Tanks aus geschweisstem Alublech, Gummiblasen etc. entfielen. Mehrere Detaillösungen kupferten wir auch an meiner *KZ-8* ab.

Im Oktober 1969 begann die Zeit meiner mindestens wöchentlichen Fahrten per Auto nach Nabern, wo ich vorerst mit ***Sigi STIEMER***, einem Maschinenbaustudenten der TH Stuttgart, die Rumpf- und Motoreinbauzeichnungen bereinigte, während bereits die ersten Teile in der Fertigung Gestalt annahmen. Aber schon nach einem Monat war das vom

Vater *Horst GEHMS* dem *DAEC* vorgestreckte Geld verbraten. *Josef HÖSSL* kam mit mir überein, je eine Hälfte des Prototyps für 35'000 DM zu posten.
Zur Finanzierung dieser Hälfte musste ich nun die KZ-8 verkaufen. Nach den internationalen Wettkampferfolgen war das nicht allzu schwierig. *Bob MITCHELL* aus Birmingham erwarb sie für CHF 25'000, fast das Doppelte, was sie mich vor fünf Jahren gekostet hatte. Wegen der nicht zu übersehenden Änderungen hatte *Max WEBER*, damaliger Chef Sektion Flugmaterial des Luftamtes, die definitive Zulassung der *KZ-8* storniert und mir, trotz *Sämi's* Fürsprache, nur <auf Zusehen hin> eine provisorische Bewilligung erteilt und auf den 31.12.1969 befristet. Gleichzeitig, wegen einiger im Vietnamkrieg gesichteter *Pilatus-PORTER-Flugzeugen*, war hier der bekannte SOZI-Antiwaffenausfuhrtanz im Gang. Der verschüchterte Bundesrat (Schweizer Kabinett) hatte kurzfristig alle Flugzeugausfuhren seiner Bewilligung unterstellt. Also musste ich ein Gesuch für den Verkauf dieser damals schon 21-jährigen Maschine nach England einreichen. Der Bundesrat als CH-Landesregierung genehmigte es für eine Gebühr von sage und schreibe 15 CHF.

Trotz fürchterlichen Winterwetters wollte ich, vor Ablauf der Bewilligung, am 22.12.1969 in Altenrhein zum denkwürdigen Überflug starten. Die Planung sah eine Zwischenlandung in Nancy (F) vor. Als ich den Motor bei -15° C anwärmte, spurtete plötzlich der langjährige Freund und Fluplatzchef *Aschi ZELLER* zur Maschine und rief: *„Pistä veriist, Pistä veriiiihhst in Nancy!!!"* *„Dann werde ich nach Karlsruhe ausweichen,"* beruhigte ich ihn und startete bei einer Sicht von gerade einmal 1,5 km unter der tiefen Nebeldecke. Mit grössten Problemen schwindelte ich mich vom Bodensee am Ufer und dem Rhein entlang bis Basel und weiter durch die Oberrheinische Tiefebene bis Karlsruhe-Forchheim durch. Bei der Landung riss es auf und die Sonne schien durch die Nebelfetzen. Ich wurde im FIO freundlich begrüsst mit den Worten: „Aha, in der Schweiz ist also schon gut Wetter!" Auftanken und Abheben bei weit unter null Grad mit Ziel CALAIS gegen eine aufziehende Warmfront im Westen und schon bald begann ein Kampf mit Bodennebel über der Pfalz. Angesichts der Umkehrmöglichkeit und des mitgeführten Fallschirms entschloss ich mich, zwischen zwei Wolkenschichten Richtung Nordwest weiterzufliegen. Durch ein Wolkenloch sah ich einige Zeit später auf die US-Airforce-Base RAMSTEIN bei Kaiserslautern hinab. Kurz darauf begann es aus der Warmfront zu regnen und an der unterkühlten Maschine bildete sich an Flächen, Leitwerk und Windschutzscheibe schlagartig eine dicke Eisschicht. Dass ich die Vergaserheizung aus Gewichtsgründen ausgebaut hatte, beschleunigte meinen Entschluss, nunmehr baldmöglichst zu landen. Gerade tauchte unten aus dem Nebel ein riesiger Wald mit den Baumspitzen aus den Fetzen. Ein solcher Wald war auf der Karte nur südöstlich von Valenciennes verzeichnet. Die Vermutung lag nahe, dass es sich um diesen handelte und dann müsste der Flugplatz von Valenciennes-Denain anhand einer Bahnlinie nordöstlich des Waldrands aufzufinden sein. Tatsächlich fand ich diese Bahnlinie durch ein Loch und folgte ihr im Tiefstflug, bis ich eine Hartbelagpiste sah, auf welcher zwei Dampfwalzen standen und die mehrere Flickstellen aufwies. Daher fasste ich den Entschluss des Tages und landete glatt im Gras neben der Hartbelagpiste. Beim Zurückrollen auf den Hartbelag-

Tarmac vor den Hangars musste ich mit Entsetzen feststellen, dass ich nicht mehr stoppen konnte, weil beide Radbremsen versagten. Mit Vollgas und Seitensteuer rechts konnte ich die *KZ-8* gerade noch vor den Hallen mit einem Ringelpilz herumreissen und gegen den Wind abstellen. Beim Aussteigen merkte ich sofort, dass nicht die Bremsen versagt hatten, sondern dass der Tarmac mit blankem Eis durch gefrierenden Regen überzogen war, denn ich rutschte gleich aus und fiel hin! Mit ziemlicher Sicherheit hätte es mich von der Hartbelagpiste wegen Seitenwind bei diesem Glatteis ins Gras geschmissen. Dabei hätte die *KZ-8* wohl Totalschaden erlitten. Nach einigem Suchen fand ich hinter den Hangars einen Schäfer, der seine Herde im Windschutz der Gebäude im Stich liess, sogar einen Hangarschlüssel hatte und mir beim Einhallen der vereisten *KZ-8* in einen Dreh-Rundhangar behilflich war. Dann bestellte er am Hangartelefon ein Taxi, das mich in die Stadt nicht etwa fuhr, sondern rutschenderweise lokomotierte. Den Rest des Abends verbrachte ich im Hotel mit Telefonaten zum Zielflughafen Calais-Marck und zu den Douanniers, um sie in meinem Schulfranzösisch über die wetterbedingte Ausweichlandung aufzuklären und einen Sucheinsatz nach meinem vermissten Flugzeug zu verhindern. Sowohl von Calais als auch von der Douane bezeichnete man mein Abweichen vom Flugplan als <infraction>, wobei offensichtlich schlechtes Wetter als einfältige Ausrede betrachtet wurde.
Am Morgen des 23.12.1969 hatte die Warmfront das Wetter zum Dauerregen mutiert und es war mir möglich, unter den tief hängenden Wolken den Flughafen Calais etwa um 11 Uhr zu erreichen. Wiederum wurde ich im FIO sehr unfreundlich empfangen mit den Worten: „Monsieur, vous avez deux infractions !" Die stellten sich jedoch als lässliche Sünden heraus, denn der Schäfer in Valenciennes hatte nicht gewusst, wie mein Flugplan nach Calais durchzugeben war. Meine mitgebrachte Kopie mit Anzeige PPO-Landung auf Hartbelag schützte mich vor den Verfolgungen der französischen Luftfahrtjustiz. Einen ganzen Tag mit Warten auf besseres Wetter verbrachte ich im FIO in Gesprächen mit den mittlerweile freundlicher gewordenen Fonctionnaires. Kurz vor Dämmerung kam ich dann doch noch in die Luft, bei Regen und schlechter Sicht. Zwischen Cap Gris-Nez und Dover schien der Gipsy-Major-Motor auf 300 Fuss über Wasser unrund und mit Vibrationen zu laufen, ganz nach dem berühmten Theorem aus dem <Vol de Nuit> von St. EXUPÉRY, wonach der Pilot Vibrationen spürt, wenn er Angst hat. Alles ging jedoch gut bis nach LYMPNE-Ashford. Ein freundlicher Tower-Beamter fuhr mich nach HYTHE zur Übernachtung ins historische Hotel SWAN, wo nach dem Sieg von WATERLOO 1815 der englische König und WELLINGTON den russischen Zaren empfangen hatten und CHURCHILL 1945 die Würde des <Protectors of the Cinque Ports> bekam. Am 24.12. flog ich weiter nach Birmingham, von wo ich von *Bob MITCHELL*, dem Käufer der KZ-8, hinter seiner *CHIPMUNK* nach Coventry gelotst wurde. Das war mein letzter Flug mit Flugzeugen ohne Bordelektrik und Funkanlage, die noch am Propeller von Hand angeworfen werden mussten, heute unvorstellbar! Weihnachten 1969 war für mich damit das Ende der klassischen Sportfliegerei, wie sie in den Büchern von *Ernst UDET, Robert FRETZ, Geoffrey de HAVILLAND, Walter ACKERMANN* usw. beschrieben ist und von unserer Pilotengeneration noch bis Ende der Sechzigerjahre des letzten Jahrhunderts betrieben werden konnte...

Mittlerweile machte der *ACROSTAR*-Prototyp bei WHN schnelle und gute Fortschritte. Am 16.04.1970, genau einen Monat nach meinem 29. Geburtstag, startete ich in Nabern damit zum Erstflug. Obwohl ich auf Geheimhaltung gedrungen hatte, versammelte sich eine ziemliche Menschenmenge von fast 50 Personen.
Nach ausgedehnten Rollübungen hob ich die schneeweisse *ACROSTAR*-Jungfrau in die Luft. Sofort nach dem Abheben fiel das ***Pitot-Statiksystem*** aus, weil das scharfkantige Gauting-Pitot-Rohr zufolge des Anstellwinkels beim Staudruckeintritt Ablösungen bekam. Fahrtmesser, Variometer und Höhenanzeige schwankten im Takt über den halben Skalenbereich und waren nahezu unablesbar.

Glücklicherweise hatte ich die Flügel-Oberfläche mit Wollfaden-Tufting versehen, um mir ein plastisches Bild vom Überziehvorgang machen zu können. Also stieg ich wie geplant auf 1'000 m/Grund und begann dann vorsichtig, die Maschine im Leerlauf zu überziehen. Es zeigte sich das erwartete, gutmütige Verhalten. Ich hielt die Maschine am kritischen Anstellwinkel und zeichnete mit dem Schreibstift (der eigentlich für Testflugnotizen dabei war) links und rechts auf die Kabinenhaubenverglasung die Horizontlage ein. Dann beschleunigte ich mit Reiseleistung und Vario Null (soweit ablesbar) und markierte wieder diese Horizontlage. Dann kratzte ich dazwischen die zu erwartende Horizontlage für den Anflug, etwa 1/3 über der Überziehlage. Für den Erstflug war noch kein Funkgerät eingebaut. Lediglich ein Tonband zum Aufsprechen der abgelesenen Anzeigewerte war dabei. Unnötig zu sagen, dass ich keine Zeit für grosse Sprüche hatte. Befremdet betrachteten die Zuschauer am Boden meine merkwürdigen Hin- und Herflüge. Nach den Vorbereitungen an der Kabinenhaube begann ich den ersten Landeversuch. Wegen eines Sicherheitszuschlags zur Horizontlage

und hohem Motorleerlauf mit daraus resultierendem Schub kam ich zu lang herein und startete durch. Beim zweiten Versuch teilte ich besser ein und zog während des Ausschwebens den Mixer, um den Motor abzustellen. Nach feinem Aufsetzen drehte der Propeller noch mit Windmilling, was mir gestattete, den Motor wieder anspringen zu lassen. Statt auf der Landebahn stehenzubleiben, konnte ich zu den Zuschauern zum geplanten Empfang hinrollen. Ich öffnete die Haube und Frau HIRTH überreichte mir einen Rosenstrauss. Einige davon gab ich an Ing. NÄGELE, Leo MEEDER, Hermann FREBEL und Sigi STIEMER weiter.

Man wollte von mir wissen, wie das Ding fliege und warum ich keine Loopings gedreht hätte. Meine Antwort war das Abspielen des Tonbands, auf welchem ich vorher einen Appenzeller Kuhdreckler der Kapelle ALDER aus Urnäsch aufgenommen hatte. So retteten mich Hackbrett und Gedudel vor zudringlichen Fragen, während ich geistig das Resultat des Fluges verarbeitete. Nur *WHN*-Betriebsleiter *Leo MEEDER* erriet etwas von den Problemen, als er die Markierungen auf der Kabinenhaube sah und lautstark zu schimpfen begann, welcher verdammte Idiot denn die ganze Plexihaube verkratzt habe? Ich konnte ihn gerade noch diskret abstellen. Dabei kam mir der alte *WENDLING*, Fluglehrer auf der Hahnweide, zufällig zu Hilfe, indem er auf das Kennzeichen D-EMKB des *ACROSTARS* wies und zu *Leo MEEDER* sagte, EMKB heisse sicher *<EIN MEEDER KANN BAUEN>*. *Leo MEEDER* war tatsächlich der Genius hinter der reibungslosen Koordination der Inputs von *mir, ihm, Hermann NÄGELE, Prof. EPPLER, Hermann FREBEL* und *Sigi STIEMER*. Er trieb auch kurzfristig alle benötigten Teile und Materialien inkl. Motor und Propeller auf und vermochte die *WHN*-Mitarbeiter zu Überstunden und, trotz Zeitdruck, guter Arbeit zu motivieren. Bei der obligaten Feier im RÖSSLE in Nabern, wo die Erstfluggäste nur mit Mühe Platz fanden, dankte ich allen Helfern und der Anlass zog sich im damaligen Stil bis in den Morgen hin.

Am nächsten Tag begann das Einfliegen. Wir ersetzten das Gauting-Pitot durch ein dickes 30-mm-Rohr, dessen Konstruktion vom *Zlin* abgekupfert war. Das behob die Probleme mit der Staudruck- und Statik-Anzeige. Die Anerziehung anständiger Steuereigenschaften und Eliminierung aller Kuckuckseier hingegen erwies sich aber als viel schwieriger wie angenommen. Mit der Integralsteuerung, für die auch ein Patent angemeldet wurde, hatte ich Neuland in verschiedener Hinsicht betreten. Mein rein mechanisches System ist zwar heute elektrisch bei den Fly-by-wire-Digitalsteuerungen Allgemeingut geworden und Hebelei sowie Betätigungskräfte sind elektronisch-hydraulisch programmier- und beherrschbar. Beim *ACROSTAR* bestand das Problem darin, die viel zu hohen Kräfte

Rosenverteilung nach 1. Flug: V.l.n.r. Hermann FREBEL, der Autor, vorne Leo MEEDER und rechts Hermann NÄGELE

für die gleichzeitige Betätigung von Querrudern, Wölbklappen und Höhensteuer so aerodynamisch auszugleichen, dass ein positiver Steuerdruck-Feedback trotz höherer Steuerreibung erhalten, Flattern dagegen unterblieb und die Steuereigenschaften sich nicht allzusehr von den herkömmlichen Flugzeugsteuerungen unterschieden. Dazu kam, bei geringen Steuerausschlägen, ein Buffetingproblem wegen der dicken, turbulenten Grenzschicht des *EPPLER-467-20%-Flügelprofils.* <Nachtlösungen>, dh. im Bett ausgeknobelte Modifikationen, wurden am Morgen als Konstruktionsskizzen in die Fertigung gegeben. In den folgenden Wochen schaffte ich es meist, mittels schnellem Harz und Heizen schon am Nachmittag des nächsten Tages den entsprechenden Testflug machen zu können.
Dabei liess die zweite Überraschung nach dem Pitot-Statik-Ausfall beim Erstflug nicht lange auf sich warten. Um die Höhenruderkräfte zu reduzieren und gleichzeitig die Trimmwirkung zu verbessern, änderten wir die Übersetzung der Trimmflosse am Pendelruder, die beim Prototyp noch nicht an die Wölbklappen verlegt war. Zudem wurde die Endkante der Flosse aufgedickt, um das Totwassernicken („Nuckeln" genannt) bei kleinen Ausschlägen zu beseitigen. Ahnungslos startete ich und stieg langsam und sehr steil weg, was mich, rückwirkend gesehen, wohl gerettet hat. Denn mit schon beträchtlicher Flughöhe von etwa 700 m/Gd. und langsam zunehmender Fluggeschwindigkeit begann der ***Steuerknüppel*** plötzlich von selbst nach hinten und vorne ***auszuschlagen*** und die Maschine pumpte im Sekundentakt wie verrückt, Nase hoch-Nase tief! Mit aller Kraft versuchte ich, den Knüppel festzuhalten, aber die Steuerung war stärker und ging schliesslich bei etwa 140 km/h von Anschlag auf Anschlag, während die *ACROSTAR*-Jungfrau mich wie ein bockender Mustang an einer Corrida abzuwerfen versuchte. Zufällig hatte ich die linke Hand an der Höhentrimmung und zog daran nach hinten, was ein Aufbäumen der Pumpbewegung und Abnahme der Geschwindigkeit bewirkte. Langsam liess die Jungfrau sich so beruhigen und ich mogelte mich mit Minimalgeschwindigkeit auf den Platz zurück. Wir fanden dann heraus, dass die grösseren Luftkräfte an der Trimmflosse das geänderte Untersetzungsgestänge elastisch verbogen, wobei mit zunehmender Fluggeschwindigkeit zwischen der elastischen Gestängeschwingung und der Phugoidfrequenz des Flugzeugs eine Harmonie auftrat. Diese hätte ohne Weiteres Längsstabilitätsverlust und Absturz bedeuten können, wenn ich nicht mit so viel Höhe und so langsam gegen den kritischen Bereich beschleunigt hätte. Mehrere Nachtlösungen bezüglich besserem Massenausgleich sowie Betätigungsversteifungen im gesamten Steuersystem hielten mich dann einige Tage am Boden.

Die Massnahmen bewirkten die notwendige Korrektur, denn es kam nie wieder zu einer solchen Situation. Gleichzeitig wurde ich vorsichtig bezüglich aerodynamischem Kraftausgleich und erfand einen ergonomisch besseren, längeren Knüppel, der wegen seiner Form <HUMPENGRIFF> genannt wurde und tatsächlich jenem eines Münchner Masskrugs ähnelte.

Diese Rohrschlaufe hatte später den *DELCROIX-Effekt* zur Folge, was aber erst ein Jahr später, durch totales Verfranzen dieses Franzosen, dem ersten *ACROSTAR*-Kunden, ans Licht kam. Die Knüppel-Rohrschlaufe entwickelte nämlich mit der Zeit ein starkes Magnet-

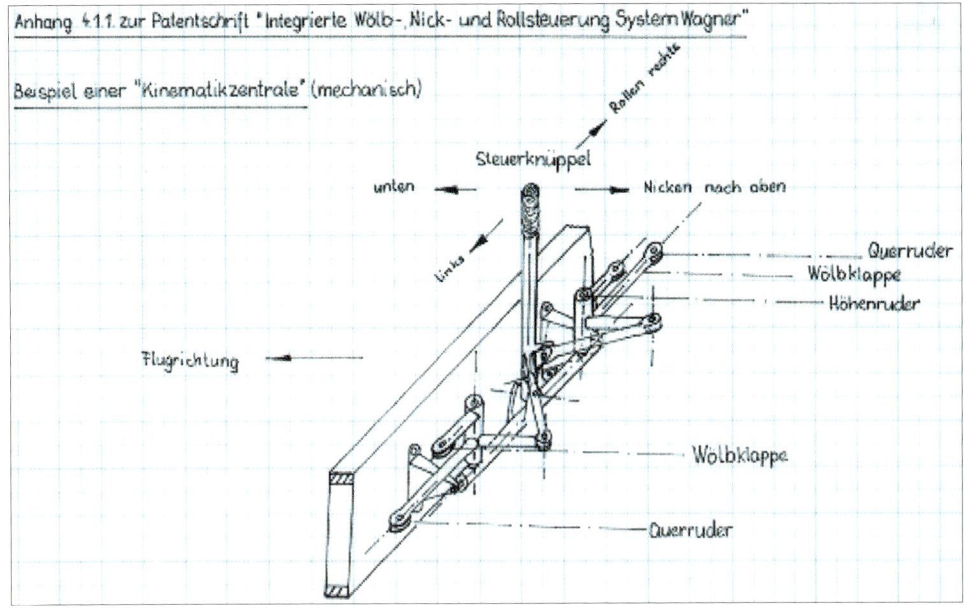

Das <HERZSTÜCK> des ACROSTARS: Die <Integrierte Steuerung>

feld. Je nach Stellung des Steuerknüppels lief der unmittelbar davor eingebaute Magnetkompass Amok mit Abweichungen in der Grössenordnung von bis zu 90 Grad. *DELCROIX* setzte daraufhin den *ACROSTAR* in ein Weizenfeld bei ROUBAIX und ich staunte beim Rückflug mit der beschädigten Maschine selbst über die merkwürdige Kompass-Fehlanzeige. Die Knüppelschlaufe musste dann in der Serie vor dem Einbau durch Glühen entmagnetisiert und aus V4A-Material geschweisst werden.

Bald wurde ich dann ein weiteres Mal durch die *ACROSTAR*-Jungfrau auf die Probe gestellt, nämlich bei der Trudel-Erprobung. Dafür stieg ich jeweils über einer Notlandewiese bei Merklingen auf 3'000 m/Gd. und war eigentlich schon fast sicher, dass keine Trudel-Probleme da seien. Drei Umdrehungen links und zweidreiviertel rechts waren mit der üblichen halben Nachdrehung und Standard-Ausleitungsverfahren schon mehrfach durchgeprüft. Doch als ich beim letzten Versuch des Tages rechts auch drei Umdrehungen vor den Gegenmassnahmen

ACROSTAR-Cockpit mit <Humpengriff> oben am Knüppel

drehen liess, hob der *ACROSTAR* plötzlich die Nase, die Rotationsgeschwindigkeit nahm rasch zu und es entwickelte sich schnell eine *Flachvrille* mit eindrucksvoll ruhiger Lage, Nase etwa 10° unter dem Horizont. Wie im Lehnstuhl sah ich die Sonne etwa alle ein- bis zwei Sekunden um mich rotieren, der Motor starb ab und der Höhenmesser spulte verdammt schnell zurück. Noch heute habe ich das Testflug-Tonband, wo die Ruhe, meine gepresste Stimme mit Angabe des Sonnendurchgangs und der Höhenanzeige sowie das beinahe gebetartige Aufsagen meiner Steuermassnahmen zu hören ist.
Die klassischen Ausleitungs-Steuerstellungen bewirkten lediglich geringe Änderungen der Lage und Drehgeschwindigkeit. Bei vollem Seitensteuer links und voll ausgeschlagenem Querruder rechts merkte ich schliesslich, dass Anziehen und Vorstossen des Höhensteuers in langsamer Folge ein Pumpen um die Nickachse bewirkte, welches ich durch harmonische Gegenbewegung soweit verstärken konnte, dass die Jungfrau sich immer mehr einer *Steilvrille* mit entsprechender Längsneigung und Rotationsverzögerung annäherte. Gerade als ich meine Absprung-Höhenlimite von 1'200 m/Gd. erreichte, fiel sie plötzlich ins Steiltrudeln und ich stoppte dieses innerhalb der üblichen Nachdrehung von 180°. In meiner Erleichterung vergass ich, den Motor durch Anstechen mittels Staudruck wieder in Gang zu setzen (Wir hatten die Bordbatterie für die Trudel-Versuche aus Schwerpunktsgründen ausgebaut). Schliesslich erwachte ich aus meinem schönen Traum und die verbliebene Höhe reichte gerade noch knapp zum Anblasen des Propellers. Der Rückflug nach Nabern mit viel geistigem Gepäck für Nachtlösungen verlief dann problemlos. Auf Grund der Tonbandaufzeichnung habe ich ermittelt, dass der *ACROSTAR* eine Rotationsgeschwindigkeit von bis zu 420°/sec, bei einer mittleren Sinkgeschwindigkeit von etwa 8-10 m/sec erreicht hatte und gegen 100 Umdrehungen flach trudelte. Nach dem Flight Test Report Guide und FAR Part 23 muss bei einem Kunstflugzeug nach acht Umdrehungen Vrille links und rechts das Beenden derselben in höchstens 1-1/2 Umdrehungen möglich sein. Da war also Einiges zu verbessern.
Relativ schnell bekam ich die Sache dann in den Griff. Die Dämpfung um die Hochachse vergrösserte ich mit einer Flosse unter dem Rumpf. Zudem modifizierte ich das Abreissverhalten des Innenflügels mit Profilradiusverkleinerung im Wurzelbereich. Das Trudeln wurde harmlos, obwohl sich die Flugzeuglage nach mehr als drei Umdrehungen rechts immer noch abflachte. Aber die FAR-23-Nachdrehforderungen bei acht Umdrehungen wurden nun erfüllt. Mit gewissen Steuerhilfen war Flachtrudeln immer noch möglich, aber Ausleiten mit Standardmassnahmen sicher.
In seiner *Unbekannten Pflicht* sind *Walter WOLFRUM* auf den Seiten 241- 242 ungenaue Angaben zum Flachtrudeln des *ACROSTARS* und zum Unfall von *Norbert HOLZBERGER* mit der brandneuen *Werk-Nr.4005 D-ECAD* (nicht *4002 D-EOIG*) unterlaufen, die hier mit Darstellungen auf S. 107 bzw. S. 120-121 berichtigt sind.
Interessant ist in diesem Zusammenhang, dass ich einige Jahre später bei Trudel-Problemen des *FFA-202 BRAVO-Schulflugzeugs* zugezogen wurde. Während beim *ACROSTAR* nach ein paar Tagen mit ein paar hundert DM Kosten alles geregelt war, wurde beim BRAVO schon seit einem Jahr vergeblich gepröbelt und geändert. Auch Trudel-Modellversuche

im speziellen Windkanal in LILLE/F sowie einige Leitwerkvarianten hatten keine Lösung gebracht. Mit Versuchsflugzeugen, die mit Trudelschirm gesichert und deren Leitwerkregion mit einem Dutzend Staudruckmessrohren bestückt waren, machte ich einige unergiebige Messflüge. Die Staudruckanzeigen beim Leitwerk waren verwirrend und unerklärlich. Schliesslich liess ich an die Messrohre Wollfäden anbringen und schaute mir die ganze Geschichte hinten während des voll entwickelten Trudelns an. Die Wollfäden standen in grossen Winkeln von bis über 90 Grad zu den Staurohren. Aus dem Wollfadenbild konnte ich mir ein einigermassen zutreffendes Bild über die Leitwerk-Anströmverhältnisse machen. Das Höhenleitwerk hatte eine grössere Streckung als der Flügel und daher einen kleineren kritischen Anstellwinkel. Zudem kam das dem Höhenleitwerk vorgesetzte, gepfeilte Seitenleitwerk ins Ablösegebiet des äusseren Höhenleitwerkteils. All dies wirkte sich trudelfördernd und ausleitungsbehindern aus.
Innert Tagen lieferte ich eine Analyse mit Minimalkosten für Abhilfe, auf welche ich heute noch stolz bin, da sie 100% in Diagnose und Therapie zutreffend war. Dennoch war alles für die Katz. Der Hauptpunkt, nämlich eine ungepfeilte Seitenflosse, wurde deshalb von der FFA verworfen, <weil man schon soviele Prospekte mit dem hübschen, Jetähnlichen Leitwerk verteilt hätte>! Jahrelang wurde dann weitergebastelt, bis ein neuer Flügel und ein total geändertes Rumpfende mit Millionenkosten aus dem <Baukastenflugzeug> *BRAVO* einen Pleitegeier gemacht hatten, der aber wenigstens richtig trudeln konnte.

Zwischenzeitlich war die ACROSTAR-Jungfrau langsam reifer geworden. Als ein Hauptvorteil gegenüber den vorhandenen Kunstflugzeugen mit positiv verwölbten Flügeln zeigte sich, dass der ACROSTAR sehr geringe Differenzen zwischen den Anstellwinkeln sowohl im Normal- wie im Rückenflug und der Flugzeuglängsachse hat, sodass die Flugrichtung meist nahezu dieser Längsachse entspricht. Hier also verschwand im Rückenflug die schrecklich in den Himmel zeigende Flugzeugnase.
Bereits im Juni nahmen *Sepp HÖSSL* und ich an den internationalen ***SKM*** *1970 (Schweizer Kunstflug-Meisterschaften) in SION* / VS teil, wo ich zum fünften Mal Meister und Sepp, mit grossem Abstand auf alle anderen, zweiter Sieger wurde.

ACROSTAR + ZLIN 50 im horizontalen Rückenflug

Im Juli 1970 fanden die ***VI. FAI-Kunstflug-Weltmeisterschaft in Hullavington GB*** statt. Der *ACROSTAR* erstaunte dort alle mit Flugbild, Leistungen, Wendigkeit und Steuerbarkeit. Selber erflog ich den vierten Gesamtrang mit dem Prototyp, der erst vor gut drei Monaten den Erstflug absolviert und, inkl. Überflug nach England, nicht einmal 50 Std. Gesamtflugzeit hatte. Im letzten Programm, der Kür II = Programm 3, erzielte ich die absolut ***höchste Wertung aller WM-Flüge***. So war nun also alles erreicht, was im Kunstflug überhaupt möglich ist, nämlich die versammelte Weltelite auf meiner Eigenkonstruktion geschlagen zu haben!

Der Autor zurück vom besten Flug an der VI. WM 1970 in England

Folgerichtig trat ich dort mit 29 Jahren vom Wettkampfkunstflug zurück. Das ausgedehnte Training wurde mir einerseits zu aufwändig. Andererseits erweckten die technischen Aspekte des Flugzeugbaus bei mir mehr und mehr Interesse. Meine Mitkonkurrenten verlachten mich und wetteten: „Im nächsten Trainingslager bist Du wieder da!“ Doch sie sollten sich getäuscht haben. Nur bei Erprobungen, Weiterentwicklungen und Meetings habe ich ab 1970 noch *Kunstflüge* durchgeführt.
Dies war der erste meiner zeitigen Rücktritte ohne Wiedererwägung. Man staunt ja oft über die viel zu späten Abtreter, die Rücktritte vom Rücktritt und die so selbstgemachten, lächerlichen Figuren, die vorher einmal Grössen waren, ob sie Ueli PRAGER, Ex-Stapi Thomas WAGNER, Franz KLAMMER, Freddie SPENCER oder Michael SCHUMACHER heissen. Mehr als ALLES kann man auf einem bestimmten Gebiet nicht erreichen. Glücklicherweise hatte ich immer zu wenig Zeit für das Viele, was mich interessierte. Die Zuwendung zu Neuem hielt mich daher immer vom meist grossen Fehler eines Comebacks ab. So ersetzte die Typenbetreuung ACROSTAR bei mir den Wettkampfkunstflug. Bei *WHN* wurde die ganze Flugerprobung bis zur Zulassung, die Entwicklung zur Serie und schliesslich auch der Verkauf mir nahezu im Alleingang überlassen. <Wenn man weiss, was man will, ist alles andere einfach> doziert Maréchal Fernand FOCH als Sieger des Ersten Weltkriegs. Dieses weise Zitat gilt auch für den zeitigen und unwiderruflichen Rücktritt.

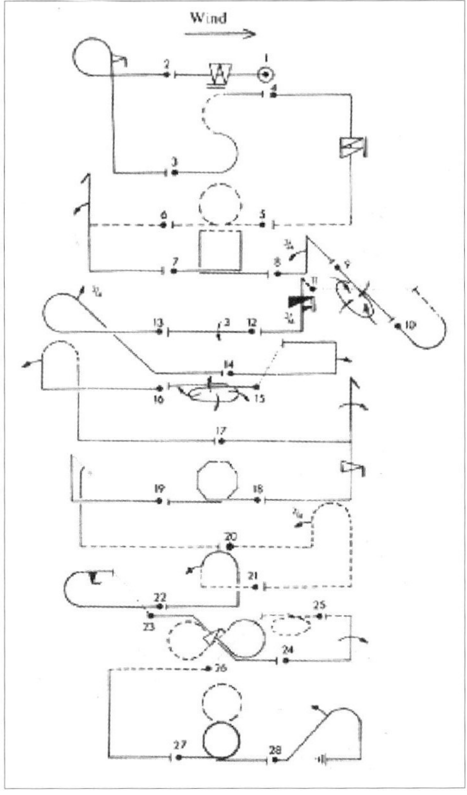

Schweizer Team an der VI. WM 1970:
v.l.n.r. oben Vladimir POHORELY +, Autor, Eric MÜLLER+, Alex LEITNER, Teamchef Jean-Pierre FREIBURGHAUS+, unten Christian SCHWEIZER +, Michel BRANDT, Denis HÜGLI +

Kunstflug-WM August 1970
Hullavington GB
Programm 3/A. Wagner
Beginn Punkt 1 300 m/Gd
Höchste Höhe Fig. 4 450 m/Gd
Minimalflughöhe bei allen Traversen in den Wind ausser Punkt 1 = 100 m/Gd

Höchstbewertestes Programm der ganzen WM mit 6'798,4 Pt.

Hullavington hatte, neben dem allgemeinen Interesse am ACROSTAR und meiner damit erworbenen Autorität als Fachmann für Kunstflug und Flugzeugbau, einige interessante Konsequenzen. So wurde ich bald vom *BFU (Büro Flugunfall-Untersuchungen)* als Experte bei Trudel- und Kunstflugunfällen beigezogen. Dort habe ich beispielsweise die gesamte Trudel-Erprobung des BEAGLE-PUP-Schulflugzeugs mit um 500 Vrillen nachgeflogen. Das BFU hatte zwar eine glorreiche Geschichte. Prof. Robert GSELL setzte mit seinen richtungsweisenden Flugunfall-Untersuchungen in der Zwischenkriegszeit international den Massstab, wie über die Ermittlung der Unfallursachen die Flugsicherheit zu verbessern war. Nach seinem Unfalltod 1946 bei einem Nachprüfflug liessen seine unfähigen Nachfolger das BFU verkommen. Fürsprecher Kurt LIER, der fähige, neue Leiter und Reorganisator des BFU, der das Erbe von <Katastrophen-HARRI> anfangs der 70er-Jahre endlich auf hohen, internationalen ICAO-Stand gebracht hat, berief mich schliesslich auch ins Untersuchungsteam für Grossflugzeugunfälle mit Katastrophencharakter. Meine Dienstzeit in diesem Team in den Fachgruppen Flugzeugzelle, Triebwerke und Flugaufzeichnungsgeräte endete erst 1995. Über die mitgemachten Untersuchungen (CV-990 Würenlingen, IL-18 RW14 ZRH, Vickers VANGUARD Hochwald, DC-8 Athen, DC-9 Stadlerberg) wäre allein ein dickes Buch zu füllen...

Die merkwürdigste Geschichte von Hullavington war jedoch die, dass eine russische Delegation des bekannten *Konstruktionsbüros* ***JAKOVLEV*** die WM besuchte, um, im Hinblick auf ein Nachfolgemodell des damals dort aktuellen *JAK-18PS* den internationalen Stand der Kunstflugzeugtechnik zu beobachten.

Logischerweise zog der brandneue *ACROSTAR* diese Russen an wie ein Magnet das Eisen. Zusammen mit dem ÖLMÜLLER, einem Mechaniker des BRD-Teams (so benannt wegen offen gelassenem Öltank eines Zlin-526 mit nachfolgender Ölpanne) reinigten wir gerade die *ACROSTAR*-Jungfrau nach meinem DE-GB-Überflug, als wir erstmals von den etwa zehn Mann der *JAKOVLEV-Delegation* um das Flugzeug herum eingekreist wurden. Einer davon, ein Mittdreissiger, der sich als *SERGEJ* vorstellte, sprach als Einziger ein etwas holperiges Englisch und überschüttete mich mit Fragen. Seinen Nachnamen erfuhr ich nie, aber da der alte ***JAKOVLEV*** zwei Söhne namens *ALEKSANDR* und *SERGEJ* hatte, spekulierten wir natürlich, es handle sich bei ihm um den einen Jungen des Alten. Wobei allerdings gesagt werden muss, dass der Name *JAKOVLEV* in der Sowjetunion etwa so häufig sei wie etwa MÜLLER in Deutschland. Gerade waren die *JAK-18*-Flugzeuge aus einem AEROFLOT-Transportflugzeug, demontiert in Rumpf und Flügel, ausgeladen worden. Dabei sah man das Flügel-Wurzelprofil der Maschinen am Rumpf, das wie das uralte *CLARK-Y* aussah. Dieses Profil kannte ich aus der Modellfliegerei, wo man es wegen der geraden Unterseite zum einfachen Flügelbau auf einem ebenen Tisch früher bevorzugt verwendet hatte. Also unterbrach ich den Fragenschwall von *SERGEJ* damit, dass ich auf das Wurzelprofil der *JAK-18* hinwies und dass es mir wie das uralte *CLARK-Y* vorkäme, das doch für Kunstflugzeuge völlig ungeeignet sei. SERGEJS Gesicht verfinsterte sich, und gepresst brachte er hervor: „It IS a copy of the *CLARK-Y*-airfoil!“ Sie würden es weiter verwenden, weil sie keine neueren und besseren Unterlagen über Flügelprofile hätten!

Nun, dem wäre doch einfach abzuhelfen. Sie sollten nach CHIPPENHAM in die nächste Buchhandlung gehen und dort ein paar NACA-Reports, die ich mich aufzuschreiben erbot, sowie das Buch von Abbott & van Doenhoff <A Theory of Wing Sections>, erschienen 1948, ordern. Innert einiger Tage würden sie alles abholen können. Wieder stöhnte er und gab mir mit Gesten zu verstehen, dass er nicht machen könne, was er wolle. Dabei deutete er auf zwei grobschlächtige, schwarz behutete Männer der Delegation und zuckte mit den Schultern. Die Delegation bestand wohl nicht nur aus Technikern, sondern auch aus Wächtern, vermutlich KGB-Leuten. Bei mehreren späteren Meetings kamen wir wieder auf dieses Impassé zurück. Nach Beendigung der Flüge setzte sich *SERGEJ* bei den Russen dafür ein, dass ich im Austausch mit dem russischen Spitzenpiloten *EGOROV*, der den *ACROSTAR* fliegen sollte, die neueste *JAK-18PS* testen durfte. Das war ein Erlebnis der sechsten Art, das sich später in Russland wiederholen sollte und dann auch im Detail beschrieben wird. Zwischenzeitlich hatte er auch eine Lösung gefunden, wie er in den Besitz von neueren Profildaten gemäss meinem Vorschlag kommen könnte. For <compulsory reasons>, wobei er wieder versteckt auf die Schwarzhüte deutete, dürfe er hier nichts kaufen. Er könnte höchstens nach der Rückkehr in die UdSSR einen Antrag stellen, diese Unterlagen zu beschaffen. Der würde über das Aussen-Ministerium gehen. Wenn er genehmigt würde, was Jahre dauern könne, würde eventuell ein *Apparatschik* der Botschaft in Washington losgeschickt, das Gewünschte zu kaufen, wobei die Gefahr bestehe, dass der das Falsche erwische oder nichts finde. Schliesslich würde er nicht die Originale bekommen, sondern alles wandere an eine staatliche Sprach-Hochschule und werde dann, vermutlich von Nichtfachleuten, ins Russische übersetzt. Nach Jahren würde er bestenfalls eine total verworrene, wertlose und fehlerhafte Russischversion bekommen, die sowieso

Ein JAK-18PM an der VI. WM 1970 wird für die MOROKHOWA vorgewärmt. Auffällig der stark positiv verwölbte Flügel mit uraltem Profil wie CLARK Y

nur für den Papierkorb gut sei. Seine bessere Idee sei nun, mich in die UdSSR zu einem Werkbesuch einzuladen. Bei dieser Gelegenheit solle ich ihm solches Material mitbringen, das beiläufig hier seit über 25 Jahren publiziert und bekannt war.
Längst hatte ich die Sache vergessen, als zu Weihnachten 1970, Absender russische Botschaft Bern, eine Kiste Krimsekt mit Kaviar und einem Brief des russischen Aeroklubs mit Einladung zu einem offiziellen Besuch nach Moskau eintraf. Wir lachten sehr über das Schreiben in merkwürdigem, Franglais-ähnlichem Stil, in dem jede Erwähnung meiner Person mit <Great Aviation Personality> eingeleitet wurde. Rein hetzehalber beantwortete ich diese Freundlichkeiten mit einer ähnlich hochtrabend abgefassten Antwort. Zu meinem grossen Erstaunen kam dann die Visite im Herbst 1971 tatsächlich zustande.

Zwischenzeitlich setzte sich meine Auto-Pendlerei zwischen meinen zwei Beschäftigungen, *DC-9*-Kapitän bei *SWISSAIR* Dienstort ZRH-Flughafen und *ACROSTAR*-Typenleiter, später Technischer Leiter bei *WOLF HIRTH*, Dienstort Nabern/Teck bei Stuttgart, unerbittlich fort. Die Distanz war je nach Route 224 bis 255 km pro Weg, die Autobahn A81 zwischen Singen, Rottweil und Herrenberg noch im Bau. Manchmal nahm ich das Linienflugzeug SR570 ZRH-STR und zurück SR579, wobei ich meine Freiflüge, leicht zweckentfremdet, kommerziell missbrauchte. So legte ich mit bis zu drei Hin- und Rückfahrten pro Woche jährlich 50-80'000 km, meist im leeren PKW, dh. einer Tonne Blech, drei bis vier leeren Sitzen und einer begleitenden Aktenmappe allein zurück. Diese unerfreuliche Fahrerei, damals noch hinter LKW auf verstopften Bundesstrassen, liess mich bereits von einem besseren, effizienteren Transportmittel träumen, das ich dann in meinem zweiten Leben als das ***KRAFTEI***, nämlich das moderne *Kabinenmotorrad*, verwirklichen konnte.

Bei den *SWISSAIR*-Piloten waren Nachtflüge verhasst. Die Pilotengewerkschaft *AEROPERS* (die sich allerdings nie als solche bezeichnet haben wollte), sorgte dafür, dass für diese strenge Blockzeitbeschränkungen und grosszügige Freizeitkompensationen geplant werden mussten. Der <Nacht-Amsterdamer>, ein dreimaliger Nachtflug in fünf Tagen, Route Zürich-Basel-Amsterdam-Basel Zürich, von 2200 bis 0630 Uhr, war so ein Flug, der bei mir nahtlos in mein zwei-Job-Programm passte. Indem ich am Morgen als Freipassagier auf SR570 nach Stuttgart einstieg, dort bei WHN tagsüber arbeitete, abends mit SR579 zurückflog, mich in Uniform stürzte und den SR798-799, eben diesen Nachtamsterdamer flog, konnte ich dreimal hintereinander jeweils morgens wieder auf den SR570 und abends auf den SR798 umsteigen und hatte so fünf volle Arbeitstage bei *WHN* verfügbar, weil anschliessend zwei Freitage im Einsatz geplant werden mussten. Ein Nicker in Schiphol-Amsterdam während des Frachtumschlags und bei *WHN* in Nabern während der Mittagspause waren die einzigen Möglichkeiten für Ruhe und das Ganze erforderte einige Durchhalte-Kondition. Man treibt solchen Raubbau in der Jugend und ich fand bald heraus, dass man ein Schlafmanko vor- oder nachschlafen konnte. Zeit dazu war vor allem bei den mit grosszügigen Ruhezeiten geplanten *SWISSAIR*-Besatzungsrotationen vorhanden. Die Doppelbelastung, später auch mit dem eigenen Betrieb, hat mir den Luxus des Jet-

Lags, der Zeitverschiebung und damit verbundener Schlafprobleme nie gestattet. Durch die Müdigkeit zufolge der langen Arbeitszeiten konnte und kann ich überall problemlos einschlafen. Die Schlaflosigkeit, was auch immer für Gründe dafür angegeben werden, ist meines Erachtens nichts anderes als die Strafe für die eigene Faulheit. Nie habe ich meine Mitmenschen mit dem Schlaflosigkeitssyndrom und seinen Ursachen, dem bevorzugten Gesprächsthema der Langstrecken-Besatzungen, belästigt. Dieses <Problem> kann durch höhere Arbeitsbelastung und mehr Selbstkontrolle leicht aus der Welt geschafft werden. Aber Psychiater, Psychologen, Allgemeinmediziner und Schlafforscher würden wegen entgangener Therapien und Patienten sicher gegen diese Feststellung Sturm laufen.

Mit der Zeit aber merkt man doch, dass man die Lebenskerze nicht ungestraft an beiden Enden gleichzeitig anzünden darf. Das Motiv für meinen vorzeitigen Rücktritt als Jumbokapitän im Januar 1991 und meine Beschränkung auf EIN gleichzeitiges Lebenswerk ist die Erkenntnis aus dem jahrzehntelangen Stress meines Doppel-Berufslebens von 1969 bis 1991. Allerdings benützte ich das Ende der ACROSTAR-Fertigung 1973 nicht zur Vermeidung einer weiteren Doppelbelastung, sondern liess mich 1974 durch den Hilferuf von Frau HIRTH für weitere 7 Jahre doppelt einspannen...

Im Frühsommer 1971 platzte im Militär meine erwähnte Schiessaffäre aus dem Flugzeug. Nach einigem Hin- und Her einigte ich mich mit dem eingesetzten Untersuchungsoffizier, *Oberst Heinrich MÄNDLI*, auf 10 Tage scharfen Arrest, den ich in Emmen bei der Flab-

Einfliegen des ACROSTARS Werk-Nr. 4002 mit DELCROIX-Reklamebemalung

Rekrutenschule abzuhocken hatte. Die Zeit benutzte ich mehrheitlich zur Abfassung meines *Handbuch(s) des Kunstflugs*. Ich widmete es der Schweizer Armee mit der Begründung, diese hätte mir mit den zehn Tagen Kiste zur nötigen freien Zeit für die Niederschrift verholfen. Das dem Kdt der *Flugwaffe, Brigadier Arthur MOLL*, verehrte Belegexemplar mit Autogramm bewirkte allerdings nie eine Empfangsbestätigung, geschweige denn ein Dankesschreiben. Immerhin ergaben die Tantiemen, die ich der *SAA (SWISS AEROBATIC ASSOCIATION)* schenkte, für diese einen schönen Batzen. Die dritte Auflage wurde schliesslich im Luftfahrt-Verlag *Walter ZUERL* gedruckt und, mit einer Unzahl von dort zugefügten Druckfehlern, ein kleiner Renner. Prominentester meiner damaligen Leser war Quizmaster *Wim THOELKE* zu Zeiten seiner grösseren Wasserverdrängung. Ebenfalls im Sommer 1971 erwarb ich ein Reihen-Einfamilienhaus in Pfungen und verkaufte deshalb meine Hälfte am *ACROSTAR*-Prototypen D-EMKB an *Josef HÖSSL*. Im Winter 70-71 waren bei *WHN* der Bau des zweiten und dritten *ACROSTARS* begonnen worden. Dabei änderte ich die Höhentrimmung, welche ich wegen des Steuerverbunds vom Pendelruder weg an die Flügelwölbklappen versetzen konnte. Dies brachte den zusätzlichen Vorteil, jede Seite einzeln verstellen zu können und damit die Möglichkeit einer Roll-Trimmung, dh. das Flugzeug konnte sowohl um die Nickachse mit gleichsinniger Bewegung der Trimmhebel als auch um die Rollachse mit gegensinniger Bewegung gesteuert bzw. getrimmt werden.

ACROSTAR Werk-Nr. 4003 D-EBAZ = HB-MSA, Pilot Christian SCHWEIZER

Zu Beginn der Flugerprobung der Maschine 4002 hatte ich an einem Montagmorgen zwei erste Flüge gemacht. Am Nachmittag kam der zukünftige Besitzer, *André DELCROIX*, um bei der Fertigstellung zuzuschauen. Interessiert beobachtete er, wie ich zum dritten Start abhob und das Ding in seinen imponierenden Steigwinkel brachte, als es im Motorraum einen Knall gab und eine dichte Rauchfontäne aus den Motorverschalungen quoll, die auch innert Sekunden die ganze Kabine mit Qualm füllte. Sofort stellte ich den Motor ab, nachdem ich im Rauch gerade noch den Öldruck hatte auf Null fallen sehen. Mit einer engen Umkehrkurve slippte ich in Gegenrichtung auf die Landebahn zurück. *Paul LAMMERT*, Platzflugleiter, schaute entsetzt von seiner BILD-Zeitungslektüre auf und aus dem Fenster. Er reagierte dann immerhin richtig, denn beim Ausrollen kamen schon Leute mit Feuerlöschern angerannt. Kaum hatte ich gestoppt und war aus der Maschine gesprungen, hörte die Rauchentwicklung auf, ohne dass Löschen nötig gewesen wäre. Die ganze rechte Seite mit *DELCROIX*' Reklamebemalung war mit Öl verschmiert. Die Ursache dieses Knalleffekts, eine schlampig verlegte Öldruck-Hauptleitung, lediglich mit Isolierband am Motorträger befestigt, riss sich durch den Druckaufbau von diesem Isolierband los und berührte den Auspuffsammler, bis der Gummi samt Armierung durchgeschmort war und die Ölpumpe mit fünf bar den Auspuff duschte. Dass es dabei nicht zu einem Brand kam, war unverdientes Riesenglück.

Die dritte Maschine verkaufte ich an die Schweizer Kunstflug-Nationalmannschaft. Zu diesem Zweck gründeten *Eric MÜLLER*, *Christian SCHWEIZER* und *Alex LEITNER* die erste Fachsektion des *AECS (Aeroclubs der SCHWEIZ)*, nämlich eben die SAA (Swiss Aerobatic Association). Dabei gelang es, aus dem PRO AERO Topf eine Subvention von 50'000 CHF zu fischen, was zwei Drittel der neuen Maschine finanzierte. Diese Maschine 4003, zuerst als *D-EBAZ* immatrikuliert, später HB-MSA, diente als Abnahmeflugzeug für die Musterprüfung nach FAR Part 23. Der damalige Leiter des LBA (Luftfahrt-Bundes-Amt), Obering. ***Karl KÖSSLER***, flog anlässlich unserer Vorführvisite in Braunschweig-Waggum im Sommer 1971 die Maschine selbst nach. Er beschwerte sich lediglich über die Sitzmulde für den Fallschirm, die ihm genau auf das Steissbein drücke. Im Oktober 1971 wurde die Musterprüfung gemäss Flugzeug-Kennblatt Nr. 1006 abgeschlossen und die Zulassung der Firma *WOLF HIRTH* für das Muster *HI-27 ACROSTAR Mk. II* erteilt.
Kunstflug-Weltmeisterschaften werden nur alle zwei Jahre abgehalten. In den Zwischenjahren war die *Trophée Leon BIANCOTTO* inoffizielle Europameisterschaft, die 1971 in Carcassonne stattfand. Dort gewann *Sepp HÖSSL* auf dem *ACROSTAR-Prototyp D-EMKB*. Der bis dahin international unbekannte *Christian SCHWEIZER* zeigte mit Platz drei auf der SAA-Maschine die Möglichkeiten des *ACROSTARS* zusätzlich auf, indem er die internationale Crème de la Crème respektlos versägte. Auf Grund dieses Resultats bekam ich über Kontakt zu ***José Luis ARESTI Aguirre*** zwei Aufträge aus Spanien. 71/72 sollte ich dann Gelegenheit bekommen, die schillernden Geschäftsmethoden im Lande FRANCOS, im und um das spanische(n) Luftfahrt-Ministerium kennenzulernen. Der Tipp eines Freundes, eine möglichst hochtrabende Visitenkarte sei dort für die Öffnung der Türen erforderlich und hohe Provisionen könnten bedenkenlos auf den Preis geschlagen werden, erwies sich als goldrichtig. *Capt. + Type Manager ACROSTAR*, *Chief Test Pilot + Aerodynamics Consultant Arnold WAGNER* verkaufte mit Hilfe eines von *J.L. ARESTI* vermittelten Agenten (José RIPOLL) je ein Flugzeug an die *FENDA (Federacion Nacional Deporte Aereo)*, den spanischen Aeroclub sowie ein weiteres an die spanische *LUFTWAFFE (EJÉRCITO DE L'AIRE)*. Weil die Provisionen erst bei der Auslieferung über Letters of Credit zu bezahlen waren, lief das Geschäft für alle Seiten reibungslos ab. Die erste Maschine, *D-EMBA* überführte ich nach MADRID-Quatro-Vientos.
Ich wurde dann von *ARESTI* und der *FENDA* auf einen zweitägigen Ausflug eingeladen, was mich auf die unerhörten Schönheiten Spaniens an Profan- und Sakralbauten aufmerksam machte. Besonders blieb mir der ESCORIAL, dieser Palast Philipps des Zweiten mit dem Kloster als Zentrum in Erinnerung, wahrscheinlich das wohl eindrucksvollste Gebäude der Welt überhaupt. Der Ausflug wurde Anstoss, später Städte wie BURGOS, VALLA-

Nordwestfassade des ESCORIAL mit Barock-Klosterkirche im Zentrum

DOLID, SEGOVIA, AVILA, GRANADA, SALA-MANCA, TOLEDO, CORDOBA, SEVILLA, JEREZ usw. zu besuchen. Die kulturellen Erbschaften des Reiches Karls des Fünften, in welchem die Sonne nie unterging, der Römer, Habsburger usw., mit denen ich mich heute noch in meiner spärlichen Freizeit befasse und sie auch besuche, sie wirken naturgemäss auf den demokratischen Schweizer stärker als auf Angehörige grosser Nationen. Wegen der alten, kleinräumig-demokratischen Tradition bei uns und damit verbundener Unmöglichkeit, Geld für Prachtbauten einfach hinauszuschmeissen, haben wir hier in der Schweiz nahezu keine Profanbauten von Grösse und wirklich kunsthistorischer Bedeutung. In Zürich beispielsweise wurde lange darüber gestritten, ob die hundehüttenähnliche Alte Polizeiwache gegenüber dem Rathaus abzureissen oder unter Denkmalschutz zu stellen sei, während in Ländern wie Spanien, Italien, Frankreich, Österreich und neuerdings auch in den Oststaaten, Tschechien, Polen usw. bei Weitem nicht alle historisch oder künstlerisch wertvollen Bauten erhalten werden können, weil einfach zu viele davon vorhanden sind. Lediglich bei Sakralbauten, wo Bischöfe und Äbte weniger auf demokratische Bestimmungen und Bürger Rücksicht nehmen mussten, haben wir bei uns auch etliche grossartige Bauwerke. Denkt man darüber nach, kommt man zum Ergebnis, dass die grössten Kunstwerke der Menschheit ihre Entstehung fast ausschliesslich Exzessen und dem Absolutismus verdanken. Demokratische Gesellschaftsformen hingegen haben fast nur unauffälligen Durchschnitt hervorgebracht. Sicher besteht dabei auch ein NORD-SÜD-Gefälle. Die härteren Lebensbedingungen im Norden verlangten klar mehr Kooperation untereinander zum Überleben, was die Grau-in-Grau-Mentalität fördert. Zudem sind die Grundbedürfnisse NAHRUNG-KLEIDUNG-WOHNUNG schwieriger zu befriedigen als in südlicheren, wärmeren Ländern, womit automatisch weniger Überschuss für Exzesse verfügbar sein konnte. Kunstreisen sind daher, von Ausnahmen wie Leningrad- Petersburg abgesehen, meist nach den wärmeren Zonen aller Erdteile destiniert. Mit einem Juan de *HERREIRA* als Stadtbaumeister Zürichs war und ist es also nix. So müssen wir uns etwa mit Ersatznummern wie Ursula *KOCH-POMERANZ* <Zürich ist gebaut> im Bauamt II zufrieden geben...

Nachdem ich bei der *SWISSAIR* variable Ferien zudiktiert bekommen hatte, benutzte ich die Gelegenheit, mit der russischen Botschaft einen Besuchstermin im Oktober 1971 zu arrangieren. Damals durften AEROFLOT-Flugzeuge noch nicht über die BRD fliegen. Der ein-

zige AEROFLOT-Kursflug zwischen Moskau und Zürich kam jeden Samstag, ausserhalb der Militär-Flugbetriebszeiten, auf einem dafür speziell geschaffenen AIRWAY Innsbruck VOR - Zürich East VOR herein und flog so am Sonntag wieder zurück. Als das Abflugsdatum näher rückte, erhielt ich eine Einladung, am Sonntag, 17. Oktober um zehn Uhr in den VIP-Raum des Flughafens Zürich zu kommen. Obwohl ich den Flughafen gut kannte, musste ich als Nicht-VIP diesen Ort suchen bzw. mich mehrfach dahin durchfragen. Die Formalitäten wie Visum erledigten sich von selbst, da ich ein Besatzungsvisum für Moskau hatte. Als VIP wurde ich mit Kaviar und Wodka empfangen und dann per Luxuslimousine zur *AEROFLOT-TU134A* verfrachtet. Der Kapitän und eine Dolmetscherin erwarteten mich als einzigen Gast im Vorderteil der wie bei einem U-Boot mit Zwischenwänden und kleinen Durchstiegs-Luken abgeschotteten Maschine. Der Flug verlief angenehm mit Krimsekt, Kaviar und Wodka von allen Seiten, einem längeren Besuch im Vier-Mann-Cockpit und einem roter Teppich nach der Landung in DOMODEDOWO, wo Grössen der UdSSR-Luftfahrt, *EX-FAI-Präsident* ***Vladimir KOKKINAKI***, sein Adlatus *Iwan SERATOW* und die Piloten *EGOROV* und *PONOMAREV* mich den Stewardessen ab und zur Brust nahmen, wobei die Dolmetscherin unaufhörlich <Great Aviation Personality> wiederholte. Mit einer ZIL-114-Staatslimousine wurde ich direkt ab Flugzeug ins Hotel JUNOST gefahren, das mir schon von der Kunstflug-WM 1966 bekannt war. *KOKKINAKI* begleitete mich an die Rezeption, wo die Damen regelrechte Bücklinge machten und dem Portier mit meinem bescheidenen Gepäck den Schlüssel zu einer Suite übergaben. *KOKKINAKI,* der etwas französisch sprach, sagte beim Abgang noch, quasi in Versalien: „INVITATION, SOUPER, SIX HEURES...". Auf dem Zimmer wollte der Portier unbedingt meinen kleinen Koffer öffnen und die wenigen Kleider in den Kästen verstauen. Als das geschehen war, wandte er sich meinem Crew-Bag zu, als ob er etwas suchen würde, konnte ihn aber nicht öffnen. Ich vermutete, dass er wissen wollte, was darin war und schloss auf. Als er die Papiere sah, sagte er: „LUX, LUX, LUX !" und fragte mich, wo mein FOTO-APPARAT sei. Auf Grund meiner Erfahrungen im Ostblock hatte ich wohlweislich keinen mitgenommen, da wir mit den geplanten Besuchen bei *JAKOVLEV* und den Flugzeugwerken doch recht delikate Objekte auf dem Plan hatten. NIET FOTO? fragte er ungläubig und wandte sich zum Gehen. Damals waren im Ostblock Tips verpönt bzw. unbekannt. Als ich eine 50-DM-Note hervorzog und ihm gab, murmelte er verschämt: „SPASIBA..., SPASIBA...", faltete die Note, steckte sie ausser Sicht in die vordere Jackett-Tasche und verschwand mit einem weiteren Bückling.
Um sechs Uhr abends wurde ich wieder von einer ZIL-Staatslimousine abgeholt und in die Innenstadt gefahren. Nach einem kurzen Stopp auf dem Roten Platz mit Erklärungen der Dolmetscherin, die mir vorher ein Besuchsprogramm in Deutsch ausgehändigt hatte, ging es weiter zu einem feudalen Restaurant in der Nähe, wo weitere Kunst-Flieger und -Fliegerinnen, darunter *PIMENOV* und die *MOROKHOWA* uns erwarteten. Das lukullische Mahl blieb mir deshalb in Erinnerung, weil man Liobova *MOROKHOWA* neben mich setzte, welche 1970 an der WM in Hullavington als Pilotin zwar nicht Bestklassierte, aber vom Aussehen her bei Weitem die Schönste war. Wir unterhielten uns angeregt in Deutsch und ich glaubte, beim Abschied bei ihr eine gewisse Enttäuschung zu sehen, weil ich sie we-

der um ihre Adresse noch um ein weiteres Treffen bat. Es war offensichtlich, dass alle von *KOKKINAKI* vermittelten Kontakte liebend gern den Faden mit uns aufgenommen hätten, um mehr von ausserhalb des Ostblocks zu erfahren oder gar Besuch zu bekommen.

Der Montag begann mit einem verspäteten Krimsekt-Kaviarfrühstück im Hotel und dann wurde ich zum mir von der WM 1966 bekannten Flugplatz TUSCHINO gefahren, wo eine zweimotorige *MORAVAN*-Maschine, ein doppelleitwerkiges, tschechisches Geschwür von Flugzeug, wartete. Wir wurden in die Region von CHARKOV (heute CHARKIV und ukrainisch) geflogen, wo auf einem riesigen Grasflugplatz Dutzende von verschiedenen *JAK-18* standen, darunter auch die viersitzige Variante *18T*, die auf Ausstellungen im Westen als <Sport-Reiseflugzeug> gezeigt worden war. Wieder roter Teppich vor den grossen Werkhallen, freundliche, in Hellbraun-Gabardineanzüge gekleidete, wohlgenährte Apparatschiks und dahinter, mit diebischem Grinsen in der zweiten Reihe, mein Freund *SERGEJ*! Die gutturalen Russischlaute des Werkdirektors wurden laufend vom Singsang der Dolmetscher mit <Great Aviation Personality> durchbrochen, sich wiederholend wie das <und- so-weiter und sicherlich> in der berühmten Feldmesse des besoffenen Feldkuraten Otto KATZ. Im Gewühl von Krimsekt, Kaviar und Wodka kam *SERGEJ* einmal kurz in meine Nähe und flüsterte: „You have the present!“ Offensichtlich war die Prüfung des Crewbags im JUNOST-Hotel durch den Portier schon weitergeleitet worden.

Es wäre müssig, den gesamten Besuchsverlauf beschreiben zu wollen. Einerseits wurde ich noch nie derart fürstlich behandelt und wir führten die interessantesten technischen Gespräche. Andererseits bestätigten die riesigen Werkanlagen und die Konstruktion der *JAK-18*-Flugzeuge meine Meinung, die UdSSR sei ein Entwicklungsland mit grossen Problemen. Man zeigte mir in zwei Fabriken alles, was mich interessierte. Es waren Werke, wo einerseits die *JAK-18*-Typen gebaut, andererseits auch Zulieferaufträge für grössere Flugzeuge wie *JAK-40* gefertigt und nach SARATOV geliefert wurden. Nach westlichen Verhältnissen war die *JAK-18* eine archaische Konstruktion. Der Flügel hatte mit seinen zwei elektrisch geschweissten Rohrholmen, Verspanndraht-Auskreuzungen und der nicht torsionssteifen Blech-Profilnase sowie der hinteren Stoffbespannung etwa Ante-*JU-52*-Technikstand. Teilweise war der Boden in den Montagehallen nicht einmal betoniert oder geteert. Strom- und Pressluftversorgung sowie Beleuchtung waren, wenn überhaupt vorhanden, minimal und oft defekt. Kurz, ich wunderte mich etwas, dass aus den Anlagen am Schluss doch ganz passable Flugzeuge herauskommen konnten.

Man liess mich die beiden neuesten Versionen des *JAK-18*, die *PM* mit Bugrad- und die PS mit Heckrad-Fahrwerk, fliegen. An Stelle einer Microswitch-Federbeinsicherung musste man vor dem Start den Fahrwerkhebel mit einem Kaninchenstall-Riegel entsichern. Nach dem Lift-off verjagte es mir fast die Trommelfelle, als ich den Fahrwerkhebel auf EIN umlegte. Die Pressluft aus den Servozylindern wurde beim Einziehen voll in die Kabine geleitet und es pfiff, als ob der Druckakku geplatzt wäre. Die Steuerung war angenehm ausgeglichen und leicht. Der bullige IVCHENKO-AL-14RF-Motor mit 222 kW / 300 PS lief niedertourig mit 2000 bis 2200/min an einer etwas langsamen Constant-Speed-Propellerregelung. An den Enden des hölzernen, breiten Zweiblatt-Propellers bildeten sich bei höherer Luft-

feuchtigkeit Kondensfäden. Die stoffbespannten Flügel federten bei Beschleunigung ziemlich durch, wobei der Stoff zwischen den Rippen, je nach Druckverteilung, sich nach innen oder nach aussen aufwölbte oder auch einmal dazwischen etwas flatterte. Trotz Grösse und Gewicht flogen sich die die Maschinen angenehm und erinnerten mich entfernt an den *AT-16 (= T-6)*, welchen wir bei der Flugwaffe als <ROCHLE> bezeichneten. Sehr unangenehm waren gestossene Figuren nach unten, weil man rasch auf rasende Fahrt und hohe Steuerdrücke kam. Die für Rückenflug schlechte *CLARK*-Y-Profilkopie machte sich störend bemerkbar. Mir wurde klar, wie richtig wir unter den westlichen Teams an der WM lagen, wenn wir uns absprachen, beim unbekannten Pflichtprogramm sogenannte <Höhenvernichtungen negativ> zu ziehen. Das waren Figuren, die nach einem Abwärtsmanöver mit hoher Geschwindigkeit ein Wegdrücken in Rückenlage verlangten. Dabei zeigten die Russen jeweils grösste Vorsicht. Sie verpatzten oft den Anfang solcher Figuren, um mit minimaler Fahrt wegdrücken zu können. Oder sie getrauten sich, weil zu schnell, nicht mehr und zogen statt drückten die Maschine auf die falsche Seite heraus. Charlie HILLARD, der Weltmeister von 1972, schrie damals bei einem derart abverreckten Russenmanöver: „Oh NO, IVAN, that's the way to SIBERIA!" Klar, die armen Schweine, zwischen SZYLLA und CHARYBDIS, sahen Crash oder Patzer vor sich. Meine mitgebrachten Profilunterlagen, die, wie erwähnt, im Westen vor mehr als 25 Jahren publiziert worden waren, machten bei SERGEJ und seinen Kollegen in den Konstruktionsbüros, damals noch ohne CAD und mit Dutzenden von A0-Zeichnungsmaschinen bestückt, daher Furore und es wurde mir auch endlos und freundschaftlich dafür gedankt. Es sollte allerdings nochmals fast 15 Jahre dauern, bis mit dem *SUKHOI-26* ein russisches Kunstflugzeug mit einem für Kunstflug einigermassen vernünftigen Flügel erschien.
Die Zeit in Charkov wurde freundlicherweise mit einigen Ausflügen in die grosse Stadt und die Umgebung ausgefüllt. Das Gebiet interessierte mich vor allem wegen der schweren Kämpfe, die sich hier von 1941 bis 1943 abgespielt hatten. Ausser einem Augenschein der Gegend sind allerdings keine besonderen Artefacts mehr vorhanden. Nach dem Rückflug im *MORAVAN*-Geschwür am Freitagmorgen dekorierte man mich in Moskau am Abend im gleichen Restaurant Nähe KREML noch mit einem Orden. Die *MOROKHOWA* zeigte sich allerdings nicht mehr, aber der unermüdliche *KOKKINAKI* und sein Adlatus *SERATOV* verabschiedeten mich freundlichst mit dem üblichen Glas Krimsekt in der Hand. Vom Schlussabend ziemlich mitgenommen, sass die <Great Aviation Personality> am Samstagmorgen wieder allein in der AEROFLOT-Maschine nach Zürich, diesmal unspektakulär nach der Landung vom Passagierbus zum normalen Arrival-Gate gebracht.

Diese Reise gab mir Einiges zu denken auf. Als ich im Militärdienst davon erzählte, glaubte man mir entweder nicht oder die Militärköpfe behaupteten, die Russen hätten für mich eine Spezial-Unfähigkeits-Show abgezogen, um uns Westler damit einzulullen. Obwohl bei der Reise offiziell viel fotografiert wurde, gab man mir trotz meines Wunsches nur gerade einige Personenfotos ab. Insbesondere gegenüber dem Nachrichtendienst befand ich mich dadurch in einem gewissen Beweisnotstand. Der Regiments-NOF (Nachrichtenoffizier) sprach nur noch mit mir, weil man meinen Telefonverkehr mit der russischen Botschaft registriert und offenbar auch meine Reise verfolgt hatte. Mein Einwand, warum denn Hunderte solcher veralteten Flugzeuge gebaut würden und damit die besten Piloten zur WM kämen, stiess auf taube Ohren. Heute, nach GORBI und GLASNOST, wissen wir natürlich, dass mein Eindruck richtig war. Die FURGLER, JEANMAIRE-JÄGER, BACHMANN und Geheimarmee-Schöpfer liegen nun erwiesenermassen mit ihrer Feindhysterie völlig im Abseits. Mit ihrem lieben Landesverteidigungskomplex begingen sie mindestens eine ähnliche Brunnenvergiftung wie die wahrhaft bösen KGB- und SMERSH-Genossen auf der roten Seite. Später bestätigte mir ein wohlgesinnter Kommandant im Militär, wie auch die Lokalpolizisten meiner damaligen Wohnorte Pfungen bzw. später Winterthur, dass meine Kontakte zur russischen Botschaft und die Reise nach Moskau registriert und bezüglich meiner vaterländischen Gesinnung Überwachung betrieben worden seien, die Fichen lassen grüssen. Es wurde mir in den eingesehenen Unterlagen zur Last gelegt, westliche Technologie <verraten> zu haben. Die Schreiber dieser Beschuldigungen waren zwar unfähig, die angeblich verratene Technologie zu verstehen. Nur meine Söhne hingegen reagierten ideologisch unbeschwert. Sie spielten draussen mit meinem Stahlhelm, dem russischen Orden und meinem Militärzeug SOLDÄTLIS, wobei die Landesgrenze für diese Spiele von mir auf der Schlösslistrasse gezogen wurde, um ein allfälliges Verfahren wegen Missbrauch und Verschleuderung von schweizerischem Militärmaterial zu vermeiden.

Noch einige Jahre bekam ich von der Botschaft in Bern Weihnachtsgrüsse flüssiger Art und Grusskarten von den Flugzeugbauern. Direkter Kontakt kam jedoch nicht mehr zustande. Halbherzige Versuche, nach der Wende 1989 wieder Beziehungen anzuknüpfen bzw. aufzunehmen, sind bisher im Sand der Zeit ergebnislos verlaufen. Dies wohl auch deswegen, weil ich mich zwischenzeitlich aus der Fliegerei verabschiedet und auf andere Interessensgebiete konzentriert habe.

1972 war wieder ein WM-Jahr. Die *ACROSTAR*-Fertigung geriet jedoch erstmals gegenüber den Bestellungen in grossen Rückstand. Da die zweite spanische Maschine zu spät ausgeliefert wurde, waren nur das deutsche, schweizerische und ein Teil des französischen Teams auf *ACROSTAR* am Start. Nach meinem Rücktritt lagen alle Hoffnungen auf *Sepp HÖSSL*, der aber der Belastung nicht gewachsen war und sich bereits auf einem Trainingsflug verfranzte, den riesigen WM-Flugplatz SALON de PROVENCE nicht mehr fand und in AIX-en PROVENCE notlanden musste. Immerhin rettete *Christian SCHWEIZER* mit dem vierten Gesamtrang die Ehre, aber die erwartete Flut von Bestellungen unterblieb. Kurz vor der WM war auch der erste schlimme Unfall mit einem *ACROSTAR* passiert. Das wiederum gab mir schwer zu denken. *Norbert HOLZBERGER*, der <Naughty Boy> des deutschen Teams, fiel am 06.05.1972 beim Flugplatz am Schenkenturm bei WÜRZBURG herunter. Sofort fuhren *Leo MEEDER* und ich nach Würzburg und untersuchten dort die ausgelegten Trümmer. Ich hatte keine Ruhe mehr, bis die Absturzursache gefunden war. Meine Analyse ergab, dass die Maschine über eine gestossene Rolle senkrecht aufwärts aus Bodennähe direkt in eine voll entwickelte Normalvrille gesteuert wurde. *Norbi der HOLZER* hatte vorher

ACROSTAR an der VII. WM 1972 - HB-MSA (SAA), D-EHRL (Dr. EHRLE), D-EMKB (Sepp HÖSSL), D-EGHO (André DELCROIX) + D-EMBD (FENDA)

einen völlig ausgeräumten *ZLIN-326* mit einer Flächenbelastung von ~ 45 kg/m2 geflogen und ich hatte sein Unfallmanöver mit diesem Luftballonflugzeug schon mehrmals an Flugtagen bewundert. Kurz nach dem Überflug aus Hannover, wo ich ihm den neuen *ACROSTAR* übergeben hatte, führte er ohne Training in Würzburg eine Tiefflug-DEMO durch und wollte sie durch sein Spezialmanöver abschliessen. Dass bei der höheren Flächenbelastung von ~ 60 kg/m2 des *ACROSTARs* beim Trudeln 25% mehr Höhe pro Umdrehung verloren ging, liess beim Abfangen nach dem Stoppen der Vrille die berühmten 20 Meter fehlen. Der Aufschlag in steilen Winkel von etwa 45° auf ein Strässchen unterhalb des Platzes war leider auch von Könner Norbi nicht mehr vermeidbar. Dass dieses Manöver so ohne Weiteres erflogen werden konnte, war deshalb möglich, weil von unbekannter Hand die Hartholzkulisse der Steuerbegrenzung ausgefeilt worden war, um grössere Steuerausschläge zu ermöglichen. Zwei Piloten und drei ACROSTARS sollten insgesamt auf diese Weise fatal verunfallen. Dies hing mit meiner Intergralsteuerung zusammen. Die meisten Kunstflugzeuge, z.B. *PITTS S-1 + S-2*, *BÜCKER*, *ZLIN* usw. haben schlecht oder nicht abgestimmte Höhensteuer. Es ist möglich, ohne den ganzen Knüppelweg auszunützen, diese Flugzeuge zu überziehen oder zu überstossen und damit, ohne präzise Steuerführung, ins Trudeln oder in gerissene bzw. gestossene Rollen zu gelangen. Das Überschreiten des kritischen Anstellwinkels verwandelt das Flugzeug dabei in einen Ventilatorflügel, der wie verrückt in Richtung Seitensteuerausschlag rollt, ohne dass ein Querruderausschlag für diese Autorotation notwendig wäre. Bei der Integralsteuerung müssen jedoch die Höhensteuerwege auf diejenigen der Wölbklappen und Flaperons genau abgestimmt sein. Mit aufwändigen Einstellarbeiten und einer speziell auf das Flugzeug angepassten Steuerungs-Begrenzungskulisse unter dem Pilotensitz wurde dies erreicht. Für gerissene und gestossene Figuren muss der Knüppel genau auf vollen Anschlag des Höhensteuers bewegt werden. Das <Heuen> wie beim *PITTS-S1* genügt nicht zum Einleiten der Autorotation. Dies hat eine gewünschte Schutzwirkung zur Folge, denn beim Abfangen in Bodennähe ist die Gefahr des Überziehens und Abschmierens wegen zu grosser Steuerwege weitgehend gebannt. Mit Ausfeilen der Steuerkulisse und damit vor allem der Vergrösserung der Höhensteuerausschläge kann man auch ohne vollen Ausschlag in gestossene oder gerissene Flugzustände kommen. Da an den Ruderflächen mit der Steuerkulisse abgestimmte Anschläge vorhanden sind, werden dabei, durch Überbelastung der Steuerstangen und -Hebel, diese beschädigt. Der zweite *ACROSTAR*-Tote, Frauenarzt *Dr. Eberhard EHRLE*, hatte seinen *ACROSTAR* ebenfalls so verändert. Durch die ausgefeilte Kulisse konnte der Knüppel weiter nach vorne gedrückt werden und stand am Instrumentenbrett an. Um sich dabei nicht die Finger einzuklemmen, baute er den Knüppel aus und bog diesen im Schraubstock kalt zurück. Dies ergab einen Anriss an einer Kröpfungsschweissnaht, unbeachtet, bis nach etwa 100 Flugstunden der Knüppel bei einer gestossenen Figur aufwärts abbrach und EHRLE aus mehreren 100 Metern senkrecht und mit Vollgas in den Boden krachte. Mittels Betätigung der Trimmung wäre zwar ein Abfangen noch möglich gewesen. Auch hatte ich Landungen nur mit der Höhen- und Rolltrimmung sowie mit Leistungsvariation mehrfach in der Flugerprobung nachgewiesen. In der kurzen Zeit zwischen dem Knüppelbruch und dem Aufschlag hat leider Dr. EHRLE diese Problemlösungsmöglichkeit nicht mehr rechtzeitig gefunden.

Als Konstrukteur kann man nach solchen Unfällen nicht mehr schlafen, bis die Ursache bekannt ist und man sicher sein kann, dass sich solches aus dem gleichen Grund nicht wiederholt und dass man selbst nicht schuldhaft Verantwortung zu tragen hat. In allen Fällen untersuchte ich selbst, zusammen mit den Fachleuten des Luftfahrt-Bundesamtes sowie mit *Leo MEEDER* oder *Hermann FREBEL* die Trümmer und fand auch die jeweilige Ursache. Im Unfall *Dr. EHRL*E kam es dann zu einer dramatischen Verwicklung, indem *Josef HÖSSL* wahrheitswidrig behauptete, ich hätte selbst dem *Dr. EHRLE* am Telefon den Tipp gegeben, den Knüppel abzubiegen. Die Anklage wegen fahrlässiger oder vorsätzlicher Tötung gegen mich wurde dann, nach einem Gerichtstermin in Deggendorf, mangels Beweisen fallen gelassen. Als Entschädigung erhielt ich die Kosten für ein Bahnbillet zweiter Klasse Winterthur-Deggendorf retour und 100 DM Taggeld vergütet.

Der dritte, weitherum kolportierte Fall war *Eric MÜLLERs <Last Flight of the ACROSTAR>* und betraf das Flugzeug *Werk-Nr. 4002*, das zuerst *André DELCROIX* gehört hatte und nun als *HB-MSB* auf *MÜLLER* eingetragen war. Im Abfangen aus dem Flachtrudeln war die gebrochene Hauptsteuerwelle aus dem rechten Lager gefallen und die Höhensteuerwirkung Richtung Ziehen verloren gegangen. Geistesgegenwärtig drehte er die Maschine auf den Rücken und flog ohne Motor, der beim Flachtrudeln abgestellt hatte, im Rückengleitflug den Platz an. In Bodennähe rollte er die Maschine in Normallage zurück. Weil die Geschwindigkeit zu niedrig war, begann der *ACROSTAR* nach diesem Aufdrehen zu sinken und schlug unsanft auf, stauchte *Eric MÜLLER* einige Rückenwirbel und war hinfort nicht mehr flugtauglich. Er wurde dann als Museumstück wieder hergerichtet und ist in LE BOURGET im Museum auf dem Flugplatz ausgestellt. Unsere Untersuchungen ergaben zweifelsfrei, dass durch das Ausfeilen der Steuerkulisse das Pendelruder hinten auf Anschlag ging, bevor vorne der Knüppel anlag. Bei gerissenen und gestossenen Figuren kam, durch die rechtsseitige Anlenkung des Höhensteuers, Biegung auf die Hauptsteuerwelle, worauf diese einen Ermüdungsbruch beim rechten Lager erlitt. Auf Grund des Spurenbildes war die Maschine lange mit der gebrochenen Steuerwelle geflogen, bis die Bruchfläche so abgescheuert war, dass die Welle herausfallen konnte. Das *BAZL (Bundesamt für Zivilluftfahrt)* sperrte nach dem Unfall den ACROSTAR. Als wir die Ursache ermittelt hatten und klar wurde, dass sowohl ein BAZL-Jahresnachprüfer wie auch ein BAZL-genehmigter Unterhaltsbetrieb durch Nichtbeachtung unserer Wartungsvorschriften sowie Technischer Mitteilungen in den Unfall mit verwickelt waren, wurde die Sperre dann rasch aufgehoben.

Ringelpilz bei Seitenwind in Kassel-Calden
V.r.n.l. Pilot Gerhard PAWOLKA, der Autor, Leo MEEDER

Nach der VII. WM 1972 in Salon de Provence kam das *ACROSTAR*-Geschäft endgültig zum Erliegen. Der *Motorenhersteller FRANKLIN*, seit 1922 im Business und erste Firma, die ab 1936 hydraulische Valve-Lifters verbaute, ging *Konkurs*. Zwar kaufte kurz darauf der angebliche brasilianische Milliardär AUDI die Firma *FRANKLIN* auf, um weiter für seine SILVERCRAFT-Helikopter Motoren zu bekommen. Aber schon wenige Monate später war auch AUDI pleite. Unter GIEREKs forscher Modernisierungspolitik pumpte sich die Volksrepublik POLEN das Geld für die *FRANKLIN*-Konkursmasse zusammen und man liess die Maschinen, Zeichnungen, Fertigungsvorrichtungen, Teilelager usw. der *FRANKLIN*-Fabrik von SYRACUSE, NY nach KIELCE südlich Warschau transportieren. Anfragen für Motoren und Teile wurden lange nicht beantwortet. Im Sommer 1979 machten meine Frau *Franziska* und ich die Tour mit dem YAMAHA-XS1100-Motorrad, der *DICKEN*, die uns über Tirol, Kärnten, Ungarn, Ost-Slowakei und Ostpolen bis an die damalige russische Grenze bei PRZEMYSL führte. Bei der Rückfahrt über Lublin, Warschau und KIELCE fanden wir die geplante *FRANKLIN*-Motorenfabrik. Sie bestand aus einem kleinen Barackengebäude, um welches herum die ganzen Werkzeugmaschinen, Ersatzteile und Werkbänke mit Lager auf Paletten im Sumpf, zur Hälfte im Morast versoffen, herum gammelten. Ein lokaler *Apparatschik* erklärte uns auf entsprechende Fragen, dass halt die geplanten Werkhallen nicht rechtzeitig fertig geworden wären. Meine Ansicht von 1974, dass an eine Fertigung *ACROSTAR* ohne Umkonstruktion auf den LYCOMING AIO-360 nicht mehr zu denken war, hatte sich also als richtig erwiesen. *WOLF HIRTH* war aber nicht in der Lage, die Änderung vorzufinanzieren.

Erstaunlicherweise war es ab 1982 dann möglich, aus Polen *FRANKLIN*-Ersatzteile und auch ganze Motoren wieder zu bekommen. Das half uns 1973-74 nicht weiter. Bis Mitte 1973 wurden neun Maschinen gebaut. Vier verkaufte ich nach Deutschland (*D-EMKB*, *D-EHRL*, *D-ECAD*, *D-EOIG*), eine in die Schweiz (*D-EBAZ/HB-MSA*), eine nach Frankreich (*D-EGHO*, später *HB-MSB*), zwei nach Spanien (*D-EMBA*, *D-EMBD*) und eine (*4007*) als Bausatz in die USA. Fünf davon wurden durch Unfälle zerstört, (*D-EHRL*, *D-ECAD*, *HB-MSB*, *D-EMBA*, *4007*) wobei leider drei Tote (*Dr. EHRLE*, *Norbi HOLZBERGER* und ein unbekannter *AMI* durch eine gerissene Rolle beim Start) zu beklagen sind. Zwei Verletzte gab es mit *Eric MÜLLER* und *Carlos ALOS-Trepat*. Prototyp *D-EMKB* ist im Deutschen Museum, Flugzeug-Abt. Oberschleissheim und wäre flugfähig. *D-EOIG*, Ersatz des *DAEC* für die beim *HOLZBERGER-Unfall* zerstörte *D-ECAD*, wurde von *Prof. Dr. Urs MEYER* erworben, in der Schweiz als *HB-MSK* immatrikuliert und ist flugfähig, *HB-MSA*, nun *F-AZJF* ebenfalls, im La Ferté Alais-Museum. Das zweite Spanien-Flgz. *D-EMBD*, nun *EC-CBS*, steht flugfähig im Museo de Aeronautica, Aeroporto de Quatro Vientos bei MADRID.

Prof. Dr. U. MEYER mit HB-MSK steigt vertikal mit<SMOKE-ON>

Die wichtigsten ACROSTAR-Erfolge an Kunstflug-Wettbewerben von 1970-74:

Int. Schweizer KM 1970 in Sion: *1. A. WAGNER, 2. Sepp HÖSSL*
Kunstflug-WM 1970 Hullavington: *4. Gesamt A. WAGNER + Höchstwertung Progr. 3*
Trophée Biancotto = EM 1971 Carcassonne: *1. Sepp HÖSSL, 3. Chr. SCHWEIZER*
Deutsche KM 1971 Kassel: 1. Sepp HÖSSL, G. PAWOLKAS Ringelpilz Bild S. 123
Kunstflug-WM 1972 Salon de Provence: *4. Christian SCHWEIZER*
DE-KM 1973 Marl: *1. Sepp HÖSSL, 2. M. STRÖSSENREUTHER, 3. R. HECHT*
Coupe Amberieu 1973: 1. Dr. Eberhard EHRLE, 2. Eric MÜLLER
Scandinavian Cup 1973: *1. Sepp HÖSSL, 2. Eric MÜLLER*
Int. SKM 1973 Thun: *1. Eric MÜLLER, 2. Christian SCHWEIZER, 3. Denis HÜGLI*
ZADAR-Cup 1973: *1. Manfred STRÖSSENREUTHER, 2. Eric MÜLLER*
Trophée Biancotto = ***Ersatz-WM*** 1974 Rochefort s. M.: *1. Eric MÜLLER*

1973-74 kam dann das ***zweite AUS*** für den *ACROSTAR* nach dem YOM-KIPPUR-Krieg wegen der Ölkrise. Das SPIELZEUG *ACROSTAR*, zu nichts nütze als mit grossem Aufwand in der Luft lautstark Purzelbäume zu schlagen, fiel dem zurückgehenden Sozialprodukt zum Opfer. Mit gleicher Leistung wie dieses einsitzige Kapriolenflugzeug sind viersitzige Reiseflugzeuge damals schon gleich schnell geflogen und waren natürlich von der Effizienz her viel vernünftigere Investitionen. Auf S. 244 gibt *Walter WOLFRUM in seiner Unbekannten Pflicht*, wohl gedächtnisgestützt, unzutreffende Darstellungen zum Ende des *ACROSTAR*-Projekts. Ein Ersatz des *FRANKLIN*-Motors konnte im wirtschaftlich schwierigen Umfeld weder von *WHN* noch von potenziellen Kunden finanziert werden. Selber habe ich neue Lösungen noch geprüft. Eine vorgeschlagene, feste Höhenruderflosse hatte in meiner neuen Höhenruder-Umlenkkinematik, *Differenzhebel* genannt, schon eine weit bessere, billigere Lösung gegen das <Nuckeln> (siehe S. 104 Abs. 3) gefunden, die ich im Prototyp D-EMKB einbaute und erprobte. Ablehnung der Verbesserungsvorschläge von *Sepp HÖSSL* und *Walter WOLFRUM* meinerseits gab es nie, ohne dass ich diese auf ihre Zweckmässigkeit prüfte und oft bessere Lösungen fand, da weder SH noch WW Flugtechnikfachleute waren. Mit vollem Einsatz ging ich die fatalen Finanzierungsprobleme der Entwicklung an und versuchte von 1974-76, leider erfolglos, für das einmalige Kunstflugzeug *ACROSTAR* Kunden zu finden und die Produktion wieder in Gang zu bringen. Obwohl wir eigentlich keine Konkurrenz hatten, weil meine Wölbklappensteuerung lediglich in einer polnischen Studie <HARNAS> auf Papier kopiert wurde, liess das wirtschaftliche Umfeld, nicht nur bei uns, keinen Neustart zu. Spätere Wettkampf-Kunstflugzeuge wurden nur durch übermässige Motorleistung aufgerüstet, während die Aerodynamik auf dem Niveau klappenloser Symmetrieflügel stagniert hat. Eine schwache Rolle spielten auch die anderen Gesellschafter der *ACROSTAR*-GmbH, denn sie liessen diese untätig finanziell verdursten. Erst heute (2012) hat mein Sohn *Urs WAGNER* mit seinem ***ACROSTAR new generation*** einen Neubeginn mit meiner Wölbklappentechnologie gestartet.

Einzigartig im Rückenflug – ACROSTAR 4003 - Pilot Christian SCHWEIZER

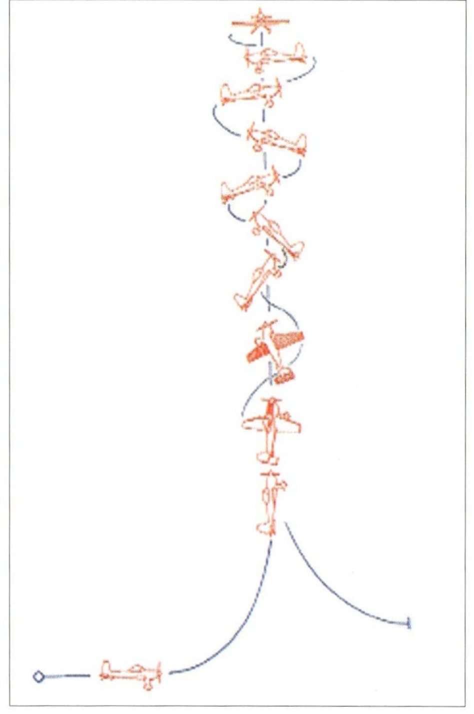

Eric MÜLLERS <ZWIRBELTURM<

Der ACROSTAR wurde, wohl wegen seines einmalig schönen Flugbilds, in vielen Kunstflugpublikationen als Flugzeugsymbol in Figurendarstellungen verwendet, so etwa in FLIGHT FANTASTIC von Annette CARSON, mit Hilfe von Eric MÜLLER 1986 publiziert. Darin ist Eric MÜLLERS ZWIRBELTURM skizziert, siehe Abbildung links, eine sehr interessante Kombination, die über eine senkrecht nach oben eingeleitete, gestossene Rolle direkt zu einer voll entwickelten Flachvrille führt und sowohl beim Unfall von Norbi HOLZ-BERGER im Flz. D-ECAD (S. 120) als auch im <Last Flight of the ACROSTAR> von Eric MÜLLER (S. 122) eine Schlüsselrolle gespielt haben könnte.

Schliesslich wurde in der MONGOLEI, Satellitenstaat der früheren SOWIETUNION, 1980 eine Briefmarkenserie mit Kunstflugzeugen heraus gegeben, auf der auch der ACROSTAR (siehe S. 127) mit etwas verschwommenen Konturen verbildlicht wurde. Ob dabei der frühere sowjetische Aussenminister Wjatscheslaw MOLOTOW nach seinem Sturz 1956 und der Abschiebung als Botschafter in dieses ungastliche Land eine Rolle gespielt hat, wird wohl nach seinem Tod 1986 nicht mehr genau abzuklären sein. Filmmaterial mit dem ACROSTAR bei Start, Kunstflug und Landung ist abrufbar unter: www.hiteng.ch/ACROSTAR

ACROSTAR auf mongolischem Postwertzeichen 1980

Kapitel VIII

STEIGFLUG + UMWEG
1973
(POLYMOBIL-DRACULA-WHN)

Zu Lande, zu Wasser und in der Luft ...
Aus dem k.u.k. Fahnen-Eid

Im Herbst 1973 wurde ich bei WHN arbeitslos. Nach den üblichen 14 Tagen Erholung war es mir aber bald wieder langweilig und ich begann daher zuhause Abklärungen für das ***POLYMOBIL***, einem Strassenfahrzeug, welches in eine normale GARAGE passt, fliegen kann und auch als Boot schwimmt. Ein zusätzliches Erschwernis war, dass es sämtliche Transitionen, also von der Strasse und aus dem Wasser in die Luft wie auch aus dem Flug aufs Wasser und Land sowie vom Land ins Wasser und wieder zurück aufs Trockene schaffen sollte.

Die durch die Garage auf 2180 mm begrenzte Spannweite liess sich nur mit der Entenkonfiguration und Endscheiben einhalten und zur notwendigen Flügelfläche war ein Doppeldeckerflügel erforderlich. Das Stabilitätsproblem der Ente löste ich mit den Endscheiben

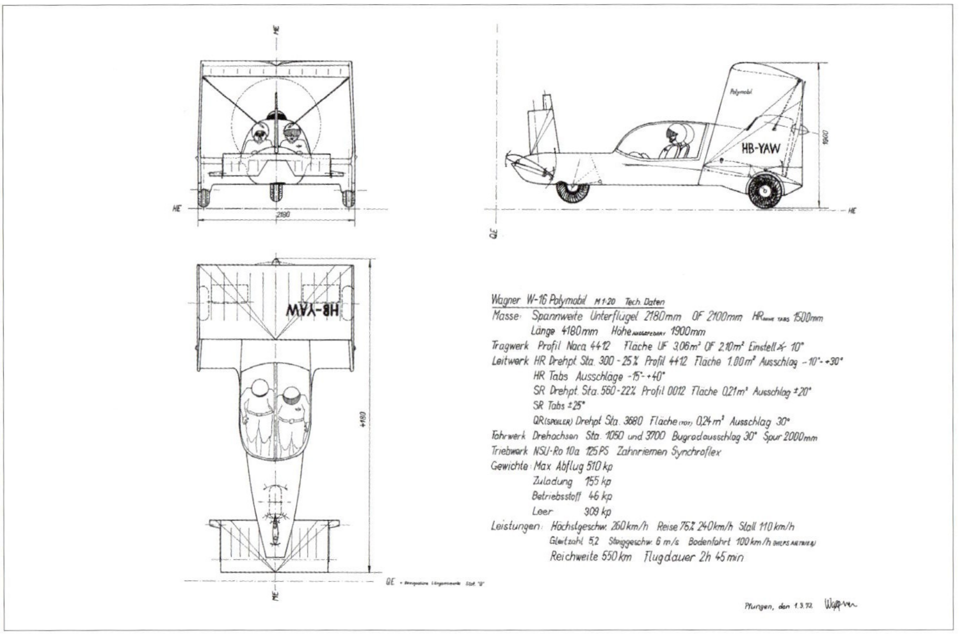

und einer indirekten Direktsteuerung, die erst drei, dann in der zweiten Version zwei lose Vorderflügel über verstellbare TABS kontrollierte und damit die NICK- + GIER-Steuerung ergab. Für die ROLL-Steuerung hatte das *POLYMOBIL* auf dem Oberflügel normale Querruder. Der Bootsrumpf als selbsttragende Karosserie war aus Epoxy-Glas-Kevlar-Kohle-Gewebeverbund und enthielt das darin eingelassene Vorderrad, während die Hinterräder in zwei Verdrängungskörpern unter dem Unterflügel platziert waren. Zum Flug und im Wasser lieferte eine Luftschraube an einem Pylon über dem Boot den Vortrieb, die über einen Zahnriemen vom zentral eingebauten Motor angetrieben wurde, der auf der Strasse, von der Schraube entkoppelt, die Hinterräder antrieb. Vom *POLYMOBIL* baute ich zwei Modelle im Massstab 1:5 inklusive HP-5ccm-Motor, Zahnriemen-Propellerantrieb und allen Details, mit denen ich, aufgehängt an meinem SIMCA-PKW, über ein Dynamometer die Leistungspolare (P req./V) vermass, aufzeichnete, umrechnete und so ein Bild der Realisierbarkeit bekam.

Die gesuchte Antwort lautete: JA, technisch geht es! Über die Vorschriften für Strassenfahrzeuge, Flugzeuge und Boote und deren umständliche, behörden-abgesegneten Applika-

tionen hatte ich gottlob noch keine Ahnung, was da alles auf mich zukommen würde. Die <indirekte Direktsteuerung> publizierte ich nie und konnte dann 1995 den freien Stabilisierungsflügel am *ECO* damit versehen, die Funktionsfähigkeit nachweisen und das Ganze als <Einrichtung zur Verbesserung des Fahrverhaltens> als Neuheit zum Grundpatent für das *Kabinenmotorrad* anmelden und sieben Länderpatente erteilt bekommen.
Im Weiteren hatte ich ab April 1973 beim Unfallteam des *BFU* an der Aufklärung des INVICTA-Hochwald-Unfalls intensiv mitgearbeitet und war also schon wieder in meiner chronischen Zeitnot, als mich um die Jahreswende 1973-74 ein *Hilferuf* von Frau ***Clara HIRTH*** erreichte. Sie bat mich dringendst und inständig, ihr mit dem *WHN*-Betrieb, der ohne Aufträge hohe Verluste mache, weiterzuhelfen, da sonst alles kaputtgehen würde. So stellte ich das *POLYMOBIL*-Projekt in die Ecke, zog mich nach Möglichkeit aus der Hochwald-Untersuchung des *BFU* zurück und kam, wie die Jungfrau zum Kind, plötzlich zum Job des Technischen Leiters bei *WHN*. Aufträge akquirieren, mit den Banken verhandeln, Leute entlassen, einstellen und den negativen Cashflow von 50% des Umsatzes auf + 15% umbiegen war eine Herkulesarbeit, parallel zu meinem *SWISSAIR*-Job, die bis 1980 weitergehen sollte. Dringendstes Problem war, *WHN* mit Arbeit zu überfüllen, denn wenn die Mitarbeiter sehen, dass die Arbeit abnimmt, geht automatisch das Arbeitstempo zurück und die Kosten steigen entsprechend. Ich besuchte also mit Empfehlungsschreiben von *Frau HIRTH* die Flugzeugwerke *SCHEIBE*, *GROB*, *Rollladen-SCHNEIDER*, *GLASER-DIRKS* und *SCHLEICHER*. Ein bemerkenswertes Erlebnis hatte ich dabei in Dachau. Der alte ***Egon SCHEIBE*** führte mich freundlich durch den ganzen Betrieb mit der FALKEN-Motorseglerproduktion. Als ich ihn am Schluss fragte, ob wir etwa Teile für die geschweissten Stahlrohrrümpfe im Subkontrakt bauen könnten, wurde er sehr ernst und sagte: „Leider geht das nicht, *Herr WAGNER*, denn *Wolf HIRTH* hat mir einmal geschrieben, dass meine Flugzeuge nicht nur ***Scheibe*** heissen würden, sondern auch ***Scheiße*** seien!“ Seither gebe er keine Arbeit an *WHN* mehr ab. Auf der Tour habe ich aber doch etwa drei Monate Arbeitsvorrat für Schlosserei und Kunststoffbau zusammengeschnorrt. Das Antichambrieren und demütige Warten war mir verhasst, bis zum *WHN*-Verkauf 1975 an MBB aber einige Male zu wiederholen.

Darüber kam es auch zum Bruch mit meiner Ehemaligen. Wir wurden im Sommer 1975 geschieden. In *Ernst HEINKELS* Memoiren habe ich dazu eine bemerkenswerte Geschichte gelesen. HEINKEL traf vor dem Krieg in St. MORITZ auf einen AMI-Schlitten mit geöffneter Motorhaube. Als er stoppte, um ggf. zu helfen, kroch der Flugzeug-Industrielle ***Anthony FOKKER*** unter der Haube hervor, begrüsste *HEINKEL* und fragte: „Na *HEINKEL*, sind Sie noch verheiratet oder schon geschieden?“ Auf die Gegenfrage: „Noch verheiratet, wieso?“ entgegnete *FOKKER* väterlich: „Machen Sie sich keine Sorgen, die Scheidung wird schon noch in Ordnung kommen“. Meine kam dann auch in Ordnung und das daraus abgeleitete ***Scheidungs-Theorem*** lautet, dass Anwalts- und Gerichtskosten dafür etwa den doppelten Betrag der Hochzeitsfeier ausmachen. Man hüte sich also vor teuren Vermählungsfesten.

Um *WHN* wieder auf einen grünen Zweig zu bringen, arbeitete ich zuerst ein neues Betriebskonzept aus. Weil zu *Leo MEEDERS* Zeiten, der 1973 bei *WHN* ausgeschieden ist, einfach alles über ihn gelaufen war, hatte sein Abgang quasi eine Querschnittsläsion bewirkt. Mein neues Konzept bestand in der Schaffung dreier Zweige, <Entwicklung-Fertigung-Instandhaltung>, wobei zweckmässigerweise der Entwicklungszweig Produkte schaffen sollte, die in der Fertigung produziert und in der Instandhaltung gewartet und repariert werden konnten. Dafür standen den drei Zweigen nach Bedarf die drei Werkstätten, nämlich Schlosserei-Metallbau, GFK-Harzerei und zur Montage die Werfthalle zur Verfügung. Geführt wurde durch die Betriebsleitung, die aus zwei gleichberechtigten Stellen, dem Technischen (TL) und dem Kaufmännischen LEITER (KL) bestand. Zweck war, die Technik durch die kaufmännische Mitsprache auf das finanziell Mögliche zu beschränken. Statt *Frau HIRTH* sollte das *<BÜBLE> Hellmuth HIRTH*, damals Mittzwanziger und Sohn der Familie, die kaufmännische Leitung übernehmen. Meine Versuche, ihn für den Betrieb einzuspannen, schlugen allerdings fehl, da Sitzleder und Arbeitseifer fehlten. Weder die Erfindungsgabe von Grossvater *Albert HIRTH* noch die unternehmerischen Fähigkeiten von *Onkel Hellmuth* und *Vater Wolf* waren ihm vererbt worden.
Noch heute gilt bei *WHN* im Wesentlichen das von mir geschaffene Organigramm und meine eigenen Firmen *PERAVES* und *HITENG* waren bzw. sind ebenso organisiert. Allerdings übte bzw. übe ich die beiden gleichberechtigten Stellenfunktionen TL und KL dort in Personalunion aus und ziehe mir geistig jeweils den betreffenden Parteihut über. Zur Aufteilung nach meinem Rücktritt bei PERAVES siehe S. 320-321. Rückblickend kann gesagt werden, dass ohne diesen meinen Gewaltseinsatz WHN spätestens 1974 pleite gegangen wäre. Verschiedene Mauschelgeschäfte hatten schon vor 1974 zu grossen Verlusten geführt. *WHN* war am Werkflugplatz Nabern von MBB (MESSERSCHMITT-BÖLKOW-BLOHM) gelegen, was für das *WHN*-Flugzeug-Instandhaltungsgeschäft lebensnotwendig war. Aus Spargründen wollte MBB den Werkflugplatz 1975 schliessen, weil bei MBB-Nabern nur noch Flugkörper wie die COBRA- und MILAN-Panzerabwehrraketen produziert wurden. Dazu war kein Flugplatz nötig. Es wurde unumgänglich, eine Mehrheitsbeteiligung von *WHN* an MBB zu verkaufen, um dem segelfliegenden Werkleiter von MBB Nabern, Dipl. Kfm. Hans-Joachim GERTIG, ein stechendes Argument gegen die Platzschliessung zu liefern und WHN über MBB die nötigen Kredite zur Weiterexistenz zu beschaffen. Für die Übernahmeverhandlungen fädelte mir *Frau HIRTH* einen direkten Zugang zu ***Ludwig BÖLKOW*** ein, dem damaligen Chef von MBB. *BÖLKOW* hatte während des Kriegs bei MESSERSCHMITT gearbeitet und nach der Wiedererlangung der Lufthoheit ein Ingenieurbüro für Luftfahrt auf dem Flughafen Stuttgart eröffnet. *WOLF HIRTH* war im Krieg eine grosse Firma (1'200 Arbeiter bauten u.a. 10'000 Leitwerke für die Me-109), welcher bei der Währungsreform alle Forderungen für Lieferungen an das Reich gestrichen, aber die Bankschulden für Material und Betriebsausbau verblieben waren. Der *WHN*-Betrieb schrumpfte auf unter 50 Mann und war ab da dauernd unterfinanziert. *BÖLKOW* kaufte nun von *WHN* Stück um Stück des Werkgeländes, bis der entstandene Apparatebau BÖLKOW in Nabern den grössten Teil umfasste und *WHN* nur noch etwa 5% Fläche hatte und so flächenmässig etwa der Fahrradabstellbereich von MBB

wurde. Mit dieser Basis baute *BÖLKOW* dann den grossen MBB-Konzern auf, aus dem nach seinem Rücktritt 1977 anfangs 90er-Jahre die DASA entstand, die heute ein Teil der *EADS* ist. *BÖLKOW* empfing mich freundlich und der Verkauf einer Mehrheitsbeteiligung von *WHN* an MBB konnte nach meinen Vorschlägen abgeschlossen werden. Ich gab ihm auch einen Lebenslauf ab, da er sich für mich interessierte. Um *WHN* zu helfen, wurde uns bald von MBB die Entwicklung einer Harassment-Drohne übertragen. Das war ein Flugkörper mit drei Metern Spannweite, der ähnlich wie die Stalinorgel aus einem Container mit 25 Stück ab LKW-Plattform abgeschossen werden konnte. Wir bauten vier Maquetten als Prototypen und drehten einen Video mit einer Flugphase. Damit nahm MBB beim Bundesamt für Beschaffung und Wehrtechnik in Koblenz an der Evaluationsphase teil. Nun fragte mich *BÖLKOW* an, ob ich dieses Projekt bei *WHN* übernehmen und weiterführen würde. Dazu wäre es notwendig gewesen, bei *SWISSAIR* zu kündigen und 100% für *WHN* zu arbeiten, wobei man mir gute Konditionen offerierte. Wollte ich aber meine ganze Arbeitskraft darauf verschwenden, zugegebenermassen sehr interessante Waffen-Flugkörper zu bauen, die bestenfalls das damalige Ost-West-Gefälle kaum beeinflussen, möglicherweise dann 30 Jahre in Zeughäusern lagern und dann verschrottet würden? Es stellte sich für mich erstmals die Frage der ***PRODUKTIONSETHIK***. 14 Tage brauchte ich für den ablehnenden Entscheid. Meine dafür gefundene Formel war: <Produkte sollen mindestens mehr Nutzen als Schaden stiften>. Kriegsmaterial erfüllt diese Regel eher nicht. Die Fabrikation von Lokusbrillen hingegen geht durch, gemäss dem bekannten *<Non olet Prinzip>* des Kaisers VESPASIAN. Auch bei meinen späteren Beschäftigungen und Projekten habe

ich alles Neue stets nach diesem Menetekel überdacht und die Regel genau beachtet. Ausnahme beim Kriegsmaterial ist erstaunlicherweise die *ATOMBOMBE*, die grösste Erfindung der Menschheit, denn sie hat uns seit 1945 wegen der drohenden Apokalypse die längste Friedensperiode der Menschheitsgeschichte zwischen den Grossmächten beschert, nahezu 70 Jahre, sich absehbar weiterhin fortsetzend. Die Anregung für deren Entwicklung kam ja auch von einem der grössten GEISTER des Homo Sapiens, von *Albert EINSTEIN*, der das MANHATTAN-PROJEKT durch einen Brief an Präsident ROOSEVELT auslöste...

Um bei schrumpfenden Volumina in der Sportfliegerei mehr Geschäft zu bekommen, entwickelte ich von 1974-1976 den Hängegleiter *DRACULA*. Ab 1973 kam in Europa die Hängegleiterfliegerei mit Rogallo-Drachen, hier DELTA genannt, in grossem Stil auf.

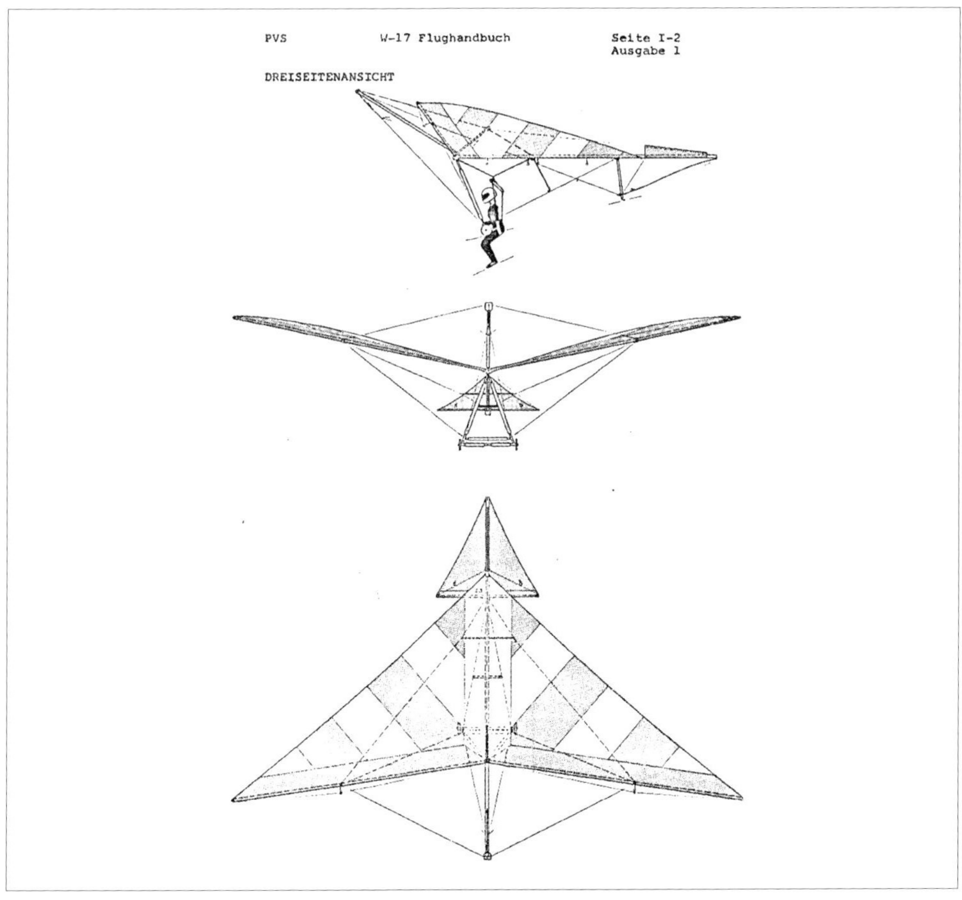

W-17 DRACULA Dreiseitenansicht

Die DELTA-Gleiter hatten jedoch die unangenehme Eigenschaft, bei Unterschreitung eines minimalen Anstellwinkels nach vorne in eine offene Phugoide, Flattersturz genannt, zu fallen und es erschlugen sich etliche Flieger, darunter auch Berühmtheiten wie der Ski-Olympiasieger Roger STAUB. Mein *DRACULA* war flattersturzsicher dank eines Höhensegels und konnte wie ein Schirm innert Sekunden aufgeklappt und mit einem einzigen Quickpin gesichert werden. Er wurde 1976 mit dem Preis der OUV (Oskar-URSINUS-Vereinigung der deutschen Amateurflugzeugbauer) für <Beste Sicherheitsvorkehrungen> ausgezeichnet. Auch ein Antriebsmotor mit Mantelschraube dazu, ebenfalls nur durch zwei Quickpins angehängt, entstand. Insgesamt machte ich rund 600 Flüge ohne und 70 mit Motor, darunter solche ab Hohem KASTEN und der EBENALP. Mit einer gestreckten Version waren auch Thermikflüge nach Motorstart im Flachland möglich.
Dazu gestehe ich, dass diese Flugerlebnisse die schönsten, aber auch die gefährlichsten meiner ganzen Fliegerkarriere waren. Im Flugzeug oder Heli sitzt man auf einem Stuhl und hält mit Knüppel oder Steuerhorn quasi eine Fernsteuerung in der Hand. Beim Gleiter spreizt man die Arme zum Steuertrapez wie Flügel und fliegt, wie man sich das als kleiner Bub geträumt hat, vogelgleich, ohne zwischengeschaltete Steuerelemente, als Dädalus der Neuzeit mit einem unbeschreiblichen Fluggefühl durch den Luftraum. Dass ich mich selbst und den *DRACULA* gleichzeitig diese völlig anders geartete Flugart gelehrt bzw. gelernt habe (ich machte nie einen Flug mit einem DELTA oder einem anderen Hängegleiter), betrachte ich rückwirkend als meine schwierigste und auch wichtigste Leistung im Flugwesen. Zwar wissen wir heute mehr als ***Otto LILIENTHAL*** und die ***Gebrüder WRIGHT***, doch gehöre ich nun auch zu der seltenen Spezie dieser Pioniere, die sich, wie der Schmied WIELAND, selber Flügel erschaffen und mit diesen das Luftmeer bezwungen haben. Dagegen sind die Weitergabe des Fliegenkönnens am Doppelsteuer und im Simulator, ja selbst die Erstflüge mit Neukonstruktionen (von denen ich sieben gemacht habe), geradezu langweilig, wie etwa das Ausprobieren einer anderen Automarke nach jahrelanger Gewöhnung an ein bestimmtes Fabrikat.
Dass aber die Erschaffung eigener, anderer Flügel gefährlich ist, hat schon *Otto LILIENTHAL* erfahren und mit seinem Leben bezahlen müssen, wobei er die Gelegenheit zu unsterblicher Grösse nicht versäumte mit seinen berühmten letzten Worten: *„Opfer müssen gebracht werden!“*
Mir wurde nicht der volle Tarif abverlangt. Es blieb bei einigen Prellungen und zwei Situationen, die voll ins Auge hätten gehen können. Zwar sind einzelne Elemente der Hängegleiterei durchaus beherrschbar, die Sicherheitsreserven jedoch immer sehr knapp, nämlich 20-50% gegenüber Faktoren von zwei bis fünf in der herkömmlichen Fliegerei. Die Anhäufung knapp beherrschbarer Elemente ergibt in der Summe das sehr hohe Unfallrisiko. Mit minimaler Flächenbelastung, geringen Steuerwirkungen und dem turbulenzempfindlichsten und stabilitätsschwächsten Gerät im Alpengebiet, stärkster Thermik, zerklüfteter, turbulenzbildender Geländebeschaffenheit, in der Nähe von Seilen und Kabeln, Geröllhalden, Felsbrocken auf den Alpwiesen-Landeplätzen usw. unterwegs zu sein, ist erwiesenermassen überwältigend, sowohl psychisch als eventuell auch physisch...

Die akkumuliertesten Flugprobleme ergaben sich mit der motorisierten Version, meinen <Siebenmeilenstiefeln>. Entwicklungsziel war, den *DRACULA-Motor-Gleiter* in zwei Minuten vom Autodachträger nehmen zu können und flugbereit zu machen, den Motor anzulassen, im Flachland unter einen Kumulus humilis zu steigen, mit gestopptem Motor zu segeln und dann zum Auto zurückzugleiten. Ich bin stolz darauf, dass ich dieses Ziel, meine grösste Leistung in der FLIEGEREI, erreicht habe. Unter zeitweiliger Missachtung des Flugplatzzwangs für motorisierte Gleiter in der BRD, bei etwa einem Dutzend Flügen mit der letzten Version, gestrecktem Flügel und dem von SOLO hochfrisierten Mantelstrom-Modul machte ich bis zu 20-minütige Thermikflüge unter der Basis nach Motor-Bodenstart in der Nähe von Nabern. Beim letzten Flug, am Mittwoch, 16. August 1978 (dem 100'sten Geburtstag meines Grossvaters *Arnold WAGNER sen.*) soff ich jedoch nach dem Start auf der Schopflocher Alb unter der Basis bei der Albkante über Lenningen ab und konnte nicht mehr zum Auto zurück gleiten. So versuchte ich, mein SOLO-Motörchen wieder anzulassen. Dazu musste ich, im Gurtwerk hängend, den Starterzug über mir fassen und kräftig herunter ziehen. Meine Turnerei führte bei der Schwerkraftsteuerung jeweils fast zum Ausleeren des *DRACULA-MG*. Der Motor sprang aber nicht an. Mittlerweile war mir nichts anderes übrig geblieben, als gegen Schlattstall ins Lautertal abzusinken. Auf die Schnelle war kein geeigneter Landeplatz zu finden und ich kam auf einer Kuhweide nach einer Baumberührung unsanft zu Boden. Handgreiflich musste ich mich, mit <verschlagenem Schnauf> nach Luft japsend, zuerst gegen die Kühe und später fast auch noch gegen den herbeigeeilten Diplom-Agronomen wehren. Beim Zusammenlegen des leicht ramponierten Fluggeräts kamen zu meinem Schreck offenbar durch Motorvibrationen beschädigte Seilklemmen zum Vorschein. Der Einzylinder-SOLO-Zweitaktvibrator harmonierte offensichtlich nicht mit den TALURIT-Pressklemmen auf den austenitischen Flugzeugsteuerseilen, die ich für die Verspannung verwendete. Ich unterliess daher weitere Flüge bis zur Lösung dieses scheinbar gefährlichen Festigkeitsproblems.

Das DRACULA-MG-Mantelstrom-Triebwerk im Test mit 250 N Schub

Der bei *WOLF HIRTH* schon in Vorserie produzierte, motorlose *DRACULA* wurde kurz darauf kaufmännisch erschlagen durch einen viel lukrativeren Militärauftrag, den wir von MBB hereinholen konnten. Es ging um Folienverklebungen von Steckerrohren der MILAN-Panzerabwehrraketen. Gemäss der Theorie aller Wehrbeschafungsämter, dass, was nicht teuer ist, auch nicht gut sein kann, erhielten wir einen Preis für diesen Auftrag, der pro

Beschäftigem den vierfachen Umsatz abwarf. Weil dazu auch der Platz für die Gleiterfertigung blockiert wurde, schlief die *DRACULA*-Geschichte zu meinem seinerzeitigen Bedauern dadurch ein. Heute betrachte ich dieses Ende meiner Hängegleiterei als gnädige Fügung, denn als wirklich angefressener Gleiterpilot hätte ich möglicherweise das Schicksal *Otto LILIENTHALS* zu teilen gehabt. Ob ich dann auch noch rechtzeitig: *„Opfer müssen gebracht werden..."* gesagt hätte, bleibt nun dahingestellt. Beim Motorradfahren hatten wir früher eine Regel, dass man vor einem schweren Unfall zwei Warnungen in Form von Schlenkern oder Rutschern erlebe. Beim Hängegleiter hatte ich diese zwei Warnungen, nämlich einen Landecrash mit dem motorlosen *DRACULA* und die geschilderte Geschichte vom 16.08.1978 bekommen und wollte es nun nicht mehr bis zum gemäss dieser Regel fälligen <CHLAPF> weiter treiben. Die letzten 3 produzierten DRACULA-Gleiter und das Mantelstrom-Schubmodul habe ich dieses Jahr an meinen Freund Manfred *PFLUMM* abgegeben, der in DE-78056 Villingen-Schwenningen am Flugplatz das sehr sehenswerte Internationale Luftfahrtmuseum aufgebaut hat, Kontakt = www.flugplatz-schwenningen.de/museum.html . Bald wird der DRACULA MG dort wieder in Natura zu sehen sein...

Weil die Firma WHN ein vom LBA (Luftfahrt-Bundesamt) anerkannter, sogenannter Luftfahrttechnischer Betrieb war und die Hängegleiter ausserhalb der üblichen Luftfahrt-Normen und -Vorschriften gebaut und betrieben wurden, hatten wir eine juristische Trennung zwischen dem Hängegleitergeschäft und dem Flugzeug-Bau und -Unterhalt vornehmen müssen. Sie bestand darin, dass ich in der Schweiz die Firma *PERAVES AG* gründete, welche den *DRACULA* bei *WHN* orderte, in der Schweiz mit Segelflächen von VOGEL + MEIER fertig montierte und dann vertrieb. Der Name leitet sich von <PER AVES> (lat.) = <mittels der Vögel> ab, im Gegensatz zum Namen CONTRAVES = <gegen Vögel> des Fliegerabwehr-Geschützherstellers OERLIKON-BÜHRLE. Mein erstes Namens-Firmenlogo bestand also aus einem stilisierten *DRACULA*-Gleiter. Allerdings sollte die PERAVES AG nie grosse Geschäfte mit den Hängegleitern machen. Statt einer teuren, weiteren Firmen-Neugründung wurde ab 1980, nach meinem Austritt bei WHN der existierende Firmenmantel mit der Entwicklung des Kabinenmotorrades neu belebt.

Erstes LOGO

PERAVES als Fahrzeugmarke wurde mit dem nächsten, von *Professor Dr. Bernt SPIEGEL* entworfenen *Drei-Scheiben-LOGO* ausgestattet, wobei das professorale Motto war: MERCEDES hat **einen** STERN, FORD eine PFLAUME, BMW **einen** PROPELLER, VW **ein** RUND-SIGNET, also muss ein so einzigartiges Fahrzeug wie das *ECO* mindestens **drei Scheiben** haben!

Prof. SPIEGEL-LOGO

Das heute aktuelle LOGO wurde 2010 mit dem *BMW*-ähnlich stilisierten Propeller und darin integriertem Winterthurer Stadtwappen Inbegriff für unsere modernen *MonoTracer*-Kabinenmotorräder.

Aktuelles LOGO

Kapitel IX

HOLDING
1974 - 1980 (ANDERLÉ-EINSPUR-OEMIL)

Auf EINER Spur in die Zukunft

Helmut Werner Bönsch - Motorradpapst

Im Sommer 1974 besuchte mich ***Vladimir POHORELY*** einige Male in Nabern bei WHN, wenn ich dort sonntags im Büro arbeitete. Der <Abgebrannte> (deutsche Übersetzung seines Namens) war in den 50er-Jahren tschechischer Kunstflugmeister und Fluglehrer gewesen. Er hatte sich mit den Kommunisten überworfen, wurde gegroundet und flüchtete 1967 mittellos in den Westen. Noch im selben Jahr hatte ich ihn anlässlich der deutschen Kunstflugmeisterschaften in RHEINE-Eschendorf kennen gelernt. Auf Grund der Fachgespräche über *Kunstflug*, bei denen mir sein theoretisches Wissen auffiel, engagierte ich ihn als Trainer für einen *Kunstflug*-Lehrgang, welchen ich 1968 in WANGEN-Lachen SZ organisierte. Da neben mir mehrere Fluglehrer an diesem Lehrgang teilnahmen, besorgte ich *Vladimir* einen Lernflugausweis und liess ihn mit diesen Fluglehrern die Übungen fliegen. Dabei instruierte er de facto diese und bekam auf dem Papier die Flugzeit gutgeschrieben. Damit verschaffte ich ihm die nötigen Flugstunden zum Wiedererwerb seiner 1950 verfallenen, tschechischen Lizenz und er konnte, nach 18 Jahren Grounding, wieder selbst fliegen, was er mir nie vergessen hat.
Später berief ihn *Jean-Pierre FREIBURGHAUS* zum Trainer der Schweizer *Kunstflug*-Nationalmannschaft. Was wir ihm an Einsichten und Ansichten verdanken, kann man in meinem <*Handbuch des Kunstflugs*> ausführlich nachlesen. *Vladimir* war einer der wenigen Ostflüchtlinge, die sich hier aus eigener Kraft auf einem ganz anderen Fachgebiet mit Erfolg wieder hocharbeiteten, obwohl er bei der Flucht bereits 48 Jahre auf dem Buckel hatte. Er war, wie in seinen Bewerbungsschreiben, tatsächlich <fleissig und tüchtig>, wurde bei WIBAU Projektingenieur für Kläranlagen und leitete in ganz Europa den Bau von über 200 solchen. Für die damit verbundene Reiserei schaffte er sich einen TOYOTA-Wohnbus an und war daher in dieser Vor-Handy-Zeit nie telefonisch erreichbar. Dafür hielt er Kontakt mit Ansichtskarten, wovon mir eine aus MALAGA besonders in Erinnerung blieb, auf der vermerkt war: „Wurde ausgeraubt, alles Weitere in zwei Wochen mündlich." Tatsächlich erfolgte dann 14 Tage später einer seiner spontanen Besuche, die er mir jeweils abstattete, wenn er in der Nähe weilte. Bei einem dieser Sonntagsbesuche in Nabern brachte er einen älteren, untersetzten Herrn mit. „Du kennst BEZAK, SOUC, BLAHA, NOWAK, (alles berühmte tschechische Kunstflieger) ja? Dies hier ist A*NDERLÉ*, der Grösste von allen!" womit er seinen Begleiter vorstellte. Ich lud die beiden zum Essen auf die nahe Burg Teck ein, und dieser ***Jan Joseph ANDERLÉ*** erzählte böhmakelnd und fesselnd von seinen Zei-

ten als Testpilot bei den AERO- und PRAGA-Werken, den Challenge-de-Tourisme-Internationale-Wettbewerben vor dem Krieg und seinen Flugzeug- und Zweiradkonstruktionen. 1948, nach der Machtergreifung der Kommunisten in der CSR, war er von einem Kundenbesuch in Habsheim, wo er an *M. Joseph T. RIEBEL* eine *AERO-45* ausgeliefert hatte, zu spät nach Prag zurückgekehrt. Er wurde als Diversant und Feind der Arbeiterklasse verhaftet, eingekerkert und nach Joachimsthal in die Urangruben versenkt. Später fuhr er in der Haft in LIPNO beim Talsperrenbau Dampfwalzen und kam erst 1960 wieder frei. Als Rentner mit Jahrgang 1900 wurde er 1966 aus der CSSR in den Westen mittellos heraus gelassen. Daraufhin bekam er im Elsass bei *M. Joseph T. RIEBEL* Arbeit als Maschinenschlosser und wechselte später zu *SHK (SCHEMPP-HIRTH Kirchheim)*, der Schwesterfirma von *WHN* in Nabern. An jenem Sonntag im Sommer 1974 hatte er im Hof von *SHK* seinen Estafette-Wohnbus stehen und arbeitete mit seinen 74 Jahren noch fleissig als Schlosser im Beschlagbau von *SHK*. Er wollte mir nun unbedingt in seinem Bus Dokumente, Bilder und Filme zeigen.
Bevor wir aber von der Burg Teck an die Krebenstrasse zu *SHK* fuhren, eilte der Abgebrannte plötzlich zum Andenkenkiosk und kaufte dort eine Holzschnitzerei, die er uns strahlend zeigte. Darauf war eine fürchterlich aussehende Bache zwischen Tannen abgebildet. Darunter las man <Lieber im Wald bei einer wilden SAU, als zuhause bei der bösen Frau>. „Das schicke ich sofort der Fünften", sagte *Vladimir*, der damals gerade in der fünften Kampfscheidung stand. *FOKKERS* erwähnte Frage war bei ihm immer am Platze, den er brachte es bis zu seinem Tode am 12. Januar 2003 auf nicht weniger als acht Ehen und auch acht Kampfscheidungen.

Dieser Sonntag endete spätabends in *ANDERLÉS* Estafette-Camper und hier hörte ich erstmals vom *DALNIK*, dem FERNER, einem einspurigen Kabinenfahrzeug mit seitlichen Stützrollen und sah sein MIKROCYCL, das er uns gleich vorführte, ein Fahrrad von ca. einem Meter Länge, Sitzhöhe 35 cm mit Voderrad unter den Knien. Eine Unzahl Fotos von Zweirad-Eigenbauten und Flugzeugen, welche er gebaut, gefahren, geflogen, modifiziert und erprobt hatte, waren zu bestaunen. *ANDERLÉ* war ursprünglich Lokomotivführer, wurde von der k.u.k. Monarchie 1918 noch als Infanterist eingezogen und erlebte sein <erstes Elend> an der Isonzo-Front. Nach der Masaryk-Staatsgründung der Tschechoslowakei, von den Deutschstämmigen als <Beutestaat> verunglimpft,

Vladimir POHORELY, der Abgebrannte - Siebte Hochzeit in Gelnhausen

wurde *ANDERLÉ* wie PORSCHE ein <Beute-Tscheche> und auch Jagdflieger. Zur Ausbildung kam er, wie u.a. Frantisek NOWAK, ins Elsass, lernte etwas französisch und schwärmte zeitlebens vom Essen im Maison KAMMERZELL beim Strassburger Münster. Dann brachte die kleine ENTENTE in der CSR den Nachbau französischer Autos und Flugzeugmuster, die bei *AERO* in Prag abgewandelt und weiterentwickelt wurden. *ANDERLÉ* war dort bald Einflieger, Test- und Vorführ-Pilot. Seine beste Zeit erlebte er in den Zwischenkriegsjahren, die im März 1939 plötzlich durch den Einmarsch der Deutschen unterbrochen wurden. Bis 1945 waren die Tschechen dann fliegerisch beschränkt und mehrheitlich gegroundet, sodass er sich voll dem Zweiradbau zuwandte. Anfangs der 40er-Jahre konstruierte er zwei *DALNIK*-Chassis mit je einer offenen und einer überdeckten Karosserie von der Firma SODOMKA in Hohenmaut, mit DKW-650 ccm-Motor, der das vordere Rad über ein Kreuzgelenk antrieb. Noch heute existiert ein Ausschnitt aus einer <NAZI- REICHS-FILMWOCHENSCHAU> mit dem offenen *DALNIK* in schneller Kurvenfahrt. JAWA erwarb eine Lizenz für das Fahrzeug, welches nach dem Krieg in Serie gehen sollte. Trotz beachtlicher Fahrleistung (160 km/h Spitze wurde vom tschechischen Automobilklub gemessen) gab es jedoch Probleme mit der Pedal- und Steuerhorn-Betätigung der Stützrollen. Ausser *ANDERLÉ* und Ing. GREGORA hatten die Testfahrer Bedienungsschwierigkeiten. Ein bekannter Rennfahrer setzte sogar den einen DALNIK mitten in einen Gemüseladen. Als *ANDERLÉ* die Betätigung verbesserte, indem die Stützrollen mit Zurückziehen des Steuerhorns hochgezogen und durch Vordrücken desselben beidhändig abgesenkt werden konnten, probierte er die neue Vorrichtung eines Abends in der Garage aus. Dabei fiel der *DALNIK* zur Seite und *ANDERLÉ* wurde vom Steuerhorn im Fahrersitz eingeklemmt. Seine Kräfte reichten nicht aus, das Steuerhorn nach vorne zu drücken, damit die Stützrollen abzusenken und das Fahrzeug so aufzurichten. Er musste drei Tage in dieser unbequemen Lage ausharren, bis seine Frau endlich auf die Idee kam, ihn in der Garage zu suchen und er befreit werden konnte.

Filmmaterial dazu (Reichswochenschau 1942) kann abgerufen werden unter:
www.hiteng.ch/ANDERLE-DALNIK

Nach seiner erwähnten, verspäteten Rückkehr aus dem Westen 1948 und seiner Verhaftung verschrotteten die Kommunisten konsequenterweise die *DALNIKS* als Werke des Diversanten und Feindes der Arbeiterklasse. Auch sein Haus wurde konfisziert. Auf seinem <Lebens-Barogramm> bezeichnet er die Verhaftung als sein <zweites Elend>. Nach seiner

Entlassung verfolgte er trotz allen Widrigkeiten die *DALNIK*-Idee weiter und gründete einen *DALNIK*-Konstrukteurs-Klub, in welchem u.a. der *DALNIK* V von *Karel HORAK* und der Prototyp von Arch. Radko VASICEK entstanden. Seine erwähnte Ausreise 1966 in den Westen erfolgte in der Hoffnung, dort die *DALNIK*-Idee wieder zum Leben zu erwecken, da er die wirtschaftlichen Möglichkeiten dafür kannte und hier als besser wie in der roten CSSR beurteilte.

Tatsächlich wurde bei mir an jenem Abend in der Estafette im *SHK*-Werkgelände an der Krebenstrasse in Kirchheim/Teck der Gedanke eines modernen *DALNIKS* gezündet. In meinem zweiten Leben schuf ich daher, u.a. mit tatkräftiger Hilfe des <Abgebrannten>, das moderne ***KRAFTEI-Kabinenmotorrad***, heute in Produktion und weltweit zugelassen, bekannt als das bei Weitem effizienteste Strassenfahrzeug mit den Modellreihen *ECOMOBILE* und *MonoTracer*. Vielfach bin ich in Publikationen und Vorträgen als <Erfinder des *Kabinenmotorrads*> geehrt und bezeichnet worden. Dazu muss ich einschränkend sagen, dass *Kabinenmotorräder* bereits in den 20er-Jahren des vorigen Jahrhunderts, in der Form des MAUSER-Einspurautos, der MONOTRACE-Lizenzfertigung in Frankreich und auch später als *DALNIKS* der *ANDERLÉ*-Schule in Tschechien zu gewissen technischen, beim MAUSER auch zu begrenzten kommerziellen Erfolgen (1'000 produzierte Fahrzeuge inkl. Lizenzen) gekommen sind. Mein Beitrag zum *Kabinenmotorrad* ist nicht dessen Erfindung, sondern besteht im Wesentlichen aus drei neuen Komponenten:

1.) ***Selbsttragende Karosserie*** in Kunststoff-Segelflugzeugbau-Technologie
2.) Computerüberwachtes, *servobetätigtes* ***Stützrollensystem***
3.) Moderner, adaptierter *(BMW-)* ***Motorradantrieb***

Für die selbsttragende Karosserie, ein Novum im Motorradbau, für das Stützrollensystem sowie Integralbremse, SOFTMODE-Federung der Stützrollen und später Keramikbremse wurden mir bis heute insgesamt zehn Grund- und über 30 Länderpatente erteilt. Konstruktion, Bau, Erprobung, Zulassung, Weiterentwicklung, Produktion und Verkauf zog ich, anfangs nahezu im Alleingang, ab 1992 unterstützt durch die Tschechen in Brno, in meinem zweiten Leben, von 1980 bis 2010, durch. Auch eine Unzahl meiner Detailerfindungen, die schon aus Aufwand- und Kostengründen nicht patentiert wurden, sind im modernen Kabinenmotorrad verbaut. Seine heutige Zuverlässigkeit und Produktionsreife verdankt es der Tatsache, dass ich 30 Jahre lang jede Nacht über die aktuellen Probleme nachdachte, Verbesserungen ausknobelte und diese in den nächsten Tagen in der Werkstatt oder am Reissbrett umsetzte. Zudem organisierte ich ab 1991 jedes Jahr einen Lehrgang auf einer Rennstrecke für die Kunden und benützte die Gelegenheit, ***Fahrwerk***, ***Bremsen*** und ***Motoren*** zu verbessern und weiterzuentwickeln. Mit dem Turbomotor, der Integralbremse mit Renn-ABS und später der Keramikbremse gelangen mir weltweite Bestleistungen. Ohne Rennstrecke gibt es bezüglich dieser drei Komponenten keine wirklich guten Fahrzeuge. Dass dabei nur bei RENNEN an die Grenze gegangen wird, ist eine alte Erfahrung im Fahrzeugbau. So veranstaltete ich an jedem dieser 20 Lehrgänge jeweils eine versicherungstechnisch als Punkte-Wertungsfahrt getarnte ***Weltmeisterschaft der Kabinenmotorräder***. Austragungsmodus war ein Einzel-Zeitfahren mit einer Aufwärmrunde, zwei schnellen Runden mit Zeitwertung und einer Auslaufrunde. Jede Sekunde der Zeitwertung entsprach dabei einem Strafpunkt. Die ersten drei ***ECO-Weltmeistertitel*** gingen an meinen älteren Sohn *Felix WAGNER*, der vierte an den jüngeren, *Urs WAGNER*, erfahren auf ihrem *66 kW-ECO 5004*, das sie nach einem Unfallschaden günstig gekauft und selbst im Betrieb neu aufgebaut hatten. Da ich als Konstrukteur verschiedene Schwachpunkte meiner Fahrzeuge kannte und respektierte, fuhr ich im Grenzbereich nicht so sehr am Limit, was möglicherweise auch an meiner damaligen Altersklasse mit schon über 50 Jahren lag. Aber die Hierarchie musste dann wiederhergestellt werden. Also baute ich 1995 das *TURBO-ECO 5055* mit satten 110 kW, womit ich 1995-96 die Jungen klar abhängen konnte. Den dritten Weltmeister holte ich 1998 mit einer etwas mehr aufgeblasenen Turboversion im *ECO 5062*, nachdem ich drei Turbos an Kunden verkauft hatte und mir diese mit Mehrleistung vom Leib halten musste. Später bauten *Urs* und ich uns noch je einen Turbo-Einsitzer und *Urs* versägte damit alle Konkurrenz mit zwölf WM-Titeln bis zum Ende dieser Events 2010. Für Damen hatten wir eine Sonderwertung, den DAMENCUP, welcher von meiner Frau *Franziska* mit 15 Siegen dominiert wurde.

Aber ohne die Erzählungen und Dokumentationen von *Jan ANDERLÉ* wäre ich nie im Leben auf die Idee gekommen, mich in die Geschichte der *DALNIKS*, MAUSER und anderer Einspurfahrzeuge zu vertiefen und dann eine modernisierte Konstruktion aufzubauen

und zu verwirklichen. Deshalb verehre ich *ANDERLÉ* als Einspurvater, weil er mich auf die Vorteile dieses Konzepts gebracht hatte. Sein überzeugendes Hauptargument gegen die seitenfalsche Neigung der Mehrspurer in Kurven lautete: „Jedes Pferd weiss, dass es sich in schnellen Kurven nach innen neigen muss, während die Kutsche dann nach der Aussenseite umkippt". Das brachte mich dazu, mich näher mit der Konstruktion solcher Fahrzeuge zu befassen. Beim *Kabinenmotorrad*, wie ich es später in Amtsdeutsch gegenüber Behörden benannte, ging ich, wie bei allen meinen Konstruktionsprojekten, folgendermassen vor:

1.) Auswahl eines Projekts mit beschränktem, früheren Erfolg, das von den Grossen nicht weiter verfolgt worden ist.
2.) Sammlung und *Studium* aller *Unterlagen* über dieses Projektumfeld.
3.) Analyse der *Verbesserungsmöglichkeiten*, die sich aus dem heutigen Stand der Technik ergeben - CAD, Bearbeitungsmaschinen, Material usw.

Damit konnte ich das Potential abschätzen und mich für oder gegen einen Einsatz motivieren. *Jan ANDERLÉ* hat mir den Einspur-Virus an jenem Abend in seiner Estafette injiziert. Mein Missfallen mit meiner Auto-Pendlerei zwischen meinen zwei Arbeitsplätzen, das, wie erwähnt, nach SOLSCHENIZYN, die Unzufriedenheit mit der vorhandenen Situation bewirkte, war dann Ursache der schöpferischen Tat, der Erschaffung dieses modernen *Kabinenmotorrads*. Dabei habe ich mich immer quasi als ***Partisan der Technik*** betrachtet und mich von Gebieten ferngehalten, in welchen die Grossen Millionen und Milliarden investieren und wo Abertausende von fähigsten Ingenieuren am Werk sind. Als Einzelkämpfer ist man sicher besser als der Durchschnitt der Masse. Gegen deren geballte und summierte Fähigkeits- und Finanzmacht kann man jedoch allein unmöglich aufkommen. Dabei fällt auf, dass die Grossen, die schnarchenden Riesen, auf einem sehr beschränkten Tennenboden mit vielen Tausend Umgängen uraltes Stroh dreschen und, wie die blinde Henne, hie und da auch ein Korn finden. So ist beispielsweise das Basiskonzept des Automobils, die vierrädrige, motorisierte Kutsche, über 100 Jahre fast unverändert geblieben. Die Kurbelwelle als uraltes Kuckucksei der Technik ist sogar schon über 250 Jahre alt und auch heute noch im <modernsten> Formel-1-Triebwerk drin. Mit frischem Weizen in seiner Tenne, fernab der Masse hingegen, drischt der *Partisan der Technik* soviele Körner heraus, dass er unter den vielen Möglichkeiten, mangels eigener Kapazität, nur die besten aussuchen und weiterverfolgen kann und darf.

Als altem Motorradfan leuchtete mir die Idee des Einspur-Kabinenfahrzeugs sofort ein. Mit 16 hatte ich die erwähnte, frisierbare *DKW-HUMMEL*. Mit einer 150er-*VESPA*, sehr modern für 1959 mit Elektrostarter, machte ich dann die <grosse> Töffprüfung (heute A-Führerschein / Klasse 1) und bestand sie im zweiten Versuch. Beim ersten jagte mich der fettleibige Experte auf dem Soziussitz die steilste, damals ungeteerte Bergstrasse neben der Zentral-Garage in St. Gallen hoch und hiess mich anhalten, um das Anfahren am Berg zu prüfen. Ich wusste, dass ich jetzt entweder den Motor abwürgen oder, mit genügend Gas, mit einem hochsteigenden Vorderrad zu kämpfen hätte. Das Vorderrad hob sich, der

Staffelkameraden des <Abfallhaufens> bestaunen meine neue BMW R90S

Fettsack fiel vom Soziussitz und marschierte an mir, der oben auf ihn wartete, mich ignorierend, vorbei Richtung Strassenverkehrsamt. Als ich ihm nachfuhr, entschwand er in sein Büro. Nach etwa 15 Minuten getraute ich mich, am Schalter nach dem Ergebnis der Prüfung zu fragen. Die Dame wollte von mir den Namen des Experten wissen, den ich aber nur als <klein und dick> beschreiben konnte. Am Telefon hörte ich daraufhin lautstarkes Geschrei und mir wurde von der Dame, die den Hörer mit der Hand zuhielt, beschieden, dass ich durchgefallen wäre. Beim zweiten Versuch klappte es aber, wobei der neue, schlanke Experte bei der Begrüssung lautstark lachte und ich die Bergstrasse in einem Zug durchfahren durfte.

Ab Herbst 1960 hatte ich kurze Zeit eine *HOREX-Regina 350*, die mir als Transportmittel zum Studium und sogar zum Skifahren nach Wildhaus ganzjährig diente. Als schliesslich der erwähnte *DKW-3=6* in finanzielle Reichweite kam, mussten diese Regina, wie auch das erwähnte DOLNON-Kornett, dafür geopfert werden, was ich heute noch bedaure. Von etwa 1963 bis 1970 sah man fast keine Motorräder mehr auf den Strassen, weil der Otto Normalverbraucher vom Familiengespann auf den nun finanziell erreichbaren VW-Käfer und andere Kleinwagen umgestiegen war. Ich sass erst wieder auf einem Motorrad, als 1974 ein Lehrling bei *WHN*, der Pikko KOBLITZ, eine HONDA CB750 in den Betrieb mitbrachte. Meinem Verlangen nach einer Probefahrt wurde entsprochen und der Versuch, die HONDA ankicken zu wollen, erntete rundum grinsendes Gelächter. Pik-

ko wies mich höflichst auf den Elektrostarter hin. Der Fortschritt dieses vierzylindrigen Wunderwerks gegenüber unseren seinerzeitigen *HOREX*, *AJS*, *BSA*, *Matchless* usw. war überwältigend.
So schaffte ich mir 1975 die Antwort von *BMW* auf die CB750, eine *Daytona-orange R90S* an, womit nach einem Unterbruch von 14 Jahren meine Motorradfahrerei bis heute wieder in Gang kam. <MONOTRACE-EINSPUR>, die Lebensphilosophie von *Jan ANDERLÉ*, hat tatsächlich undiskutable Vorteile gegenüber den Mehrspurern.

Zwar ist die ***dynamische Stabilität*** der Einspurer *keine wissenschaftliche Entwicklung*, sondern eine zufällige Entdeckung beim Bergabfahren mit der Laufmaschine des Förstermeisters DRAIS aus den Anfängen des 19. Jahrhunderts. Bald merkte man, dass die Stabilität des Einspurers mit zunehmender Geschwindigkeit zunimmt, während sich beim Mehrspurer die beiden Spuren mit höherer Geschwindigkeit gerne zu streiten beginnen und der Geradeauslauf leidet. Oft sind auch heute noch viele Lehrbucherklärungen zur Fahrstabilität von Zweirädern <KAPPES>, vor allem dann, wenn ausschliesslich von Kreiselkräften geschwafelt wird. Richtig ist, dass dynamische Fahrstabilität einen Nachlauf des schwenkbaren Vorderrades, den <Servierboy-Effekt> und eine seitlich steife Hinterradführung bedingt. Im Stand schlägt sich die Lenkung dann selbsttätig ein, weil durch die Neigung der Lenkachse eine Absenkung des Fahrzeugschwerpunkts durch Lenkausschlag entsteht. Bei Fahrt wirkt nun die nachlaufbedingte Geradeführung des Vorderrades gegen den Lenkausschlag durch Schwerpunktabsenkung. Die Stabilitäts- oder ***Kentergeschwindigkeit*** wird dann erreicht, wenn die geraderichtenden Nachlaufkräfte die ausschlagenden Absenkungskräfte klar übersteuern. Praktisch bestimmt sich dieser Wert durch die Möglichkeit, bei losgelassener Lenkstange <freihändig> fahren zu können. Eine vertikale Lenkachse à la Servierboy ergäbe theoretisch die niedrigste *Kentergeschwindigkeit*, während z.B. die Chopper mit Gabelwinkeln von 50° und weniger notgedrungen beim Langsamfahren wie besoffen schwanken müssen. Aus bisher ungeklärten Gründen haben die meisten Motorräder eine Lenkachsen-Neigung von ~ 62° zur Horizontalen. Durch Verwendung von geometrisch nicht veränderbaren Motorradgabeln musste ich bei meinen *Kabinenmotorädern* diese Lenkachsenneigung auf ~ 70° vergrössern, damit sich der Nachlauf von ~ 110 mm auf gewünschte ~ 60 mm verkürzt.
Wie erfolgt nun die ***Stabilisierung*** aus der Schräglage? Ganz einfach, indem der Nachlauf durch die Wanderung der Bodenauflage am Reifen nach innen einen Lenkausschlag zur Kurveninnenseite bewirkt und damit das Zweirad aufrichtet. ANDERLÉ nennt das etwas kompliziert <Unterfahren des Schwerpunktes>.
Das Zweirad wehrt sich so gegen Störungen des dynamischen Gleichgewichts, unabhängig davon, ob die Störung durch Schräglage, Seitenwind, geneigte Strasse, Lenkinput oder Gewichtsverlagerung des Fahrers erfolgt. Erst bei hohen Geschwindigkeiten spielen Kreiselkräfte, vor allem des Vorderrades, eine stabilisierende Rolle. So werden Motorräder auf der Autobahn mit über 200 km/h zu sturen Geradeausläufern mit hohen Lenkkräften in Kurven.

Erstaunlicherweise muss man an Zweirad-Fachtagungen vieles hören, was auf weitverbreitetes Unverständnis für Zweirad-Gesetzmässigkeiten bei der Fachwelt schliessen lässt. Jeder Akademiker weiss, wie sich auch falsche Thesen derart verwissenschaftlichen lassen, dass der praxisorientierte Zuhörer beim Vortrag einschläft, wobei sich der Vortragende gegen kritische Fragen aus dem Publikum zweifach wappnet, nämlich mittels Schlafbedürfnis bei seinen Langweilereien und der Unverständlichkeit seiner Formeln. Beispiel war etwa der Vortrag des <heiligen Aloysius>, *Dipl. Ing. Alois WEIDELE*, über einen <Bremslenkmoment-Verhinderer> an der IFZ-Motorradkonferenz 1991. Auch der Vorsitzende des ***FKT*** *(Fachausschuss Kraftfahrzeugtechnik) Sonderausschuss* ***Zweiräder***, *Obering. Dipl.-Ing. KÜSTER*, trug im April 1989, anlässlich der *ECOMOBILE*-Vorstellung beim TÜV in Hannover, folgenden Schmarren vor: *<Bei Seitenwind neigt sich das Zweirad durch seitliche Anblasung von der Windrichtung weg und der Fahrer muss nun eine Kurve aus dem Wind einleiten, damit die entstehende Zentrifugalkraft das Fahrzeug soweit gegen den Wind neigt, dass es auf der Strasse bleibt>*. Dazu zitierte er wissenschaftlich aus einem Buch, dessen Name und Autor ich beim Dösen vergessen habe. Zudem äusserte er Bedenken zur Steuerbarkeit, *<weil die den Fahrer umgebende Karosserie diesen daran hindere, für ein schnelles Ausweichmanöver das Fahrzeug zu DRÜCKEN, dh. den Oberkörper gegen die Lenkstange seitlich abzuwinkeln>*. Das Schlimme an solchen EISENBARTH-Doktoren der Technik ist, dass die Behörden auf sie hören und zukunftsträchtige Lösungen behindern oder blockieren könnten. Die oben Genannten, *WEIDELE* und *KÜSTER*, brachten beim *FKT* eine Empfehlung an das BVM (Bundes-Verkehrs-Ministerium) durch, nach welcher *<vollverkleidete Motorräder* wegen ***gefährlichen Seitenwindverhaltens*** in der BRD zum Strassenverkehr keine Zulassung bekommen sollten. Zwischenzeitlich (2012) sind nahezu 50 <vollverkleidete> ECOS und MonoTracer nach Deutschland verkauft worden und haben dort schätzungsweise etwa fünf Mio. Kilometer im Strassenverkehr zurück gelegt. Seitenwindunfälle sind keine bekannt und die Unfallrate bewegt sich im Bereich derjenigen vom PKW, dh. mit einer etwa 12-fach geringeren Verletzungs- und Mortalitätsrate gegenüber herkömmlichen Motorrädern. Meines Wissens jedoch wurde die unbegründbare Empfehlung gegen die Kabinenmotorräder nie aufgehoben. Zum Guten des *FKT* und der ganzen Motorradgemeinde musste *KÜSTER* dann bald in Rente gehen und *WEIDELE* hat sein unsägliches UNIKRAD beerdigt und sich gotteseidank vom Motorrad zum UNIMOG abgesetzt. Für den damaligen Bundesminister für Verkehr, Friedrich ZIMMERMANN, war deren <Empfehlung> kein Grund, gegen die erste, 1990 erteilte Zulassung des *ECOMOBILS* einzuschreiten, welche immerhin durch ein TÜV-Prüfgutachten von mehr als 100'000 DM Aufwand untermauert war. Möglicherweise ist aber diese *FKT*-Empfehlung schlicht und einfach im damaligen Papierdschungel in Bonn verschollen...

Klar und apodiktisch muss ich hier nun auch festhalten, wie Zweiräder korrekt zu steuern sind: ***Nicht*** mit ***Gewichtsverlagerung*** des Fahrers, sondern durch *reine Lenkerbetätigung*. Im Stabilitäts- bzw. über dem Kenter-Bereich reagiert das Zweirad dabei genau umgekehrt

wie ein Dreirad. Eine Drehung der Lenkstange nach links führt zu einer Rechtsneigung und damit zur Rechtskurve, eine Drehung nach rechts zur Linksneigung und Linkskurve. *Gegenlenken* ist angesagt, was dem kleinen *Hansli* ja eben das Umsteigen vom Kinderdreirad aufs erste Velo (Fahrrad) mühsam macht.
Wiederum erstaunlicherweise wissen viele Velo- und Motorradfahrer nicht, wie sie ihre Zweiräder lenken. Sie können es zwar und glauben an alles Mögliche, nur nicht ans Gegenlenken. Gewichtsverlagerung wird erwähnt, deren minimalen Einfluss man leicht wie folgt nachprüfen kann:
Mit einem Motorrad und festgestelltem Gasgriff soll eine definierte Fahrspur auf einem grossen Parkplatz per Körperverschiebung freihändig nachgefahren werden. Die riesigen Abweichungen lassen alle dankbar zur supergenauen SERVO-Lenkmethode per Guidon zurückkehren, SERVO deshalb, weil Lenkstangen-Moment zu Nachlauf einer Übersetzung von zirka fünf bis zehn entspricht.

Dass Professoren und Theoretiker fast ausschliesslich komplizierte Theorien über Kreiselstabilisierungen vortragen, als ob nur Hochgeschwindigkeitsfahrten von Zweirädern vorkommen würden, hat wohl damit zu tun, dass mit Rotation, Trägheits-, und Präzessions-Momenten, Corioliskräften und Stabilitätsbedingungen der xten Ordnung viel schönere, unverständlichere und möglicherweise falschere Bandwurmformeln auf viel mehr Seiten abgehandelt werden können als mit einfachen, verständlichen Erklärungen, die lediglich Werte der ersten, allenfalls auch zweiter Näherung berücksichtigen. Da unser Ziel nicht die Verwissenschaftlichung einfacher Vorgänge, sondern eine verständliche Darstellung derselben ist, fahre ich hier elementar zu zwei dynamischen Stabilitätsproblemen wie folgt fort:
Unter Stabilität versteht man in der Mechanik das Bestreben eines stabilen Systems, auf eine von aussen darauf einwirkende Störung mit einer Gegenwirkung zu reagieren. Drückt man beispielsweise ein Pendel aus der Ruhelage, muss dazu eine zum Ausschlag verhältige Kraft überwunden werden, mit welcher das Pendel in die Ruhelage zurückkehren will. Lässt man es schliesslich los, kehrt es nicht nur in die Ruhelage zurück, sondern überschwingt dynamisch und pendelt, bis die Reibung die Schwingungsenergie <aufgefressen>, dh. in Wärme umgewandelt hat. Solche Schwingungsvorgänge können nur im stabilen System auftreten, beim Zweirad also nur im Fahrbereich über der Kentergeschwindigkeit. Zwei NICHT erwünschte, solche Schwingungen treten dabei (leider) bei jedem Zweirad auf:

- ***Lenkerflattern*** hoher Frequenz (>3-5 Hz) bei tiefer Geschwindigkeit (30-70 km/h) auch <Shimmy> genannt, was bei allen Radsystemen mit Nachlauf (Servierboyrolle, PKW-Lenkung, Flugzeug-Bug- oder –Heckrad, besonders bei Spiel im System) auftreten kann, beim Zweirad durch Zupacken am Lenker bzw. mit Lenkungsdämpfer bedämpf- und vermeidbar.
- ***Pendeln*** mit tiefer Frequenz (<1 Hz) bei hoher Geschwindigkeit (über 150 km/h), <High Speed Wobble> kann durch konstruktive Massnahmen über den Betriebsbereich ge-

schoben werden (Verkleinerung Drehmasse um Lenkachse, längerer Radstand, mehr Nachlauf). Zupacken am Lenker senkt die Pendelgeschwindigkeit, weil Gewicht von Armen + Schultern die Drehmasse um die Lenkachse vergrössert.

Der Kräfteverlauf der Zweiradlenkung über der Geschwindigkeit und Schräglage ist beim herkömmlichen Motorrad durch den Fahrer nur schlecht erfassbar, weil die sehr bewegungsempfindliche Lenkstange für eine Doppelfunktion, quasi auch als Turnstange missbraucht wird. Einerseits wird mit geringen Kräften gelenkt, andererseits wird der Oberkörper darauf abgestützt und/oder der Winddruck auf diesen über Festhalten kompensiert. Damit wird es dem Fahrer unmöglich, festzustellen, wieviel von den oft hohen Gesamtkräften Stützlasten bzw. Steuerinputs sind. Erst meine Abschaffung der atavistischen Reiterposition beim *ECO* durch einen Schalensitz und die Aufnahme des Winddrucks durch die Kabinenverglasung machten mir das Erfühlen und auch Messen der Steuerimpulse möglich. Da mit dem Anschnallen an die Sitzschale die Bewegungen des Oberkörpers und damit Verschiebungen gegenüber der Lenkstange entfallen, spürt der Fahrer die Reaktion des Fahrzeugs auf Steuerimpulse viel genauer und kommt so im Kabinenmotorrad zu einer stark verbesserten *Lenkpräzision*.
Eine weitere Verbesserung ist die entfallende, seitenfalsche Neigung des Wagenkastens bei Mehrspurern, die umso schlimmer wird, je komfortabler deren Fahrzeugfederung ist. Das schlägt natürlich mit Spurfehlern auf präzises Lenken beim Auto durch, welche beim Zweirad fehlen. Und schliesslich stören sich vor allem FLIEGER beim Mehrspurer stark am SCHIEBEN, dh. der Querbeschleunigung nach aussen in den Kurven. Eine schnelle Autofahrt auf einer kurvenreichen Strecke wirft die Insassen in den Schalensitzen darin von einer Seite auf die andere und der übliche Gerümpel wie Karten, Parkscheibe, Zigaretten, Wagenpapiere usw. in den Ablagefächern klappert dauernd hin und her. Dieses Schieben, das etwa bei Flugzeugen nur durch falsche Steuerbedienung auftritt, ist gegenüber der eleganten Zweiradkurve geradezu MURKS und wird vom Flieger und Zweiradfahrer als äusserst unnatürlich und unbequem empfunden. Die standesgemässe Lokomotion für Piloten am Boden kann also nur nach dem MONOTRACE-Prinzip funktionieren.

Schon nach der ersten Begegnung mit *ANDERLÉ* spukten mir solche Überlegungen während der langweiligen Autofahrten zwischen *WHN* und *SWISSAIR* im Kopf herum. Meine neue BMW R90S konnte ich nur dann benützen, wenn keine empfindlichen Akten zu transportieren waren. Die damaligen Koffer waren nicht wasserdicht, und das bei hier 180-220 Tagen pro Jahr mit Niederschlag! Schlipskundschaft war nicht in Motorradkluft zu bedienen. Häufige Sitzungen bei MBB mit Dresscode sprachen auch gegen das Motorrad, das sowieso nur bei angenehmer Temperatur, etwa zwischen Mitte April bis Mitte Oktober, richtig Spass machte. Damals waren Motorräder noch weniger zuverlässig als Blechdosen. Kurze Reifen-Lebensdauer, reissende Gaszüge, herausfallende Ventilsitze, Öl in der Kupplung, gebrochene Ständer- und Bremstrommelfedern etc. kamen als weitere Verhinderungsgründe dazu, sodass pro Jahr vielleicht 10-15 Fahrten mit der R90S möglich waren, wobei ich mich dann immer sehr freute auf die mir im Auto so verhasste Pendlerei. Der moderne *DALNIK* (FERNER, nach tschechisch DALNICE = Fernstrasse) trat immer stärker in meine Überlegungen. Ein Fahrzeug, das ***Fahrspass***, ***Beweglichkeit***, geringen ***Verkehrsflächenbedarf*** und ***Betriebsaufwand*** des ***Motorrads*** mit dem ***praktischen Gebrauchswert*** des ***Automobils kombinieren*** würde, erschien vor meinem geistigen, heute virtuellen Horizont. Denn wenn man den praktischen Gebrauchswert des Autos, der ja in nichts anderem als seiner geschlossenen Kabine mit Komfort, Unfall- und Wetter-Schutz besteht, mit dem Motorrad vereinigen könnte, wäre dies das ideale Fahrzeug für mein Commuting, anstelle der kurvenschiebenden Tonne Blech mit drei oder vier leeren Sitzen. Bald fielen die Teile des Puzzles dafür auf ihren Platz:

- Die moderne, bei *WHN* und in Deutschland weltweit führend praktizierte *Composite-Segelflugzeugbau-Technologie* für eine selbsttragende, leichte und starke, korrosionsfreie Karosserie kannte ich und konnte sie anwenden,
- Das moderne Freizeit-*Motorrad*, als Antrieb adaptiert, zu *BMW*, 200 km östlich von *WHN*, nach München führte der erfolgversprechende Draht,
- Eine durchkonstruierte, servobetätigte *Stützrollenmechanik*, digital-kybernetisch gesichert wie Flugzeug-Einziehfahrwerke, auch das lag in meinem <Gewüsst wie>.

Bei der Einführung meines Betriebskonzepts bei *WHN*, nochmals wiederholt beim Einstieg von MBB, hatte ich *Frau HIRTH* und dann auch den MBB-Vertretern in der erweiterten

WHN-EB/Wa 27676
ES Rolland/DALNIK

<u>ENTWICKLUNGSSTUDIE "Rolland/DALNIK"</u>

Inhalt:
1. Zusammenfassung
2. Begründung von WHN-Entwicklungsvorhaben
3. Zielsetzung Rolland/DALNIK
4. Mitteleinsatz
5. Einzuhaltende Randbedingungen

Fertiggestellt
Nabern, 28.6.76

WOLF HIRTH GmbH
Tech. Leitung
(Arnold Wagner)

WHN-Firmenleitung abgerungen, bei erreichtem, positivem Betriebsergebnis 5% davon in ein Entwicklungskonto auszuscheiden und für von mir vorzuschlagende, durch die Firmenleitung abzusegnende Entwicklungsprojekte einzusetzen. Im Frühjahr 1976 war ein Kontenstand von ~ 65'000 DM erreicht. Laufende Monatseinlagen von ~ 1'000 DM waren zudem auf Grund der Geschäftsentwicklung zu erwarten. Meine vorgelegte Studie <ROLLAND-DALNIK> wurde zwar umgetauft auf <*DALNIK- ROCKET*>, aber abgesegnet und *Jan ANDERLÉ* im August temporär unter meiner Leitung für deren Realisierung eingestellt.

Leider scheiterte mein erster Versuch, das moderne Kabinenmotorrad zu erschaffen, bereits zwei Monate später am Alters-Starrsinn des nun 76-jährigen Einspurvaters. Es war einfach unmöglich, ihn in ein Konstruktionsteam mit *Hermann FREBEL* und mir einzugliedern. Auf Grund seiner angewöhnten, wirtschaftlichen Lage verbaute er Schrott-Teile, die nicht neu beschafft werden konnten, <um Geld zu sparen>. Er war auch als <Chassis-Bauer> (wie er sich selbst bezeichnete) nicht in der Lage, das Prinzip der selbsttragenden Karosserie zu begreifen. Alles endete in einem fürchterlichen Krach, als er zum x-ten Male von vorher gemeinsam getroffenen Entscheidungen abwich und beispielsweise auf dem Dachboden einen Moto-Guzzi-V-Twin-Motor aus dem Schrottlager holte, den er, anstelle des neu beschafften *BMW-R100-Boxers,* <weil besser passend>, einbauen wollte.

Mit grossem innerlichem Aufwand musste ich den von mir so geachteten und verehrten *Einspurvater* daraufhin kurzfristig aus dem *WHN*-Betrieb hinauswerfen. Brocken des be-

Jan ANDERLÉ in Mockup des DALNIK-ROCKET

gonnenen Torsos wanderten auf den Dachboden. Die MBB-Vertreter und die knauserige *Frau HIRTH* atmeten erleichtert auf, als die ach so schrecklichen Aufwendungen, beiläufig etwa 16'000 DM für das *<DALNIK-ROCKET>*-Projekt, zu einem vorläufigen Ende kamen. Aufgegeben habe ich aber das *Kabinenmotorrad* deswegen nicht, sondern es verfolgte mich, besonders nachts in meinen Träumen und Vorstellungen beharrlich weiter, bis ab 1980 der zweite Versuch dann gelang.

Nun betätigte ich mich zwischenzeitlich in meiner ***Zweirad-Forschung*** stärker mit Motorrädern. Ab 1976 kaufte ich jedes Jahr eine Maschine und behielt gleichzeitig die früher erworbenen Stücke, die ich testete und die Ergebnisse für das Kabinenmotorrad detailliert auswertete. So kam die Motorradsammlung von einem Dutzend Krädern in den folgenden Jahren zusammen. Auf die *R90S* folgte die *YAMAHA-XS1100, die <DICKE>*. Weitere Maschinen in der Sammlung waren die *YAMAHA-Zweitakter*, *RD50* für die Bubis, *RD125* als Fahrschulmaschine, später eine *RD350* als erste Grosse für *Franziska*, eine *RD500* als Spielzeug für mich wie auch die *MOTO GUZZI-Le Mans II*, die *<Alpenfräse>*, selber aufgepumpt, mit der ich ZUVIS und Lehrgänge am Nürburgring und in Hockenheim fuhr, bis

Alpenfräse am Wehrseifen, Autor mit zungenbetätigter Helmkamera und Sucherrahmen auf dem Helmvisier

ihr auf einer Schwabenjagd oberhalb der Tremola am Gotthard mit einer 50-m-Blaurauchwolke der Motor platzte. Für Fotos während Fahrten auf der Rennstrecke baute ich mir eine Olympus-Kamera an den Helm, mit der Zunge auslösbar und das Sucherfeld aufgeklebt auf dem Helmvisier. Zudem liefen mir noch Veteranen, eine *GUZZI Falcone* und eine *HOREX-Regina 350*, wie gehabt 1960-61, in die Hände, die ich teilweise selbst restaurierte. Seit der sich ab etwa 1971 abzeichnenden Trennung von meiner Ehemaligen kam ich ziemlich zwangsläufig, siehe heterosexuelle Vor-AIDS-Komplikationen, wieder vermehrt in näheren Kontakt mit netten und sehr netten Damen des <geflogenen Personals> der *SWISSAIR*, den Stewardessen, hier HOSTESSEN genannt. Von Pilotinnen wurde man damals noch verschont, Cockpit war reine Männersache. Dunkel glaube ich mich sogar daran zu erinnern, dass in unserem ersten *FOM (Flight Operations Manual)* 1962 ein Artikel enthalten war, welcher vorschrieb, dass sich <no female persons during take-off and landing> im Cockpit aufhalten durften. Mit dem Untergang der COSTA CONCORDIA wegen Kapitän SCHETTINOS Blufferpassage zu nahe bei der Insel GIGLIO, zwecks Beeindruckung einer moldawischen GRAZIE, scheint dieser Artikel rückwirkend gar nicht so dumm gewesen zu sein.

Einen Tag nach meinem mit einem Solobesäufnis gefeierten, 32. Geburtstag würfelte mich der Zufall auf einem Flug nach ROM mit einer Kabinenbesatzung zusammen, die unter der Leitung meiner jetzigen und endgültigen Lebenspartnerin Franziska stand. Sie wusste sofort, dass unsere folgende Sozialpartnerschaft unvermeidlich und definitiv sein würde. Selber brauchte ich, nach den negativen Erfahrungen mit der Ehemaligen und der eigenen Familie, etliches länger zur gleichen Erkenntnis. Wenn ich, nach nunmehr bald 40 Jahren, die Faktoren für die Harmonie analysiere, so sind dies hauptsächlich zueinander passende Lebensweisen. Keiner braucht Kompromisse für eigene Ziele einzutauschen, alles läuft quasi von selbst in die gleiche Richtung. Weiter muss natürlich gegenseitige Anziehung und vor allem Launenfreiheit dazu kommen, nicht zuletzt auch absolutes Vertrauen in die gegenseitige Zuverlässigkeit und Unterstützung. Interessanterweise haben bei mir harmonisierende Partnerinnen dominierende Väter gehabt und deswegen Beziehungsprobleme zu <normalen>, unauffälligen Partnern bekommen, weil jene gegenüber dem Übervater offensichtlich abfielen, wobei dieser sie zudem schroff und abweisend behandelte. Merkwürdigerweise <vertrampten> mich diese Patriarchen nicht. Mit *Franziskas* Vater *Erwin PFARRWALLER*, dem langjährigen Chef der Webmaschinentechnik bei *SULZER* und Haupterfinder

Mit YAMAHA-XS1100 auf zweiter Hochzeitsreise Nähe UdSSR-Grenze 1979

der Projektil-Webmaschine, habe ich über unser gemeinsames Technikverständnis die wohl beidseitig interessanteste Beziehung bis zu seinem plötzlichen Tod 1993 gepflogen. Nach meiner Erfahrung sind vor allem die ältesten Töchter aus solchen Familien <bildungsfähig>, dh. sie akzeptieren alle Eigenheiten des Partners, wenn jener für sie persönlichkeitsmässig im Vergleich zum Supervater einigermassen positiv abschneidet. Mit unseren Motorrädern erlaubten wir uns trotz meiner Doppelbeschäftigung hin und wieder ein paar Tage Urlaub, die zu Zweirad-Kulturreisen und Alpenfahrten dienten. Mit der XS1100 klapperten wir 1979 auf meiner zweiten und endgültigen Hochzeitsreise mit *Franziska* während 5 Wochen die Route des *Braven Soldaten SCHWEJK* von Bruck an der Leitha über den Eisernen Vorhang via Györ-Budapest-Miskolc-Satoraljauhely-Novi Mesto-Trebisov-Humenne-Lubkapass, Sanok und Przemysl bis zur damals russischen (heute ukrainischen) Grenze ab. Kurz hinter Sanok fanden wir sogar das Dorf LISOWEK, <Liskowiece>, (heute Leszczawka), wo die Kompagnie von Oberleutnant LUKASCH nach dem Fussmarsch in einer alten Spiritusfabrik übernachtete und die berühmte Kuh sich nicht weichbraten liess. In diesem, früher als <Schweinestall der k.u.k. Monarchie> bezeichneten Galizien, das 1979 ein reines Landwirtschaftsgebiet mit noch zu 90 % pferdebespannten Wagen und Geräten war, befürchtete ich Reifenpannen wegen Hufnägeln und untersuchte bei jedem Stopp die Reifen auf solche. Die Kommunisten hatten die Landwirtschaft mit der Kollektivierung derart ruiniert, dass es zu GIEREKS Zeiten deswegen dort in Gaststätten montags und mittwochs kein Fleisch ausser Huhn zu essen gab...

Auf der Rückreise besuchten wir die erwähnte *FRANKLIN*-Schrottstätte in KIELCE und kamen über Hirschberg-Grunau-Zinnwald-Prag und Strazny wieder in den Westen. Auf der ganzen Strecke im Osten sahen wir kein einziges vorzeigbares *Motorrad*. Nur Geschwüre (eine Bezeichnung von *Louis ZECCHINI* für die *MZ*-, *CZ*- und *JAWA*-Zweitakt-Schwarten) kreuzten wir. Zweimal versuchten uns Polizisten auf solchen Blauraucherzeugern einzuholen, jeweils als ich im Überholverbot wegen der Fallen, d.h. mit 30 km/h kriechenden TATRA-Apparatschikschlitten, ausrastete, überholte und dann Gas gab, bis der sofort auftauchende Verfolger im Rückspiegel nicht mehr zu sehen war. Die *<DICKE> XS1100* sorgte hinter dem Eisernen Vorhang überall für Volksaufläufe. Bei jedem Stopp umringten uns die Neugierigen. Wenn wir die Stecker des Interfons an den Helmen abzogen, raunte man sich zu <Aah, Telefon>. Nach dem Absteigen kam die unvermeidliche Frage: „Bitterscheen, wieviel kosten Motorrad?" Auf die Antwort: „10'000 Mark" kam die Gegenfrage: „Mark Ost oder Mark West?" Auf die nächste Antwort: „10'000 Mark West" wurde eingewendet: „Aber für 10'000 Mark West geben Mercedes !" Dann erledigte ich die Diskussion damit, dass ich antwortete: *„Dieses IST Mercedes"*, was jeweils zu einem allgemeinen Applaus-Gelächter führte. Nach anfänglichem Nasenrümpfen über das <Büezerhobby> gewann auch *Franziska* Geschmack an der Sache und stieg im Alter von über 35 Jahren vom Soziaplatz auf eigene Maschinen um, von der 125er bis zur 1'000er und fügte der Sammlung, u.a. mit einer K100 weitere Kräder bei.

Unser YAMI-Motorradklub v.l.n.r. Urs RD50, Felix RD125, Franziska RD350, Autor RD500

Die Söhne graduierten mit 14 aufs MOFA, mit 16 aufs 50er-MOKICK, mit 18 auf die 125er und mit 20 schliesslich auf die schweren Maschinen, jeweils im Altersabstand von drei Jahren. So zog ich mir den eigenen Motorradklub auf, der bei typischen Ausfahrten z.B. die *YAMI*-Zweitaktreihe RD500-RD350-RD125 und RD50 umfasste. Der naturgemäss frisierte Schnapsglasrenner RD50 machte es für den Jüngsten, Urs, möglich, erstaunlich gut mitzuhalten. Allerdings fuhr er später, mit 18, in Winterthur damit durch eine Radarkontrolle mit 70 statt 40 km/h und die Polizei konfiszierte das Kennzeichen. Wir schoben dann das Frisieren auf den <Abgebrannten> und er nahm die geschenkte Maschine nach Deutschland mit, während *Urs* bereits die Prüfung mit der 125er bestanden hatte und hinfort mit jener weiter Motorrad fuhr.

Das *WHN*-Geschäft entwickelte sich aus dem Defizit zur ertragsbringenden Routine, als 1978 mein Stellvertreter, *Ing. Hermann FREBEL*, mit 59 Jahren einem Herzinfarkt in Paris erlag. Kurz vorher hatte er in seiner Freizeit eine <HIMMELSLAUS> fertiggebaut. Dieser Flugzeugtyp war vor dem Krieg durch den Franzosen Henri MIGNET als Volksflugzeug <Pou-de-Ciel> lanciert worden. *Hermann* zitierte während des Baus, wenn wir ihn auf die Probleme des Konzepts hinwiesen, immer MIGNET mit dem Spruch: „Jeder, der eine Kiste bauen kann, kann auch die Himmelslaus bauen!" Wir foppten ihn dann mit der Umkehrung: „Wer die Himmelslaus bauen kann, sollte auch eine Kiste bauen können!" *Hermann* hatte bei Fertigstellung des Flugzeugs, das wir nach ihm *FREBLAUS* nannten, nur einen verfallenen Flugschein und durfte selbst noch nicht damit fliegen. Auch gefiel ihm der Name *FREBLAUS* nicht. So organisierte er bei *WHN* ein Betriebsfest, an dem die *FREBLAUS* auf den Namen <*AEOLUS*> getauft wurde. Mir hatte er dabei die Rolle des Vorführpiloten zugedacht. Also setzte ich mich in die Maschine. Das Anlassen des Motors dauerte eine halbe Stunde, bis wir merkten, dass der *FREBEL'sche* Seilzugstarter für den Anlassvorgang nicht genügte. Schliesslich warf <BUBBEL> Reinhard ENDRES, einer der altgedienten *WHN*-Mechaniker, den Motor nach alter Väter Sitte am Propeller an. Die *FREBLAUS* hatte das MIGNET-Steuersystem ohne Querruder. Mit dem Knüppel wurden Seitensteuer und Bugrad durch Links-Rechts-Ausschläge und die Anstellung des vorderen Flügels durch Ziehen und Drücken bewegt. Da die Maschine mit meinen 100 kg statt Hermanns 55 kg stark kopflastig wurde und beim Start schnell Fahrt aufnahm, kämpfte ich nach dem Abheben mit einer Dutch-Roll-Schwingung, dann als <anfangs wackliger Flug> im Teckboten abgedruckt. Im weniger schnellen Flugbereich bekam ich die Eigenheiten der seltsamen Steuerung schnell in den Griff und landete nach 30 Minuten zur allgemeinen Ergötzung perfekt knapp vor der Flugzeughalle, in der das Betriebsfest abging. Hermann begann am nächsten Tag seinen Urlaub, liess die *FREBLAUS* von Yves MILLIEN nach Frankreich überfliegen und folgte mit seinem PKW nach Paris, wo er mit einem <Brevet MIGNET>, das nur in Frankreich gültig war, die *FREBLAUS* einfliegen und sich für einen Prüfungsflug in der BRD fit machen wollte. Eine Woche später rief ich bei MILLIEN an, um nach dem Stand der Dinge zu fragen und erhielt den traurigen Bescheid, dass *Hermann* tot im Bett aufgefunden worden sei.

Nun musste ich einen Nachfolger als Betriebsingenieur bei *WHN* suchen. Bei der serbelnden Firma GLASFLÜGEL in Schlattstall konnte ich einen sehr guten, geeigneten Mann, *Ing. grad. Josef PRASSER*, abwerben. Nachdem ich ihn eingearbeitet hatte, schien es mir im Sommer 1979 an der Zeit, das <*ROCKET-Projekt*>, wie wir den *DALNIK* wegen der zu erwartenden Leistungen mit dem *BMW-R100*-Triebwerk nun nannten, wieder in Angriff zu nehmen. Dabei war ich davon ausgegangen, dass die seinerzeitigen Beschlüsse der erweiterten *WHN*-Firmenleitung weiterhin gültig seien, da sie nie diskutiert oder gar aufgehoben worden waren. Nach der 40-Jahrfeier von *WHN*, die trotz Regen mit einer tollen, grossteils vom neuen *Betriebs-Ing. PRASSER* organisierten Flugshow, mit Minimoa, *Bücker-133*, Fairchild-Ranger, LO-100, *Klemm-35-160HM*, *ACROSTAR*, Grunau-Baby, Kranich usw. eindrucksvoll ablief, startete der MBB-Werkleiter GERTIG, den die Leute bei *WHN* wegen seiner abstehenden Ohren ALF nannten, eine schmutzige ***Intrige***, weil er auf meinen Job für die Zeit nach seiner bald fälligen Pensionierung schielte. Der bekannte Geiz von *Frau HIRTH* brachte sie auf seine Seite. Ein Jahr lang hielt man mir gegenüber alles unter dem Deckel. Im Herbst 1980 konfrontierte man mich an einer Sitzung der Geschäftsleitung mit der <unerlaubten Fortführung> des *DALNIK* und GERTIG wollte ***RABBATZ*** machen. Statt mich mit diesen schimpflichen und fiesen Vorgängen herumzuärgern, trennte ich mich sofort von *WHN*, verkaufte meine *WHN*-Anteile an MBB und zog die von *Frau HIRTH* immer sehr schleppend überwiesenen Gehaltsrückstände und Spesen ein. So fand ich mich

Ende 1979 in der seltsamen Lage, trotz Scheidung und Alimenten über ziemlich Geld und nur den <Halbtagesjob> Flugkapitän, dh. zusätzlich über massenhaft Freizeit zu verfügen. Diese Trennung erwies sich als *DER* Glücksfall für mein zweites Leben. Ohne diesen hätte ich das moderne Kabinenmotorrad wie den *ACROSTAR* praktisch gratis für *WHN* entwickelt und wäre dort durch Bremser und Finanzen nur behindert worden. Wie alle ***Techniker*** und ***Ingenieure*** aus Berufung habe ich eine ganz andere Einstellung zu ***Arbeit*** und ***Lohn*** als beispielsweise die typischen *Kaufleute*. Dem leidenschaftlichen Techniker genügt es, an seinen Projekten arbeiten zu dürfen. Er ist mit einer Bezahlung zufrieden, die lediglich die Grundbedürfnisse NAHRUNG-KLEIDUNG-WOHNUNG plus etwas Reserven abdeckt. Er zählt weder Arbeits- noch Überstunden und denkt auch zuhause, nachts und übers Wochenende über seine sozusagen <geliebte BÜEZ> nach.

Der typische ***Kaufmann*** hingegen will in kurzer, effizient organisierter Bürozeit ein ***Maximum an Salär*** und Provisionen erraffen und diese dann in möglichst viel Freizeit für Luxusbedürfnisse ***verputzen***. Sobald der *Techniker* ein verwertbares Produkt geboren hat, wird es ihm in der Regel vom *Kaufmann* abgenommen und finanziell ausgebeutet, wobei logischerweise für den *Kaufmann* mehr abfällt. Dem *Techniker* genügt es, mit einer meist nur symbolischen Anerkennung zwecks Kreation des Nachfolgeprodukts ins Arbeitskämmerlein zurück geschickt zu werden. In dieser Hinsicht habe ich mich beim *ACROSTAR* und beim *DRACULA* wie der typische Techniker verhalten. Beim *DALNIK-ROCKET*, dem *Kabinenmotorrad*, wäre es ohne Zerwürfnis und Verbleib bei *WHN* sicher genau gleich herausgekommen.

Oft hatte ich mir im Doppelstress von *WHN* und *SWISSAIR* geschworen, nie mehr zwei Beschäftigungen gleichzeitig auszuüben. Nun hielt ich es anfangs 1980 gerade einmal etwa zwei Wochen aus. Dann mietete ich in Winterthur eine grosse Dreifachgarage und begann selbst mit dem Bau eines Kabinenmotorrades. Der Neubeginn und die Vorarbeiten bei *WHN* wirkten sich positiv auf das Konzept aus. Die angebahnten Verbindungen zu *BMW* und CIBA-GEIGY übertrug ich auf meine Firma *PERAVES AG*, was den Zugang zu Composite- und *Motorrad*-Technologie sicherte und uns später sogar Förderungshilfen der beiden Firmen einbringen sollte. Diese *PERAVES AG* war ja seinerzeit als Entwicklungs- und Vertriebsfirma für meine *DRACULA*-Hängegleiter gegründet worden und in der Schweiz domiziliert. Von den dreien meiner Gründungspartner war einer (nicht mit dem *DRACULA*) abgestürzt und der zweite, gegen Übertragung seiner Anteile an den dritten, ausgeschieden. Wieder quasi glücklicherweise beging der verbliebene Teilhaber einen Wechselbetrug unter Benützung des Firmennamens. Das erlaubte mir, ihn hinauszuschmeissen, mittels Schadenbegleichung die Firma günstig zu 100% zu übernehmen und alle Fremdeinflüsse auszuschalten. Nun konnte ich endlich eigene Entscheidungen ohne Behinderung treffen und durchsetzen, was eine Grundbedingung für Entwicklung von Produkten eigener Vorstellung ist.

1981 richtete ich eine geeignete GFK-Werkstatt in der Dreifachgarage ein und mietete auch noch eine staubfreie Doppelgarage für mechanische Arbeiten dazu.

Dort baute ich ein Mockup für den Motoreinbau und die Stützrollenbetätigung. Anfangs 1982 waren die Adaption des BMW-Antriebs sowie ein handbetätigtes Stützrollensystem fast fertig, und die Umsetzung der Zeichnungen in Karosserie- und Einbaugruppen begann. Der Sohn eines Nachbarn, *Christian KELLER*, graduierte vom Garagenkiebitz zum Helfer und Mitarbeiter. Noch nannten wir das Ding RAKETE wegen der zu erwartenden Fahrleistungen. In Anbetracht der Reduktion des Bau- und Betriebsaufwands auf etwa 50% gegenüber dem Auto sowie wegen des ebenfalls auf 50% reduzierten Verkehrsflächenbedarfs hatten wir schon 1975 bei *HIRTH* den Namen ***OEKOMOBIL*** erwogen, abgeleitet von griech. <oekonos> = Haushalt und lat. <mobil> = beweglich, analog zum Begriff *AUTOMOBIL*. Somit, ohne die bereits existierenden Empfindlichkeiten in Sachen <Corporate Identity> zu kennen und ohne Erwartung von Schwierigkeiten mit unserem Motor Marke *BMW* kreierte ich hoffnungsvoll bereits ein LOGO, das die Synthese zu diesem Antriebsteil ausdrücken und mit einer Überkreuzung der beiden Namen bzw. Begriffe etwa wie folgt aussehen sollte:

B
OE k o M o b I L
W

Auch vom allmählichen Diebstahl des Begriffs OEKO durch die GRÜNEN war damals noch nicht sehr viel spürbar. Das sollte später zu Namensproblemen und Umtaufaktionen führen. Weil J*an ANDERLÉ* wegen des Hinauswurfs noch grollte, wollte ich *DALNIK* und FERNER nicht unautorisiert verwenden. Schliesslich gab eine Nummer des Kabarettisten Emil STEINBERGER im Zirkus KNIE den Ausschlag. Auf Plakaten wurde da *KNIEMIL* affichiert. So kam ich auf *OEMIL*, als LOGO mit Antriebsteil also:

B
O E M I L
W

In diesem Begriff ist natürlich eine Persiflage auf die Fehlentwicklungen des High-Tech-Schönwettermotorrads und der Einmann-Fünfplätzer-Blechdose enthalten.

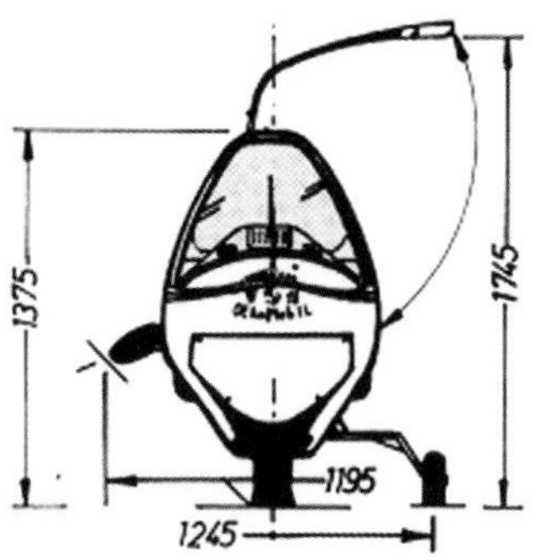

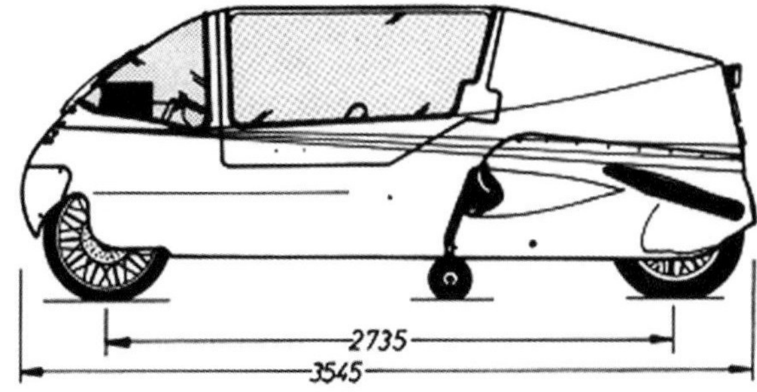

PERAVES W-18R100-OEMIL Werk-Nr. 5001

Fast ein Jahr später, im Mai 1982, war mit unserer Herkulesarbeit das Fahrzeug mit betriebsfertiger Mechanik im Rohbau fertiggestellt. Besucher fragten, welche Rekorde wir mit dieser <Zigarre> angreifen wollten und zeigten mir regelmässig den Vogel, wenn ich das *OEMIL* als mein neues Strassenfahrzeug bezeichnete. *„Sowas zulassen? Du spinnst im höchsten Grad!"* war der bedauernde Kommentar, begleitet von Achselzucken. Mir war natürlich auch klar, dass mit Anstehen an einem Schalter des Strassenverkehrsamtes wohl kaum ein Kennzeichen zu bekommen wäre.

<Il vaut mieux avoir affaire à DIEU qu'à ses SAINTS> sagt VOLTAIRE. So wandte ich mich, über einen gemeinsamen Bekannten, direkt an den Chef der Strassenverkehrsämter des Kantons Zürich, um ihm das *OEkoMobIL*, mit Betonung auf dem damals sensationellen Verbrauch von < 4 l/100 km in einem Dia-Vortrag vorzustellen. Die <RAKETE>, nämlich die Spitze von > 230 km/h, hielt ich geflissentlich unter dem Deckel. Direktor *Rudolf BACHMANN* zeigte sich vom Konzept angetan. Auf seine Veranlassung hin befasste sich der Fahrzeugexperte *KÄGI* mit der Prüfung der Konstruktion. Das *BAMF* erlaubte mir dazu erstaunlicherweise Fahrversuche ausserhalb der Flugbetriebszeiten auf dem Militärflugplatz Dübendorf. So erlebte ich einen weiteren Lebenshöhepunkt, nämlich das Fahren mit dem selbst geschaffenen *KRAFTEI-Kabinenmotorrad*, wie das *OEMIL* auf meinen Vorschlag hin dann amtlich getauft wurde, dies als Unterscheidung zum leistungsschwachen *KABINENROLLER* der Endfünfzigerjahre. Die Versuchsfahrten verliefen relativ problemlos und überzeugten uns und die Behörden von der Verkehrstüchtigkeit des Konzepts. Ich erhielt vom Strassenverkehrsamt ein *U-Schild* (U=Unternehmung) für Fahrten auf öffentlichen Strassen. Dazu war eine Anerkennung der *PERAVES AG* als Fahrzeug-Entwicklungsbetrieb sowie die Benennung eines fachlich kompetenten Verantwortlichen für die Sicherheit der Fahrzeuge erforderlich. Die Bauausführung des Prototyps und meine Tätigkeits-Nachweise bei *WHN* mit LBA- und TÜV-Unterlagen (wir hatten dort auch Strassenfahrzeuge, z.B. Segelflugzeug-Anhänger gebaut), genügten den Behörden. Die Fachkompetenz ist dann auch überzeugend nachgewiesen worden. Während der Prototypenerprobung des immer-

hin ungewöhnlichen Konzepts kam es lediglich zu einem einzigen, konstruktiv bedingten Unfall auf öffentlicher Strasse, der mit Sachschaden am Fahrzeug und einem beschädigten Gartenzaun des Bauern STAMM an der Steinerstrasse in Ossingen abging, wobei der Verfasser als Fahrer nur eine kleine Schramme am linken Oberarm und ein leichtes Schleudertrauma des Genicks vom Sitzgurt davontrug. Heute, dh. 2012, nähert sich die Gesamtzahl der bei *PERAVES* gefertigten *Kabinenmotorräder* der Typen *OEMIL*, *ECO* und *Mono-Tracer* der Zahl 200 und die Fertigung wird in den nächsten Jahren beachtliche Werte erreichen. Gesamthaft sind damit schon über 16 Mio. Kilometer Betriebserfahrung gesammelt worden. Unfälle mit über 200 km/h, Zusammenstösse mit Autos und Hindernissen, Überschläge usw. sowie die üblichen Zweiradstürze haben das Sicherheitskonzept der Konstruktion nachgewiesen, indem sich die Unfallraten mit Verletzten, Toten und grösseren Sachschäden denjenigen des PKW angeglichen haben. Sie liegen etwa 12-14 mal tiefer als diese herkömmlicher, motorisierter Zweiräder. Bei eigenen Veranstaltungen der *PERAVES AG* wie Fahrerlehrgängen, Alpenfahrten usw. konnte auch ein Vergleich der Sturzraten ermittelt werden. Konventionelle Motorräder fallen demnach drei- bis viermal häufiger um, was meist mit leichten bis schweren Fahrerverletzungen einher geht. Beim Kabinenmotorrad verlaufen die selteneren Stürze in der Regel verletzungsfrei für die Insassen. Dazu als Beispiel der Kommentar des Chefs der Typenprüfstelle, *Ing. Hans ROTH*, nach seinem Sturz mit *ECO 5002* in Frutigen auf der Piste: „So komfortabel bin ich noch nie mit einem Töff gestürzt !"

Rückblickend kann gesagt werden, dass Direktor *BACHMANN* und Experte *KÄGI* die für Fahrzeugkonzepte zentrale Sicherheitsfrage, einvernehmlich mit uns, vollkommen richtig beurteilt haben. Sie haben auch die Verantwortung für die Erteilung des U-Schilds zur Erprobung von noch nicht komplett amtlich durchgeprüften Fahrzeugen ohne Wenn und Aber auf sich genommen. Damit waren diese beiden Beamten zwei der seltenen Ausnahmen von der Regel, dass die Behörden Verantwortung scheuen wie der Teufel das Weihwasser. Ohne ihre Zivilcourage wäre der Aufbau eines Grundstocks an Wissen, Prüfdaten, sowie Konstruktions- und Betriebserfahrung unmöglich gewesen. Dieser Grundstock erlaubte das Durchsetzen des neuen Konzepts auf dem Zulassungsweg, denn bald waren Unterstellungen von Sicherheitsproblemen ohne nähere Prüfung die Regel und Abblocken die Grundhaltung fast aller involvierten, amtlichen Stellen. Deren Bunkerpositionen konnten, zumindest im technischen Bereich, meist mit vorhandenen Prüfunterlagen, der Betriebserfahrung sowie mit der dank U-Schildern möglichen Anreise per Achse im *Kabinenmotorrad* bis in den Innenhof *der Prüfstellengebäude* geknackt werden. Als aber die Typenprüfstelle sich trotz bestandener Typenprüfung weigerte, eine Zulassung zu erteilen, weil Motorräder mit Stützrollen in der BAV nicht erwähnt seien und man nicht befugt sei, von den BAV-Einteilungsvorschriften abzuweichen, wurde ein *rangierter Gesamtangriff* nach Generaloberst HALDER gestartet. Dh. ein koordiniertes Vorgehen an mehreren Fronten wurde notwendig. Der damalige Arbeitgeberpräsident, Nationalrat *Heinz ALLENSPACH*, lud den Chef des *BAPO (Bundesamt für Polizeiwesen), Dr. Peter HESS*, ins Sekretariat des Nationalrats vor und befragte ihn zur Verhinderung von Fortschritt und Innovation durch das diesem damals noch unterstellte *ASTRA (Bundesamt für Strassen)*. Ein Beitrag von Swissair-Schreck *Sepp MOSER* über die Verhinderer im *ASTRA* für die Sendung KASSENSTURZ des Fernsehens SRF, ein vom *STAPI Urs WIDMER* von Winterthur, *Rechtsanwalt Dr. STREIFF*, *Querdenker Max HORLACHER*, *ETH-Professor Max BERCHTOLD* und mir unterzeichnetes Gesuch an *Bundesrätin* ***Elisabeth KOPP***, die Handels- und Gewerbefreiheit zu schützen und den Verordnungs-Unsinn der Typenprüfstelle zu stoppen, alles wurde <rangiert> und gleichzeitig losgelassen, mit durchschlagendem Erfolg. *Frau KOPP* genehmigte das Gesuch und die Zulassung des *Kabinenmotorrades* so schnell, dass beim noch nicht ausgestrahlten SRG-Beitrag die gegenteiligen Interviews mit den Verhinderern herausgeschnitten werden mussten, was die Sendung zu *Sepp MOSERS* Bedauern *pointless* erscheinen liess. Mir aber war die nun erreichbare Zulassung wichtiger.

Aus diesen und ähnlichen Erkenntnissen lässt sich das ***Minimalaufwandsprinzip*** ableiten, welches besagt, dass die Bürokraten, mit wenigen Ausnahmen, auf Neuerungen und / oder Änderungen immer negativ reagieren. Sie glauben aus Erfahrung zu wissen, dass damit weniger Arbeit und Verantwortung für sie resultiert. Abgehen vom Gewöhnlichen könnte Nachdenken, Entscheidungen, Arbeit und Verantwortung bedeuten. Dies würde die Büroruhe stören und würde Ärger bringen. Das Ziel muss also sein, für den *Apparatschik* den Ärger bei einem *Negativentscheid* grösser als beim *Positiventscheid* darzustellen, was meist nicht ohne Medienduschen, Pression und Klarstellungen nach dem *Teddy ROOSEVELT-Motto: <Speak softly and carry a big stick>* abgeht. Dabei ist natürlich auch eine grosse LOBBY, nach *TURENNE <Dieu est toujours pour les gros battalions>*, besonders hilfreich. So erreichte Positiventscheide lösen bei den betroffenen *Apparatschiks* kaum Begeisterung aus. Nur mit fachlicher Kompetenz kann man sich gegen dann mögliche (und vorgekommene), spätere *Racheakte* schützen. Dass eigene, damit erzwungene fachliche Kompetenz zu einem besseren Produkt führt, ist wahrscheinlich das einzige positive Ergebnis dieses endemisch-bürokratischen Negativverhaltens zum Fortschritt...

Im Juni 1982 war das erste *OEMIL* mit 1'000 ccm-Boxermotor lackiert, gepolstert und mit Scheiben versehen, also fahrfertig. In der Nacht vom 23. auf den 24.06. fuhr ich damit per Achse, begleitet von *Franziska* und *Christian KELLER* im VW-GOLF, zum *BMW*-Lehrgang am Nürburgring. Bereits auf dem Hinweg fielen einzelne Gänge des *KAYSER*-Rückwärtsganggetriebes aus. Damit zeigte sich schon der spätere Ärger mit diesem *Kayserschmarren* bei den *K100*-Getrieben an. Im fünften Gang erreichte ich um vier Uhr morgens den Ring. Zwei Lehrgangstage dauerten die Beschaffung eines *BMW*-Ersatzgetriebes ohne Rückwärtsgang und dessen Einbau. Während der Einbauarbeiten in einer historischen Boxe des alten Fahrerlagers schaute der Präsident des Internationalen *BMW*-Clubs, *Ing. Helmut* ***Werner BÖNSCH***, bekannt als ***Motorradpapst***, zu und sagte dann: „Sehr schön, *Herr WAGNER*, aber Sie sollten mit Ihren Fähigkeiten etwas Seriennäheres bauen!"

Am Schlusstag fuhr ich stolz die ersten Gesamtrunden und nahm auch Beifahrer mit. Die Sensation war perfekt, das moderne Kabinenmotorrad geboren und die Medien stürzten sich geradezu darauf. Seither sind unzählige Fernseh-, Radio-, Zeitungs- und Zeitschriftenreportagen mit Unmengen von Fahrvorführungen und Fototerminen abgehalten worden. Belegexemplare füllten bald Kisten und die <Fanpost> erforderte die Publikation einer ***EINSPUR-ZEITUNG***. Darin führte ich den Stand des Projekts, der Entwicklung, Zulassung und schliesslich von Produktion und Verkauf laufend nach. Wir beantworteten auch die häufigsten Fragen, womit nun die Flut der Zuschriften mit einem

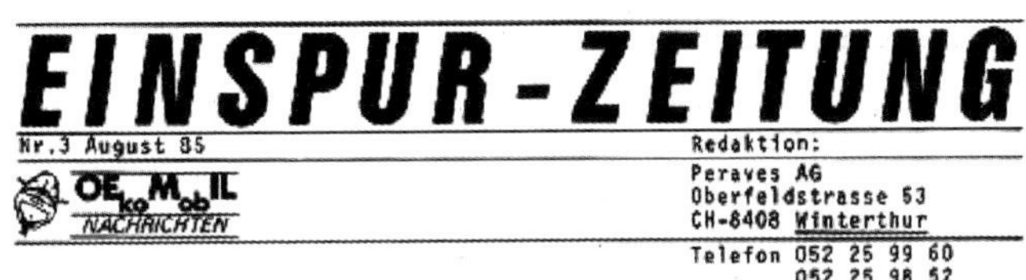

EINSPUR-ZEITUNG

Nr.3 August 85

OEkoMobIL NACHRICHTEN

Redaktion:
Peraves AG
Oberfeldstrasse 53
CH-8408 Winterthur
Telefon 052 25 99 60
052 25 98 52

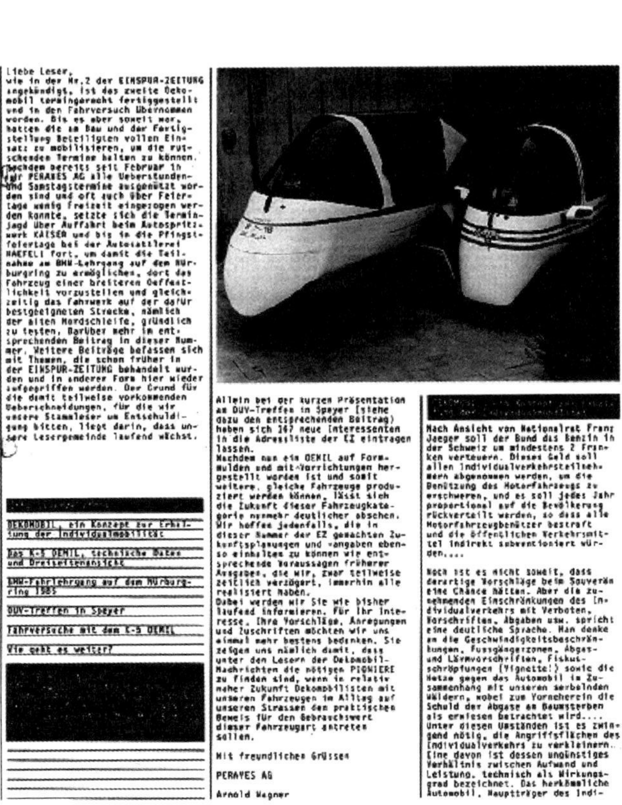

Liebe Leser,
wie in der Nr.2 der EINSPUR-ZEITUNG angekündigt, ist das zweite Oekomobil termingerecht fertiggestellt und in den Fahrversuch übernommen worden. Bis es aber soweit war, hatten die am Bau und der Fertigstellung Beteiligten vollen Einsatz zu mobilisieren, um die rutschenden Termine halten zu können. Nachdem bereits seit Februar in der PERAVES AG alle Ueberstunden- und Samstagstermine ausgenützt worden sind und oft auch über Feiertage wenig Freizeit eingezogen werden konnte, setzte sich die Terminjagd über Auffahrt beim Autospritzwerk KAISER und bis in die Pfingstfeiertage bei der Autosattlerei HAEFELI fort, um damit die Teilnahme am BMW-Lehrgang auf dem Nürburgring zu ermöglichen, dort das Fahrzeug einer breiteren Oeffentlichkeit vorzustellen und gleichzeitig das Fahrwerk auf der dafür bestgeeigneten Strecke, nämlich der alten Nordschleife, gründlich zu testen. Darüber mehr im entsprechenden Beitrag in dieser Nummer. Weitere Beiträge befassen sich mit Themen, die schon früher in der EINSPUR-ZEITUNG behandelt wurden und in anderer Form hier wieder aufgegriffen werden. Der Grund für die damit teilweise vorkommenden Ueberschneidungen, für die wir unsere Stammleser um Entschuldigung bitten, liegt darin, dass unsere Lesergemeinde laufend wächst.

OEKOMOBIL, ein Konzept zur Erhaltung der Individualmobilität

Das K-5 OEMIL, technische Daten und Dreiseitenansicht

BMW-Fahrlehrgang auf dem Nürburgring 1985

DUV-Treffen in Speyer

Fahrversuche mit dem K-5 OEMIL

Wie geht es weiter?

Allein bei der kurzen Präsentation am DUV-Treffen in Speyer (siehe dazu den entsprechenden Beitrag) haben sich 347 neue Interessenten in die Adressliste der EZ eintragen lassen.
Nachdem nun ein OEMIL auf Formmulden und mit Vorrichtungen hergestellt worden ist und somit weitere, gleiche Fahrzeuge produziert werden können, lässt sich die Zukunft dieser Fahrzeugkategorie nunmehr deutlicher absehen. Wir hoffen jedenfalls, die in dieser Nummer der EZ gemachten Zukunftsplanungen und -angaben ebenso einhalten zu können wie entsprechende Voraussagen früherer Ausgaben, die wir, zwar teilweise zeitlich verzögert, immerhin alle realisiert haben.
Dabei werden wir Sie wie bisher laufend informieren. Für Ihr Interesse, Ihre Vorschläge, Anregungen und Zuschriften möchten wir uns einmal mehr bestens bedanken. Sie zeigen uns nämlich damit, dass unter den Lesern der Oekomobil-Nachrichten die nötigen PIONIERE zu finden sind, wenn in relativ naher Zukunft Oekomobilisten mit unseren Fahrzeugen im Alltag auf unseren Strassen den praktischen Beweis für den Gebrauchswert dieser Fahrzeugart antreten sollen.

Mit freundlichen Grüssen

PERAVES AG

Arnold Wagner

Nach Ansicht von Nationalrat Franz Jaeger soll der Bund das Benzin in der Schweiz um mindestens 2 Franken verteuern. Dieses Geld soll allen Individualverkehrsteilnehmern abgenommen werden, um die Benützung des Motorfahrzeugs zu erschweren, und es soll jedes Jahr proportional auf die Bevölkerung rückverteilt werden, so dass alle Motorfahrzeugbenützer bestraft und die öffentlichen Verkehrsmittel indirekt subventioniert würden....

Noch ist es nicht soweit, dass derartige Vorschläge beim Souverän eine Chance hätten. Aber die zunehmenden Einschränkungen des Individualverkehrs mit Verboten, Vorschriften, Abgaben usw. spricht eine deutliche Sprache. Man denke an die Geschwindigkeitsbeschränkungen, Fussgängerzonen, Abgas- und Lärmvorschriften, Fiskusschröpfungen (Vignette!) sowie die Hetze gegen das Automobil im Zusammenhang mit unseren serbelnden Wäldern, wobei zum Vornherein die Schuld der Abgase am Baumsterben als erwiesen betrachtet wird....
Unter diesen Umständen ist es zwingend nötig, die Angriffsflächen des Individualverkehrs zu verkleinern. Eine davon ist dessen ungünstiges Verhältnis zwischen Aufwand und Leistung, technisch als Wirkungsgrad bezeichnet. Das herkömmliche Automobil, Hauptträger des Indi-

Standardbrief und einer beigelegten Nummer der neuesten *EINSPUR-ZEITUNG* beantwortet werden konnte. Diese *EINSPUR-ZEITUNG* gedieh bis zur Nummer 10 im Jahr 1993 mit 28 Seiten und 10'000 Ex. Auflage, die wir jeweils in weniger als 12 Monaten verschickt und verteilt hatten. Weil in der Krise von 1993-94 das Inseratevolumen von 18'000 CHF praktisch versiegte und ich wegen der zurückgegangenen Produktion (Siehe Kap. XII S. 224) auf Verkaufsreklame nun gut verzichten konnte, wurde sie dann eingestellt.

Bei der Rückfahrt vom Nürburgring passierte der schon erwähnte, konstruktionsbedingte Unfall, indem in Ossingen die Handkurbel für die Stützwerkbetätigung wegen eines Laminatfehlers abbrach, die Stützrollen in einer Zwischenstellung blockierten und der *Autor* mit knapp 2'500 km Fahrerfahrung im *OEMIL* in den Gartenzaun des Bauern STAMM geschmissen wurde. Das Servosystem für die Stützrollen war damals noch nicht entwickelt und das *OEMIL* durch den Schaden für einige Monate TILT. Dies sollte zu weitreichenden Konsequenzen führen...

Kapitel X

C'est quand-même bon – l'aviation

Proverb du Cdt.René PELLAUD

TOP of DESCENT *1979 – 1985* *(DC-8-Alpenfahrt-B-747-K-OEMIL)*

Im Frühherbst 1979 wurde ich bei *SWISSAIR* auf die *DC-8* befördert, einem schon damals veralteten, wenn auch zuverlässigen, vierstrahligen Klapperkasten, der sich auch demensprechend flog. Bei der Umschulung in SHANNON verkrachte ich mich mit dem mediokeren Fluglehrer und seinem noch engstirnigeren, kleinwüchsigen Stift. Das begann damit, dass sie es fertig brachten, ein mehr als dreistündiges Briefing zur Besprechung einer simplen Platzvoltenübung anzusetzen. Meine Fehlrechnung, sie müssten 0830 und nicht halb acht als Beginn dieses Palavers gemeint haben, verbunden mit meinem Planschen in der Badewanne zur Briefingzeit führte zum Kindergartenverhalten des zertifizierten und des noch zu zertifizierenden Flugpädagogen, welches selbst einen Eisbären durch entsprechenden Ton und Gesichtsausdruck zum Erfrieren gebracht hätte. Als ich dann nach dem ersten Start, wie auf allen meinen Kontrollflügen, die Steuerreaktionen des Schiffes prüfte, griff mir der Zwerg in die Steuerung und schrie: „Viel zu nervöse Steuerführung!" Die Maschine selbst bot keine besonderen Schwierigkeiten. Am Schluss sagten mir die

DC-8-Flug nach MALAGA mit den Söhnen Felix und Urs

beiden, dass ich, trotz anfänglicher Schwierigkeiten, bestanden hätte und gratulieren. Es blieb mir nicht erspart, ihnen klarzustellen, dass ich wohl kaum mit der Maschine Probleme haben würde, wenn sogar sie zwei damit einigermassen zurecht kämen.

Im Hinblick auf meine Testflugberechtigung und das überdotierte Simulator-Trainingsprogramm stellte ich dann beim Chefpilot *DC-8* zusätzlich den Antrag, weitere Umschulungen ohne <Behinderungsfluglehrer> absolvieren zu können. Das darauf folgende Gespräch beim Chefffluglehrer war augenöffnend. Erstens erklärte er mir den Werdegang der schon in Kap. IV erwähnten Inzucht des Systems. Zweitens deklarierte er seine Unfähigkeit, einen guten Fluglehrer vor dem <Commitment>, dh. der teuren Ausbildung zu erkennen. Wie schon im Kap. IV erwähnt, antwortete ich: „Aber das ist doch simpel, Fluglehrer müssen menschlich <easygoing> sein und fliegen können, damit gute Lernfortschritte erreicht werden." <Easygoing> meint dabei das Gegenteil eines introvertierten Komplexhaufens, der sich ja oft im Kleinwüchsigen <Man(n)ifestiert>. Er stimmte mir zu, dass <easygoing people>, <sonnige Gemüter>, leicht erkannt werden könnten. Wirkliche Könner unter den Piloten vorab zu bestimmen, erschien ihm dagegen als unmöglich. Einmal mehr wusste ich guten Rat: „Einfachstes Erkennungsmerkmal ist die Automarke. Wen das schreckliche Versetzen der hinteren Starrachse bei Amischlitten und ähnlichen Fehlkonstruktionen nicht stört, der hat kein fliegerisches Gefühl". Also müsste man nur Normalwüchsige mit sportlichen Autos als Fluglehrer berücksichtigen, das könne man nicht vor der Hierarchie, dh. dem System vertreten, so endete das Gespräch quasi ergebnislos.
Jahre später waren wir dann zusammen an einem Symposium, wo die Lebenserwartung der Piloten thematisiert war. Der vortragende Arzt zitierte dabei aus einer amerikanischen Studie. In einer Kontrollgruppe von 2'000 KOREA-Kampffliegern, die später in den USA auf die Linie gewechselt hatten, hätten statistisch 50 bei Verkehrsunfällen umkommen müssen. Aktuell waren es aber nur 16. Laut Arzt klar, denn <wer Fliegen kann, kann auch Autofahren>. Damit ist quasi mein *Automarkentheorem* anerkannt worden. Es manifestiert sich auch im Unbehagen der Piloten gegen *Schieben* der Autos und der Bevorzugung der Einspurkurvenlage. Dass man sich sowohl im Beruf als auch Militär vor kleinwüchsigen Chefs hüten sollte, ist eine Erfahrung, die schon zur Zeit von General Napoléon BONAPARTE im Umlauf gewesen ist, denn bereits im piemontesischen Feldzug von 1798 musste etwa der Haudegen General AUGEREAU zugeben: „Ich verstehe das nicht, aber der Kleine macht mir Angst."

Der *DC-8* war wiederum das Schicksal des *CV-440* beschieden. Sie wurde Auslaufflugzeug und unsere Einsätze immer leerer. Einmal musste ich sogar einen Flug von einem Kollegen abtauschen, weil ich sonst das gesetzliche Minimaltraining von drei Landungen pro Quartal nicht erreicht hätte. Durch die Widebodies vom Nordatlantik vertrieben, schwirrten wir in Europa, Afrika, dem Mittleren und teilweise im Fernen Osten herum. Die interessantesten und längsten Flüge machten wir mit der langen *DC-8-63* der *BALAIR* in die Karibik, nach den USA und auch nach Ostafrika und Südamerika. Da manche Kollegen ihre Flugfreude und die Begeisterung für die Stewardessen nach den nun schon bald zwei Jahrzehnten auf der Strecke noch nicht verloren hatten und viele Wünsche für diese langen Flüge und Rotationen eingaben, traf es mich selten auf solche Charterflüge. Dies und meine dadurch vermiedenen, längeren Abwesenheits-Unterbrüche für meine Firma waren mir mehr als recht.

Seit ich mir mehr Zeit für das Motorradfahren genommen hatte, war ich regelmässig an *Nürburgring* und *Hockenheimring* an Lehrgängen oder ZUVIS gefahren. Dabei schwärmten die Deutschen, oder, wie wir sie hier in der Schweiz alle nennen, die *SCHWABEN* von der absoluten Einmaligkeit der <grünen Hölle>, der Nordschleife, die tatsächlich tolle Fahrerlebnisse und eine Offenlegung des eigenen Fahrkönnens wie auch der Qualität des Motorrades ermöglicht. Wir rennstreckenlosen Eidgenossen konnten mit Veltheim, Tuggen und Lignières natürlich keine grossen Sprüche klopfen. Aber unsere Alpenstrassen gaben doch entsprechenden Konterstoff ab. So kam es bald dazu, dass der *WAGNER* für die Freunde aus dem <grossen nördlichen Kanton> ***ALPENSYMPOSIEN*** zu organisieren begann. Die mehrtägigen Ausfahrten im Gebirge, auf rekognoszierten Pass-Strecken und reservierter Hotel-Unterkunft für die Flachlandhasen, mit Anleitungen zur Bergfahrtechnik usw. wurden ab 1979 zur Tradition. 1982 kamen erstmals über 50 TeilnehmerInnen mit mehr als 40 Motorrädern zusammen und *Franziska* rollte als Novizin auf der *RD125* mit.

Weil das *OEMIL* sich vom Gartenzaunsturz noch nicht erholt hatte, musste ich auf die Sammlung zurückgreifen und nahm selbst die *YAMI-XS1100*, die *<DICKE>* mit.

Am letzten Tag, Sonntag, 3. Oktober 1982, hatten *Wolfgang WALTL* auf einer *750er-KAWA* mit *Betty als SOZIA*, *Roland BRIEL* solo auf einer *750er YAMI* und *Thomas FERVERS* auf der *HONDA 1100RS* sowie ich auf der *DICKEN* uns damit vergnügt, den Guzzisten, *DU-*

ALPENSYMPOSIUM 1982 auf dem Penser Joch – Franziska mit der RD125

CATI- und BOXER-Treibern sowohl auf den Flachlandstrecken des Veltlins als auch im Aufstieg zum Berninapass den Vierzylinderkomplex zu injizieren, indem wir sie hoffnungslos versägten. Zu dieser Zeit wurde es augenfällig, dass den grossvolumigen, europäischen Ballertwins leistungsmässig gegen die Vierzylinder aus Fernost der Schnauf ausgegangen war. Sowohl auf dem Berninapass als auch auf dem Flüela gebot ich aber beim Beizenstopp, dass von nun an nur noch <reines Touristentempo> gefahren werden solle. Doch immer wieder zuckte einem unseres Quartetts die Gashand und ich Trottel raste zuhinterst mit nach dem Motto <So schnell wie die kann ich allemal auch fahren>. Bei der Dorfeinfahrt von DAVOS, kurz vor Mittag, verfranzte sich *Roland* vorne. Ich bog rechts nach Klosters ab und veranlasste mit Hupsignalen die anderen zum Umdrehen. So war ich plötzlich vorne. Auf dem Wolfgangpass kam mir dann die Schnapsidee des Tages. Wegen der guten Strasse wollte ich den anderen die Freude am Fräsen und es weiter knallen lassen. Sehr flott kamen wir durch den Wald unter Laret herab. Von oben kontrollierte ich noch das einsehbare, lange und gerade Stück bis zur Serpentine oberhalb von KLOSTERS. Alles frei, doch während wir um die drei Kurven nach der Laret-Geraden kamen, hatte jedoch zwischenzeitlich ein SOFA-OPA dem Verlangen seiner Frau nachgegeben, den Fünfer-BMW aus einer nicht einsehbaren Parkbucht rechts nach der linken Seite auf einen Holzablagerplatz umzuparkieren. Das Ferienhaus von Deborah KERR sollte so besser eingesehen werden können. Gerade als ich in etablierter Schräglage um die Linkskurve kam, bog der entgegenkommende OPAPA vor mir links ab. Der Beifahrer im rechten Sitz verzerrte sein Gesicht zu einer Grimasse, als er mich kommen sah und es fehlten wieder einmal die berühmte zwei Meter, trotz Ausweichen und Vollbremsung. Ich schmiss die *DICKE* zwar noch hin, schlug aber, noch im Sattel auf dem liegenden Motorrad, mit dem Hinterrad der *DICKEN* gegen die Hinterachse des Autos auf. Meine Wirbelsäule ging auf Anschlag, das Rahmenheck der *DICKEN* wurde samt Sitzbank durch mein Gewicht 15 cm nach unten abgebogen. Das katapultierte mich wie ab Schleudersitz etwa zehn Meter über die Strasse links in einen früheren Steinbruch. Bei der unsanften Landung auf einem Steinbrocken verschlug es mir

den Schnauf. Die *DICKE* rutschte, auf der linken Seite liegend und rechts rotierend, 30 Meter weiter. Das Ende des hässlichen Schabgeräuschs rutschender Motorräder wurde durch Wroum-Wroumm-Wrouummm der vorbeizischenden Reste unseres Vierzylinder-Quartetts kurz fortgesetzt. Der SOFA setzte unbeirrt den Parkvorgang fort, zog die Handbremse, stellte den Motor ab und die Autotüren öffneten sich. Ergrimmt marschierten die Insassen zu mir herüber und ich wurde angeschnauzt mit: „Immer diese verdammten Motorradfahrer!"

Sicherheitshalber blieb ich liegen, bis ich wieder Luft bekam und schob dann das Aufstehen wegen des Wirbelsäulenschocks hinaus. Die benötigte Hilfsaktion lief sehr mässig an. Erst nach langem Palaver mit *Wolfgang WALTL*, dem er als Österreicher zu misstrauen schien, verständigte der Tankstellenhalter vom Dorfeingang Klosters die Polizei und weigerte sich starrsinnig, dieser zu sagen, dass eine Ambulanz benötig würde. Der von DAVOS kommende Polizist stieg aus seinem Auto, sah die *DICKE* auf der Strasse und sagte dann nasenrümpfend zu mir: „Aha, schon wieder ein Selbstunfall!" Mein Hinweis auf den links parkierten BMW und die Berufsbezeichnung <Flugkapitän> in meinem Führerausweis liessen ihn dann freundlicher werden und ich wurde per Ambulanz ins Spital DAVOS geschafft. Dieses wegen der Skiunfälle moderne und sehr gute Spital war immerhin der geeignete Ort für die Behandlung der zwei gebrochenen Lendenwirbel, der handtellergrossen Hämatome auf den beiden Arschbacken und zweier gebrochener Rippen. Nach der Einlieferung und der Untersuchung wurde ich in ein Doppelzimmer mit einem schwerkranken Senior gelegt. In meiner Hilflosigkeit dauerte es mehrere Stunden, bis meine Reklamation für ein Einzelzimmer Wirkung zeigte. *Franziska*, vor uns mit der *RD125* unterwegs, wurde freundlicherweise von *Fritz* und *Maria HÄFELI* mit dem Toyota-Begleitbus von VADUZ hergefahren. Mit ihrer Hilfe gelang dann die Verlegung in ein EZ. Da ich nach Mittag eingeliefert wurde und die Zimmerverlegung während der Nachtessenszeit erfolgte, liess man mich verpflegungslos hungern. So schickte ich *Franziska*, *Betty* und *Wolfgang WALTL* los, mir im Dorf zwei Flaschen Bier und den Sonntags-Blick zu beschaffen. Das Bier bekam ich, aber *Wolfgangs* Suche nach dem <Alpenblick> war erfolglos.

Nach dem zweiten Bier schlief ich ein und erwachte etwa eine Stunde später. Wegen der Wirbelfrakturen hatte man mich in Rückenlage ans Bett gefesselt und meine Besucher waren weg. Höllische Schmerzen in Brust und Bauch plagten mich. Beim Aufprall auf den BMW waren meine ganzen Innereien, Herz, Lungen, Magen, Milz, Leber, Gedärme und Nieren, wie beim Aufschlag der Inhalt eines gefüllten Kartoffelsacks, zusammengedrückt worden. Alle Schmerznerven im ganzen Rumpf waren weit im roten Bereich. Mit den Fäusten drückte ich beidseitig die Bettdecke zusammen und biss schliesslich in den Deckenüberschlag, um nicht laut herausbrüllen zu müssen. Innerlich sagte ich mir, dass dies nun eine Probe für mein Durchhaltevermögen sei, die ich durchzukämpfen hätte. Am Morgen war das Bett schweissnass und die Decke vor dem Gesicht durchgebissen, als die freundliche Schwester hereinkam, die Vorhänge zurückzog und mich fragte, wie es mir gehe. Total erschöpft hatte ich die Schmerzen einigermassen im Griff und hauchte:

„HUNDS-MISSSSSERABEL“. „Warum haben Sie denn nicht geklingelt?“ antwortete sie und wies auf die Klingel oben hinten am Bettrand. In meiner gefesselten Strecklage hatte ich diese gar nicht bemerkt. Bei der Arztvisite meinte Chefarzt P.D. Dr. MATTER, dass man mir doch genügend Schmerzmittel verschrieben hätte. Meine Aufklärung, ich hätte keine bekommen, ergab, dass eine ganze Schale mit solchen beim Zimmerumzug auf den Tisch gestellt worden und, immer noch voll, dort verblieben war.

In fünf Spitalwochen und sechs Korsettmonaten hatte ich dann Zeit, über meine Lebensführung nachzudenken und natürlich auch dazu, das *OEMIL*, stark verbessert, wieder herzurichten. Aus ähnlichen Unfallsituationen wissen wir heute, dass mir mit einem modernen Kabinenmotorrad in aller Wahrscheinlichkeit wenig oder nichts passiert wäre. Die Mitfahrerin auf dem Sitz hinten rechts im *BMW* hätte allerdings einen guten Schutzengel gebraucht, da die verstärkte *OEMIL*-Karosse mit dem Bug Knautschzonen der Autos, hier etwa bei der hinteren Türe, nach innen verformt.
Oft habe ich mich und andere, z.B. den erwähnten Anthropologen *Prof. Dr. Bernt SPIEGEL*, gefragt, warum wir denn mit derart diebischem Vergnügen mit den Motorrädern so verrückt herum heizen müssten. Von der Vernunft, dem Risiko und auch der Gefahr her, selbst bei der Beachtung der eigenen Limiten und derjenigen der Maschine, sollten wir uns doch eigentlich Idioten schimpfen und diesen tollen Unsinn bleiben lassen. Eine befriedigende Erklärung haben wir damals noch nicht gefunden. Es muss eine Kombination von Spiel, Wagnis, Wettkampf und Beherrschung der Situation sein, die diesen seltsamen Reiz bewirkt. Die einfachste Erklärung schickte mir einmal *Erich MAUS*, ein regelmässiger Teilnehmer der Lehrgänge und Alpensymposien aus Hamburg, in Form einer Ansichtskarte. Darauf war ein riesiges Schwein auf einem kleinen Motorrad abgebildet, welches auf einer Sprechblase von sich gab: *„Ich bin **als SAU geboren** und als **SAU gross geworden**. Weshalb sollte ich dann nicht auch **FAHREN WIE NE’ SAU?**“*

Im November hatten *Christian KELLER* und ich das *OEMIL* wieder hergerichtet, weil es an der MOTOR-SHOW-82 in Essen anfangs Dezember erstmals ausgestellt werden sollte. Wegen Korsett und Wetter konnte ich allerdings nicht per Achse hinfahren. Der Veranstalter übernahm jedoch Transport und Standkosten, denn der Pressewirbel vom Nürburgring verhiess ein Anziehungsobjekt ersten Ranges. Ich nahm *Jan ANDERLÉ* bei der Hinreise nach Essen im Auto mit. Er versöhnte sich dadurch mit mir und gab mir quasi offiziell seinen <SEGEN>. Am Stand erklärte er den Besuchermassen unermüdlich die 175 Jahre Einspurgeschichte, vom DRAIS-Laufrad bis zum *OEMIL*, anhand einer selbst verfertigten Bildertafel, die leider bei der Rückreise gestohlen wurde. Unser Ausstellungsobjekt schlug alles als Publikumsmagnet. Oft konnten wir uns im Andrang kaum bewegen. Eine Umfrage mit Antwortkarten erreichte Rücklaufquoten von 70% und mehr, obwohl kein Wettbewerbspreis damit zu gewinnen war. Und wiederum folgten Presseberichte mit der nachfolgenden Anfragelawine, welche die Geburt der *EINSPUR-ZEITUNG* einleiten sollte.

Das Ende der SHOW nach zehn Tagen war leider tragisch. Nach meiner Rückkehr erhielt ich ein Telefon aus MULHOUSE, wonach *Jan ANDERLÉ,* am Sonntag nach der Rückfahrt mit dem Zug aus ESSEN, wegen einer Herzschwäche ins Spital verbracht werden musste und dort am 13.12.1982, also neun Tage vor seinem 82. Geburtstag, verstorben sei. Er hat das OEMIL noch erlebt, ist aber nie darin gefahren. Wir begleiteten ihn auf seinem letzten Flug zu der Ruhestätte im neuen katholischen Friedhof MULHOUSE, wo seine Asche im anonymen Grabmal beigesetzt wurde.

Dieser grossartige Autodidakt und Querulant vererbte mir mit seinem letzten Willen seine Papiere und Fahrzeuge. Allerdings zog ich im Januar 1983 gerade in eine grössere Werkstatt um und konnte das beste Stück seiner Fahrzeug-Hinterlassenschaft, den KÄNGURU-JAWA, nicht sofort abholen. Zwei Monate später waren JAWA und MIKROCYCL mit Solex-Motor verschwunden und der Rest schon verschrottet. Nur noch das Mini-Tandem, welches *Jan* meinen Söhnen geschenkt hatte, existiert noch als praktischer Beweis seines Schaffens.
In der Erinnerung hat er mir jedoch sehr viel hinterlassen. Wohl am eindrucksvollsten war für mich seine Methode der Verwirklichung von Neuerungen und Erfindungen, die er, nach einem Zitat von *Michael FARADAY*, organisierte. *<THINK, BUILD, FINISH, PUBLISH>*, diese vier Schritte setzte er in definierte Tätigkeitsabschnitte um. Wenn er auch schlussendlich weder den ideellen noch materiellen Durchbruch seiner *DALNIK*-Idee erlebte, hat er doch die Grundlagen dazu mit seiner Überzeugungskraft geschaffen. Sein CREDO aus einem seiner Aufsätze soll hier als Monument abschliessend zitiert werden:
<Die bald 200jährige Einspurgeschichte seit dem DRAIS-Laufrad bedeutet nichts gegen das, was wir nach der Schaffung des gebrauchsfähigen DALNIKS alles von diesen Zweirädern sehen werden>.

Im Namen des <OWNERS CLUBS> der Besitzer von *ECO*- und MonoTracer-Kabinenmotorrädern, der ***JAV*** *(JAN ANDERLÉ VEREINIGUNG),* sowie einer Gedenktafel an seinem,

Jan ANDERLÉ, sein Minitandem, meine Söhne Felix + Urs und der Autor

zum Theoriesaal umgebauten, letzten Domizil auf dem Flugplatz MULHOUSE-HABSHEIM, <*Salle de Théorie JAN ANDERLÉ, Pilote d'Essais, Moravia 1900-Mulhouse 1982*>, wird das Andenken an diesen grossen Mann und sein wechselhaftes Schicksal lebendig erhalten. Seine Papiere hatte ich schon an der Beerdigung mitgenommen. Da vieles davon tschechisch ist, übergab ich sie später an *Ing. Gustav PROCHAZKA*, der ab 1992 unser Mann in Tschechien für den Bau von Kabinenmotorrädern wurde. Basierend darauf hat er *Jan* auf seiner Homepage www.bohemiamobil.cz/historie2.html ein würdiges Denkmal gesetzt.

Wie erwähnt machte ich am Nürburgring 1982 beim Getriebewechsel die Bekanntschaft von <*Motorradpapst*> *Ing. Helmut Werner BÖNSCH*. Er war erst Testfahrer bei *MOTORRAD*, dann *BMW*-Direktor und erster, langjähriger Präsident der technischen Kommission der *FIM (Féderation Internationale de Motocyclisme)*. In den Sechzigerjahren half er massgeblich dabei, den Motorradbau bei *BMW* gegen alle Defaitisten durchzuhalten. Nun musste er, nach einem wüsten Krach, vorübergehend den Vorsitz des Internationalen *BMW*-Clubs übernehmen und war deshalb am *BMW*-Fahrerlehrgang Nürburgring anwesend. Sein Interesse am *OEMIL* und das Lob für die Bauausführung bewogen mich, ihn

Besuch beim Motorradpapst Ing. Helmut W. BÖNSCH in Aschau 1986
Links unten seine Widmung <Auf einer Spur in die Zukunft>

um eine Kontaktanbahnung zur Geschäftsleitung der *BMW-Motorradsparte* zu bitten. Auf seine Vermittlung hin wurde ich am Dienstag, 18.01.1983 im 24. Stock des imposanten *BMW*-Verwaltungsgebäudes, dem *VIERZYLINDER* am Mittleren Ring in MÜNCHEN, durch den neuen Geschäftsführer von *BMW-Motorrad, Herrn Dr.* ***Eberhard C. SARFERT*** und den neuen Entwicklungschef, *Dipl.-Ing. Stefan PACHERNEGG*, freundlichst empfangen. Mein DIA-Vortrag zeigte Wirkung. *Stefan PACHERNEGG* begleitete mich hinaus und sagte dann zu mir: *„Herr WAGNER, Sie sind sehr zu beneiden. Sie haben Fähigkeiten und Möglichkeiten, auf einem weissen Blatt Papier etwas vollkommen Neues nach Ihrer Vorstellung zu konstruieren und zu schaffen. Wir hingegen haben gerade von der Geschäftsleitung zehn Seiten Vorgaben für die Konstruktion einer elektrischen Betätigung des Hauptständers an der R100RS erhalten!"*
Bei der Besprechung hatte ich eine lose Geschäftsverbindung als Entwicklungsgemeinschaft vorgeschlagen. *BMW* sollte uns dabei Teile für zwei Prototypen zur Verfügung stellen. Weiter war Mithilfe der *BMW*-Entwicklungsabteilung an möglichen einzelnen technischen Problemen vorgesehen. Schliesslich sollte *BMW* eine preislich fixierte Lieferverpflichtung für Teilesätze der später benötigten Serienproduktion eingehen. Im Gegenzug würden wir ausschliesslich *BMW*-Motorradteile verbauen und *BMW* das im Projekt erzielte Know-How exklusiv zur Verfügung stellen. Bereits am 25.01.1983 kam ein Antwortschreiben aus München, in welchem uns *Dr. SARFERT* für die BMW-Motorradsparte zusagte, die vorgeschlagenen Bedingungen zu erfüllen. Gleichzeitig machten uns die Münchner ein weiteres Geschenk in der Form des neuen *K100*-Modells mit flüssigkeitsgekühltem Vierzylinder-Einspritzmotor. Dieser Motor sollte ideale Antriebskomponente für unsere *Kabinenmotorräder* ergeben. Mit Zustimmung von *BMW* änderten wir unsere Teilelisten vom *R100-Boxer* auf die *K*-Maschinen ab. Oft witzelte ich später, BMW habe speziell für uns den *OEMIL-K*-Antrieb entwickelt. Was wir einfach nicht ganz verstünden, sei, warum sie immer noch versuchten, diesen *K-OEMIL*-Antrieb auch noch in konventionelle Motorräder einzubauen. Beim Test des ersten *K-OEMILS* in der Zeitschrift *MOTORRAD* druckte *Redakteur Axel WESTPHAL*, entgegen meinen Weisungen, diesen Spruch aus und ich wurde dann für einige Zeit in München-Milbertshofen bei der *BMW*-Motorradsparte <Persona non grata>...
Während in der neuen Werkstatt an der Oberfeldstrasse 53 das Mockup des *K-OEMILS* entstand, sammelte ich parallel dazu Fahrerfahrung mit dem *R-OEMIL* und hatte laufend Medienbesuche. Im <KARUSSELL> vom Fernsehen DRS wurde die erste *OEMIL*-Sendung, Titel <Motorrad mit Dach>, ausgestrahlt. Der deutsche Motorjournalist *FEHLHABER* versorgte ganz Europa mit OEMIL-Bildern und -Geschichten. Zur Beantwortung der innert zwei Monaten eingelaufenen 750 Anfragen kreierte ich wie erwähnt, die *EINSPUR-ZEITUNG* und publizierte mit Hilfe der Werbeagentur Erat & Thoma die sechsseitige Nr. 1, weil mir Briefantworten auf diese Flut, schon rein zeitmässig, unmöglich waren. Die Belegausschnitte der Medien-Artikel sammelte ich vorerst in einem LEITZ-Ordner. Als dieser nach drei Monaten voll war, ging ich zur einfacheren Ablage in Kisten über, die sich ebenfalls rasch mit Belegnummern füllten. Deren geplante Einordnung und Archivierung ist bis heute auf unbestimmte Zeit verschoben worden.

Nach rund 10'000 km, von denen wegen der laufend reissenden drei Meter-Tachosaite aber nur etwa 4'000 auf dem Kilometerzähler angezeigt waren, wurde die Fahrerprobung des *PERAVES W-18R100-OEMILS* im Spätherbst 1983, nach den ersten Fahrversuchen auf Schnee, vorerst eingestellt.

Eine Typenbezeichnung wurde nun nötig, weil ich bei der Typenprüfstelle in BERN die Frage einer definitiven Zulassung anstelle der Erprobungsfahrten mit U-Schild klären wollte. Dazu sind heute 17 Ziffern und Nummern notwendig, ohne welche kein Typenschein (heute Gesamtgenehmigung) erteilt wird. Damals ging es noch etwas einfacher wie folgt: *W-18* bedeutet, dass es sich um *WAGNERS 18.* eigenes Entwicklungsprojekt handelt, wobei allerdings nur einige, z.B. der *W-15 (ACROSTAR), W-16 (POLY-MOBIL)* und W-17 (DRACULA) über die Zeichnungsphase bzw. den Modellbau hinaus gediehen sind. *R100* ist die *BMW*-Bezeichnung für den 1'000 ccm-Boxer. Bei der K-Reihe benützten wir dann den *BMW*-Kürzel K5. Auch Seriennummern mussten her und wir starteten mit der Zahl 5001 für den Boxer-Prototyp. Das neue *K-Mobil* wurde also zum *PERAVES W-18K5 OEkoMobIL Werk-Nr. 5002.*

Hoffnungsvoll liess ich mir von Experte *KÄGI* den Dienstweg für die Typenprüfung erklären und die zuständige Amtsstelle für das Zulassungsverfahren in BERN nennen. Nachdem ich mit dem Sekretariat dort einen Termin ausgemacht hatte, sass ich am 2. November 1983 um 14 Uhr zwei älteren Herren in einem Büro des EJPD-Gebäudes an der Taubenstrasse 16 neben dem Bundeshaus gegenüber. Als ich mein Vortragsmaterial auspacken wollte, winkte der damalige Chef der Typenprüfstelle, ***Ing. Hans ROTH***, müde ab und sagte: „Sie brauchen uns nichts zu erklären, Herr WAGNER, wir kennen Sie." Dann zog er aus einer dicken Mappe Bilder und Presseberichte vom und über das *OEMIL* und fuhr fort: „Wenn Sie früher gekommen wären, hätten Sie sich viel Zeit und Geld sparen können, *denn **sowas geht** in der Schweiz natürlich nicht!*" Als Begründung wurde mitgeteilt, das Fahrzeug sei ein <MOTORWAGEN> (Schweizer Amtsdeutsch für PKW) und kein <MOTORRAD>, da es vier RÄDER habe. In Zürich hätte man es falsch eingeteilt. Der FEHLER der Herren *BACHMANN* und *KÄGI* lasse grüssen ! Herr GAUDIN, der zweite Beamte, nickte jeweils zustimmend nach Worten des Chefs, sprach aber sonst kein Wort.
Eine *OEMIL*-Aufnahme mit hochgezogenen Stützrollen, die ich daraufhin vorlegte, ergab nach kurzem Gemurmel das Eingeständnis, so sei es tatsächlich ein <MOTORRAD>. Somit müssten <logischerweise> mit abgesenkten Stützrollen die Vorschriften für Motorwagen, mit hochgezogenen diejenigen für Motorräder erfüllt werden. Auf meine Frage, wie man sich das vorstelle, z.B. die zwei vorgeschriebenen Auto-Scheinwerfer beim Hochziehen des Stützwerks in den einen des Motorrads oder die zwei grossen Auto-Kennzeichen in ein kleineres Motorradschild zu verwan-deln, belehrte mich *Ing. ROTH*: „Die Lösung solcher technischer Fragen ist allein Aufgabe des Konstrukteurs und nicht der Typenprüfstelle." Um dieses wirklich dumme Geschwafel zu beenden und ein greifbares Resultat zu erreichen, musste ich dann ziemlich grob werden. Dass die in der Bundesverfassung

(CH-Grundgesetz) garantierte Handels- und Gewerbefreiheit Erfindungen und Neuerungen grundsätzlich gestatte, auch wenn sie in Gesetzen und Verordnungen noch nicht enthalten oder vorgesehen seien, und dass ich die Haltung der Herren als Behinderung betrachten würde und mich dagegen zu wehren wüsste, liess beide etwas bleicher und im Gesichtsausdruck weniger unfreundlich werden. Ich drückte dann durch, dass das *OEMIL* nach den Vorschriften für Motorräder technisch zu prüfen sei, um die Verkehrstüchtigkeit nachzuweisen und die schädlichen Auswirkungen des Fahrzeugbetriebs (im Wesentlichen Lärm und Abgas) gegenüber den zulässigen Limiten festzustellen. Offenbar war man im EJPD zu bequem, um auf meine schriftliche Gesprächsbestätigung überhaupt zu antworten, sodass damit ein Nagel eingeschlagen war, an welchem ich später diese technische Prüfung als Ausgangspunkt des Zulassungsverfahrens aufhängen und durchsetzen konnte. Da in der Schweiz damals die Zulassung der Strassenfahrzeuge noch nicht dem *EVED (Eidg. Verkehrs- und Energiewirtschafts-Departement)* gehörte, welchem nur die Bahnen und Flugzeuge, die Schiffe gar den Kantonen unterstanden, sondern dem *EJPD (Eidg. Justiz- und Polizei-Departement)*, das sich sonst mit Polizei- und Asylantenfragen befasst, war die Verhandlungsatmosphäre viel stärker durch Polizei- und Verbotsdenken geprägt. Es dauerte also fast vier Jahre, bis im September 1987 der Typenschein für das *PERAVES W-18K5 OekoMobIL* ab *Werk-Nr. 5002* erteilt wurde. Zwischenzeitlich erlebte ich das *Wiehern des Amtsschimmels* gleich mehrfach. Ein besonders sturer Bürokrat, der Chef der Abteilung Verkehrszulassung, sagte mir am Telefon, ich solle doch gleich meinen Rechtsanwalt schicken, wenn ich die Sache nicht aufgeben wolle. Der erwähnte Chef Typenprüfstelle gab mir den <offiziösen> Rat, seitlich Löcher in die Karosserie zum Herausstrecken der Füsse zu machen, *<dann könne eine Zulassung nicht mehr verhindert werden>*. Und den aus heutiger Sicht grössten Witz leistete sich jener Beamte, der meine Hinweise auf geringen Verbrauch und Schadstoffausstoss damit konterte, schon wegen des Treibstoffzolls (Mineralölsteuer) könne der BUND daran kein allzu grosses Interesse haben!

Die Konstruktion und der Bau des *K-OEMILS* brauchten dann, trotz besserer Werkstatt, neuen Maschinen und der Mithilfe des zwischenzeitlich bei WIBAU pensionierten *Abgebrannten (Ing. Vladimir POHORELY)*, mehr als doppelt so lang wie beim R-Prototyp. Der Grund dafür war, dass wir gleichzeitig die Schweisslehren, Formmulden und Tiefziehwerkzeuge für Stützachsen, Motorträger, Lenkkopf, Monocoque und Verkleidungsteile sowie Kabinenverglasung bauten. Damit war die Grundlage für die spätere Produktion nun vorhanden.

Zum Neujahr 1984 machte ich meinen letzten Flug auf dem Klapperkasten DC-8-63, Zürich-Dakar-Monrovia, mit Night-Stop am Sylvester. Es gibt schönere Orte zum Feiern als die Hauptstadt der <Negerrepublik LIBERIA> die unter diesem Namen von den USA zur Rückschiebung von Sklaven im 19. Jahrhundert gegründet worden war. Aber wenigstens gab es kühles Bier. Auf dem Rückflug nahm ich aus unerfindlichen Gründen ab Dakar Zusatzsprit für zwei Stunden mit. Davon ging prompt die Hälfte verloren wegen einer falschen Windprognose. Zusätzlich ging Zürich zeitweilig zu. Nur die verbliebene Zusatzreserve erlaubte uns Holding, bis wir dann doch noch knapp herein kamen. Nach dieser bestandenen Abgangsprüfung wurde ich zur Umschulung auf die *BOEING-747*, den riesigen Jumbo-Jet, aufgeboten.

BOEING-747-357 N221GF

Diese ***B-747*** war mein mit Abstand bevorzugtestes <WERKZEUG> auf der Linie. Für jeden Kenner mit Flugzeugbau-Background ist das Riesenschiff ein technisches Wunder, ein *Meilenstein menschlicher Ingenieurkunst*. Dass eine derart grosse und komplizierte Maschine, mit damals schon fast 400 Tonnen Abflug-Maximalgewicht so zuverlässig und problemlos fliegt, erstaunte mich immer wieder. Beim Flugtraining wollte man mir feinfühligerweise als Instruktor wieder den Zwerg vom *DC-8-UK* zuteilen. Das stellte ich bei einem Kurzbesuch im Cheffluglehrerbüro ab. In Shannon stürmte und regnete es bei unserem Flugtraining dauernd. Aber die Riesenkiste nahm das gelassen. Seitenwindkomponenten von bis zu 45 Knoten (80 km/h) liessen noch Starts mit simuliertem Triebwerkausfall zu. Die guten Bremsen erlaubten uns, beim ersten Rollweg, 1'000 m nach Landepistenbeginn, die Piste zu verlassen. Kurz, der Apparat konnte mehr, mit weniger Problemen, als die nicht einmal halb so schwere *DC-8*. Zur Zeit unseres Kurses bekam *SWISSAIR* gerade zwei Maschinen der neuesten Version *B-747-357* mit dem langen Upperdeck. Wir hatten eine solche Neumaschine zum Flugtraining fast eine Woche allein für uns. Sie war für vollautomatische Blindlandungen bei Nebel ausgerüstet. Das Sichtminimum beim Start war höher als für die Landung, eine totale Umkehrung aller fliegerischen Vorstellungen.
Wir begriffen sofort den Slogan <If it's not BOEING I am not going> und hänselten unsere bedauernswerten DOUGLAS- und AIRBUS-Pilotenkollegen damit...
Diese meine letzte Umschulung auf einen neuen Flugzeugtyp habe ich in gleich positiver Erinnerung wie die seinerzeitige auf den *CV-990*. Wie *Harry GEIGER* damals, liess uns *Peter BAUMANN* mit dem Apparat spielen und alles ausprobieren, ohne, wie der Zwerg vom

DC-8, uns dreinzureden oder gar ins Steuer zu greifen. Nach drei Linien-Einführungsflügen wurde ich an meinem 43. Geburtstag als Kapitän mit dem *B-747-Schiff* auf die Strecke gelassen. Damit hatte ich endgültig den formellen und finanziellen Zenit erreicht. <Erreicht> sollte vielleicht durch <ersessen> ersetzt werden, weil, wie schon erwähnt, die Beförderung der Linienpiloten nach Seniorität erfolgt. Bevorzugt gondelte ich nun für die letzten sieben Jahre meiner Zeit bei der *SWISSAIR* zwischen Europa und den USA hin und her. Gelegentliche Abstecher nach Südafrika, Südamerika und Fernost waren selten, da meine immer noch fluggeilen Kollegen mit Flugwünschen diese Strecken bevorzugt besetzten. Auf der *B-747* kam es einige Male vor, dass meine Frau *Franziska*, die zwischenzeitlich zum <Maître de Cabine> für Grossflugzeug-Kabinenbesatzungen befördert worden war, als Chefin die 12 - 16 Hostessen und Stewards meiner Flüge kommandierte. Allerdings getraute sie sich nie, den Welcome-Speech nach dem Einsteigen entsprechend abzuändern und zu sagen: *„On behalf of my husband, Captain WAGNER, myself, your Maître de Cabine Franziska WAGNER and the Cabin Crew I welcome you etc. etc.....".* Sie war aber trotzdem stolz darauf, wenn ich bei meinen Ansagen einflocht: *„Enjoy your meal. I know that my wife and the cabin crew will provide excellent service..."* Diese Ansagen, besonders aus dem Cockpit, waren bei der *SWISSAIR* ein Trauerspiel besonderer Art. Immer, wenn der Geschäftsgang etwas abflachte, wurden vom System alle Hierarchiestufen berieselt, mehr für eine bessere Geschäftslage zu tun. Die Chefpiloten verfielen darauf, dass mit mehr und genaueren Ansagen aus dem Cockpit da etwas erreicht werden könnte. Ihre einzige andere Einflusszone, das Sparen mit möglichst wenig Sprit an Bord, war mittlerweile ausgereizt und sogar, mit einigen Ausweichlandungen, als kontraproduktiv erkannt worden. Also wurden wir zu <VOICE-TRAINING> nachmittagsweise aufgeboten. Schlechte P/A (Public-Address)-Anlagen, Störung der Nachtruhe, akustische Unterbrüche der Filme, mangelhafte Sprachkenntnisse der Piloten insbesondere in Französisch usw. liessen diese Übungen aber durchgreifend floppen. Einmal sass ich auf einem Dead-Heading-Flug neben einem Yankee, der sich über die unmögliche P/A-Berieselung durch das Cockpit sehr

ärgerte. Nach der Landung sagte er zu mir, in Uniform neben ihm sitzend: *"Captain, if you know of an AIRLINE where pilots leave the goddammned sightseeing to the passengers and instead attend to their flying business, please send me a letter with the name"* und drückte mir seine Visitenkarte in die Hand.
Unsinnige Regeln in einem P/A-Instruction-Guide liessen mich einmal mehr zum Querulanten werden. Es war nämlich darin verboten, in Mundart/Schweizerdeutsch mit den Passagieren zu verkehren. Auch das Erzählen von Witzen wurde verboten, <*because people may disagree on what's funny*>. Da mir aus unzähligen Flügen bekannt war, wie sehr gerade der <Otto Normaldeutschschweizer> sich freute, auf einem Langstreckenflug in Mundart begrüsst zu werden, legte ich mir, vor allem für die Nordatlantikflüge USA-Schweiz, spezielle Ansageprogramme bereit. Bei diesen, am späten Nachmittag oder Abend in JFK, ERW, ATL oder BOS abfliegenden Kursen war es bald dunkel. Viele Passagiere wollten dann nur kurz etwas Kleines essen und bis etwa eine Stunde vor der Landung schlafen. So begrüsste ich die Passagiere erst, wenn vor dem Sinkflug von der Crew die Fensterschieber hochgezogen wurden, die Sonne in die Kabine schien und der Frühstückservice begann. In Englisch, Französisch und Reichsdeutsch gab ich nach der Begrüssung und meiner Vorstellung, natürlich nicht als namensloser <*your* ***Captain SPEAKING***>, sondern als <*Captain WAGNER*> Wetter und Ankunftszeit in Zürich durch und wandte mich dann mit etwa folgenden Worten an alle: *„Und wenn mier ietzt rechts uselueged, gsehnd mer d'Alpe vom Montblanc bis zur Bernina in Graubünde. Wüsseder eigetlich, warum's ide SCHWYYZ soviely schöni höchi Berge hät? Will die alte Eidgenosse so viel Land eroberet händ, dass sie'hs händ müesse a Hüüfe gheie..."* Auf einem meiner letzten Flüge war mein damaliger Chef, *Piet KOOP* als Passagier an Bord. Das übliche Klatschen der Leute nach meiner Ansage erstaunte ihn und er kam ins Cockpit, um mir das mitzuteilen. Daraufhin bat ich ihn, den unmöglichen P/A-Instruction-Guide einzustampfen und es dem jeweiligen Captain zu überlassen, wie er mit den Passagieren kommunizieren wolle. Selber war ich zwar nicht mehr dabei, aber vom Hörensagen weiss ich, dass man die schlimmsten Ecken und Kanten etwas abrundete. Der unsägliche <*Captain SPEAKING*> aber hat leider bis heute nicht nur bei *SWISS*, sondern auch bei *LUFTHANSA* überlebt...

Die grössere Reichweite und das höhere Abfluggewicht der neuen *B-747-357* gegenüber der *B-747-200* gaben auf dem ganzen Streckennetz keine Zuladungs- oder Reichweitenprobleme mehr. Wir konnten, beispielsweise mit den Combis, dh. den drei Maschinen mit Frachtabteil hinter der Passagierkabine, bis zu 65 Tonnen Payload auch im Sommer an heissen Tagen von Zürich direkt etwa nach Chicago schleppen. Nur zweimal in sieben Jahren hatte ich erwähnenswerte technische Probleme. Beim Anrollen zum Start in Genf mit Flug SR110 nach New York fiel uns Triebwerk EINS in einen Kompressor-Stall und schüttelte die Maschine wie mit einer Riesenfaust durch. Eine 50-m-Stichflamme schoss hinten heraus und ich brach den Start ab. Wir beruhigten die Leute, zurück zum Gate und die Mechaniker befassten sich mit dem Triebwerk. Alles in Ordnung, meldete man mir nach einer Stunde und ich rollte wieder zum Start. Nochmals lief die gleiche Show ab. Nun war es schwieriger, eine vernünftige Erklärung abzugeben. Nach dem Abstellen fragte ich die Meccanos, was sie denn eigentlich repariert hätten. Man habe bei Kontrollmessungen am Fuel-Control- und Bleed-Air-System nichts gefunden, war die Antwort. Manchmal genüge es auch, mit einem Hammer auf das Fuel-Control-Gehäuse zu klopfen. Tatsächlich sollte dasselbe Spiel einmal mehr durchgezogen werden. Ich weigerte mich jedoch, dies den Passagieren nochmals zuzumuten und entschied: „Wir bleiben hier, bis eine eindeutige Ursache gefunden ist". Daraufhin musste eine Ersatzmaschine aus Zürich kommen. Der Technische Pilot wollte die unsere mit drei Triebwerken ohne Passagiere nach Zürich zur Reparatur überführen. Dabei musste er den Start wieder abbrechen, weil das zwar sicherheitshalber mit geringer Leistung laufende Triebwerk Eins wiederum einen Stall hatte.

Beim zweiten Fall waren wir gerade vollgeladen zum Direktflug nach Chicago in Zürich auf der Piste 16 gestartet. Schwungvoll legte ich das Schiff beim Fanmarker am südlichen Pistenende in eine rassige Linkskurve, als ein Geräusch wie Kanonen-Seriefeuer erklang und ein Zittern durch die Maschine ging. Auf dem schwirrenden Engine-Panel sah ich gerade noch, wie die EPR-Anzeige, dh. das Druckverhältnis im Triebwerk vier im Takt mit dem Knallen oszillierte. Wieder war das Triebwerk in Stall geraten, dh. die Strömung hatte im Kompressor irgendwo abgerissen, aber diesmal bei voller Leistung. 55'500 Pfund (lbs) oder 25 Tonnen Schub, sich in Sekundenbruchteilen aufbauend und wieder zusammenfallend beim Stall, können natürlich auch einen grossen Apparat anständig durchschütteln. Ich drosselte also Nr. VIER in Leerlauf und wir krochen dreimotorig weiter. Als der Copilot den Tower informierte, sagte man uns, es seien bereits Telefonanrufe aus Glattbrugg eingegangen. Man habe Knattern gehört und eine lange Stichflamme am Triebwerk rechts aussen gesehen. Wegen der Betankung waren wir noch zu schwer für eine sofortige Landung. Daher stieg ich nach Flugplan weiter und der Bordmechaniker machte eine Trendanalyse der Instrumentanzeigen. Auf Grund dieser stellte MCC (Maintenance-Control-Center) Zürich fest, dass vermutlich kein Schaden vorläge. Somit konnten wir planmässig nach Chicago weiterfliegen, da bei erneut gesetzter Steigleistung alles normal lief. Die Ursache wurde später in einer Kombination von grossem Anstellwinkel, wofür man meine <rassige Linkskurve> im Flight-Recorder auswertete, aber noch innerhalb der Limiten befand, und einer knapper FCU-Einstellung gefunden.

Natürlich taten wir mit der Grösse unserer *B-747-Schiffe* bei den Kollegen wichtig. Als die neben dem Jumbo geradezu winzige *FOKKER-F100* aus nicht zu verstehenden Gründen zur *SWISSAIR*-Flotte kam, witzelte ich oft, dass ich meine neuerdings getragene Lese-Halbbrille nicht wegen Altersweitsichtigkeit bräuchte, sondern zum Erkennen dieser *FOKKER-Flugameisen*, um die mit deren Überrollen verbundenen Schreibereien zu reduzieren. Unsere grösste Blufferstory aber war diese: Ein Kollege habe letzthin beim Einsteigen aus dem Hinterteil des Jumbos ein merkwürdiges Summen vernommen. Als dieses auch nach der Cockpit-Präparation nicht verschwunden sei, hätte er den Bordmech mit dem Motorrad nach hinten geschickt. Nach einer halben Stunde sei das Geräusch weggewesen und nach einer weiteren Viertelstunde sei der BM fluchend zurückgekommen. Geräuschursache sei eine um die Lampe in Toilette 54 kreisende *F-100* gewesen, weil irgend ein Trottel in der Nacht Toilettentüre 54 und Aussentüre 108 zu schliessen vergessen habe...

Sommer 1984 und Winterhalbjahr 84/85 gingen mit Arbeiten an Werkzeugen und am *K-OEMIL-Prototyp* schnell vorbei. Die Pilotengewerkschaft *AEROPERS* hatte für unsere Nordatlantikflüge gewaltige Freitagskompensationen erstritten, sodass ich in meinem *SWISSAIR*-Einsatz, unter Einrechnung der Reservetage, die nur Verschiebungen der Flüge bewirken konnten, pro Monat 18-20 Arbeitstage für den Zweitjob im Betrieb verfügbar hatte. Es war allerdings ein enormes Pensum zu erledigen.
Endlich, im Mai 1985, näherte sich das Gewaltswerk *ECO W-18K5* seiner Vollendung. Wiederum zum *BMW*-Lehrgang am Nürburgring, am 26.05.1985, erfolgte die erste Präsentation der viel eleganteren und komfortableren Maschine. Auch diese Reise zum Ring musste, wegen verspäteter Fertigstellung, nachts um 23 Uhr begonnen werden. Schon auf der Autobahn in SINGEN kam die Überhitzungswarnung. Dann fielen Hupe und Scheibenwischer aus. Schliesslich zwang der Regen, so um etwa 0100 Uhr beim Autobahnkreuz Stuttgart zu einem Reparaturstopp, wobei auch noch die Stützwerkabsenkung verreckte und das *K-OEMIL* sich nach rechts auf den Pannenstreifen legte. Ein freundlicher *LKW*-Kapitän stoppte und half mir beim Aufstellen. Wir waren gerade fertig damit, als ein Streifenwagen der Polizei kam und die Polizisten uns fragten, warum wir angehalten hätten. Ich schob es auf eine Scheibenwischerpanne und bezeugte meine Fähigkeit, alles selbst in Ordnung zu bringen. Zu meiner grossen Erleichterung brausten dann die Ordnungshüter misstrauisch von dannen, wohl weil ihre Einsatzzeit ablief. Der Umkipper hatte die rechte Stützachse verbogen. Ich schwindelte mich auf vier Rädern zur Ausfahrt LEONBERG, um evtl. im GLEMSECK an der Solitüde noch ein Zimmer zu kriegen. Alles war aber schon dunkel und ich konnte daher die Schlafmöglichkeit im *K-OEMIL* erstmals in der Praxis erproben, als ich es dort auf dem ADAC-Übungsparkplatz abstellte. Halb liegend im Hintersitz, Vordersitz umgeklappt und Füsse links und rechts auf dem Instrumentenbrett, schlief ich tatsächlich bald ein. Kurze Zeit später erwachte ich, weil mir Wasser auf den Kopf tropfte. Im Schein einer Strassenlaterne sah ich, dass sich die Silikonverklebungen der Sattlerei *Fritz HÄFELI*

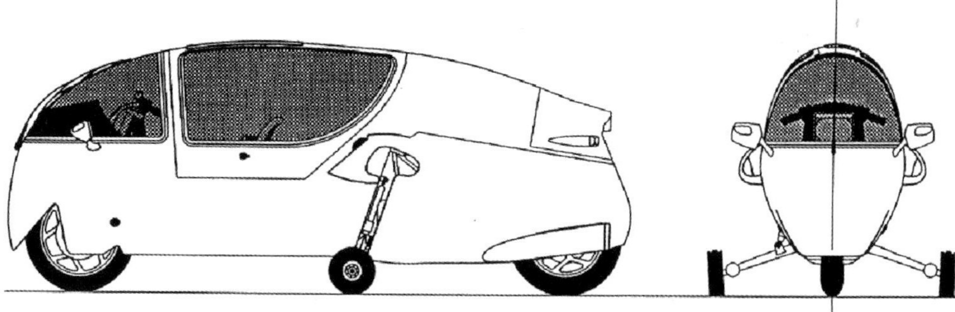

PERAVES W-18K5 ECOMOBILE Werk-Nr. 5002

zu lösen begannen. Von da an benützten wir Polyamidschrauben, um das Abschälen der Plexiglasscheiben zu verhindern. Am Morgen fand ich solche in der seinerzeitigen Garage von *Gerhard MITTER* Richtung Leonberg, wo ich früher *DKW*-Tuningteile gekauft hatte. Allerdings war daraus nun die SCHWABENGARAGE, eine FORD-Vertretung, geworden. Mit grossen Bedenken gab mir der neue, böse Chef dort eine Boxe mit Werkzeug, um die diversen Schäden zu reparieren, nachdem er mir zuerst die Tür gewiesen hatte mit der Bemerkung: „An dieser Scheisskiste machen wir nix!" Meine Bitten und 100 DM klopften ihn schliesslich weich.

Übernachtungen im Kabinenmotorrad wurden damals ein beliebtes Biertischthema, wobei vor allem die Frage erörtert zu werden pflegt, ob solche Fahrzeuge, wie Sportwagen, als <KATZENFALLEN> geeignet seien und wenn ja, wie dann technisch der <VOLLZUG> ablaufe. Dazu kann gesagt werden, dass im Prinzip eine hervorragende Eignung zufolge der Anziehungskraft dieser Maschinen auf weibliche Wesen nachgewiesen ist. Auch die Vollzugstechnik dürfte hinreichend bekannt sein. Als gravierende Nachteile haben sich jedoch die grossen, nur langsam mit Beschlag anlaufenden Fensterflächen sowie der Umstand erwiesen, dass selbst in gut getarnten Parkpositionen die meisten Passanten den dringenden Wunsch verspüren, sich dem *OEMIL* auf geringe Distanz zu nähern und es eingehend zu inspizieren, was nur Exhibitionisten wirklich erfreuen kann...

Etwa um zehn Uhr hatte ich in der Schwabengarage alles gefixt, zahlte und rollte dann weiter zum Nürburgring. Bereits am Wunnenstein trat jedoch die Stützwerkstörung wieder auf und ich konnte einen Sturz gerade noch vermeiden. Beim Brunch im Rasthof fasste ich den Entschluss, die restlichen 350 km zum Ring halt eben mit abgesenkten Stützrollen zu fahren. So rollte ich dann, wie weiland die MESSERSCHMITT-Kabinenroller, mehrspurig mit 80-100 km/h auf der linksrheinschen BAB 61 bis Koblenz und dann auf der BAB 48 bis nach Ulmen. Dabei entwickelte sich zwischen den Lastzügen und mir etwa dasselbe, mörderische Kampfverhältnis, wie wir es nach dem Fall der Mauer 1989 zwischen den <TRABIS> und den Landstrassenkapitänen, etwa auf der BAB 9 München-Berlin, wieder beobachten konnten. Der todesmutige Entschluss zum Überholen eines solchen dicken Brummers mit der Ungewissheit, ob das Zweitaktmotörchen die Vollgasperiode über mehrere Kilometer ohne Kolbenfresser durchhalten würde, die feindlichen Blicke und Hupsignale von oben und die hohen Verluste, auf dem Pannenstreifen mit offener Motorhaube wartend und die ADAC-Gebühren fürchtend, in all das kann ich mich nun lebhaft und mitfühlend gut hineinversetzen. Bei mir war es allerdings nicht die Motorleistung, welche ein schnelleres Überholen verhinderte, sondern die Ungewissheit, wie lange die Stützrollenpneus, zweckentfremdete Sackkarrenräder, das mitmachen würden. Ich sollte mich unnötig gesorgt haben, denn spätere Versuche bis 150 km/h und mit simulierten Plattfüssen ergaben keine Probleme mit der Reifentragfähigkeit.
Damit war das *K-OEMIL* auch technisch etabliert. Zwar waren noch Dutzende von Verbesserungen und Modifikationen auszutüfteln, zu testen und zu verwirklichen. Aber grundsätz-

lich entsprach das damalige Fahrzeug bereits den bis heute gebauten Typen *ECOMOBILE* und *MonoTracer*. Am Ring wurde ich mit viel HALLO begrüsst, einen Tag zu spät, aber immerhin da. Dort fand ich gottlob am Abend die Ursache des Stützwerkproblems, nämlich eine faule Massenverbindung und fixte sie. Mit dem neuen *K-OEMIL* fuhr ich dann in der Seitenwagenklasse von *Horst HARTMANN* mit und stellte fest, dass ich geschwindigkeitsmässig weit über deren Niveau lag.

Wie lange hält das Ding wohl? Das fragte ich mich bei der Rückfahrt, wo *Franziska* hinter mir im GOLF GTI bereits Mühe beim Mitkommen hatte. In Anbetracht der Pannen und des Sturzes nach dem Lehrgang 82 und auch noch bei der Hinfahrt konnte man nicht einfach annehmen, dass dieses Fahrzeug, *Werk-Nr.5002*, bis im Juli 2002 über 400'000 km mit zwei Motorwechseln abspulen würde. Leider endete 5002 unter unbekannten Umständen tragisch. Ein Neufahrer kam zwischen Rheinau und Ellikon im Wald in einer Kurve rechts von der Strasse ab. Beim Versuch, aus dem Graben auf die Strasse zurückzukommen, stürzte er nach links. Einlenken half ihm beim Aufrichten, aber die Fahrtrichtung änderte sich gegen eine Baumgruppe. Ein Baumstamm schlug das Oberteil der rechts geneigten Karosserie ab, was zu fatalen Kopfverletzungen führte. Lange untersuchte ich diesen Unfall, um eventuell mit einer Verstärkung des vorderen Überrollbügels einen besseren Schutz zu finden. Ich machte gleiche Erfahrungen wie PKW-Konstrukteure, nämlich, dass Kollisionen mit Bäumen die gefährlichsten Unfälle und immer Situationen möglich sind, wo die Sicherheitszellen, Sitzgurten und auch Airbags keinen genügenden Schutz ergeben.

Der KAPO war es zu teuer, abzuklären, ob evtl. ein Handyanruf dabei im Spiel war. Das noch grössere Interesse an diesem zweiten Lehrgang für das *K-OEMIL* machte klar, dass nun schleunigst die Zulassung betrieben und die Produktion vorbereitet werden mussten. Bei der Formmuldenherstellung half mir ***Max HORLACHER***, ein innovativer Querdenker und Inhaber eines Kunststoffbetriebs in Möhlin. Dafür konnte ich mich mit technischer Hilfe bei seinem Muskelkraft-Flugzeug revanchieren. Wir brachten es tatsächlich in die Luft und in Dübendorf auf Flüge von über 800 m Länge. Aus verschiedenen Gründen kam dann aber eine Zusammenarbeit in der Fahrzeugfertigung nicht zustande. Immerhin sind wir uns auch heute noch freundschaftlich verbunden. Er begleitete mich auch im Spätherbst 1985 zu einer Vorführung auf dem *BMW*-Versuchsgelände bei Ismaning, um die ***Riesen beim Schnarchen zu stören***, wie er das Verhalten von Grossfirmen gegenüber Innovation treffend charakterisierte.

PELARGOS-Muskelkraftflugzeug in Dübendorf - Max HORLACHER 2.v.r.

Bereits bei der Hinfahrt fiel die Temperatur unter null. Ich hatte meinen neuen DIA-Vortrag dabei und eine Broschüre mit identischen Bildern vorbereitet. Im Hotel Rechthaler Hof, am Vorabend des Termins, machten wir einen Probelauf mit *Max* als simuliertem Publikum. „Wenn die diese Bombe nicht aufgreifen, ist ihnen nicht mehr zu helfen", meinte er beeindruckt. Am nächsten Morgen holte ich, bei klammer Kälte und Eisflecken auf der Strasse, *Dipl.-Ing. Richard HEYDENREICH*, den Leiter der *BMW*-Motorrad-Vorentwicklung, an der Hufelandstrasse ab. Mit *Max'* Escort im Schlepptau gelangten wir zum *BMW*-Versuchsgelände am Speichersee bei Ismaning. Wie alle Mitfahrer war *Dipl.-Ing. HEYDENREICH* sofort beeindruckt. Er hatte zwar sicherheitshalber seinen Motorradhelm mitgenommen, aber auf meinen Rat hin dann im Kofferraum des *K-OEMILS* verstaut. Seit dieser Fahrt hat er uns in allen Fällen voll unterstützt und geholfen bis zu seinem, nach eigenen Angaben <nicht ganz freiwilligen> Ausscheiden bei *BMW*, das ich dementsprechend bedauerte. Die ganze Geschäftsleitung der *BMW*-Sparte Motorrad hatte in der Folge Gelegenheit, im Beifahrersitz des *K-OEMILS* mit mir den Motorrad-Handlingkurs im Versuchsgelände abzurollen. Es war bitter kalt, und bis die etwa zehn Fahrten vorüber waren, froren alle fürchterlich ausser mir im geheizten Fahrzeug. Als sich dann Geschäftsführer *Dr. Eberhard C. SARFERT* noch vor meinem Vortrag verabschiedete, wusste ich, dass <ihnen nicht zu helfen war>, obwohl den Technikern und besonders *Dipl.- Ing. PACHERNEGG* vor Begeisterung quasi der Geifer aus der Goschen floss. Beim Mittagessen in der Post in ASCHHEIM liess aber dann *Hänschen SAUTTER*, der Pressechef *BMW*-Motorrad, die Katze aus dem Sack. Die Sparte Motorrad sei im Moment existenziell bedroht, da innerhalb von *BMW* laut über die Weiterführung der Motorradproduktion nachgedacht würde. Neue oder gar neuartige Projekte stünden absolut ausser Diskussion. Zwar schickte mich *Dr. SARFERT* noch ins Entwicklungszentrum zu *Dr. BEZ*, der aber nur seinen desinteressierten Stellvertreter *Dipl.-Ing. PREGL* vorschickte. Dieser machte mir klar, dass vom *Riesen BMW* für eine Fahrzeugproduktion, ausser dem vereinbarten Teileverkauf, weder Interesse noch Hilfe zu erwarten seien. Somit musste ich mir die Fabrikation selber aufhalsen. Gottseidank weiss man in solchen Fällen nie, welche Würge- und Klimmzüge man sich so einhandelt, denn sonst wäre Resignation im Voraus die einzige vernünftige Haltung.

Nach langem Wenn und Aber konnte kurz vor Jahresende ein Besuch des Chefs der Typenprüfstelle, *Ing. Hans ROTH* und seines Stv. und späteren Nachfolgers, *Ing. STAUFFER*, arrangiert werden. Sie besichtigten die noch recht bescheidenen Räumlichkeiten an der Oberfeldstrasse 53 und sollten dann als Mitfahrer die Annehmlichkeiten des *K-OEMILS* geniessen. Mit dem Chef drin machte sich aber am Berg zur Kyburg Pochen im Takt der Radumdrehung von hinten vernehmbar und veranlasste mich zum Umdrehen. Beim Wegfahren von der Stoppstrasse in Kemptthal drehte die Kardanwelle leer durch und ich konnte gerade noch mit dem Schwung in den Parkplatz des Landgasthofs THALEGG einbiegen und parkieren. Nach diesem klassischen Vorführeffekt riefen wir den *Abgebrannten* an. Er und Ing. STAUFFER stiessen, zwecks gemeinsamem Mittagessen, zu uns, da es eben zwölf Uhr geworden war. Dabei stellte ich erfreut fest, dass unsere Besucher vom Gezeig-

ten, zumindest technisch, angetan waren. Über rein technische Fragen, die dann alle über *Ing. STAUFFER*, einen pragmatischen, begeisterungsfähigen Vollblut-Techniker liefen, sollten wir uns in der Folge mit der Typenprüfstelle problemlos verständigen können.
Der Nachmittag sah die Geburt des Spezial-Gabelabschleppseils, das wir erfanden, um das *K-OEMIL* mit der gebrochenen Kardanwelle zurückschleppen zu können. Es war der erste von vielen Zubehörteilen, die für das neue Fahrzeugkonzept entwickelt werden mussten. Dachträger, Skiracks, Aufbockwerkzeuge, Windblenden, Radiokästen, Kofferraumdeckel usw. bis zu Schneeketten und Eiskratzern für Akrylglas entstanden nach und nach. Auch der Grund für die Kardanpanne wurde ermittelt, nämlich eine durch Passungsrost abgefressene Keilverzahnung zwischen Welle und Endgetriebe. Dieses Problem sollte noch einige Male auftauchen und konnte schliesslich durch spezielle Seifenfette, <STABURAGS M> und <Three Bond OPTI-MOLY>, gelöst werden.

Kapitel XI

ANFLUG ...
1986 - 90
(Bude-BMW-Lieferflop-BAPO-Krieg-SR-Austritt)

Schaffe, schaffe, Bude baue

Frei nach schwäbischen Volksbrauchtum

Im Herbst 1985 hatte *Franziska* eine Klassenzusammenkunft. Ein Mitschüler, der Architekt geworden war, wollte ihr unbedingt ein Einfamilienhaus andrehen. Wenn schon, dann würden wir eine Fabrikliegenschaft benötigen, meinte sie. Erstaunlicherweise hatte der Architekt auch sowas zu vermitteln. Im Februar 1986 kaufte ich dieses Werkstattgebäude mit etwa 300 Quadratmetern Arbeitsfläche und zwei Eingängen, je einem an der Zürcherstrasse 93A und an der Einfangstrasse 2 im Winterthurer Arbeiterquartier TÖSS. Hier richteten nun der *Abgebrannte* und ich im grössten Raum im ersten Stock die <SAUEREI>, eben die schleifstaubintensive und giftmischende HARZEREI zur Formmulden- und Laminatteile-Herstellung ein. Im Keller lagerten wir Fertigungsteile, Räder und Reifen. Darüber, im Parterre, kam die Endmontage für Fahrzeuge zu liegen, wo zwei *OEMILE* gleichzeitig montiert werden konnten, mit einem kleinen Glas-Büroverschlag nach DMP-Muster.
Der Zwischenraum zu den drei Garagen wurde zur Schlosserei mit Schlagschere, Drehmaschinen, Schleif- und Ständerbohrmaschine, Schutzgas-Schweissanlage, Abkantbank sowie Rohr- und Blechlager. Die drei Garagen nutzten wir als Parkflächen sowie für Ser-

Endmontage im neuen Werkstattgebäude – im Büroverschlag der Abgebrannte (sitzend) und der Autor

vice und Reparaturen. Nach einigen kleineren Umbauten war die *OEKOMOBILFABRIK* auf kleinstem Raum perfekt ausgerüstet. Es war ein Vorteil, dass ich bei *WHN* werkstattgerecht konstruieren gelernt hatte. Hier standen uns nun in etwa die gleichen Einrichtungen und Möglichkeiten wie bei den Segelflugzeugfabriken in Deutschland zur Verfügung. Teure Guss- und Fräsbeschläge umgingen wir, wie dort, mit Schutzgas-Schweisskonstruktionen aus Cr-Mo-Flugzeugstahl nach LN 1.7734.5, um Ermüdungs- und Spannungsrisse zu vermeiden. Andere Beschlagteile wurden aus AVIONAL-Blech bis 10 mm Dicke gefertigt. Das Herz der Mobile, die selbsttragende MONOCOQUE-Karosserie, war ein E-Glas- und KEVLAR-Gewebe-EPOXY-Laminat mit eingeharzten Beschlägen und Verstärkungen aus den erwähnten Metallteilen. Später dimensionierten wir höher belastete Stellen auch aus hoch belastbaren Kohlefaser-Rovings und bauten Sichtflächen mit optisch ansprechendem Kohleroving-Flächenlaminat. Nach dem Prinzip des Flugzeugbaus, wo für die kleineren Serien weniger Aufwand mit Lehren, Vorrichtungen und Produktionswerkzeug getrieben wird, aber dafür der unumgänglich grössere Handarbeitsanteil in Kauf genommen werden muss, richteten wir den Betrieb für die entsprechend grosse Fertigungstiefe ein. So war es möglich, mit Gesamtinvestitionen von knapp 0,8 Mio. CHF eine funktionierende Produktionsbasis zu legen.

Die 0,8 Mio. CHF nahm ich aus meinen Ersparnissen und auf meinem Haus auf.
Eine herkömmliche Fahrzeug-Serienfertigung hätte dagegen einige Dutzend Mio. CHF erfordert, die ich natürlich nie aufbringen konnte und welche die schnarchenden Riesen dafür nicht aufwerfen würden. Daraus ergab sich auch die Marktnische für unser Produkt. Es musste quasi zum <BUGATTI> dieses Fahrzeugkonzepts, zum <HIGHPERFORMANCE-TOPQUALITY-LONGLIFE> Modell werden. Statt im Subauto-Segment siedelten wir es im Sportwagenbereich an. Als ich Jahre später unter den damals 80 *ECOMOBILE*-Besitzern den grössten gemeinsamen Nenner ermittelte, zeigte sich der Erfolg dieser Nischenpolitik darin, dass, inklusive mir selbst, 67 *ECO*-Besitzer, d.h. 84%, frühere oder noch *PORSCHE 911*-Fahrer waren. Was ich bisher nur intuitiv vermutet hatte, fiel mir nun wie Schuppen von den Augen: Wir hatten fahrleistungsmässig mit meiner *TURBO-ECO*-Entwicklung bis hinauf zum *911-TURBO* mit *PORSCHE* gleichgezogen, lagen preislich bei nur etwa 50-75%, im Verbrauch bei 30% des entsprechenden Vierradmodells und hatten die gleiche Transportkapazität, zwei Sitze sowie sogar einen

Einweihungsfeier der Werkstatt am 03.05.1986 – Passagierfahrten mit dem K-OEMIL vor den drei Garagen

weniger zerklüfteten Kofferraum. Als neigbares Motorrad macht das *ECO* erheblich mehr Fahrspass her und ist wegen der Einspurvorteile erheblich schneller und wendiger beim Überholen, Kreuzen und auf schmalen Strassen. Endlich ergibt sich ein böser ***Verärgerungsvorteil***, wenn man das *ECO* neben einer solchen Sportkiste parkiert, *weil diese dann eben* ***von keinem Schwein*** *mehr* ***beachtet*** *wird*!

Hingegen war es preislich unmöglich, in unserem Kleinbetrieb ein ***VOLKSMOBIL*** herstellen zu wollen. Verbilligungen, z.B. durch Verwendung des *750-ccm-K-Dreizylindermotors* anstelle des *1'000-ccm-K-Vierzylinders*, würden genau 650 CHF Einsparung ergeben haben, also in Relation zum Verkaufspreis von ursprünglich 55'000 CHF lächerlich wenig. Dafür wären die spektakulären Fahrleistungen um 25% kastriert worden. Natürlich kann das Kabinenmotorrad nur im <*VOLKSMOBIL*>-SEGMENT zu grossem Erfolg kommen. Dann muss jedoch die Produktion unter vergleichbaren Bedingungen zum Massenprodukt PKW ablaufen. Während ich den <BUGATTI> als ECOMOBILE und später als *MonoTracer* forcierte, unternahm ich aber auch Versuche, mit den schnarchenden Riesen ein *VOLKSMOBIL* zu lancieren.

PROJECT

CROSSBOW

PERAVES ECOMOBILE LTD. CH-8406 WINTERTHUR
www.peraves.ch

A CABIN MOTORCYCLE
FOR PERSONAL TRANSPORT

COOPERATION VENTURE OF
YAMAHA MOTOR EUROPE N.V. AND PERAVES LTD.

REALIZATION OF CONCEPT-VEHICLE
UNTIL 31.12.2002

REQUIREMENTS AND SPECIFICATIONS

TASK ALOTTMENT AND FINANCING

AUTHOR: ARNOLD WAGNER
COPYRIGHT 2001

Im Jahr 2001 kam es auf Vermittlung durch *Hennes FISCHER* bei *YMENV (YAMAHA Motor Europe NV)* zu Verhandlungen darüber. Mein von den *YAMAHA*-Leuten auf CROSSBOW umgetauftes *VOLKSMOBIL*-Projekt, auf der Basis des *YAMAHA-T-MAX*-Rollerantriebs, gedieh bis zum unterschriftsreifen ***AGREEMENT Cabin Motorcycle 2001***. Schlussendlich fehlte die Unterschrift von *T. MABUCHI, Executive Vice President YMENV*, weil man in Schiphol die Anzahlung von 250'000 Euro nicht auftreiben konnte. Es war das zweite Mal, dass ich bei *YAMAHA* auf solche Finanzprobleme stiess, was auf einen Unterfinanzierungsgrad dort schliessen lässt. Immerhin zeigte das Projekt das Potential eines solchen Fahrzeugs, Preis 15'000 Euro, Verbrauch 3 l/100 km und Spitze 200 km/h auf, das heute praktisch in der einzigen Wachstumszone des Individualverkehrs angesiedelt wäre. Bei den Herstellern konventioneller PKW hat ja die Überkapazität dazu geführt, dass die einzelnen Marken mit Innovations- und Preisdruck einander voller Einsatz das Wasser abzugraben versuchen, was nur damit enden kann, dass schlussendlich viele verdursten werden, die Fälle ROVER, SAAB etc. lassen grüssen...

20'000 km auf dem Tacho

Im Frühjahr 1986 begann die vereinbarte **Technische Prüfung** des *K-OEMILS* bei der Typenprüfstelle. Zu diesem Zweck fuhr ich das Fahrzeug bei Schnee und Matsch nach FRUTIGEN im Berner Oberland, wo der Typenprüfstelle ein alter Militärflugplatz zur Verfügung steht. Trotz Schnee auf der Piste wollte der Chef, *Ing. Hans ROTH*, sofort damit fahren und schmiss es prompt hin. Sein Kommentar dazu, er sei noch nie so komfortabel gestürzt, ist schon erwähnt worden. Neben mir beobachteten *Ing. STAUFFER* und ein Bäuerlein, das die Schneeflächen neben der Hartbelagpiste düngte und seinen Traktor mit Güllenfass aus Gwunder abgestellt hatte, die Slalomfahrt und den Sturz. „Daar iisch schu z'aut und lehrts nimmi", brummte er mir zu, während *Ing. STAUFFER* meinte, man müsse für den Chef einen A-580-CONDOR aus dem Zeughaus holen, damit der seine eingerosteten Motorrad-Fahrkünste wieder auffrischen könne. Beim Hinschmeissen war eine der damals noch etwas schwächeren Stützachsen leicht verbogen worden. Wir organisierten eine Autogen-Schweissanlage und ich richtete die Achse mit Hilfe von *Ing. STAUFFER*, bevor ich das *OEMIL* mit ungutem Gefühl der Typenprüfstelle für drei Wochen überliess. Als ich es abholte, hatte es immerhin 220 km mehr auf dem Tacho und war noch ganz.

VII. Alpenfahrt 25.09.1986 – K-OEMIL Insassen trocken mit Schirm, Motorradfahrer im Regensack vor dem Hotel HOF MARAN in AROSA

Ziemlich das ganze Jahr 1986 war mit Ausbau- und Einrichtungsarbeiten im Betrieb gefüllt. Parallel dazu machte die Fahrerprobung Fortschritte. Im Juni besuchte ich mit dem *K-OEMIL* unsere Freunde *Gusti + Krista DÜRINGER* in JAVEA/Spanien. Einige Probleme waren noch zu lösen. Da der Motor am Tag überhitzte, konnten wir nur nachts fahren

und mussten auch dann noch oft anhalten und den Motor abkühlen lassen. Zudem war das Sonnendach mit Öffnungsmöglichkeit noch nicht eingebaut, sodass *Franziska*, entgegen ihrer sonstigen Gepflogenheit, ungebührlich viel reklamierte. Ein Erfolgserlebnis auf den 2x2'500 Kilometern Fahrt hatten wir immerhin dennoch auf der Rückreise, indem auf dem ODOMETER die runde Zahl von *20'000 km* erreicht und überschritten wurde.
An der traditionellen, bereits ***VII. Alpenfahrt*** rollte ich erstmals im K-OEMIL mit. Hinter, zwischen und auch vor den Motorrädern führte die Route am ersten Tag, dem 25.09.1986, über Wildhaus-Feldkirch-St.Gerold-Faschinajoch-Furkajoch-Malbun-Luziensteig-Maienfeld-Chur nach Arosa. Sinnigerweise begann es am Abend zu regnen. Drei Motorräder stürzten auf dem nassen Plessurquai zwischen den kriminell schlecht eingebauten Schienen der Arosabahn. Selbst kamen, mit einer Mitfahrerin aus dem Begleitbus im *K-OEMIL*, diese und ich als Fahrer als Einzige per Zweirad trocken im Hotel Hof Maran an.

Am nächsten Tag, über Lenzerheide-Julier-Maloja-Splügen-San Bernardino-Lukmanier und Oberalp wurde klar, was ich schon lange vermutet und erhofft hatte: Das *K-OEMIL* hatte keine Mühe mit den Serpentinen in den Alpen. Zufolge der besseren Stabilität und grösserer Neigungsfreiheit konnte ich auch bei den sportlichen Motorradpulks gut mithalten und insbesondere den <SCHLAUCHBOOTEN>; (einer Bezeichnung von Prof. SPIEGEL für die Edeltourer GOLDWING, VENTURE, ELECTRA-GLIDE usw.) problemlos um die Ohren fahren. Der erste Käufer eines *K-OEMILS* sollte dann auch ein am Oberalp von mir versägter HARLEY-Treiber sein.

Die HURE nach dem Sturz am Nürburgring - der Autor merkt noch nichts von den blauen Flecken, die erst am nächsten Tag kommen

Somit war 1985 mein letztes <richtiges> Motorradjahr gewesen. Meine Sammlung war 1984 mit einem Traum, der *YAMAHA RD 500*, abgeschlossen worden. Dieses Zweitakt-Vierzylinder-Rennmaschinchen war auch das letzte, konventionelle KRAD, das ich noch mit Feuer und Flamme gedroschen habe. Seither bin ich nur noch sporadisch mit *Cabriolets* gefahren, wie ich die dachlosen, gewöhnlichen Motorräder nun zu nennen pflog. Mein Name für die *RD 500* war <HURE>, weil man damit nicht normal fahren konnte. Je mehr man sie drosch, desto bereitwilliger gab sie sich dem Treiber hin. Beim Langsamfahren verölten die Kerzen. An einer ZUVI auf dem Nürburgring war ich damit in einer Wasserlache ausgerutscht und beim Ausflug ins Grüne, erstmals seit dem Unfall mit der *DICKEN*, wieder gestürzt.

Sinnigerweise musste ich einige Tage nach dem Sturz im FAI in Dübendorf, zwecks Ausmusterung aus der *Flugwaffe* zur medizinischen Untersuchung antraben. Die üblichen Sturzfolgen, riesige blaue Flecken, kaschierte mir *Franziska* aufwändig mit Makeup. Wegen der Kleider wurde die Tarnung aber stark lädiert und ich musste mich von den Medizinern, fast wie weiland SCHWEIK Josef vor den Gerichtsärzten, mit abgesenkten Händen rückwärts aus dem Ordinationsraum zurückziehen, um nicht auffällig zu werden. Es wäre problematisch gewesen, sich wegen Rückenproblemen dem vaterländischen Flugwaffendienst entziehen zu wollen und gleichzeitig Spuren eines Motorradsturzes auf dem Nürburgring erklären zu müssen.

Mgr. R+D Kotaro HORIUCHI stehend und VP WAKANO im K-OEMIL auf der frisch verschneiten Schwägalp am 27.10.1986

Die Publikationen über das *K-OEMIL* hatten zwischenzeitlich auch Japan erreicht, sodass der *R+D Manager von YAMAHA, Kotaro HORIUCHI*, auf uns aufmerksam geworden war. Wir erhielten eine Besuchsanfrage, ob er auf seiner Europareise im Oktober 1986 einen Besuch machen könne. So kam es zum denkwürdigen 27.10.86 und dem ersten Besuch eines <GROSSEN> bei uns. Mit dem *K-OEMIL* fuhr ich *HORIUCHI* auf die Schwägalp und seine Retinue folgte im 600er DAIMLER-BENZ, verlor uns aber bald im Verkehr. In der Nacht war der erste Schnee gefallen. Als ich auf etwa zwei Zentimetern Matsch die Serpentinen beim Kräzerli hochbrummte, meinte ich, zu meinem Fahrgast gewandt: „You see, those machines can also be operated in wintery conditions". Seine ziemlich gepresste und gestresste Antwort war: *„CAREFUL, CAREFUL, MAYBE ICE!"* Beim Mittagessen in der Schwebebahnbeiz wurde eine rege Diskussion auf Japanisch zwischen *VP WAKANO*, Testfahrer *BEAN-San* und *Mgr. R+D HORIUCHI* geführt. Sie endete mit der Frage an mich: „Mr. WAGNER, what can we do for you?" Nun, ich hätte all mein Geld in das *K-OEMIL*-Projekt gesteckt und *YAMAHA* hätte gerade eine tolle, neue FZ-750 mit Fünfventiltechnik aufgelegt, meinte ich. Hi-Hi-Kichern war die Reaktion. Mit echt orientalischen Kotaus verabschiedete sich der Besuch nach der Rückfahrt in Winterthur, bei welcher *VP WAKANO* im *K-OEMIL* mitfuhr. Kurze Zeit später kam ein Brief aus IWATA/Japan mit dem wesentlichen Inhalt, dass man <*one of your protomachines*> ordern wolle, <and a new *FZ-750* will be delivered to you next spring>. Nun wollte ich natürlich nicht ein Fahrzeug an einen <Riesen> abgeben ohne eine gewisse Absicherung des Know-How-Transfers. Damals waren wir patentrechtlich noch nicht so gut geschützt, denn die drei Grundpatente für Monocoque, Stützwerk-Steuerung und Stützwerksystem waren nur in der Schweiz, Liechtenstein und den vier EU-Staaten DE, FR, GB und IT angemeldet und erteilt worden. Mein Schwiegervater *Erwin PFARRWALLER* hatte mir dazu eine Verbindung zum Patentbüro der Firma *SULZER* verschafft, das nach seiner Pensionierung 1976 ziemlich an Unterbeschäftigung litt. Mit Hilfe des fleissigen Patentingenieurs *Adolf TRIEBLNIG* gingen die Anmeldungen zügig und kostengünstig durch. Den Aufwand für eine USA- und Japan-Patentierung scheuten wir jedoch, weil die Zukunftsaussichten für das Kabinenmotorrad (noch) keinen sicheren Wert darstellten. So musste ich, auf Anfrage von *YAMAHA*, in den Verkaufsbedingungen darauf bestehen, dass man mir zehnmal den Fahrzeugpreis nachüberweisen müsse, falls *YAMAHA* Fahrzeuge gleichen Konzepts, nämlich Kabinenmotorräder mit Stützrollen, kommerziell auswerten würde. Diese <conditio sine qua non> hob nun wohl das Geschäft über *Mgr. R+D Kotaro HORIUCHI's* Budgetlimite hinaus. Er musste erst dafür die Genehmigung der Generaldirektion bekommen. Diese beauftragte einen Rechtsanwalt mit den Verhandlungen. Nach dessen zweitem Besuch, im Herbst 1987, waren jene nahezu abgeschlossen, als es im Oktober 1987 an den Börsen WALLSTREET und in Japan gewaltig krachte. *YAMAHA* war dadurch stark betroffen, sodass *HORIUCHI* mir ein Zitat des damaligen COB wie folgt kommunizierte: <Für *YAMAHA* sind alle Lichter ausgegangen>. Später kam noch ein Schreiben aus IWATA, wonach Entwicklungen, die nicht innerhalb eines Jahres zu marktfähigen Produkten führen würden, aus Kostengründen annulliert werden müssten. Es sollte 14 Jahre dauern, bis Verhandlungen über Kabinenmotorräder mit *YMENV (YAMAHA MOTOR EUROPE NV)* wieder begannen. Das dazu von mir kreierte *CROSSBOW-VOLKSMOBIL* auf *T-MAX-500-Basis* wurde aber wiederum aus Kostengründen abgestoppt, was mich dann eben auf die erwähnte Unterfinanzierung bei dieser zwar fahrzeugtechnisch brillanten Firma schliessen liess (Siehe dazu S. 186).

Zwischenzeitlich war das angekündigte *FZ-750*-Motorrad eingetroffen, aber ich fand wenig Zeit dafür, damit herumzuspielen. Keine 2'000 km bin ich dann selbst mit diesem Supertöff gefahren, bis er von meinen Söhnen mit Beschlag belegt wurde. 1991, beim ersten *ECO-*

MOBILE-Lehrgang auf der Rennstrecke von MOST CZ, drehte ich eine letzte Runde damit, welche zugleich meinen Abschied vom *Cabriolet*, dem herkömmlichem Motorrad, bedeutete. Die früher geschätzte, sportliche Sitzposition darauf hatte sich, im Vergleich zum Komfort-*ECOMOBILE*, zu einem unbequemen Albtraum <wie der AFFE auf dem Schleifstein> gewandelt. Das An- und Ausziehen der Montur, mit Versorgen der Jahrringe im immer mehr spannenden Ledersack, komfortfeindliche Handschuhe, Stiefel und Helm etc. liessen allein die Abfahrts- und Absteigevorbereitungen zum halben Tagwerk, gegenüber dem sekundenschnellen Ein- und Ausstieg beim *ECO*, verkommen. Die Argumente für das neue Fahrzeugkonzept fielen nun von selbst auf ihre Plätze, nämlich wie erwähnt als *<Kombination der Vorteile des Motorrads (Fahrspass, Beweglichkeit, geringer Platzbedarf und Betriebsaufwand) mit denjenigen des Automobils (Geschlossene Kabine für Komfort, Wetter- und Unfall-Schutz)>*. Das abschreckendste Beispiel DAGEGEN hat Siegfried RAUCH, damaliger Chefredakteur von MOTORRAD vor über 50 Jahren formuliert für das *GESPANN* oder (schweizerdeutsch) den *SEITENWAGEN*, das bzw. der *<ein Fahrzeug sei, welches alle Nachteile des MOTORRADS mit allen solchen des AUTOMOBILS vereine>*.

Die gegen 300'000 km, welche ich von 1976 bis 1991 mit meiner konventionellen Motorradsammlung abspulte, sind mir als eine wunderbare Zeit in Erinnerung geblieben. Mein modernes Kabinenmotorrad war nie gegen das herkömmliche Motorradkonzept gerichtet. Es versteht sich als Erweiterung des Schönwetter-Freizeitmotorrads zum ganzjährigen *GEBRAUCHSMOTORRAD*, dem effizientesten Strassenmotorfahrzeug überhaupt. Für jeden, der *ECOS* selber fährt, sind heute die *SPIEGEL'schen <SCHLAUCHBOOTE>*, *GOLDWING* etc. nun in der Frühgeschichte der individuellen Motorisierung abgelegt. Für deren glitzernde Chromflächen und die zeitlosen, behelmten Ritterrüstungen der atavistisch wie auf einem Pferd reitenden Aufsassen habe ich in meinen Geschichtskenntnissen einen passenden Platz, nämlich als die aussterbenden Fortsetzer der Ritter-Tafelrunde von König ARTUS gefunden und sie dort abgelegt. Zu einem Besuch in jener mittelalterlichen Vergangenheit mittels eines herkömmlichen KRADS verspüre ich nun jedoch keine grosse Lust mehr, denn diese konventionellen KRÄDER sind durch das Kabinenmotorrad wie Veteranen-Motorräder überholt und zurück in die Vergangenheit versetzt worden. Von mir aus könnten sich heute die <Schlauchbootfahrer> sofort der FAM (FREUNDE ALTER MOTORRÄDER) anschliessen. Die Erkenntnis dieses Vorgangs bedarf jedoch einer gewissen Zeit, was mir am Beispiel der meisten *ECO*- und *MonoTracer*-Kunden aufgefallen ist. Der eine hatte beim Kauf noch eine Pan-European, der andere eine HARLEY etc.. Alle versicherten mir, dass sie diese Maschinen natürlich behalten würden. Fragte man etwa ein Jahr später nach, wie oft sie jene *Cabriolets* denn noch bewegten, war, bei nahezu allen, die Antwort zu hören: „Das Ding stand nur noch herum, also habe ich es schliesslich dann verkauft ".

Die periodischen Kontakte mit der Typenprüfstelle und dem *BAPO (Bundesamt für Polizeiwesen)*, ergaben die Nachweise für die *ECO*-Verkehrstüchtigkeit durch eine Quasi-Fahrprüfung, bei welcher ich vor und hinter einem BUNDESOPEL der Typenprüfstelle von

Frutigen über Spiez nach Steffisburg und Heiligenschwendi zu fahren hatte. Es war mir zuvor hoch und heilig zugesichert worden, dass mein Führerschein dabei nicht auf dem Spiel stehe, sondern nur die Frage der *K-OEMIL*-Zulassung. In Heiligenschwendi schneite es und hatte ca. zwei Zentimeter Matsch auf der Strasse. Aus früheren Erfahrungen wusste ich, dass das noch unter der kritischen Grenze für die Einspurfahrt lag. Herkömmliche Motorräder vertragen weniger, weil die Radlast vorne nur etwa die Hälfte beträgt und Hydroplaning entsprechend früher auftreten kann. Somit folgte ich ohne Absenken der Rollen dem *BUNDESOPEL*, was den Herren ziemlich Eindruck machte. Nach Thun hinunter und dann per Autobahn zum Ostring Bern bis zur Tiefgarage des Bundeshauses, damit waren die verschiedenen Situationen wie Landstrassen, Dörfer, Autobahn und Stadtverkehr einigermassen durchgeprüft. *Ing. STAUFFER* tauschte am *K-OEMIL* unser U-Schild gegen ein Bundes-A-Kennzeichen aus und komplettierte die Prüfung durch eigene Fahrpraxis vom Stadtzentrum BERN über Land- und Hauptstrassen bis nach Wangen an der Aare zum Hotel AL PONTE bei der Autobahn. Es war das erste Mal, dass ich mein *KRAFTEI* von hinten und aussen im Strassenverkehr fahren sah. Meine Eindrücke, sowohl vom Fahrzeug als auch vom Fahrer, waren sehr erfreulich. Beim Mittagessen herrschte eine entspannte Atmosphäre und es wurde übereinstimmend festgestellt, dass <in den Händen geübter Fahrer> solche Fahrzeuge verkehrstüchtig bzw. <die Massnahmen, die der Sicherheit im Verkehr dienen>, gemäss *SVG (Strassenverkehrsgesetz) Art. 8* sicher erfüllt seien. Ebenso waren die schädlichen Auswirkungen des Fahrzeugbetriebs, im Wesentlichen Abgas- und Lärmvorschriften, nach den damals schon sehr strengen CH-Normen geprüft und innerhalb der Limiten befunden worden. Wie immer, wenn Ingenieure und Techniker über fahrzeugtechnische Bedingungen reden, war die Unterschiedlichkeit der Auffassungen minimal. Konsens war, dass das *K-OEMIL* als ganz normales Motorrad mit über 125 ccm Hubraum fertig zu prüfen und zuzulassen sei, wobei alle BAV-Anforderungen erfüllbar wären.

Zufolge des Entwicklungsstands bezüglich Fahrerprobung und Zulassung konnte nun ein selektives Marketing und eine Produktionsaufnahme ins Auge gefasst werden. Als Erstes begannen Gespräche mit der *BMW (Schweiz) AG* in Diesldorf über die benötigten Teilelieferungen. Hier erlebte ich die erste unangenehme Überraschung. Gemäss der seinerzeitigen Vereinbarung mit *Dr. SARFERT* in München, die *BMW (Schweiz)* auch zugestellt worden war, hätte ein Teilesatz, der etwa 60% der Teile eines kompletten KRADS umfasste, auch nur 60% des Ladenpreises eines solchen kosten dürfen. Bei einem Preis von 14'200 CHF für das ganze *K100*-Motorrad wollte nun Direktor LÜTHI in Dielsdorf, bei einer Bestellung von 50 Teilesätzen, nicht weniger als 17'400 CHF pro Satz! Nach langem Hin- und Her kam für zwei Sätze ein <Versuchs-Kompromiss> von je 13'700 CHF zustande. Direktor LÜTHI sagte mir ganz offen, dass man in Dielsdorf bei *BMW (Schweiz)* an der Sache nicht interessiert sei, denn im letzten Jahr habe man mit einem einzigen Siebner-Autoverkauf doppelt so viel verdient wie mit dem ganzen, meist Verlust schreibenden Motorradgeschäft. Die Sache artete schliesslich in einen regelrechten Krieg aus. Zeitweise befürchtete ich, dass deswegen das K-OEMIL kaputtgehen würde. Da ich für eine anders motorisierte Maschine

kein Geld mehr hatte, wäre der Traum vom modernen *Kabinenmotorrad* hier beinahe endgültig geplatzt. Selbst mein Angebot, ganze Motorräder zu kaufen, wurde abgeschmettert mit der Begründung: „Sie sind ja kein *BMW*-Motorradhändler, wenden Sie sich gefälligst an einen solchen!" Erst im Jahr 1990 konnte dieser Krieg dann beigelegt werden.
Inzwischen blieb mir nichts anderes übrig, als Ladenhüter aus Deutschland zu kaufen. Es waren fabrikneue *BMW-K100*-Maschinen, deren Farbe und/oder Ausrüstung wenig Anklang bei den Kunden fanden. Der Deutsche wie der Schweizer müssen beim Motorfahrzeugkauf ja immer das bestausgerüstete Modell haben, was bei der *K100* die *RS-Version* war. Alle <gewöhnlichen> Maschinen, ohne *RS*-Verkleidung, mit simplen Farben wie Schwarz oder Rot, ohne <metallisé> und <pearl>-Optionen, floppten und blieben an Halde. Gegen Ende jeden Jahres wurden sie dann, zwecks Schönung der Zulassungsstatistik, den *BMW*-Händlern zu Schleuderpreisen aufs Auge gedrückt, standen aber dort trotzdem als Ladenhüter herum. So kamen wir für rund 8'500 CHF zu ganzen Maschinen, die technisch gleichwertig waren wie die *RS* und kannibalisierten sie. Am Schluss dauerte das Abreissen, das meinen Mechanikern viel Freude bereitete, lediglich noch knapp zwei Stunden. Die nicht verbaubaren Teile wie Tank, Sitzbank, Verkleidungsstücke, Rahmen, Fussrasten, Kotflügel, Reifen, Lenker, Ständer usw. wollte ich an alle möglichen *BMW*-Stellen vergeblich zurückgeben. Als sich unser Kellerlager mit diesen Teilen zu überfüllen begann, liess ich ins *MSS (MOTO-SPORT-SCHWEIZ)* ein unschuldiges Inserätchen, nur mit Telefonnummer, setzen mit Titel: ***BMW-K100-Neuteile sehr günstig zu verkaufen***. Pro Maschine lösten wir dergestalt im Durchschnitt über 1'000 CHF, womit der seinerzeit vereinbarte Satzpreis von Herrn *Dr. SARFERT* sogar unterboten wurde. Bald tauchte aber dann hier ein <Herr MÜLLER> auf und kaufte einen Rahmen mit der Begründung, er sei mit seiner *K100* gestürzt und wolle den beschädigten Rahmen über den Winter selbst ersetzen. Kurze Zeit später rief mich ein völlig verzweifelter *BMW*-Händler aus Deutschland an und sagte, ein *Herr KOLK von BMW-Motorrad* München habe ihm mit dem Entzug seiner *BMW*-Motorradvertretung gedroht. <Herr MÜLLER> entpuppte sich in Tat und Wahrheit als Spion und Mitarbeiter von der *BMW (Schweiz) AG*. Über die Rahmennummer hatte man das kannibalisierte Motorrad zurück zum Händler verfolgt und diesen so ausfindig gemacht. Gleichzeitig sperrte man uns in Diesldorf die Ersatzteillieferungen für Reparatur und Instandhaltung unserer schon ausgelieferten *OEMILE*. Das hob mir den Hut ab und ich rief empört bei *BMW (Schweiz)* an. Die Sekretärin wollte mich nicht mit Herrn Direktor LÜTHI verbinden, er sei für mich nicht mehr zu sprechen. So rapportierte ich die Geschichte der Eidg. KARTELLKOMMISSION beim *EVD (Eidg. Volkswirtschaftsdepartement)* in Bundes-Bern. Diese damalige Schläferkommission war sehr erfreut über meine Nachricht, hatte man doch seit dreiviertel Jahren wieder einmal einen Fall zu behandeln. An *BMW (Schweiz)* sandte ich ein Einschreiben folgenden Inhalts:
Wenn die Liefersperre für Ersatzteile nicht aufgehoben und ich von weiteren Repressionen gegen meine Motorradlieferanten hören würde, käme es u.a. zur Publikation halbseitiger Inserate in der Schweizer Motorradpresse mit folgendem Inhalt: ***<Neue Original-BMW-K100-Ersatzteile – soo günstig, dass auch Direktor LÜTHI für BMW (Schweiz) AG bei uns***

einkaufen lässt> Auch die Anzeige bei der Eidg. Kartellkommission lag als Kopie bei. Das Resultat war ein Telefonanruf eines Bekannten aus Dielsdorf, der mir zwar nicht offiziell, aber doch <offiziös> mitteilte, wir bekämen dort wieder Ersatzteile. Auch die Aktion gegen den *BMW*-Händler in Duisburg wurde abgeblasen. Interessanterweise ist heute (2012) gegen *BMW* eine ***Busse von 156 Mio. CHF*** von der <Eidg. WETTBEWERBSKOMMISSION> des *EVD*, Nachfolgeorganisation der seinerzeitigen KARTELLKOMMISSION, ausgefällt worden, weil man trotz freiem Marktzugang den *BMW*-Autohändlern in der EU verboten hatte, an Schweizer *BMW*-PKW direkt und unter Umgehung der Werksniederlassung *BMW* (Schweiz) AG zu verkaufen.
Wir hatten seinerzeit dann Ruhe, aber die Lage war immer noch problematisch, da wir auch den Draht zur Technik an der Hufelandstrasse in München-Milbertshofen verloren hatten. Vorgreifend sei nun die Geschichte bis zum späteren Happy-End weiter erzählt. Über Marketingleute und andere Kanäle versuchte ich mehrmals, direkt mit dem aktuellen der oft wechselnden Geschäftsleiter der *BMW-Sparte MOTORRAD* wieder in Kontakt zu kommen. Das gelang schliesslich, und nach einer ersten Ablehnung kam es zu einem befristeten Liefervertrag, der uns in etwa die seinerzeitigen Konditionen gewährte. Die endlich erreichte Kooperation wurde an der INTERMOT 1990 besiegelt mit dem damals neuen Geschäftsführer der *BMW Sparte MOTORRAD,* ***GOGGO GLAS***. Er war, als Enkel des Firmengründers, tatsächlich der Namensgeber für das GOGGOMOBIL und den GOGGO-Roller der GLAS-Isaria-Werke in Dingolfing, die in den 70er-Jahren von *BMW* vereinnahmt wurden. GOGGO GLAS meinte anlässlich der Einigung an der INTERMOT: „Jetzt endlich weiss ich, wie die Jungfrau zum Kind kimmt, nämlich genauso wie wir zu dieser Kooperation mit Ihnen". Die Paten des neuen Vertrags, nämlich Chefredakteur GOTTSCHICK und Redakteur ZANKER von *MOTORRAD* sowie unser Rechtsanwalt Werner SCHMID konnten sich ein Lachen auf den Stockzähnen nicht verbeissen über dieses an der IFMA 90 gemachte Glücksgeständnis seitens *BMW*...
Seit dann dürfen wir gottlob sagen, dass man bei *BMW*, im Rahmen der betrieblichen Möglichkeiten, praktisch alles für uns getan hat. Man richtete eine Dienststelle <Sonderkunden> ein, die mit *Johann HAUZENEDER*, einem Münchner Original, ideal besetzt wurde. Er konnte GARANTIEFÄLLE unbürokratisch auf dem Verrechnungsweg erledigen und glättete die Differenzen zwischen dem hochorganisierten *BMW*-Laden und unserer Einzelfallmechanik für beide Seiten wirtschaftlich tragbar und einfach aus. Auch gelang es ihm, für uns Spezialteile wie ungelochte Bremsscheiben oder speziell lange Endgetriebe auflegen zu lassen und uns nur den Preis für Standardteile zu berechnen. Zwecks Informations-Austausch luden wir ihn und seine Frau gelegentlich an Veranstaltungen ein. Wir sind uns seit seinem Ruhestand immer noch freundschaftlich verbunden und treffen uns ab und zu in einem der Biergärten in der Nähe seines Hauses an der Hanauer Strasse zu Paulaner-Bier, einem Obatzten oder einer Schweinshaxe mit Knödeln und Kraut...

Voller Zuversicht, nach dem technischen Gespräch in Wangen an der Aare, hatten wir die Unterlagen für die Typenprüfung des *K-OEMILS* zusammengetragen und im Herbst

1986 eingereicht. Die Antwort im März 1987 stauchte mich wie ein Blitz aus heiterem Himmel zusammen. Der Abschluss der Prüfung sei zwar in Aussicht, hiess es, aber selbst bei der möglichen Erfüllung aller Vorschriften könne ***ein Typenschein nicht ausgestellt*** werden, da die Typenprüfstelle nicht befugt sei, von den Einteilungsvorschriften nach BAV Art. 2 abzuweichen.

Franziska in ihrem zweiten ECO 5045 auf der Tschechien-Osterfahrt 1997. Im Passagiersitz Liesl HAUZENEDER

Diese Einteilungsvorschriften bezeichneten alle Motorfahrzeuge mit wenigstens vier Rädern als *MOTORWAGEN* = AUTOS, während die *<einspurigen, zweirädrigen Motorfahrzeuge mit oder ohne Seitenwagen>* als ***MOTORRÄDER*** subsumiert werden. In Anbetracht der Tatsache, dass ohne jede Rechtsbeugung das *K-OEMIL* wie jedes gewöhnliche Motorrad hätte eingeteilt werden können und die Stützrollen als <Abstellvorrichtung, die den Strassenbelag nicht beschädigt>, durchaus passend beschrieben sind, war mir diese formaljuristische Federfuchserei der Typenprüfstelle unbegreiflich. Deren Chef, *Ing. Hans ROTH*, hatte sich offensichtlich auch nach dem Gespräch beim Mittagessen in Wangen a.d. A. gegen oben nicht zum Ergebnis zu bekennen getraut, sondern sich als rückgratloser Wendehals voll in den Amts-

741.41 Strassenverkehr

Zweiter Abschnitt: Einteilung der Fahrzeuge

Art. 2

Motorfahrzeuge[1]

1 Motorwagen sind, mit Ausnahme der Motorhandwagen (Abs. 4), alle Motorfahrzeuge (Art. 7 SVG) mit wenigstens vier Rädern sowie die mit drei Rädern versehenen Motorfahrzeuge mit mehr als 400 kg Leergewicht und die dreirädrigen Arbeitsmotorfahrzeuge.[2]

2 Motorräder sind, mit Ausnahme der Motorfahrräder (Art. 5 Abs. 2), die einspurigen zweirädrigen Motorfahrzeuge mit oder ohne Seitenwagen sowie die dreirädrigen Motorfahrzeuge, die nicht als Motorwagen gelten.[2] Kleinmotorräder sind einplätzige Motorräder ohne Seitenwagen mit einem Hubraum bis zu 50 cm^3. (Betreffend Kindersitz vgl. Art. 63 Abs. 3 der V vom 13. Nov. 1962[3] über die Strassenverkehrsregeln, im folgenden VRV genannt.)

wind gedreht. Dies war meine allergrösste Enttäuschung im Umgang mit Behörden und Beamten. Seither habe ich vollstes Verständnis für *Nevil SHUTE* und seine Auffassung, wonach *<a civil servant or official always an arrogant fool>* sei, *<unless exceptionally proved otherwise>*. Diese Ansicht wurde dann weiter bestätigt, indem bei der Reportage über die Verschleppung der *K-OEMIL*-Zulassung ein höherer Apparatschik des BAPO, trotz eindeutig verhandelter Vorgeschichte äusserte, man habe beim besten Willen nicht wissen können (sic!), ob es sich da um ein AUTO oder um ein MOTORRAD handle...
Nun, meine Reaktion auf diese amtliche Vernichtungswut gegen mein modernes Kabinenmotorrad bestand dann eben im schon erwähnten, *rangierten Gesamtangriff*, wofür *Swissair-Schreck Sepp MOSER* mit dem Schweizer Fernsehen DRS und, als wirksamster Verbündeter, Arbeitgeberpräsident und Nationalrat ***Heinz ALLENSPACH*** gewonnen und mobilisiert werden konnten. Das beschriebene *<Minimalaufwandsprinzip>* ist daraus leicht abzuleiten, denn als *BAPO-Direktor Dr. HESS* im Sekretariat des Nationalrats und am Fernsehen Erklärungen zur Behinderung dieser Innovation abgeben musste, tönten diese schon ganz anders als der erwähnte, böswillige Abteilungsleiter am Telefon. Relativ schnell fanden die Apparatschiks ein Rückzugstürchen, indem sie zwar auf den <unerfüllbaren> Einteilungsvorschriften beharrten, aber ein Gesuch um eine Ausnahmeregelung nach dem Gummiparagraphen Art. 84 der BAV empfahlen.
So reichte ich ein solches GESUCH, nämlich eine verkappte <SALES BROCHURE>, im Gesuchsteil formuliert mit Hilfe des exzellenten Rechtsanwalts Dr. Ullin STREIFF, verstärkt durch Begleitschreiben des damaligen Stadtpräsidenten von Winterthur, Urs WIDMER, des CIBA-GEIGY-Araldit-Chefverkäufers Theo STÄHLI, des Professors Max BERCHTOLD sowie des Industriellen *Max HORLACHER* ein. Damit erfüllten wir eine unabdingbare Voraussetzung des *Minimalaufwandsprinzips*, nämlich, den Beamten auf ihrem Fluchtweg keine Hindernisse aufzubauen. Die Wirkung des Gesuchs war, wie erwähnt, zu durchschlagend, zumindest für das Fernsehen DRS und den relativ aufwändigen *Sepp MOSER*-Beitrag, der als Reisser gegen Behördenschikanen im <Kassensturz> aufgemacht war. *Bundesrätin* ***Elisabeth KOPP***, die ich bei der Gesuchsübergabe damit geschreckt hatte, dass ich sie gerne zur Beurteilung des Fahrzeuges auf eine Runde um das Bundeshaus mitnehmen

Sechster Teil: Anwendung, Straf- und Schlussbestimmungen

Art. 84

Weisungen, Ausnahmen, Vollzug

1 Das Eidgenössische Justiz- und Polizeidepartement kann für die Durchführung dieser Verordnung Weisungen erlassen und in besonderen Fällen Ausnahmen von einzelnen Bestimmungen gestatten, wenn deren Zweck (Art. 8 Abs. 2 SVG) gewahrt bleibt. Es kann diese Befugnisse dem Bundesamt für Polizeiwesen [1)] übertragen.

würde, genehmigte das GESUCH unverzüglich und vor der DRS-Ausstrahlung im <Kassensturz>, sodass nur noch eine stark gestutzte Version im <Netto> gebracht werden konnte mit dem Nachspann, die Sache sei nun doch von den *Apparatschiks* akzeptiert und vom EJPD abgesegnet worden. Intern stritt man dann bei DRS wegen der Kosten, was mir wurscht war, denn mein Ziel, die Typenprüfung, kam nun in Sicht. Unter tatkräftiger Mithilfe von *Ing. STAUFFER* lief diese ab, wie es unter Technikern mit Maschinen zugehen soll, denn wir lösten die Detailfragen in der BAV mittels unseres gesunden Menschenverstands. Am Montag, den 7. September 1987 konnten wir beim letzten Prüftermin im Strassenverkehrsamt an der Taggenbergstrasse in Winterthur den Entwurf des Typenscheins sowie die *regulären* ***Polizeikennzeichen*** für die Fahrzeuge *5002* und *5003*, *ZH 67560* und *ZH 67561* entgegen nehmen. Mein Gefühl dabei entsprach sicher etwa jenem, das HERKULES nach dem Ausmisten der Ställe des AUGIAS empfand. In meiner Erleichterung liess ich mir sogar das Schulterklopfen eines besonders unangenehmen Beamten und dessen Bemerkung gefallen: *„Herr WAGNER, das haben wir ja nun zusammen grossartig fertiggebracht!"*

Vielleicht mag dem einen oder anderen der Konfrontationston meiner Ausführungen als falsch, unpassend oder übertrieben erscheinen. Man muss sich aber darüber im Klaren sein, dass mein *rangierter Gesamtangriff* ein KRIEG ums ÜBERLEBEN war, der nicht ohne Sturm auf den Gegner ablaufen konnte. Als Angreifer, der um seine Existenz, jahrelange Arbeit und Hunderttausende von Franken sowie um das Projekt als Einsatz fürchten musste, konnte ich nicht als unbeteiligter Gentleman handeln. Der Beamte riskiert höchstens eine Mediendusche, allenfalls etwas Mehrarbeit oder eine interne Rüge. Pensionsansprüche und das ruhige Büroleben sind zu keiner Zeit gefährdet. Trotzdem wird, bis zum Schluss, die Rolle der beleidigten Leberwurst weiter gespielt. Dieses Beleidigungsgefühl kann immerhin als starker Hebel für das *Minimalaufwandsprinzip* eingesetzt werden. Das wilhelminische Sprichwort <Viel FEIND - viel EHR> trifft hier aber nicht zu. Man wird bestenfalls als undankbarer Störenfried wahrgenommen, behandelt und kolportiert.

Bereits hatte ich auch den ersten *OEKOMOBILBAUER*, einen Elektromechaniker namens *Toni HEUBERGER*, genannt *AZETONI,* eingestellt und ihm die vielschichtigen Vorgänge wie Kunststoffbau, Fahrzeugmontage, Teilefertigung inkl. *OEMIL*-Fahren etc. beigebracht. Mit ihm hatten wir Glück, denn er schaffte dies in knapp zwei Jahren, während eine ganze Reihe weiterer Einstellungen mit Entlassung wegen mangelnder Fähigkeiten endeten. Nun konnten wir mir dem Bau der ersten vier Karossen, Werk-Nr. *5003* bis *5006*, in der <Sauerei> beginnen. Sie sollten bis zum *BMW*-Lehrgang im Juni 1987 ausgeliefert werden. Nur eine einzige vollendeten wir dann, trotz wochenlangem Tagespensum von 15 und mehr Stunden. In den letzten Wochen vor dem Termin wurde es durchgehend Mitternacht und später, bis wir uns ins Bett warfen vor dem Neustart am nächsten Morgen um sieben Uhr. Wir schafften es gerade, den *R100-Boxer 5001*, das *K-OEMIL 5002* und das Neufahrzeug *5003* fertigzustellen, wobei am Morgen der Abfahrt noch Fahrschule für die Überführungs-

ECOS 5003, 5002 und 5001 mit Fahrern v.l.n.r. Viktor STRAUSAK, Felix WAGNER und Autor

piloten, nämlich den Erstkunden *Viktor STRAUSAK* mit *5003* und Sohn *Felix* mit *5002*, durchgezogen werden musste.

Selber nahm ich den *BOXER-Prototyp 5001* mit, dessen Tücken ich kannte und niemand anderem zumuten durfte. Stolz kreuzten wir am Nürburgring auf und wollten in der Gespannklasse kräftig mitmixen. Aber ein Kolbenfresser setzte *5001* ausser Gefecht. Das automatische Kühllüftergebläse war unbemerkt ausgefallen. Kurz darauf schmiss *Isenrüedu 5002* bei einem missglückten Start in die Leitplanken. Die echt verständnislosen Gespannfritzen wurden sauer auf uns, weil diese Vorgänge das Sektionstraining behinderten. Immerhin bewahrheitete sich das *AZETONI*-Theorem, der, angesichts des *Rüedu*-Sturzes bemerkt hatte: „Unglaublich, wie wenig dabei kaputtgeht!" Nach einigem Spraydosen-Reparaturaufwand waren die *Nr. 5002* wieder fit und bei der Wertung die *K-OEMILE* immerhin auf den Rängen eins (*Viktor STRAUSAK*) + vier von 15 Teilnehmern der Gespann-*OEMIL*-Klasse...

Vom Nürburgring-Lehrgang aus machte ich mit *Franziska* im Juni 1987 im *K-OEMIL 5002* dann die ***MATURAREISE*** hinter den Eisernen Vorhang, in die DDR und in die Tschechoslowakei. Noch wussten wir nicht, dass bereits zwei Jahre später der Kommunismus und damit auch der Eiserne Vorhang zusammenkrachen würden. Die Westdeutschen durften damals noch nicht mit Motorrädern in die DDR einreisen, da das Strassennetz für schwere Motorräder dort <ungeeignet> sei. In Wirklichkeit wollte man den DDR-Bürgern natürlich den Vergleich zwischen den MZ-, CZ-, JAWA- und Pannonia-Geschwüren und DNJEPR-Gespann-Schwarten mit den modernen Japanern sowie *BMW, GUZZI und HARLEY* usw. vorenthalten. In der Beschränkung für schwere Motorräder hatte ich eine Lücke entdeckt. Für Schweizer Visumanträge gab es keine solche, die Motorräder darauf waren schlicht vergessen worden. Ich füllte also auf dem Formular die <Nummer des Kraftfahrzeugs> mit dem *K-OEMIL*-Kennzeichen ZH 78U aus. Zusammen mit der Grünen Versicherungskarte ging das bei den überraschten VOPO-Grenzern am Eisernen Vorhang bei Herleshausen glatt durch, besonders weil wir in den Bonzenhotels MERKUR in Leipzig sowie BELLEVUE in Dresden gebucht hatten. Nach der Grenzkontrolle, wo wir bereits gegen früher eine gewisse Aufweichung feststellten, indem eine <SONNTAGS-BILD>-Nummer nur den Kommentar <Verschwindenlassen bitte> statt Konfiskation bewirkte, rollten wir mit den vorgeschriebenen 15 km/h gegen den Beobachtungsturm bei der Panzersperre. Der diensttu-

ende IWAN starrte gebannt von seinen 30 Metern Überhöhung auf das *K-OEMIL* herab und senkte knapp vor uns den Schlagbaum. Als er das Ausfahren der Stützrollen bemerkte, verwarf er die Hände. Von allen Seiten kamen Soldaten herausgelaufen. Als wir von der sicher 30-köpfigen Wachtmannschaft umringt waren, hob sich der Schlagbaum wieder. Man winkte uns durch. Beim Hochziehen der Stützrollen hörten wir sogar im geschlossenen Fahrzeug das laute Geschrei der Kerle wie bei einem Tor im Fussballstadion. „Das gibt eine Revolution da drüben", hatte ein BRD-Grenzer gemeint. Diese Vorstellung war eher eine Untertreibung von dem, was tatsächlich dann abging. Die Volksaufläufe bei jedem Stopp waren mindestens doppelt so gross wie diesseits der Grenze.
In diesem Sommer 1987 war das Strassennetz der DDR in einem katastrophalen Zustand und ich wurde oft gefragt, wie wir damit zurechtkommen würden. Meine Erklärung, dass diese Reise der letzte Festigkeitstest des Fahrzeugs vor der Auslieferung von Produktionsfahrzeugen sei und die DDR besucht würde, weil das Aushalten der Schläge der sichere Beweis für ausreichende Festigkeit in allen anderen Ländern wäre, löste jeweils bei den Zuschauern schallendes Gelächter aus. Am Abend in Leipzig feierten wir im Auerbach-Keller den Durchbruch durch den Eisernen Vorhang, die noch intakte *K-OEMIL*-Aufhängung sowie die kannibalische Wöhle von GOETHES 500 Säuen. Das *K-OEMIL* hatte ich neben den Nobelkarossen vor der Hoteleinfahrt des MERKUR abgestellt. Als wir etwa um 23 Uhr im bedichteten Wohlzustand eben jener Viecher zurückkamen, musste ich, auf Wunsch des Desk-Managers, noch in die Hotelgarage umparkieren. Angeblich fürchtete man Fahrzeugbeschädigungen, inoffiziell war wohl die Versammlung der Portiers, des Servicepersonals und einer grossen Menge von Passanten und Hotelgästen um dieses Ding dem Manager ein Dorn im damalig sozialistischen Auge...

Nicht nur die Fahrzeugtechnik wurde getestet, sondern auch der Komfort für eine Ehepaar-Ferienreise. Von der Motorrad-Soziazeit her war *Franziska* gewohnt, effizient und kleinvolumig zu packen. Demgegenüber war es beim *K-OEMIL* möglich, geradezu verschwenderisch Gepäck mitzunehmen, stand doch rund das doppelte Volumen von Seitenkoffern, Topcase und Tanktasche zur Verfügung. Merkwürdigerweise verschwindet allerdings so ein Vorteil schnell. Daraus hatte ich schon vor Jahren das **Kofferraum-** und **Schranktheorem** ableiten können. Es besagt, dass, unabhängig von der absoluten Grösse, jeder *KOFFER* oder *SCHRANK* für die *FRAUEN* immer *10% zu wenig Volumen* hat, was implizite bedeutet, dass diese immer 10% mehr Gepäck mitnehmen oder verstauen wollen, als höchstens hinein gewürgt werden kann. Somit sind kleine Schränke oder Kofferräume ein unschätzbarer Vorteil, weil die Menge des Übervolumens, nämlich 10% der Gesamtmasse, entsprechend geringer ausfällt. Auch dank des beim *K-OEMIL* gegenüber dem PKW kleineren, im Fahrzeug daher leichter verstaubaren Übergepäcks sind wir seit dieser Reise nie wieder im PKW in den Urlaub gefahren. Die Strasse des 18. Oktober und das Völkerschlacht-Denkmal mit Museum waren die ersten von unzähligen, seither per Kabinenmotorrad besuchten Sehenswürdigkeiten.

Franziska spricht mit unseren Brieffreunden auf dem Rathausplatz in DÖBELN. Links Arnfried vor seinem WARTBURG, rechts Monika + Kinder

Nach einer Visite bei der Familie *THEIL* in Grossweitzschen bei Döbeln, die wir über eine Brieffreundschaft kennen gelernt hatten und dem Besuch mit ihnen im Motorradmuseum AUGUSTUSBURG (wo u.a. ein *MAUSER*-Einspurauto steht), fuhr ich mit *Arnfried THEIL* zum Reparaturbetrieb in Döbeln, wo lokal hergestellte Kleinkrane, sogenannte <DISTELZIEHER> in Akkordarbeit revidiert wurden. Als wir vor dem Betriebsgebäude parkierten, rieselte, wie bei einem angestochenen Mehlsack, die ganze Belegschaft inklusive Direktor PERLITIUS in Minutenschnelle zum Haupteingang heraus. Den Betrieb hätte ich gerne besichtigt, aber man war noch nicht soweit, mir das zu gestatten. Dass mich *Arnfried* zu seiner Arbeitsstätte einfach hingeführt hatte, galt schon als politisches Wagnis. Als ich den Direktor fragte, warum trotz Akkord alle Mitarbeiter so schnell herausgekommen seien, gab er zu, dass die Mehrzahl nur ihr Kartenspiel unterbrochen hätte, weil fehlende Ersatzteile, Farbe und andere Hilfsstoffe Zwangspausen verursachen würden und Akkordzeiten deswegen sowieso sehr locker angesetzt wären. Es handle sich bei den Leuten nur um 2/3 der Belegschaft. Der Rest sei am Einkaufen bzw. am Organisieren von Mangelware.

Nach dieser Einführung in den real existierenden Sozialismus trafen wir uns dann auf dem Rathausplatz zum Essen im Rathauskeller, einem sozialistischen Musterbetrieb, der tatsächlich ein anständiges Essen inklusive Wein zustande brachte. Weiterfahrt und ein paar Tage Sightseeing in Dresden, dann folgten wir den <Nathürlichen Ebentheuern von Näppis Ueli BRÄCKER>, des <Armen Mannes aus dem TOCKENBURG>. Über Pirna, Lilienstein-Königstein und AUSSIG (heute ÚSTI nad Labem) fanden wir die <Plaine> vor LOBOSITZ / LOWOSICE, wo BRÄCKER im Siebenjährigen Krieg, am Sonntag, 1. Oktober 1756 aus der Armee Friedrichs des Grossen bei einem Umgehungsmanöver nach

Norden in der Schlacht bei LOBOSITZ desertierte und bei SCHENISECK / Zeniseky über die ELBE / Labe nach LEUTMERITZ / Litomerice verduftete. Die Präzision der Erinnerungen BRÄCKERS ist erstaunlich. Dazu bekommt man ein ganz anderes Verständnis, wenn man die beschriebenen Örtlichkeiten wieder findet. So etwa den Pass zwischen Weinbergen (die es allerdings heute hier nicht mehr gibt), wo er <eines Schiessens> seine 60 Patronen <in die freye Luft> verpulverte und sein glühend heisses <FUSIL> deswegen am Riemen, auf dem Boden nachschleppen musste. Die Weinberge in dieser Gegend Nordböhmens sind deshalb verschwunden, weil die Vegetation und die früheren Wälder damals schwerstens geschädigt waren durch das Verbrennen von schwefelhaltiger Braunkohle. Deren Abbau an der Oberfläche hatte zudem das Gelände nivelliert und die Versetzung ganzer Ortschaften erzwungen. Nur zwischen LOBOSITZ und LEUTMERITZ sieht es offenbar noch ähnlich aus wie im 18. Jahrhundert. In diesem STÄDTGEN, wo er <unverstanden unter lauter Stockböhmen> nach der Desertion übernachtete, tranken wir dann, trotz der O,O-Promille-Gesetze in den Ostländern, eine Flasche vorzüglichen Litomerice-Ryzlink Rynsky auf seine Erinnerung unter uns TOCKENBURGERN. Gemäss Nachforschungen meines erwähnten Göttis *Willy WAGNER* ist unsere Familie mit Bürgerort WATTWIL im Toggenburg dort seit 1599 ansässig gewesen, in Bilchen, talseitig gegenüber der Hochsteig Ulrich BRÄCKERS. Erst mein Ur-urgrossvater *Johannes WAGNER (1845-1925)* wurde, wegen schwacher Konstitution, Lehrer statt Bauer, gab den Hof auf und übersiedelte 1875 nach dem erwähnten *THAL*, wo ich dann selbst aufgewachsen bin.

Die wesentlich besseren Strassen in der damaligen Tschechoslowakei (heute Tschechien) liessen Tempo bei der Weiterfahrt nach Prag zu. In einem total laub- und nadellosen, toten Wald stoppte uns eine Polizeisperre. <Zu schnell> hiess es, über 90 km/h hätten wir drauf gehabt. Tatsächlich waren wir mit 150-160 unterwegs gewesen. Die Beamten konnten für die 100-CZK-Busse nicht auf meinen 1'000-Kronen-Schein herausgeben, was damals viel Geld war. Mein Angebot, nochmals zurückzufahren, umzudrehen und so schnell herzufahren, dass total 1'000 CZK Busse herauskämen, lehnten sie empört ab. Zwischenzeitlich sammelten sich neugierige DDR-Touristen ums *K-OEMIL* und verrieten so die Polizeisperre.Schliesslich konnte ein OSSI beim Notenwechseln aushelfen und die Polizisten scheuchten uns alle gestikulierend von Dannen...

Unsere Ankunft in PRAG hatten wir der Witwe *Jan ANDERLÉS*, *Marie ANDERLOVA* sowie, durch sie, den Verbliebenen vom *DALNIK*-Konstrukteurs-Klub vorangemeldet. CEDOK hatte für uns ein lausiges Hotel im Stadtteil VINOHRADY gebucht. Dessen Portier bemühte sich dort nach Kräften, meine Vorführ-Mitfahrten mit *Frau ANDERLOVA* und den *ANDERLÉ*-Freunden zu behindern. Schon bei der Typenprüfung des *OEMILS* waren Bedenken geäussert worden wegen der seitlich ausfahrenden Stützrollen, die möglicherweise Fussgänger ERSCHLAGEN könnten. Mein Einwand, dass die Rollen im ausgefahrenen Zustand pro Seite nur 85 mm weiter aussen seien als eingefahren und jeder *VESPA*-Fahrer für das

Frau Marie ANDERLOVA, die Witwe Jan ANDERLÉS, nach der Mitfahrt im K-OEMIL vor dem lausigen CEDOK-Hotel. Hinten, mit Zigarette, der böse Portier

Abstellen der Füsse neben den Trittbrettern mehr Platz brauche, hatte diesen Unsinn erledigt. Nun konnte ich nicht umhin, diesem grässlichen Kerl bei der Rückfahrt von der letzten Runde und seinem Dazwischentreten vor dem Eingang mit der ausfahrenden, rechten Stützachse einen kräftigen Tritt ans Bein zu verpassen. Er fiel theatralisch zu Boden und wir taten, als hätten wir nichts bemerkt. Beim gemeinsamen Apéritiv kreuzte die Polizei auf. Der inzwischen zur Gesellschaft gestossene *Milan JOZIF*, Chefredakteur der tschechischen AUTOMOBILREVUE, dolmetschte und das Resultat war je eine Runde ums Hotel mit den beiden Polizisten im Hintersitz des *K-OEMILS*.

Als wir nach dem Essen im Repräsentationshaus, dem weltweit schönsten Jugendstilgebäude, vom Ausgang in der Altstadt zurück kamen, hatte uns der Portier ausgesperrt. Als ich daraufhin auf allen Etagen sturmläutete und so auch den Direktor weckte, wurde ein weiterer Übernachtungsversuch, diesmal zu zweit im *K-OEMIL*, vermieden und wir schliesslich hinein gelassen. Dieser Portier, aus was für Gründen auch immer, war eigentlich der Einzige, der je etwas gegen meine Fahrzeuge zu haben schien. Sie lösen sonst normalerweise bei allen Altersgruppen, von Kindern bis zu Grossmüttern, sofort freundliche Gesichter aus. Am nächsten Tag verabschiedeten wir uns, nach einem Fototermin für die AUTOMOBIL-

REVUE, von PRAG und fuhren nach KARLSBAD / Karlovy Vary. Die verlotterte Bausubstanz dieses ehemaligen Welt-Kurorts sowie die vielen, meist dicken Apparatschiks im hellbraunen Einheits-Gabardineanzug auf der Brunnen-Promenade boten ein merkwürdiges Bild. Mit suppenkellenähnlichen Grosslöffeln gossen sich diese Privilegienproletarier das Wasser der verschiedenen Quelllen hinter die Binde und wechselten dann, nach der 13. Quelle, zur BECHEROVKA, einem schrecklich scharfen Kräuterschnaps, der in den Souvenirläden dominierte.

Franziska 1987 vor der heruntergekommenen Brunnenpromenade in Karlsbad

In unserem heruntergekommenen Hotel SEWASTOPOL gab es weder DINNER noch Frühstück. Wir verpflegten uns daher in einem Promenaderestaurant, das vermutlich einmal die Nobilität Europas gesehen hat und nun, mit schlechten Köchen, traurigem Service und Becherovka-Gegröhle statt der einstigen k.u.k. Walzerkapelle und der früherer Herrlichkeit weiter existieren musste.

Am nächsten Morgen suchten wir die Adresse Kolma 8, wo ein *DALNIK-Konstrukteur* namens *Karel HORAK* wohnte, der noch 1965 ein solches Kabinenmotorrad, den *DALNIK V* mit *JAWA-350ccm*-Motor, gebaut und auch zugelassen bekommen hatte.
Ganz erstaunt öffnete seine Frau. Der Brief mit der Ankündigung unseres Besuchs war nach gut fünf Wochen noch nicht eingetroffen. Offenbar hatten es die Kommunisten sogar fertiggebracht, die im VOGELHÄNDLER von der CHRISTEL von der POST besungene, gar nicht so schnelle k.u.k. POST noch weit langsamer zu machen. Immerhin konnten wir den *HORAK-DALNIK V* in Natura besichtigen und auch, zusammen mit dem *K-OEMIL*, fotografieren. Später lud ich *Karel HORAK* zu unserem ersten Fahrerlehrgang 1991 in MOST/Brüx ein. Er reiste dazu die 200 km von Karlovy Vary mit dem *DALNIK V* an, seine Frau sass auf dem Notsitz hinter ihm. An der ersten *Weltmeisterschaft der Kabinenmotorräder* drehte er damit eine Ehrenrunde und ich kaufte ihm das Fahrzeug für 5'000 CHF ab. Da es bereits über 25 Jahre alt war, durfte es offiziell nicht mehr aus der Tschechoslowakei ausgeführt werden. So vereinbarten wir, dass Karel HORAK damit selbst über die Grenze bei EGER/Cheb nach Waldsassen DE fahren würde. Auf der Rückfahrt von MOST übernahm ich den *DALNIK V,* wobei zum Verkaufspreis nun Kosten der Eisenbahn-Rückfahrkarte nach Karlovy Vary, 150 CZK = 7.50 CHF dazukamen.
Nach einigen Jahren verkaufte ich diese Maschine an Dieter MUTSCHLER, wo sie immer noch in dessen Motorradsammlung steht, die mittlerweile auch ein Mauser-Einspurauto, das *W-18R100-OEMIL 5001*, ein *W-18K12-SUPER- ECO* und meinen *Renn-Einsitzer W-18K12T-TURBO-MONO-ECO 5083* umfasst. Zurzeit (2012) wird gerade im Motorrad-Museum Hockenheimring unter 200 Raritäten der *Mauser*, das *R-OEMIL* und das *TURBO-MONO-ECO* in einer Kabinenmotorrad-Schau präsentiert.

Karel HORAK und der Autor vor dem DALNIK V auf der Rennstrecke in MOST

Der Rest der Maturareise zurück nach Winterthur verlief problemlos. Damit, sowie mit der Erteilung der Musterzulassung, wurde die erste Phase, die Geburt des modernen Kabinenmotorrads, abgeschlossen. Zwar ersann und entwickelte ich in den folgenden 20 Jahren zahllose Verbesserungen und Weiterentwicklungen, aber grundsätzlich brauchte am Konzept nichts mehr gross geändert zu werden. Die praktische Verwendungsfähigkeit dieser Fahrzeuge war nun klar erwiesen.

Gleichzeitig begann sich nun die Frage des Stellenwerts des Kabinenmotorrads für mich in den Vordergrund zu schieben. Logischerweise hatten Ereignisse des Jahres 1987 wie Produktionsaufnahme, Anstellung von Mitarbeitern, Zulassungserteilung usw. von mir einen Zeitaufwand erfordert, der mit dem Halbtagesjob Flugkapitän fast nicht mehr in Einklang zu bringen war. Zwar war es noch zu schaffen, im Betrieb von sieben bis elf zu arbeiten, sich dann in die Uniform zu stürzen, zum Flughafen zu rasen und den Kurs SR-100 nach New York zu fliegen. Mit dem um die sechs Stunden Zeitverschiebung verlängerten Abend und einem Angus-Steak medium rare, Baked Potatoes, Sourcream und einigen frosty Mugs of Budweiser, Durchschlafen bis zum Crew Call um 14 Uhr am nächsten Nachmittag und Rückflug mit SR-101 wurde es dann aber lang, denn bis zur Ankunft in Zürich am nächsten Morgen um 6.15 Uhr war man schon wieder zehn Stunden auf Draht. Normalerweise war ich nach diesem, für mich optimalen Flug 101 etwa um 0645 im Betrieb, wechselte in die Arbeitskluft und konnte den Arbeitsbeginn der Mitarbeiter um sieben Uhr kontrollieren. Der Arbeitstag bis 18 Uhr hängte nochmals 11 Std. Wachphase an und beim Nachtessen zuhause war man 24 Std. ununterbrochen aktiv gewesen. Als ich dann mehrmals nach diesen Übungen schon am Tisch einschlief, begann *Franziska* auf mich und diese Beanspruchungen zu schimpfen. Dabei war diese Rotation SR-100 / 101 die günstigste, alle anderen passten schlechter in meine Doppel-Arbeitszyklen. Immerhin konnte ich mir so den Luxus <Jet-lag>, dh. Zeitverschiebungs-Schlafprobleme nie leisten.

Wenn man langsam gegen die Fünfzig geht, stellen sich schon einmal Prioritätsfragen zum eigenen Leben. In meinem Fall wurde mir das Baby *K-OEMIL* wichtiger als die Linie. Ja, ich begann es nun als mein *zweites Lebenswerk* zu erkennen, nachdem das erste, der *ACROSTAR*, seit etwa 1975 eingeschlafen war (Siehe S. 125). Weil ich für meine Kreationen immer ***selbst mein wichtigster Kunde*** war, wunderte ich mich dann aber sehr darüber, dass meine Söhne später, bei der ersten Übergabe des Fahrzeugbaus 2005, die ***Kundenzufriedenheit*** an einer Betriebsversammlung als das höchste Firmenziel definierten. Selber habe ich immer die ***Direktionszufriedenheit*** prioritär behandelt und die Kunden nur insofern berücksichtigt und mich um sie bemüht, als das für finanzielles Überleben der *PERAVES AG* notwendig war.

Bei meinem im Kap. II erwähnten Streben nach Autonomie hat die Mobilität immer eine sehr grosse Rolle gespielt. Mobilität auf der Linie war aber durch *SWISSAIR*-Einsätze fremdgesteuert. Statt nach eigenem Wunsch z.B. ins Appenzellerland zu fahren, wurde ich vom Einsatz etwa nach OUAGADOUGOU versetzt. Die durch das Kabinenmotorrad ermöglichte, *individuelle Mobilität* hingegen ist ein wichtiger Aspekt persönlicher Freiheit. Schon *Rabindranath TAGORE* hat 1916 auf den Pessimismus von *Romain ROLLAND*, der Mensch sei unfähig, Gutes von Bösem zu unterscheiden, geantwortet: „Alles was trennt ist böse, alles was verbindet, gut". Mobilität verbindet und ist demnach gut. Dazu hat unser *Prof. Dr. Bernt SPIEGEL* einen Ansatz gefunden, der die Mobilitätswünsche des <*verbindungsfreundlichen GUTMENSCHEN*> überzeugend erklärt. Es ist dies, gemäss *SPIEGEL*, NICHT der zivilisationsfeindliche, gefährliche Drang, im Verkehr <die Sau abzulassen> oder <den bösen Buben herauszukehren>. Vielmehr sind diese Erscheinungen lediglich Übertreibungen, quasi <Spitzen des Eisbergs>, des WICHTIGSTEN KRITERIUMS der *EVOLUTION* schlechthin:

EVOLUTION IST MOBILITÄT !

Am Gradmesser der Mobilität zeigen sich die Entwicklungsstufen des Lebens. Begonnen hat alles mit den zufälligen, unkontrollierten Bewegungen der Geisseltierchen, die sich derart vom rein statischen Einzeller abheben konnten. Daraufhin kamen die SCHWIMMER, dann die FORTBEWEGUNG ZU LANDE bis zum FLUG der Insekten und der Vögel. Der Mobilitätswunsch zieht sich so als primordiales Bedürfnis und Kriterium durch die ganze Entwicklungsgeschichte. Wie auf allen anderen Gebieten hat der Mensch, quasi durch ein übersteigertes Mobilitätsbedürfnis, seine Mitlebewesen absolut in den Schatten gestellt. Schon bei der interkontinentalen Mobilität fällt der Vergleich zum Flug- und Schiffsverkehr für etwa die Zugvögel oder den Lachs ziemlich erbärmlich aus. Für interplanetare oder gar interstellare Reisen sind Tiere höchstens als missbrauchte Versuchsobjekte vorstellbar. Wie bei der Kunst wird hier durch den Exzess die Höchstleistung erreicht.

Prof. Dr. Bernt SPIEGEL auf BIMOTA sucht vor der Mautstation Timmelsjoch Schillinge, um Mobilitätsbeschränkungen aufzuheben

Aus diesen Darlegungen folgt, dass die *individuelle MOBILITÄT* gleichzeitig ein GRUND- und LUXUS-BEDÜRFNIS aller Lebewesen ist, das offensichtlich weit über das Notwendige hinaus befriedigt wird, wenn die Umstände dies zulassen.

Je entwickelter die Lebensform, desto mobiler wird sie und umso auffälliger werden die Exzesse. Dabei unterscheidet sich das Ausschwärmen eines Bienenvolkes sicher vom Reisedrang der Deutschen

gen Süden und anderen Völkerwanderungen, aber prinzipiell ist die gemeinsame Wurzel unverkennbar. Die erreichte Entwicklungsstufe hat Geschwindigkeit und Aktionsradius als Gradmesser. Dies ist allgemein anerkannt, man verfolge dazu das Geschehen beim Sport mit dem olympischen MOTTO ***<SCHNELLER-WEITER-HÖHER>***.
Individuelle, persönliche Mobilität steht heute zu Unrecht wegen der schlechten Auslastung der Autos und ihrer dadurch bewirkten INEFFIZIENZ auf der Abschussliste von GRÜNPROPHETEN und HEILSBRINGERN. Mit dem modernen *Kabinenmotorrad* habe ich eine Möglichkeit gefunden, den Nutzeffekt des Individualverkehrs auf den doppelten Wert zu steigern. Anders ausgedrückt, könnten wir damit unsere heutige Mobilität mit dem halben Aufwand beibehalten und bräuchten keineswegs kommunistische Beschränkungen einzuführen. Denn genau solche Mobilitätsbeschränkungen haben ja seinerzeit Kommunismus und Ostblock definitiv erledigt. Jeder Prophet, der heute gegen die *individuelle Mobilität* predigt und Zwangsmassnahmen zugunsten des öffentlichen Verkehrs postuliert, wird genauso Schiffbruch erleiden wie MARX, LENIN, STALIN, GORBI oder Bundesrat Moritz LEUENBERGER. Es kann nicht meine Aufgabe sein, ins gleiche Horn zu stossen, denn die Technik bietet genügend Möglichkeiten zur Beschränkung der schädlichen Auswirkungen und der weiteren Wirkungsgradsverbesserung des Individualmotorfahrzeugs.
So habe ich schliesslich die Promotion der *individuellen Mobilität* als meine Aufgabe begriffen. Damit zeichnete sich ab, dass ich bald zwischen meinem *SWISSAIR*-Job als *B-747-Kapitän* und dem des *PERAVES*-Unternehmensleiters zu wählen und einen Entscheid zu treffen hätte. Die Hauptaufgabe bestand darin, der Logik nicht zu folgen und die goldene *SWISSAIR*-Fussfessel zu durchtrennen. Immerhin verdiente ich dort in den letzten Jahren, die Einlagen in die Pensionskasse eingeschlossen, rund 1'000 CHF pro Blockstunde, während sich das Baby *ECOMOBILE* noch durch gewaltige Verluste und Investitionsbedarf finanziell breit machte. Im Sommer 1990 musste ich nun die Weichen für die Zukunft stellen. Für den Abgang bei *SWISSAIR* war es nötig, dass ein Ende der Investitionen und Verluste bei *PERAVES* in Sicht kam und ich stellte mir drei Bedingungen dazu:

- *ERSTENS* musste mit *BMW* ein langfristiger Liefervertrag für die Teileversorgung abgeschlossen sein,
- *ZWEITENS* war die Fertigungstiefe zu reduzieren und der Betrieb Richtung Montage zu erweitern, dh. es mussten geeignete Zulieferer, vor allem auf dem Kunststoffsektor, gefunden werden, und
- *DRITTENS* sollten Zulassungen und Vertretungen Verkäufe von 20 -100 Fahrzeugen pro Jahr erlauben oder zumindest gute Aussichten unserer Ansätze dieses Ziel in die Nähe der Realität rücken.

Üblicherweise unterschätzt man die Schwierigkeiten eines Unternehmens derartiger Vielschichtigkeit, mit Entwicklung, Produktion, Verkauf und Instandhaltung eines modernen Fahrzeugs. Das *ECOMOBILE*-Werk war keine Ausnahme und es ist gut, dass man nicht alle Probleme der Zukunft voraussehen kann.

Über den Frieden mit BMW zu Köln an der IFMA 90 bzw. das Kind der Jungfrau des *GOGGO GLAS* wurde schon auf S. 194 berichtet. Für Zulieferungen von Kunststoff- und Schweissteilen hatte ich Kontakt mit meiner alten Firma *WHN* aufgenommen. Ein weiterer Zuliefervertrag wurde abgeschlossen. Und schliesslich, nachdem unser Motorradfreund *Wolfgang WALTL* ein *ECO* gekauft und die Zulassung in Österreich geschafft hatte, sahen wir nun auch in Deutschland Licht am Ende des TÜV-Tunnels. Aus Japan kamen hoffnungsvolle, allerdings schwer zu deutende Zeichen und ein Erstkunde aus Genf, *Patrick MÉGARD*, begann eine Vertretung für die Romandie und Frankreich aufzubauen.

Im September 1990 waren 16 Fahrzeuge ausgeliefert und sieben davon, die zusammen 350‘000 km auf dem Tacho hatten, fuhren im Pulk bei der XI. Alpenfahrt mit. Das *ECO 5002* mit schon 140‘000 km wurde von *Dipl.-Ing. Gerhard LANGER* des TÜV Bayern gefahren und das offensichtliche Funktionieren des Konzepts, selbst auf schmalsten Pass-Strassen wie zum Col d'AGNEL, Croix-de-Fer, Glandon, Restefonds usw. half, möglicherweise über *LANGERS* Berichte mit zum Umschwung beim TÜV zu unseren Gunsten. Dem konnte ein Motorschaden wegen Ölmangel auf der Autobahn bei Turin an eben jenem *ECO 5002* keinen Abbruch mehr tun. Hier zeigte sich erstmals ein Problem mit dem *K100*-Motor, der nämlich im Alter zum Ölsäufer wird. Gleichzeitig hatte das Ölschauglas die Tendenz, blind zu werden, so dass der Ölstand nicht mehr genau kontrollierbar war. Es sollten ein halbes Dutzend solcher Schäden vorkommen, bis bessere Schaugläser die Erblindung verhinderten.

ECOS + Motorräder bei der XI. Alpenfahrt 1990 auf dem Col d'AGNEL

Nach unserer Rückkehr lag eine Anfrage der norwegischen Polizei vor, ob unsere Fahrzeuge im Winter auch mit Spikesreifen gefahren werden könnten. Wir hatten sowieso ausgedehnte Versuche für den Winterbetrieb geplant. Skiträger, Enduroreifen, Schneeketten, Heiz- und Defrosterleistung sollten erprobt und wenn nötig verbessert werden. Was dazu oft übersehen wird, ist die Tatsache, dass das Kabinenmotorrad mit abgesenkten Stützrollen so kippsicher wie ein Vierrad-PKW und damit ein GANZJAHRESFAHRZEUG ist. Auf Schnee und Eis werden die Stützrollen nicht hochgezogen und im Winterbetrieb sind Geschwindigkeiten um 100 km/h in dieser Vierradkonfiguration möglich. Die Traktion ist besser als beim PKW, weil das Hinterrad mit grossem Schlupf symmetrischen Vortrieb abgibt und die Direktlenkung, wie beim Gespann, viel schnellere Driftkorrekturen ermöglicht. Weil in der Schweiz nur PKW in der Spikesverordnung berücksichtigt und die Zweiräder schlicht vergessen worden waren, mussten wir ein Gesuch beim *BAPO* einreichen. Johann GRILL sowie Helmut DÄHNE von METZELER hatten uns bereits passende Enduro-Reifen mit Spikes kostenfrei für Versuchszwecke angeliefert. Der Chef der Sektion Technik des *BAPO*, wiederum ein böswilliger Apparatschik namens BADERTSCHER, lehnte jedoch das Gesuch mit der Begründung ab, die Schneeverhältnisse in Norwegen seien mit den hiesigen nicht vergleichbar und deshalb Versuche in der Schweiz zwecklos. Bei mir war dieser BADERTSCHER aber nun genau an den Richtigen geraten, da ich in meiner Linien-Fliegerei Erfahrungen mit Schnee auf der ganzen Welt gemacht hatte und bei vergleichbaren Wetterverhältnissen keine regionalen Schnee-Unterschiede feststellen konnte. Unsere Flugzeug-Korrekturtabellen für Lande- und Startstrecken bei Schnee und Eis galten weltweit. Eine dümmere Begründung für die Ablehnung wäre wohl kaum zu finden gewesen. Ich beschwerte mich also beim *BAPO* gegen diese Behinderung und *Dr. Peter HESS* hiess die Beschwerde gut. BADERTSCHER musste mir also eine Versuchs-Spikesbewilligung für die *ECOS* ausstellen. Hier kam es nun zu einem klassischen ***Beamten-Racheakt***, wie im Kap. VIII beschrieben. Dieser *Apparatschik* baute also in die Bewilligung den folgenden Passus ein: *<Da bei den Versuchsfahrten Strassenverkehrsvorschriften nicht eingehalten werden, ist für alle Fahrten vorgängig eine Bewilligung der betroffenen Kantone einzuholen>*. Eine Fahrt mit Spikesreifen auf unserer <Hausstrecke> zur Schwägalp hätte also die vorgängige Bewilligung der Kantone Zürich, Thurgau, St. Gallen und beider Appenzell, also von fünf Kantonsegierungen für 60 km Fahrstrecke erfordert! Diese Frechheit trieb mir den Hut hoch und ich liess bei unserer Hausdruckerei auf einer der damals gerade neuen Farbkopiermaschinen eine

Winter-Fahrversuche mit Spikes und Skiträger

gut gefälschte Bewilligung ohne diese Kantonsdummheit machen. Bei einer Polizeikontrolle hätten ja die Büttel nichts vom Originaldokument und dem Kantonsunsinn gewusst. Die Versuche zogen sich mangels Schnee in den Frühling hin und die Bewilligung lief am 31.03.1990 aus. Für eine Erneuerung im nächsten Winter wies mich die Sektion Technik an, die abgelaufene Bewilligung zur Verlängerung einzureichen. Absichtlich reichte ich die Fälschung ein und BADERTSCHER unterschrieb gedächtnislos höchstselbst die <gekürzte> Fassung für ein weiteres Jahr.

Zwischenzeitlich war die Entscheidung zwischen *B-747* und *K-OEMIL* gefallen. Als ich mir nun dieses ***Consilium Abeundi*** selbst erteilt hatte und so der Entschluss zum Abgang gefasst war, begab ich mich am 19.10.1990 persönlich ins Chefpilotenbüro und gab dort, vor dem Check-in auf SR126 nach Boston, mein Kündigungsschreiben ab. Beinahe hätte ich mich dabei noch verspätet, denn nach dem Motto: <Now News is Good News> pflog ich nur minimalen Kontakt nach oben und hatte daher Mühe, das vor einem Jahr umgesiedelte *B-747*-Chefpilotenbüro überhaupt zu finden. Aus steuertechnischen Gründen musste der Austritt nach dem 31.12.1990 erfolgen, also per 31.01.1991. Über Weihnachten 1990 gab ich einen der wenigen Flugwünsche meiner gesamten *SWISSAIR*-Karriere (sonst habe ich immer nur Freitage gewünscht) nach Nairobi und Johannesburg ein und nahm *Franziska* mit *Felix* und *Urs* als Freipassagiere, quasi zu meinem Abschied von der Linie, mit.
Während ich von Kenya nach JO-BURG und zurück flog, ging die Familie vom 22. bis 25.12 im Mount KENYA Safari Club auf Kontakt zum Grosswild für die Weihnachtsfeier. Nach einer weiteren Fernost-Rotation konnte ich endlich am Sonntag, 20.01.1991 zu meinem letzten Start in Zürich mit Flug *SR-110* nach Genf und New-York abheben, begleitet von *Franziska*, Chefin der Kabine, *Isenrüedu* als First Officer und seiner Frau *Claudia* als Hostess in der Besatzung. Zudem hatten wir meinen dienstältesten Mitarbeiter, *Toni HEUBERGER*, genannt *AZETONI* und *Freundin Ursi* an Bord, bzw. meist im Cockpit. In New York liessen wir es uns gut gehen, vom HURLEY'S-Dinner zur FLEDERMAUS in der MET, mit einem Trip zur Freiheitsstatue und nach Ellis Island usw.. Am 22.01.1991 abends begann der Rückflug mit *SR-111*, dessen Ende im Kap. I beschrieben ist.

```
NAME          WAGNER ARNOLD
POSTFACH      0029            EMPLNR   926207
19 SA JAN 1991
20 SU    110    ZRH 0920   GVA 1005    .45
                GVA 1100   JFK 1335   8.35
       LETZTFL
21 MO   /
22 TU    111    JFK 1900
23 WE                      GVA 0820   7.20
         111    GVA 0915   ZRH 1005    .50
24 TH   LICENSE   JAN24
25 FR    1400 Sion
26 SA
27 SU 05FERIEN
28 MO   ++
29 TU   ++
30 WE   ++
31 TH   ++            AUSTRIT
```

Am 1.Februar 1991 hatte ich, nach über 28 Jahren bei der *SWISSAIR*, erstmals keinen ausgedruckten Flugeinsatz für den nächsten Monat mehr vor mir. Am 24.02.91 begann der US-Boden-Golfkrieg gegen SADDAM HUSSEIN und ein unwahrscheinlicher Glücksfall hatte bei der Auszahlung des

Deckungskapitals meiner Pensionskasse ein Dreijahrestief der Börse bewirkt. So stand wenigstens den immer noch schwer zu stopfenden Finanzlöchern im Betrieb später ein schöner Anlagegewinn entgegen und auch die fast 300'000 CHF Kapitalabfindungssteuer waren 1993-94 leichter zu verschmerzen. Meine Söhne und die Knaben im Betrieb tauften mich daraufhin <*KNACKER*>, abgeleitet vom Knacken der Pensionskasse und den <*PANZERKNACKERN*> im Mickey-Mouse-Heftli. Am 16. März konnte ich mit einem *ECO*-Fest meinen 50. Geburtstag als *freier Mann* feiern, denn mein *ERSTES*, das *FLIEGERLEBEN*, war nun definitiv beendet. In diesem Fliegerleben war ich mit einer goldenen Kette an die *SWISSAIR* gefesselt, und die war nun durchgetrennt. So konnte ich nun mit dem eigenen Betrieb wirklich tun und lassen, was ich selber wollte, natürlich nur im Rahmen der beschränkten finanziellen Möglichkeiten. Diese sollten zwar keine grossen Sprünge gestatten, aber immerhin eine kontinuierliche Weiterentwicklung des *Kabinenmotorrads* und des Betriebs erlauben. Gute Vorsätze habe ich zu diesem Anlass nicht mehr gefasst. Wer 50 Jahre aktiv gelebt und Erfolg gehabt hat, der ändert sich nicht mehr, denn er hat seine Methoden und Rezepte gefunden und erprobt. Als wichtigste Richtschnur meines Lebens hat sich dabei ergeben, ***das zu tun, was einen selbst am meisten interessiert und freut***. Das mag egoistisch tönen, gibt aber im Endeffekt ein besseres Verhältnis zu Partner, Familie und Umwelt, denn man kann aus innerem Frieden heraus ausgeglichen, ruhig und zuverlässig sich selbst sein und muss niemandem nichts vorspielen, was nicht vorhanden ist.

Bei der ***1. Weltmeisterschaft der Kabinenmotorräder*** am Lehrgang auf der Rennstrecke in MOST (Brux) CZ vom 01.-03. Juli 1991 liess ich einen Werbefilm drehen. Abrufbar unter: www.hiteng.ch/*ECO-WM*

Kapitel XII

LEBENSKAMPF *1987 - 2004 (TÜV-FKT-ECO-WM-Bankenkrieg)*

Fliegen auf 60 cm Sitzhöhe über der Strasse

Eindruck des Fahrers im ECO-Cockpit

Nachdem ab 1987 die Produktion der *ECOMOBILE* anzulaufen begann, wobei die anvisierte Nutzeffektverbesserung gegenüber dem PKW sofort erreicht und nachgewiesen wurde, bekamen wir allerdings keine Förderungsmassnahmen zu spüren. Das Gegenteil trat ein, denn die in der Schweiz gerade überwundene Zulassungshürde wurde, genau 23 Tage nach Erteilung des Typenscheins, wieder aufgerichtet. Die weltweit einmaligen Schweizer FAV-3-Abgasvorschriften für Motorräder traten am 1. Oktober 1987 in Kraft. Nach ganzen zwei zugelassenen *K-OEMILS* waren diese neuen, beiläufig für JEDES einzelne Fahrzeugmodell einen halben Bundesordner voll Formulare (!) umfassenden Vorschriften zu erfüllen. *Dipl.-Ing. ETH Louis KEUSCH*, früher Chefentwickler der FBW-Dieselmotoren, nun massgeblicher Experte des Bundes für die Abgaswerte von Motorfahrzeugen, erklärte mir auch, wie beispielsweise der NOx-Grenzwert von 0,3 g/km für Motorräder, notabene damals halb so viel wie für Kat-Autos, zustande kam. In einer Vernehmlassung, die er als LOTTO bezeichnete und für welche er nie wieder Vorschläge machen würde, seien seine Werte von der Politik ohne Sachverstand rein willkürlich reduziert worden. Organisationen wie etwa der Naturschutzbund, WWF, SAC, VCS usw. wurden angehört, ohne dass sich jemand zu geringsten Gedanken über die technische Machbarkeit aufgerafft hätte. Der damalige Bundesrat *Kurt FURGLER* benützte die auch für PKW reduzierten Werte als reines Politikum dazu, die Initianten der autofeindlichen <ALBATROSS-INITIATIVE> zum Rückzug derselben zu bewegen. Seine Politik-Mischlerei ausbaden durften dann wir Fahrzeughersteller. Es gelang mir tatsächlich, den kritischen NOx-Grenzwert im Zyklus mittels Elektronik, modifizierter Zündkurve und Gangauslegung zu schaffen. Das sinnloserweise, denn im Betrieb änderte sich an den von Anfang an guten Emissionswerten des *BMW*-Einspritzmotors fast nichts. Louis KEUSCH beschimpfte sogar mein System als illegales <DEFEATING DEVICE>. Hingegen stieg der Fahrzeugpreis dadurch um 1'500 CHF an. Die Zulassung des <unkastrierten>, dh. ungedrosselten K-Motors kostete uns, wegen der Schweizer Spezialvorschriften bezüglich Lärm und Abgas, mehr als 10'000 CHF. Leiser oder emissionsärmer als die Exportausführungen nach ECE- und EG-Vorschriften wurden die Fahrzeuge dadurch nicht, wohl aber teurer und störungsanfälliger. Zudem war die teure Schweizer Zulassung für Exportfahrzeuge wertlos, dh, die Nachweise waren beim *TÜV, UTAC* usw. nochmals durchzuführen und zu berappen. Dieses Paradebeispiel ***bundeseidgenössischer Wirtschaftssabotage*** wurde erst durch die gesamte Übernahme aller

ECE-, EG- und EU-Fahrzeugvorschriften per Kopiergerät im ASTRA Bern beendet, als man endlich feststellte, dass ein Ländchen von acht Mio. Einwohnern ohne grosse eigene Fahrzeugindustrie sich den Luxus eigener Bauvorschriften weder personell noch finanziell leisten kann. Weil wir (noch?) nicht in der EU sind, haben wir allerdings zu diesen Bauvorschriften selbst nichts mehr zu melden und zu meckern. Anfangs 1988 lieferten wir zwei weitere Fahrzeuge aus. Beide fuhren nicht weit bis zum ersten Unfall. *Isenrüedu* wollte nachts mit *5004* auf Schneematsch einspurig über eine Autobahn-Zufahrtsbrücke bei Frick AG und rutschte auf dem Glatteis gegen eine Leitplanke auf der linken Seite. Die Türe liess sich nur einen Spalt öffnen, da sie an der Leitplanke anstand. Da ihm um diese Zeit niemand zu Hilfe kam, drückte er das Fahrzeug mit dem Fuss weg und stützte sich dabei mit dem Rücken an der rechten Seitenscheibe ab, was, neben der schon defekten Frontscheibe, auch noch einen Sprung in der Seitenscheibe verursachte. Diese erste Reparatur ergab eine lange Folgegeschichte mit der WINTERTHUR-Versicherung. Der zweite Fall war weit spektakulärer. *Ken MOREASH*, später *MORECRASH* genannt, ein mir von der *SWISSAIR* als Pilot bekannter Kanadier, hatte sein *Mobil 5005* keine 900 km im Betrieb, als auf der Autobahn bei Kemptthal mit friedlichen 130 km/h plötzlich das Heck absackte und er von seinem Hinterrad links überholt wurde. Auf der Bremsscheibe rollend, verlor er die Balance und *K-OEMIL 5005* krachte in einem weiten Bogen in die Mittelleitplanke. Auch hier resultierte eine endlose Story, diesmal mit der ZÜRICH-Versicherung.
Und die Fahrer? Nun, das war der Anfang der Mobil-Unfallgeschichten. Keinem war auch nur ein Haar gekrümmt worden. Die in der Konstruktion verwirklichten Schutzmassnahmen sollten sich ausserordentlich bewähren. Bis heute ergab sich eine zum PKW vergleichbare Unfallbilanz. Dh. das Verletzungs- und Mortalitätsrisiko ist etwa zwischen 12 und 14 Mal kleiner als beim herkömmlichen Motorrad. Das im Vergleich zur PKW-Karosse gewichtsbezogen etwa dreimal stärkere Composite-Monocoque mit zwei Überrollbügeln und einem Stossfänger aus hochfestem Metall hat sich als ausserordentlich stabil erwiesen. Die Eiform führt zu Abprallern mit wenig Schaden, wo eckige Autokarosserien bereits anhängen und hohe Longitudinalverzögerungen erleiden. Selbst das ungünstige Massenverhältnis zum Auto mit dem weniger als halben *K-OEMIL*-Gewicht wird dadurch kompensiert, dass sich die steife Fahrzeugnase des Mobils in die PKW-Karosserie bohrt und diese als Knautschzone nach innen benutzt, bei Frontal- und Auffahrkollisionen mehrfach vorgekommen.

Naturgemäss mussten wir das nicht einfach planbare Unfall-Reparaturwesen erst erlernen und aufbauen. Wie in der Fliegerei begann ich, über jeden bemerkenswerten Schaden Abklärungen zu machen und die Aufzeichnungen zu sammeln. Die Ursache im Fall *5004* war mit den winterlichen Verhältnissen erklärbar. Warum aber hatte *5005* das Hinterrad verloren? Bereits in der Erprobung war mir im *5002*, etwa bei 180 km/h auf der Inntalautobahn bei WÖRGL, so ein Fall 1'500 km nach Pneuwechsel beinahe passiert. Ich konnte nach dem Auftreten von Geräuschen und beginnendem Schlottern des Hecks gerade noch stoppen, bevor das Rad ganz abmontierte. Zwei der vier Schrauben waren schon aus dem Gewinde gedreht, die anderen zwei hingen in den letzten Gewindekäs-Umgängen. Daraufhin konstruierte ich eine zentrale Sicherung mit einer Aluplatte und einer weiteren M12-Halteschraube im Zentrum, die aber bei *5005* ebenfalls herausgefallen war. Umfangreiche Abklärungen zeigten, dass peinliche Reinigung der Auflageflächen und sehr genaues Einhalten der Anzugmomente gerade genügend Kraftschluss ergaben. Die einseitige Radmontage sah zwar so aus, als ob jede Gemeindeschwester das Rad wechseln könnte. Zog man aber die Radschrauben nur mit 95 statt 105 Nm an, lösten sie sich bald und bei 115 Nm waren sie bereits überdehnt. *5005* war im Winter montiert worden. Es muss etwas Konservierungsmittel Tectyl 100K, das wir im Winter zwecks Korrosionsschutz grosszügig einsetzten, auf die Auflageflächen gelangt sein und die zentrale Sicherung vermochte sich durch die Relativbewegungen im Bolzenspiel langsam auszudrehen. Ich änderte die Montageanweisung auf Sichern des Mittelbolzens mit LOCTITE 270 ab. Zusätzlich musste die Schraube mit Farbe markiert werden, um ein Verdrehen auf einen Blick feststellen zu können. Seither haben wir Ruhe. Beim herkömmlichen *K100*-Motorrad sind übrigens die gleichen Probleme ebenfalls aufgetreten und ich verkaufte etwa zwei Dutzend unserer zentralen Sicherungen mit Montageanweisungen an *K100*-Fahrer, u. A. auch an das Polizeikorps des Kantons SOLOTHURN für Polizeimaschinen.

Harzig lief nun die Schadenabwicklung mit den Versicherungen an. Schadenexperte RECHSTEINER der WINTERTHUR, welcher mit seiner Wasserverdrängung den engen Gang in unserem kleinen Montagelokal fast ausfüllte, wollte uns nur ganze 60 CHF/Std. Verrechnungslohn anerkennen, da dies der höchste Motorradtarif sei. Zudem würden für das Wechseln der Scheiben nur fünf Std. anerkannt, da beim AUDI, der auch geklebte Scheiben habe, diese in höchstens drei Std. aus- und eingebaut seien. Weiter müsse ein Kostenvoranschlag gemacht werden, der um höchstens 10% überzogen werden dürfe. Kurz, das Verständnis dieses *Schadenapparatschiks* des Versicherungs-Branchenriesen WINTERTHUR für unser innovatives Neuprodukt und die damit verbundenen Anlaufprobleme war gleich Null. Zwar hatte ich seinerzeit sämtliche grossen Versicherungen wie auch Herrn Dr. PFUND beim Bundesamt für Privatversicherungswesen angeschrieben und auf die anderen Betriebs- und Risikoverhältnisse unserer Mobile gegenüber herkömmlichen Motorrädern hingewiesen. Die Diebstahlgefahr z.B. ist, wegen der geringen Produktion, kaum vorhanden, während diese der bestimmende Faktor bei der Motorrad-Teilkaskoprämie ist. Der Ganzjahr-Allwetterbetrieb mit mehrfacher Fahrleistung musste auch im Haftpflichtbereich Unterschiede zum Dreimonate-Sommerbetrieb des Freizeitmotorrads ergeben,

Zentrale Sicherung mit Farbmarkierung am Hinterrad

wobei auch der Hauptfaktor für die Haftpflicht, nämlich verletzte oder getötete Sozius-BeifahrerInnen, anders zu gewichten war, da beim Mobil der Beifahrer um Faktoren besser geschützt und weniger gefährdet ist. Unisono schrieben uns die Versicherungen, dass <MOTORRÄDER> = Motorräder und keine Abweichungen in den Versicherungsbedingungen möglich seien, da sonst <JEDER> mit Sonderwünschen kommen könnte. Dass Neuheiten wie Kabinenmotorräder nicht von <JEDEM> entwickelt, zugelassen und produziert würden und dass die Bezeichnung <JEDER> für mich eine Versicherungsfrechheit sei, musste ich diesen Grossbetriebs-Faulenzern dann schriftlich unter die Nase reiben. Die besonders langatmige Verschleppungstaktik der WINTERTHUR führte dazu, dass ich mich direkt an deren obersten Chef, einem früheren Nachbarn *Franziskas*, FDP-Nationalrat Dr. Peter SPÄLTI wandte. Dies brachte eine Beschleunigung der Schadenabwicklung vom Schneckentempo auf langsames Kriechen. Verständnis für die Lage der innovativen KMU (Kleine und Mittlere Unternehmen) brachte dieser Advokat der Freien Wirtschaft, entgegen seiner Wahl- und Symposiums-Reden aber auch nicht auf. Die ZÜRICH wartete ab, was die WINTERTHUR machen würde und kopierte die entsprechenden Verschleppungsmanöver. Ein besonderer Dorn im Auge der Schadenexperten war, dass sie uns nicht mit Konkurrenz-Offerten unter Druck setzen konnten, weil sonst niemand Ersatzteile wie Scheibenrohlinge, Spezialkäder, Laminatwerkzeuge und Know-How für Monocoque-Reparaturen hatte. Mit der Zeit wies ich Reparaturaufträge einfach ab, wenn sie am Kostenvoranschlag herum mäkelten. Da niemand sonst die Aufträge ausführen konnte und wollte, mussten sie mich zähneknirschend um Ausführung bitten, ein für diese *HERREN Schadenexperten* beispielloser Vorgang! Die Retourkutsche kam dann mit der Ablehnung weiterer Versicherungsanträge und masslosen Prämienaufschlägen im Vollkaskobereich, der wegen Leasingverkäufen für uns existenziell wichtig war. Mit Hilfe der Eidg. KARTELLKOMMISSION und der SECURA-Versicherung konterte ich diese Schachzüge relativ leicht, aber der enorme Verhandlungs- und Schreibaufwand gab mir dennoch zeitliche Probleme auf.

1988 kam der Sprung ins Ausland, und zwar ins marktmässig in Europa interessanteste Gebiet, nach ***DEUTSCHLAND***. Über *Professor SPIEGEL* und die *BMW*-Lehrgänge kannte ich dort viele gute Motorradfahrer und schrieb alle an, ob sie vielleicht Interesse am Vertrieb der nun *ECOMOBILE* genannten Fahrzeuge hätten. Die Begeisterung hielt sich in Grenzen, denn schliesslich waren zwei Wirtschafts-Studenten, der junge *SPIEGEL* namens *Götz* und sein Kommilitone namens *Jan HIRSCH* die Einzigen, welche die Bedingungen für eine Landesvertretung DE, nämlich den Kauf eines Fahrzeugs und Übernahme der Zulassungskosten, akzeptierten. So trafen *Götz* und ich Ende August zwei <Sachverständige>, die Ingenieure und Prüfer HACKBARTH und BETZL beim TÜV Bayern an der Ridlerstrasse in München und ***klärten die Zulassungsfragen***, wie wir glaubten.
Da unsere Ganzjahres-Motorräder sowohl den Kaltstart im Winter mit wesentlich schwächeren Anlassern und Batterien als beim PKW schaffen müssen und gleichzeitig im Hochsommer auf der Autobahn nicht zu Ölsäufern bei hohen Geschwindigkeiten und Tempe-

raturen werden durften, hatte ich langwierige Versuche mit verschiedenen Ölsorten beim *BMW-K-Motor* gemacht, weil die nach Handbuch empfohlenen Öle entweder im Sommer verbrauchsmässig oder im Winter, bei tiefen Temperaturen im Kaltstart, versagten. Schliesslich fand ich im *CASTROL-RS-10W60* das ideale Öl. Wir benützen es seither exklusiv in *ECOS*. Die deutsche ***CASTROL*** sponsorte daraufhin eine Werbelackierung und wir stellten das Fahrzeug als Blickfang am *CASTROL*-Stand der IFMA zur Verfügung. Schon im September überführte ich dieses *ECO 5007* mit abgehängtem Tacho nach Köln. Die Werbeagentur CLAAS hatte den *CASTROL*-Stand auf das <Motorradmädchen des Jahres>, *Caroline van der SPYIJK*, konzipiert, mit der man sich fotografieren und dann das Bild auf einem T-Shirt aufdrucken lassen konnte. Für das *ECO* war ein Winkelchen vorgesehen, in welchem es nicht Platz hatte. So mussten wir es zuvorderst quer vor den Stand stellen. Noch nie hatte man bei *CASTROL* einen derartigen Zulauf gesehen. Sogar der oberste *BMW*-Chef, *Herr* ***Eberhard von KUENHEIM***, liess sich von mir 30 Minuten lang das Fahrzeug vor dem *CASTROL*-Stand erklären. Die freundliche <Motorradmiss des Jahres> verteilte schliesslich unsere Einspur-Zeitungen und die T-Shirt-Druckerei ging im Gedränge dann vollständig unter. Mit dem Verkaufschef von *CASTROL, Gerhard BOSSE*, freundete ich mich an, da er uns grosszügig mit der Werbelackierung, Hotelkosten und Verpflegung unterstützte und auch sonst ein ganz patenter Kerl war, der sofort die Werbewirksamkeit unserer Fahrzeuge erkannt hatte. Bei einigen weiteren Messen sollten wir dann auf den

CASTROL-Ständen ausstellen können und wir wurden später zu Werbeveranstaltungen in grossartige Schlosshotels, wie etwa Hohenhaus an der damaligen Zonengrenze, eingeladen. Als wir am letzten Abend der Messe befriedigt abzubauen begannen, stellte sich mir plötzlich und drohend der trotz des Grosserfolgs stocksaure Herr CLAAS, Chef der Werbeagentur gleichen Namens, in den Weg und beschimpfte mich, <sein Standkonzept total über den Haufen geworfen zu haben>. So stellte ich fest, dass, besonders in der Werbebranche, das *NIE-Prinzip* zum obersten Gebot erhoben ist, *NIE für <NICHT - IM HAUSE - ERFUNDEN>*. Bis heute sind die geradezu phantastischen Werbemöglichkeiten mit dem *ECOMOBILE* kaum ausgenützt worden. Die Werbefritzen knobeln die tollsten Werbegags aus, sind aber offenbar nicht fähig, das Potential des *<ULTIMATE-HEADTURNERS> ECO* zu erkennen, geschweige denn wirkungsvoll einzusetzen, da es ihnen nicht selbst eingefallen ist, die andere, eigene Kampagne schon viel besser läuft und überhaupt das Budget des kommenden Jahres schon verplant und überzogen wurde...

Mit dem Anthropologen *Prof. Dr. Bernt SPIEGEL*, der nach der Krise bei *BMW* in den 60er-Jahren die Marktnische <fransenloser Sportwagen mit vier Sitzen> für den Neuaufbau der *BMW*-Vierzylinder-PKW-Produktion in der *HAHNEMANN-Ära* entdeckt und geöffnet hatte, stand uns nun erstmals, über *Götz SPIEGEL jun.*, ein erstklassiger Marketing-Fachmann zur Verfügung. Besprechungen kreisten bald einmal um das Namensproblem ***OEMIL*** bzw. ***OEKOMOBIL*** für unsere Fahrzeuge, da zwischenzeitlich auch in Deutschland die GRÜNEN den Begriff OEKO mit Biogas, Wollsocken, Schorfäpfeln und Anti-ATOM in Verbindung brachten und damit völlig unerwünschte Assoziationen weckten. Selber hatte ich aus dem gleichen Grund für den englischen und französischen Sprachbereich bereits auf ***ECOMOBILE*** gewechselt. Wir übernahmen also diesen Begriff auch für Deutschland und die Schweiz. Die Marschrichtung des Professors war, das *ECOMOBILE* schliesslich auf **ECO** zu verkürzen und diese drei Buchstaben mit eigenen Assoziationen zu füllen, wie man das z.B. bei VOLKSWAGEN gemacht hatte, der mit der Zeit zum VW wurde, wobei heute niemand mehr an die *VOLKSWAGENSPARER* und den <Kraft-durch-Freude-Wagen> des dritten Reiches denkt. Im Kap. VIII wird auf Seite 137 das Drei-Scheiben-Logo des Professors erklärt, das damit erfolgreich war. Bis zum Neumodell *MonoTracer* hiess unser Fahrzeug dann einfach *ECO*.

Im Frühjahr 1989 bauten wir die ersten *ECOS* mit ABS-Bremsen und liessen sie typenprüfen. Und gleich darauf kam es zur Getriebekrise wegen des KAYSER-SCHMARRENS. Schon im *Boxer-Prototyp W-18R100* hatte ich ein Rückwärtsgang-Getriebe von Wolfgang KAYSER verwendet, das ich noch bei *WHN* für den Rocket-*DALNIK* bestellt hatte. Wie erwähnt, versagte es schon nach 500 km total. Als wir von *BMW* die ersten zwei K100-Getriebe bekamen, fuhr ich damit nach Strümpfelbach zu KAYSER. Er wollte unbedingt die fünf Vorwärtsgänge beibehalten und einen zusätzlichen Rückwärtsgang einbauen. Selber wollte ich hingegen nur den ersten Gang durch ein Zusatzritzel umdrehen, sodass nur die Verzahnungen der Gänge R und 1, 2+3 geändert werden mussten und die Original-

Schaltwalze samt Gabeln und Betätigungen weiter verwendet werden konnten. Auch für die Rückwärtsgang-Verriegelung gab es eine einfache und bessere Lösung als beim Boxer, nämlich mit einer elektrisch entriegelbaren Klinke und einem Haltestift auf der Walze. Zwar funktionierten die ersten KAYSER-Getriebe einigermassen. Aber von Anfang an kam es zu Ärger mit Ölverlust, Krachen beim Gangeinlegen und mit der Lebensdauer, die bestenfalls 20'000 km bis zum Ausfall wegen abgebrochener Schaltklauen usw. erreichte. Hauptgrund für das Versagen war das KAYSER-Prinzip, seine mangelhafte Fertigungspräzision durch übermässiges Spiel zu verschleiern. Zudem hielt er keine Lieferzusagen ein. So mussten wir bald die Fahrzeuge *5002, 5010, 5011* und 5012 mit *BMW*-Originalgetrieben und fünf Vorwärtsgängen ohne Rückwärtsgang ausrüsten. Nun riss mir der Geduldsfaden. Mit der *Zahnradfabrik Walter GRELL* in Möhlin fand ich einen geeigneten Partner, wo wir das Getriebe fertig entwickeln und qualitativ hochstehende Radsätze produzieren lassen konnten. Dementsprechend wurden Laufleistungen von über 200'000 km möglich und das Getriebe übertraf das *BMW*-Original zudem in Schalt- und Haltbarkeit wie auch in Laufruhe. So entwickelte es sich sogar zu einem Verkaufsrenner für Gespanne und Dreiradfahrzeuge mit *BMW-K*-Antriebstechnik. Zeitweise lieferten wir dann deswegen dreimal mehr Getriebe als ganze Fahrzeuge aus.

Der *ECO-Einstieg* in den deutschen Markt wurde bald auf eine seltsame Weise administrativ gestoppt. Entgegen den Versprechungen der Herren HACKBARTH und BETZL getraute man sich beim *TÜV Bayern* nicht, das *ECO* nach den bestehenden Motorradvorschriften zu prüfen, die alle erfüllt werden konnten und dann einen empfehlenden Prüfbericht für die Zulassung abzufassen. Ohne zwingende Gesetzesgrundlage hielt man eine Absicherung gegen OBEN für notwendig. Das Fahrzeug müsse mit einer Vorstellung beim *FKT (Fachausschuss Kraftfahrzeug-Technik)* des BVM (Bundes-Verkehrs-Ministerium), *Sonderausschuss Zweiräder*, vorgestellt werden. Heute wüsste ich, wie man solche Hindernisse vermeiden kann. Man muss einfach zu einem anderen *TÜV* wechseln, der ja auf solche Prüfaufträge genauso scharf wäre wie die Bayern an der Ridlerstrasse. Damals nahmen wir diese Entscheidung quasi als gottgegeben hin. Immerhin gelang es mir, mit zwei *ECOS*, unterstützt von *Jan HIRSCH*, den Vorstellungstermin selbst wahrzunehmen und bei der Sitzung dabei zu sein. Am Mittwoch, 12. April 1989 kämpften *Jan HIRSCH* von Mannheim und ich aus dem Militärdienst von Bern aus uns mit unseren *ECOS* durch einen Weststurm die 600 bzw. 900 Kilometer nach HANNOVER durch und parkten ziemlich erschöpft im Innenhof des TÜV. Statt um 14 Uhr erschienen aber erst um 15 Uhr die etwa zwei Dutzend essensverspäteten *FKT-WEISEN*, die sich grösstenteils als verschreckte WAISENKNABEN höheren Alters entpuppten und versammelten sich tropfenweise zum *Sonderausschuss Zweiräder*. Als AREOPAG sollten sie nun über das Schicksal der *ECOMOBILE* in Deutschland befinden. Kein Einziger dieser Blutrichter war mit einem Zweirad zur Sitzung gekommen. Schon während meines Diavortrags verabschiedete sich etwa die Hälfte des Gremiums, um den Zug nach Waldenbruch, Hinterzarten oder weiss Gott wohin nicht zu verpassen. Der verbliebene Rest kam dann in den Hof, beäugte die beiden *ECOS* aus würdevoller Distanz, sagte <hm>, <ähhm> und <mmmh>, bis einer auf zehn Meter Abstand von aussen ein KLAR UNGENÜGENDES SICHTFELD für den Fahrer feststellte. Auf meinen Einwand, dass der *TÜV Bayern* dieses ja ausgemessen und als gut abgesegnet habe, kam die Entgegnung, man wisse ja, dass manche *TÜV*-Stellen eben nicht richtig messen könnten. Noch etwa sechs dieser anfänglichen zwei Dutzend <Experten> gingen mit uns zurück in den Saal, wo sich der Vorsitzende, *Obering. Dipl.-Ing KÜSTER* über historische Seitenwindunfälle von Ray AMM mit der FIM-Dustbin-Blauwal-Rennverkleidung und von G.A. BAUMM mit der NSU-Zigarre auf dem Nürburgring (der mit Seitenwind keinen Zusammenhang hat) verbreitete und sich dann zu dem im Kap. VIII erwähnten Unsinn verstieg. Wir wurden immer mehr in unserem Eindruck bestärkt, dass wir im falschen Film sässen, als der Vorsitzende *KÜSTER* sich in Pose warf und abschliessend deklamierte: *„Danke für Besuch und Vortrag, Herr WAGNER. Man soll sich die Sache immer ansehen, bevor man NEIN sagt."* Damit waren wir hinausgeworfen, ohne dass auch nur ein Blick auf ein fahrendes ECO oder ein Wort zur Anfahrt über Hunderte von Kilometern bei Weststurm mit peitschendem Regen verloren wurden. Die unbegründbare Empfehlung des *FKT-Sonderausschusses Zweiräder* an den Ober-*FKT* und damit an das BVM, vollverkleidete Motorräder nicht zuzulassen, wurde schon in Kap. IX, S. 146 ausführlich zerzaust.

Auf der Rückfahrt konnte ich mich vor Zorn kaum beherrschen und fluchte, man wird es mir in Anbetracht der Vorgänge nachsehen, hemmungslos über diese bornierten *VOLLIDIOTEN*, eine Bezeichnung, die ich damals für das Gremium und den Vorsitzenden noch als zu schmeichelhaft hielt. Leider fiel mir auch die Antwort auf *KÜSTERS* Schluss-Satz zu spät ein, nämlich: „Danke, *Herr KÜSTER*, aber bei Ihren mangelhaften Zweirad-Fachkenntnissen würden Sie sich besser auf Ihren kirchlichen *Namensberuf* an der Marktkirche zurückziehen, statt als NEINSAGER den Fahrzeug-Fortschritt zu sabotieren!" Als wir uns dann intern darüber unterhielten, prägte ich den zutreffenden Ausdruck ***Fachlaien*** für diese böswilligen Wichtigtuer. Er ist seither einige Male passend angewendet worden. Dass es sich beim *FKT* nicht um die einzige solche *Fachlaien*-Sammlung bei den Ratgebern des BVM handelte, zeigte sich kurz darauf in der *Affäre* mit den neuen Prüfbedingungen für den Motorrad-Führerschein Klasse eins. Dort stellte bekanntlich die Zeitschrift *MOTORRAD* schon rein rechnerisch fest, dass ein Teil der verlangten Prüfungsaufgaben gar nicht fahrbar sei, da bei der Kreisfahrt die vorgegebenen Kombinationen von Durchmesser und Geschwindigkeit Schräglagen von über 45 Grad erforderten, was bei Strassenmotorrädern Aufsetzen und Wegrutschen zur Folge haben würde. Sowohl vom BVM als auch dem verantwortlichen Fachgremium wurde hierauf vehement widersprochen. Die neuen Prüfungsaufgaben seien gut fahrbar und O.K.. Als *MOTORRAD* nicht locker liess, anerbot sich der zweite Vorsitzende *Gebhard HEILER* vom federführenden *Bundes-Fahrlehrer-Verband*, die Prüfungsaufgaben öffentlich zu demonstrieren. Vor den versammelten Fotografen und dem Fernsehen rutschte ihm prompt bei der Kreisfahrt die Maschine weg und ***er fiel auf den Sack***. Mit dieser oberblamablen Vorstellung war es auch hier öffentlich erwiesen, dass, wenn es *Wichtigtuern* oder eben *Fachlaien* gelingt, das Ohr des BVM zu pachten, Fehler dann die Regel statt der Ausnahmen in dessen Vorschriftsabfassungen sein müssen...

In unserem Fall wurde uns das Protokoll der *Ober-FKT*-Sitzung erst nach Druck auf den *TÜV*, das BVM und *Obering. KÜSTER* teilweise zugänglich gemacht. Sofort pickte ich die schlimmsten Fehler heraus und sorgte mit entsprechenden Erklärungen für Verbreitung und damit Bloss-Stellung eben dieser schrecklichen *Fachlaien. Vorsitzender KÜSTER* konterte meinen Vorwurf der Praxisferne mit der Behauptung, <zwei Mitglieder des *FKT*> hätten unsere Fahrzeuge im Stadtverkehr, eines auch bei böigem Seitenwind <bewegt>. Deren Erfahrungen seien, <gelinde gesagt>, nicht so <positiv> gewesen. Zu diesem Zeitpunkt waren gerade einmal acht Fahrzeuge ausgeliefert und es war mir natürlich ein Leichtes, durch Befragung aller Fahrzeugbesitzer ausserhalb von *PERAVES* festzustellen, dass *KÜSTER* von diesen zwei angeblich *ECO*-fahrenden *FKT*-Mitgliedern entweder angelogen worden war oder selbst geschwindelt hatte. Den schlimmsten Unsinn tischte der erwähnte *<heilige ALOYSIUS>, Motorradoberguru* ***Alois WEIDELE*** auf, der eigene Fahrpraxis bei Seitenwind im *ECO* einfach ***erlog***! Effektiv war er nur von mir einmal als Passagier im Rücksitz bei Windstille um die TH Darmstadt gefahren worden.

Messungen in der Seitenwindanlage: BMW K100 mit grösster Abweichung

Was *nun*, das war die Frage. Anlässlich einer Besprechung in München beim *TÜV* klopfte ich auf den Tisch und verlangte die Fortsetzung der Fahrzeugprüfung und Entkräftung aller vom *FKT* vorgebrachten Einwände. Dass ich mich damit durchsetzen konnte, verdanke ich einem *Motorrad*-Bekannten vom Nürburgring, *Dr. Peter HUPFER*, der mich dort hatte fahren sehen, zwischenzeitlich beim *TÜV* in eine hohe Stellung gelangt war und nun mit den zeitweise echt zitternden und zagenden Prüf-Ingenieuren recht unsanft verfuhr. Einige beherzte *TÜV*-Ingenieure, so etwa *Dipl.-Ing. Gerhard LANGER* und *Obering. Dipl.-Ing Hans W. MÄDER*, fassten daraufhin wieder Tritt. Hindernis um Hindernis wurde mühsam schrittweise aus dem Weg geräumt. Zum *KÜSTER'schen* Seitenwindunsinn machten wir in der

MERCEDES-Seitenwindanlage in Untertürkheim 1990 bemerkenswerte Messungen, die ich 1998 in meiner <AERODYNAMIK des MOTORRADS> an der IFZ-Konferenz vortrug und veröffentlichte. Es sollte aber noch bis zum 2. Mai 1991 dauern, also insgesamt fast 32 Monate, bis die ersten zwei *ECOS* in Deutschland zugelassen werden konnten. Selbstverständlich wurde auch eine Strafklage gegen *KÜSTER, WEIDELE* und Konsorten erwogen. Da die Empfehlungen des *FKT* aber keine Rechtsverbindlichkeit haben und unübersehbare Prozessverfahren mit unbestimmter Dauer und hohen Kosten prognostiziert wurden, verzichteten wir schliesslich darauf und ich begnügte mich mit der Publikation der festgestellten und belegbaren Unregelmässigkeiten. Warum sich diese sogenannten Experten derart gegen das *Kabinenmotorrad* versteiften und dabei den Weg der Wahrheit und der persönlichen Integrität verliessen, kann ich mir auch heute noch nicht allzu genau erklären. *KÜSTERS* evtl. mögliche Artillerieverkalkung und die offensichtliche Eifersucht und Wichtigtuerei *WEIDELES*, der mit seinem schrecklichen <UNIKRAD für ALLE> als Zukunft des Motorrads total neben den Schuhen stand, dies alles ergibt noch keine überzeugende Motivation für deren böse Taten. Hingegen dürfte eine Beobachtung des seinerzeitigen Reichsministers für Bau und Rüstung, Dr.-Ing. Fritz TODT, dem Vater der Reichsautobahnen, hier wohl zutreffen. TODT schrieb kurz vor seinem tödlichen Flugunfall 1942 an seinen späteren Nachfolger Albert SPEER, er habe festgestellt, dass jede seiner Bewegungen Widerstand auslöse, einfach so, und dass <nur durch absolute Untätigkeit> der dauernde Kampf gegen die allgegenwärtigen BREMSER und UNKENRUFER vermieden werden könne. Da SPEER noch jung sei, käme er wohl besser

ECO hat nur die halbe Abweichung der K100 im Seitenwind. Hinter den 16 Ventilatoren v.r.n.l. Felix, AZETONI, Beat GABRIEL, der Autor und Dipl.-Ing. Gerhard LANGER vom TÜV. Fahrer im ECO: Götz SPIEGEL

über solche Probleme hinweg, die ihn, TODT aber sehr behindern und belasten würden. Nun, ich war damals auch noch jung und wir kamen dann tatsächlich noch einigermassen ungeschoren aus diesem *Fachlaien-Schlamassel* heraus. Die Resultate dieser böswilligen BREMSEREI, in unserem Fall nämlich für uns grosse Kosten mit langen Verzögerungen, für *KÜSTER* Rücktritt und für *WEIDELE* Verlust jeder Glaubwürdigkeit, haben jedenfalls nirgends grosse Freude verbreitet.

Sogar mit Skiträger und zwei Paar SKI ist ECO besser als die K100

Im Herbst 1989 lieferten wir das erste Fahrzeug nach Japan, wo eine Tochterfirma des schweizerischen Handelshauses SIBER-HEGNER, ***CONTINENTAL MOTORS***, die *ECO*-Vertretung übernehmen wollte. Dabei stellte ich fest, dass das *ECO* genau diagonal auf eine LD-07-Palette der Widebody-Flugzeuge passte. Also spedierten wir es per Luftfracht von Zürich nach Narita. Die Kosten hielten sich mit ~ 4'000 CHF in Grenzen. Dies war der Anfang von bis heute rund 50 Übersee-Transporten, die ohne Kisten, Verpackungen oder Container einfach, schnell, günstig und schadenfrei verliefen. Im Februar 90 flog ich nach Japan und machte meine ersten Erfahrungen mit den Söhnen NIPPONS, nachdem ich in der *SWISSAIR* bei Übernachtungen in TOKYO an der GINZA schon NIPPONS Töchter kurz erleben konnte. Da am Fahrzeug zwischenzeitlich einige Neuerungen nachzuarbeiten waren, kam ich auch in Kontakt mit japanischen Motorradwerkstätten. Wegen meines *SWISSAIR*-Einsatzes musste ich vor der offiziellen Pressevorstellung zurück und Junior *Felix* übernahm die Fahrvorführungen mit grossem Erfolg. Unser Vertreter stellte bezeichnenderweise erstmals Spione der grossen japanischen Auto- und Motorrad-Hersteller mit Videokameras unter den eingeladenen Presseleuten fest und es kam in der Folge auch zu Kontaktaufnahmen mit uns.
Im Sommer 1990 bildeten wir einen Mitarbeiter unseres Vertreters *CONTINENTAL MOTORS*, *Seiichi KONDOH*, in Winterthur in der Fahrzeugbedienung und Instandhaltung aus. Mit zehn *ECOS* am *MOTORRAD*-Lehrgang Nürburgring, dabei als Fahrer auch *Seiichi*

KONDOH, schlossen wir sein Training ab. „I like race track", war sein erster Kommentar, nachdem er auf der Hinfahrt mit dem eingezogenen Stützrad des ECOS eine Beule in die Türe eines Ford-Escorts geschlagen hatte, weil ihn der Rechtsverkehr verwirrte und er deshalb plötzlich auf der Autobahn aus der Spur ausscherte. Trotzdem die Polizei seinen japanischen Ausweis nicht lesen konnte, gelang es dem begleitenden *Felix*, alles für 100 DM Kaution zu regeln. Als ich *Seiichi* in der BURG bei Raffke DANIELS bat, mir diesen Ausweis zu verdolmetschen, begann er damit und ich stellte fest, dass es sich dabei um seinen Impfschein gegen Gelbfieber und Cholera gehandelt hatte.

Über KOBLENZ, das Deutsche Eck, die LORELEI und das Niederwald-Denkmal reisten wir mit den *ECOS* nach dem Lehrgang zurück nach RÜDESHEIM, wo wir übernachteten. In der Drosselgass war Seiichi vom Glockenspiel <Ich weiss nicht was soll es bedeuten> hingerissen und eine erstaunlich geringe Menge Rheinwein beim Nachtessen im Rüdesheimer Schloss entlockte ihm einen unterbruchslosen Redefluss von: *„I like Bismarck, I like LORELEI, I like ECO, I like you my best friends...!"* Am nächsten Morgen, beim Check-In für den Rückflug nach Japan auf dem Rhein-Main-Flughafen, verabschiedete er sich mit Tränen in den Augen von uns, was uns alle sehr rührte.

Fertigung und Zulieferung kamen nach meinem *SWISSAIR*-Rücktritt zügig in Gang und im Sommer 1991 leistete ich mir einen Höhepunkt des Lebens, indem ich für drei Tage die Rennstrecke von BRÜX / Most CZ mietete für einen *ECOMOBILE*-Fahrlehrgang, der am letzten Tag durch den ersten ***WORLDCUP***, der ***I. Weltmeisterschaft der Kabinenmotorräder***, abgeschlossen wurde. So trainierten im Juli 24 *ECO*-Fahrer zuerst zwei Tage und wir führten dann am dritten Tag, mit einer extra ausgeknobelten Formel, das CUP-Training und dann die WM durch. Diese Knobelformel vermied einerseits Schwierigkeiten mit den Versicherungen und erlaubte andererseits trotzdem die Feststellung des wirklichen *ECOMOBILE*-Champions. Selbst kam ich nur auf den siebten Rang, hatte aber die Freude, die Söhne *Felix* und *Urs* auf den Plätzen eins und zwei zu sehen. *ANDERLÉs* Rat klang mir im Ohr: „Die *JUNGEN* musst Du begeistern..", als ich mit grosser Freude den Einsatz

Der Autor an der ersten ECO-WM auf der Rennstrecke in MOST 1991 mit ECO 5025 und Vollverbund-Renn-ABS

der Knaben zum professionellen Umgang mit meinen *Krafteiern* sich entwickeln sah. Lange konnte ich es kaum glauben, dass mir eine Schmalspurwiederholung von ***Ettore BUGATTIS*** *MARKENCUP* in den 30er-Jahren, nämlich ein Wettbewerb mit meiner Fahrzeugschöpfung auf einer wirklichen Rennstrecke, gelungen war. Zudem zeigte es sich hier, dass man in Kurven die *Cabriolets*, die herkömmlichen Motorräder unerhört ärgern konnte, denn selbst relative Anfänger drangen mit dem *ECO* und den aufliegenden Stützrollen in Schräglagebereiche vor, die sonst nur den *CORNUS* auf Slicks vorbehalten sind. Kurz, es zeigte sich hier, dass wir die Türe zum *Kabinenmotorrad* und seinen Möglichkeiten erst einen Spalt breit geöffnet hatten.
Die weitere Entwicklung der Lehrgänge und Weltmeisterschaften bis zur 20. und letzten im Jahre 2010 habe ich schon im Kap. IX S. 141-142 mit Details geschildert. Die neue Geschäftsleitung von PERAVES liess dann 2011 diese traditionellen Veranstaltungen ausfallen, da die dazugehörigen Sauf- und Fressorgien des *KNACKERS* als PR-Mittel für das *Kabinenmotorrad* sich nicht rechnen würden...

Tatsächlich aber stand schon damals eine fast grenzenlose Entwicklung in Aussicht. Über 100 Jahre haben die gescheitesten Ingenieure und Techniker sowohl das AUTOMOBIL- als auch das MOTORRAD-KONZEPT gedroschen. Im Spreu der AUTO- und MOTORRAD-TENNE finden sich heute ergo nur noch selten grundsätzliche Innovationskörner. So bedeutet nun <AUTO-INNOVATION> Dinge wie etwa die Erhöhung der Anzahl elektrischer Servomotoren von 37 beim alten auf 46 beim neuen Luxus-Modell, das auch schwerer, grösser, breiter und teurer wird. Am *Motorrad* werden etwa die lächerlichen RAM-AIR-Lufteinlässe zum Luftfilter als Innovations-Durchbruch beklatscht. Beim *Kabinenmotorrad*, wo wir (noch!) allein waren, mussten wir uns mühsam aussuchen, welche der zahllosen Innovations- und Entwicklungsmöglichkeiten mit Eigenkapazität überhaupt realisiert werden könnten.
Als Kehrseite zu diesen Erfolgsmöglichkeiten zeigten und zeigen sich aber immer wieder praktische Schwierigkeiten. So war die Firma *WOLF HIRTH* mit dem Kunststoffbau und der Entwicklung neuer Werkzeuge hoffnungslos überfordert. Der seinerzeitige Know-How und die Produktivität waren im Gefolge lukrativer Wehr-Aufträge verloren gegangen. Für *Josef PRASSER* war das Fahrzeuggeschäft unter seiner Würde als Flugzeugtechniker und wir bekamen für verspätete und mangelhafte Lieferungen exorbitante Rechnungen, sodass ich mich im Herbst 1991 zu einem ***Saubannerzug*** nach Nabern mit Abtransport aller über-

lassenen Formmulden und Werkzeuge entschliessen musste. Meine richtige Erfahrung, dass blitzartiges Auftauchen und Aufladen der durchschnittlichen Betriebsleitung zu wenig Zeit für Rechts- und Blockiermanöver lässt, führte zwar zum erfolgreichen Abtransport unserer Produktionsvorrichtungen, war jedoch mit dem Problem verbunden, die Kunststoff-Fertigung nun selber wieder an die Hand nehmen zu müssen.

Am ersten *ECO*-Lehrgang/Worldcup in MOST 1991 hatte uns der <*Abgebrannte*> als Juror und Ombudsmann der Veranstaltung geholfen. An ihn konnten Proteste gegen Strafpunkte und Jury-Entscheide eingereicht werden, Gebühr 100 CHF. Was er dann tun müsse, hatte er mich gefragt. Meine Antwort war: *„Protest ablehnen und mir die 100 CHF geben"*. Vor dem Lehrgang war er auf verschiedene Flugplätze seiner alten Heimat gefahren und hatte, u.a. in Brno-Medlanky Betriebe besucht, die im Kunststoff-Flugzeugbau arbeiteten. Weiter war ein Autosattler aus Tabor mit Arbeitsmustern in MOST aufgekreuzt. So begannen wir, quasi als Probelauf für Grösseres, 25 Sitzgarnituren in Tschechien fertigen zu lassen. Einerseits waren Kunststoff-Schalensitzteile aus EPOXY-Kevlar/Glas-Laminat sowie Metallbeschläge dazu technologisch dasselbe wie z.B. das Monocoque, andererseits konnten wir so die logistischen Probleme einer solchen Kooperation quasi im Massstab 1:10 ermitteln. Die Firma *AERON* in Brno und ihr damals noch junger Ing. ***Gustav PROCHAZKA***, der junge *SPAZIERGANG* (Übersetzung seines Namens), sowie der Sattlermeister ***Zdenek VOLTR*** aus Tabor bestanden den Test *summa cum laude*. Wir stellten ab westlichen Firmen gutes Material, z.B. ARALDIT-Epoxidharz und fassgefärbtes Leder zur Verfügung. Die Tschechen freuten sich, damit, statt z.B. mit hochgiftigem, russischem Harz arbeiten zu dürfen und erwiesen sich als fleissige, tüchtige und preiswerte Fachleute. So war mein Entschluss naheliegend, bei uns, unter Beizug von Leuten der zukünftigen Zulieferer, neue und bessere Formwerkzeuge herzustellen. Nach zwei Probeproduktionen hier gingen zwei komplette Formmuldensätze an Subkontraktoren in Genf und Brno. Seit Frühjahr 1992 wurden uns fast alle Kunststoffteile, mit Ausnahme einiger Kleinstücke zur Erhaltung eigener Produktionserfahrung, extern zugeliefert. Den Neubau der Formwerkzeuge hatten wir auch zu Verbesserungen der Konstruktion benützt. Die neuen Fahrzeuge wurden leichter, eleganter und setzten auch vollgeladen bei Extremschräglagen nicht mehr auf. Sie hatten eine wirksamere Heizung und Belüftung. Mit der Entwicklung des ersten ***Zweirad-ABS-Vollverbund-Bremssystems*** gelang mir zudem die Schaffung der ersten wirklich bedienungsfreundlichen, renntauglichen Motorradbremse, für die ich auch ein Grundpatent und sieben Länderpatente erteilt bekam. Ein Sohn des in den Kapiteln V und VI erwähnten *Eugen SEITZ, Reto SEITZ*, konstruierte und produzierte das Herzstück dieser Vollverbundbremse, das Koppelventil. Weil aber die Betriebsrendite durch Vorrichtungs- und Werkzeugbau sowie Entwicklungsarbeit nicht sofort verbessert wird, und weil bei den vorhandenen Raumverhältnissen die Fahrzeugproduktion dadurch nicht beschleunigt wurde, schob sich der <Zero-Cash-flow-Point> immer weiter hinaus. Weil ALLE an allen Vorgängen mitarbeiteten, war es natürlich auch unmöglich, die Aufwendungen für Werkzeug- und Vorrichtungsbau, Fahrzeugmontage, Teileproduktion, Unterhalt und Entwicklung buchhalterisch genau separat zu erfassen. Die Preiskalkulation für den Fahrzeugverkauf musste sich notgedrungenermassen auf Schätzungen abstützen, bei denen nie zu viel, sondern immer zu wenig herauskam, denn es gingen viele Positionen vergessen, während naturgemäss keine Zusatzkosten erfunden wurden. Nur der Anstieg der Belastung auf dem Kontokorrent gab Aufschluss über die noch immer unrentable Betriebslage.

Erst nach Abschluss der nun weitgehenden Zulieferverträge im Sommer 1992 wurde eine genauere Aufstellung der Materialkosten möglich. Sie belief sich auf unglaubliche 55‘000 CHF pro Fahrzeug in Standardausführung, rein netto, ohne die damaligen Wust-, Zins-, Ausschuss- und Abfallkosten. Die Vertreter zahlten pro Fahrzeug 54‘350 CHF, wobei wir nun zusätzlich den Arbeitsaufwand mit rund 300 Montagestunden ermitteln konnten. Diese Verluste im mehrfach fünfstelligen Frankenbereich pro *ECO* frassen laufend von meiner Pensionskasse erkleckliche Summen weg und ich musste schnell verhindern, dass ich an jedes ausgelieferte Fahrzeug noch 20-25 Tausendernoten aufkleben musste. Eine Preiserhöhung um mindestens 30‘000 CHF war unvermeidlich. Einige Vertreter hatten schon happige Margen auf die Fahrzeugpreise geschlagen und taten nun dasselbe nochmals, was zu einem Verkaufseinbruch führte, zumal die Wirtschaft gleichzeitig stark kontraktierte. An der Händlerkonferenz Ende 1992 wurden optimistischerweise noch zwischen 68 und 85 Fahrzeuge als Abnahmen in 1993 prognostiziert, wohlverstanden ohne die Verkäufe ab

Werbefoto der ROMANDS für den <WAGNER>, l'automobile MONOTRACE

Werk. Tatsächlich aber streckte im Februar 1993 der Deutschland-Importeur die Waffen und sein Konkurs vernichtete auch ein grösseres Privatdarlehen von mir.
Nun richteten sich unsere Hoffnungen auf *Patrick MÉGARD*, der mit zwei seiner Kollegen in Genf bereits drei *ECOS* gekauft hatte und uns auch später insgesamt sieben Maschinen abnehmen sollte. Eine Maschine verkaufte er an den damals berühmtesten Schweizer Motorradrennfahrer, *Jaques CORNU*. Diese Romands wollten am Autosalon in Genf stark einsteigen und verlangten dazu für das *ECO* eine Namensänderung, die ich wegen grosser Ausgaben für Messestand und Werbematerial nicht einfach ablehnen konnte. Allein für eine Werbeaufnahme von *Horst NEUFFER* gaben sie 10'000 CHF aus. Somit wurde dort das *ECO* als ***WAGNER, l'automobile MONOTRACE*** lanciert, was aber in der wirtschaftlich besonders stark abflauenden Romandie auch nicht weiterhalf. Also war ich dauernd gezwungen, meine vorwiegend und bevorzugt technische Arbeit durch Verkaufsaktionen zu unterbrechen. Bereits anfangs 1991 war es zudem klar geworden, dass der Betrieb für eine ausreichende finanzielle Rendite vergrössert werden müsste. Es ist hier nicht möglich, die genauen Umstände darzustellen, aber trotz der gefundenen, baurechts-konformen Ausbau-Variante mauerten die städtischen Stellen in Winti mehr als zwei Jahre. Zudem machte sich das Polizeirichteramt Winterthur einen Spass daraus, unsere immerhin hier produzierten Fahrzeuge mit rechtswidrigen Parkbussen zu verfolgen. Bereits hatten wir uns durch diverse Verwaltungs- und Gerichts-Entscheide das Recht erstritten, auf Blauzo-

PERAVES-ECOMOBILFABRIK Winterthur-Töss nach dem Ausbau von 2004-5

FLIEGEN auf 60 cm Sitzhöhe über der Strasse - Autor + Josef WERHAHN

nen- und Parkingmeterplätzen ohne Parkscheibe bzw. Geldeinwurf die *ECOS* beliebig lange abzustellen. Diese Entscheide kamen dadurch zustande, dass die Polizei uns überall, dh. sowohl auf Auto- als auch auf Motorradparkplätzen einfach prophylaktisch büsste, bis ich einmal die Signalisationsverordnung SSV genau las und feststellte, dass FAHRZEUGE, wo Parkfelder markiert sind, innerhalb derselben abgestellt werden müssen, die Zeitbeschränkungen wie Parkscheibe und Geldeinwurf jedoch nur für MOTORWAGEN = PKW galten. Nun machte sich das Polizeirichteramt Winti auf Kosten des Steuerzahlers nochmals daran, mich zu ärgern und zog, trotz sieben Präzedenzfällen bis und mit Obergericht des Kantons Zürich, hier wieder einen Fall vor Gericht und versoff damit. So schrieb ich dann einen geharnischten Brief an den damaligen Stadtpräsidenten von Winterthur, *Dr. Martin HAAS*, was bewirkte, dass im Sommer 1992 zwei hohe Würdenträger des städtischen Bauamts, nämlich dessen Chef, *Dr. Fridolin STÖRI* und sein Stv., *Herr RÖSSLE*, bei uns einen Lokaltermin vornahmen. Dank der mir versprochenen Hilfe konnte ich, mittels teurem Erwerb von Ausnützung einer Nachbar-Parzelle, anfangs 1993 endlich ausbauen. Die Unterstützung von *Dr. STÖRI* verhalf schliesslich auch zur Ausführung eines weiteren Ausbaus 2004-2005 inklusive Genehmigung eines Wandgemäldes, das dem grauen und farblosen Arbeiterquartier Winterthur-TÖSS etwas Pfiff verleiht, besonders weil ich die Grösse des Bildes von den genehmigten 2x5 Metern still und leise auf 4x10 Meter erweitert hatte. Die Umzugs- und Einrichtungs-Arbeiten im neuen ***Glaspalast*** waren natürlich auch nicht gerade ertragsfördernd. Immerhin konnte man zur XIV. Alpenfahrt im Herbst 1993 auf ein nun fertiges Werk anstossen. Das *50. ECO* im Bau, Zulassungen in der Schweiz, Liechtenstein, Österreich, Tschechien, Deutschland und Japan, Verkäufe nach Schweden, Luxemburg, Kalifornien und Kanada mit sich abzeichnender Homologation sowie die allmähliche Verlegung der gesamten Produktion nach Tschechien zu BOHEMIA MOBIL (*heute PERAVES CZ*) wegen des EWR-Neins vom 06.12.1992, der eidgenössischen Sondervorschriften und der weitgehenden Interessenlosigkeit der Bundesbehörden hier gegenüber aktiver Förderung dort, dies umgrenzte damals etwa unsere Aktivitäten und Planungen. Meine neue *FLIEGEREI* fand nun täglich auf 60 Zentimeter Sitzhöhe über der Strasse oder Rennstrecke statt. Autos waren zu reinen Sachentransportern verkommen...

Der einstige <Hinterhofbetrieb> ist mit dem neuen *Glaspalast* und doppelter Grösse vorzeigbar geworden. Die Produktion stieg 1993 erstmals auf über zehn Fahrzeuge. Gleichzeitig holten wir den üblichen Bestellungsvorlauf ein, weil der Absatz mit der Immobilienkrise 93-94 einbrach. Optimistisch hatte ich mit meiner *SWISSAIR*-Pensionskasse Maschinen und Einrichtungen sowie ein *BMW*-Teilelager in der Höhe von mehreren Mio. CHF finanziert, als mir die Hausbank SKA (Schweizerische Kreditanstalt, heute Credit Suisse) einen üblen Streich spielte. Mein Kundenberater, den ich immer in allen Geldfragen konsultiert hatte, sagte mir schon 1980, dass nach seiner unmassgeblichen Meinung in der Schweiz mit dem Fahrzeugbau kein Geld zu verdienen sei. Seine Beispiele der Schweizer *SAURER*-, BERNA- und FBW-Lastwagen-Hersteller, die gerade aufgegeben hatten, MONTEVERDI usw. würden verbieten, mir einen Betriebskredit zu geben. Hingegen könne er mir Liegenschaften voll, ganz und günstig finanzieren. Da Hypokredite das billigste Geld und der SKA die Liegenschaften als Sicherheit über die verbrieften Hypothekarbelehnungen gut genug waren, nahm ich das Geld gerne auf und baute damit. 1993 hatte das Betriebsgebäude, das ich privat besass, einen Erstellungs- und Kauf-Aufwand von 1,2 Mio. CHF, den die SKA zu 100 % finanziert hatte. Mehrfach fragte ich bei den ***Bankisten*** *(Bank-Apparatschiks)* nach, was sie zu tun gedächten, wenn hier einmal, wie in Deutschland mit der neuen Heimat und Albert VIETOR, der IMMOBOOM platzen würde? Man könne doch nicht jede Hundehütte auf 100% finanzieren! Doch, das könne man, war die Antwort, denn in der Schweiz gäbe es so etwas nie, da zu wenig Bauland da, der Immobedarf immer steige und die Liegenschaften solide und langfristig über Spareinlagen finanziert seien. Ein halbes Jahr nach der Fertigstellung des Glaspalasts kam jedoch unangemeldet ein Herr SIGG, der sich als Beauftragter der SKA ausgab mit dem Auftrag, die Liegenschaft schätzen zu müssen. Mein Einwand, die SKA habe ja Kopien der ganzen Bauabrechnungen und des Erstkaufs mit Gutachten, verfing nicht. Dieser sonderbare Besuch kitzelte mich im linken Nasenloch, sodass ich schleunigst bei einer weiteren Grossbank, dem SBV (Schweiz. Bankverein, heute UBS) einen mit meiner Lebensversicherung abgesicherten Kontokorrent-Kredit über 300‘000 CHF eröffnete, neue Rechnungsformulare druckte und alle Kundenrechnungen auf die neue Bankverbindung umleitete. Zudem leerte ich das SKA-Konto bis auf die Kreditlinie. Kurz darauf kam ein Schreiben der SKA, das Betriebsgebäude sei auf 850‘000 CHF geschätzt und somit stark überbelehnt. Ich solle daher innert 30 Tagen 250‘000 CHF auf das SKA-Konto einzahlen, die als erste Amortisation für die Gesamtbelehnung von 1,2 Mio. CHF von der SKA abgebucht würden. Weitere je 50‘000 CHF pro Semester würden, bis hinunter zu einer Gesamtbelehnung von höchstens 500‘000 CHF, zudem eingefordert. Mein Kitzeln im Nasenloch hatte mich also nicht getäuscht, denn die SKA hatte

Hosenflattern bekommen wegen der nun auch in der Schweiz rapide fallenden Immobilienpreise. Man wollte gewaltsam auf die selbst verursachte <*Überbelehnung*> zugreifen! Nun hatte ich 1974 bei *WHN* einen ähnlichen ***Bankenkrieg*** erlebt, den ich dank der Ratschläge meines schlauen Buchhalters WALTER gewonnen habe. Mein Trick mit der zweiten Bankverbindung beim SBV war derselbe, den wir damals bei *WHN* der KSK (Kreissparkasse Kirchheim) mit der Dresdner Bank spielten, womit die KSK nicht auf die Kundeneingänge zugreifen konnte und sich so unser Betriebskredit um die nicht überwiesenen Zinsen und Amortisationen laufend erhöhte. Drohungen der KSK auf Betreibungen konnte ich damals abschmettern, indem ich *Frau HIRTH* zum KSK-Verwalter schickte mit dem Auftrag, über die angedrohten Betreibungen in Tränen auszubrechen und Bezahlung zu versichern, sobald der Betrieb saniert sei. Wegen der langjährigen, persönlichen Beziehungen des KSK-Verwalters zur seinerzeit berühmten Fliegerfamilie *HIRTH* machte die KSK gute Miene zu unserem bösen Spiel, bis ich den im Kap. VII beschriebenen, 1975 erfolgten Verkauf von *WHN* an MBB (Messerschmitt-Bölkow-Blohm) durchgezogen hatte und so die WHN-Schulden bei der KSK vollständig zurückgeführt werden konnten. Im Krieg der SKA gegen *PERAVES* war der Rettungsanker eine vertraglich vereinbarte Amortisation von nur 4'000 CHF pro Semester und die ebenso vertragliche Bestimmung, dass die SKA die Hypothekarbedingungen nur dann anpassen werde, <wenn sich die Verhältnisse am Geld- und Kapitalmarkt entsprechend verändern> würden. An einer dramatischen Sitzung im Betrieb offerierte ich den böswilligen *Bankisten*, den Kredit mit jährlichen Amortisationen von 40'000 CHF auf 600'000 CHF zurückzuführen und drohte bei Ablehnung mit einer Klage wegen der verletzten Vertragsbestimmungen. Ebenfalls zähneknirschend akzeptierte die SKA den Vorschlag, insbesondere weil wegen der zweiten Bankverbindung nicht direkt auf Geld zugegriffen werden konnte. Um mich jedoch zu ärgern, versetzte man *PERAVES* von der SKA-Filiale Winterthur zu jener am Bleicherweg in Zürich, die sich innerhalb der SKA mit faulen Krediten beschäftigte und einen entsprechend grobhölzernen Umgangston mit den Kunden pflog.

Diese Bankgeschichten hatten natürlich auch einen Einfluss auf die Geschäftslage.

Ich musste eine Betriebsversammlung der mittlerweile, inklusive mir, sieben Mitarbeiter einberufen. Meine Darlegung der Probleme wurden von diesen mit Unverstand, ja sogar, besonders von *AZETONI*, mit Frechheiten beantwortet. Die Krise sei nicht vorhanden, sondern hausgemacht, da ich als Flugkapitän ohne Erfahrung im Fahrzeugverkauf versagt hätte, während sie als ausgebildete Handwerker viel mehr als ich zum Betriebserfolg beitragen würden. Beiläufig hatte ich bisher selber das *ECO* erfunden, konstruiert, die Fabrikation aufgebaut, zugelassen und alle schon gebauten *45 ECOS*, einige im Occasionshandel sogar mehrfach, verkauft. Alle diese Handwerker hatten auch ihre Tätigkeiten in der *ECOMOBILFABRIK* von mir gelernt. Nun, es blieb mir so nichts anderes übrig, als auf einen groben Klotz mit einem groben Keil zu antworten. Aus Aufwandsgründen betr. Lohnabrechnung hatte ich alle Mitarbeiter über MANPOWER angeheuert und so war es möglich, diese diplomierten Erfolgshandwerker innert fünf Arbeitstagen zum Teufel zu jagen. Ich schloss die Versammlung am Montag mit den Worten, freitags mehr bekannt zu geben. Dann, nach dem Mittagessen, eröffnete ich allen, dass sie 15 Minuten zum Räumen ihrer Arbeitsplätze und hinfort Hausverbot hätten. Sicherheitshalber waren vorher die wesentlichsten Betriebsunterlagen behändigt, versteckt oder kopiert worden, sodass nur ein kleinerer Racheschaden mit dem Diebstahl eines Getriebe-Montageordners vorkam. Natürlich bedeutete das auch, dass die Produktion nun drastisch auf etwa vier Fahrzeuge pro Jahr zurückging, die ich nun vollständig bei *Gustav PROCHAZKA* in Tschechien herstellen liess. Nur noch Prototypenbau, Weiterentwicklungen und Zulassung behielt ich in Winterthur, zusammen mit der Instandhaltung. Die etwa vier bis sechs Fahrzeuge pro Jahr liessen sich von selbst absetzen. Bis etwa 2005 lebten wir so ganz gut, denn nun musste ich nicht mehr verkaufen und die Instandhaltung der schon ausgelieferten Fahrzeuge wurde sehr profitabel, sodass weitere Finanzkrisen ausblieben.

2004 waren die 600'000 CHF Restschuld der Hypothek auf derm Betriebsgebäude erreicht und für einen neuen Ausbau benötigte ich nun wieder etwa 3-400'000 CHF, um die baulichen Bedingungen für das *ECO* zu verbessern und Platz für das 2004 dazugekommene *Kugelmotor*-Projekt zu schaffen. Von der Credit Suisse/SKA hatte ich die Nase voll und zügelte zur *ZKB (Zürcher Kantonal-Bank)*, die mir eine HYPO-Aufstockung auf 1 Mio. CHF gewährte, welche zwischenzeitlich wieder auf 600'000 CHF amortisiert wurde. Aber auch bei der ZKB ist aber kein grosses Wissen über die schwierigen Bedingungen des Fahrzeugbaus vorhanden. Die *Bankisten* können offensichtlich Seifenblasen nicht von seriösen Geldgeschäften unterscheiden und haben keine Ahnung von ihrer volkswirtschaftlichen Funktion, mit oder ohne Staatsgarantie. Die früher normale Mittelbeschaffung für neue Projekte durch Aufstockung der Hypotheken wird heute von der ZKB als unsittlicher Antrag behandelt, sodass ich vollstes Verständnis für *Anthony FOKKER* habe, der seinen Geschäftsfreunden zeitlebens predigte: ***„Nehmen Sie kein Geld von den Banken!"***

Fahrzeugbau ist deshalb das schwierigste Geschäftsumfeld, weil die Automobil-Branche die höchste Effizienz aller produzierenden Industrien aufweist. Begonnen hat es mit dem Fliessband von Henry FORD. Die dadurch erreichte, niedrige Kostenbasis beim Ausstoss hoher Stückzahlen zwang die Konkurrenz zum Nachzug und zur Entwicklung günstigster Produktionsmethoden, die schliesslich in vollautomatischer Fertigung endeten. Wie stark die Stückkosten dadurch sanken, lässt sich am Beispiel der Autokäufe meines Vaters illustrieren. 1950, als freistehende Einfamilienhäuser bei uns in der Schweiz schlüsselfertig 24'000 CHF kosteten und der *Kaufhausvater* Präsident der Wohnbaugenossenschaft *THAL* war, bezahlte er für einen gebrauchten *CITROËN 11 Légère* Jahrgang 1939 damalige 10'000 CHF und musste ihn noch zusätzlich für 2'000 CHF instandsetzen lassen.

Das entsprechende Neufahrzeug, wenn überhaupt erhältlich, kostete um die 15'000 CHF, hatte drei Vorwärtsgänge, 56 SAE-PS bei 1911 ccm, brauchte 12 Liter /100 km, schaffte 110 km/h Spitze, ohne Heizung, Defroster, Radio, Scheibenwaschanlage, Sitzgurten usw., mit Winkern statt Blinkern, linksseitigem Brems- + Schlusslicht und schwarzer Einheits-

farbe. Für ein vergleichbares Einfamilienhaus mit etwa doppeltem Ausstattungswert sind heute statt 24‘000 über 700‘000 CHF fällig, dh. der Liegenschafts-CHF hat sich beim Immobilienkauf um den ***FAKTOR 15 entwertet***.
Nun können wir aber jetzt für heutige 15‘000 CHF Autos kaufen, die 50% höhere Fahrleistungen, Einspritzung, geregelten Kat, Audio-4LSP, GPS-NAV, Heizung + Klima, Sitzgurten, Airbags, Xenon-Licht, Automatikgetriebe, elektrische Fensterheber usw., also etwa doppelt so viel Gebrauchswert haben wie der *CITROËN 11* von 1950. Dh. der Auto-CHF hat sich also für den Konsumenten etwa um ***FAKTOR zwei im Wert gesteigert!*** Diese Referenzen beleuchten drastisch die Problematik der Einzel- und Kleinserien-Fahrzeugfertigung, die den Vergleich zum höheren Wert des heutigen Autofrankens aushalten muss. Dass *ECO- und MonoTracer* halbwegs wirtschaftlich gefertigt werden können, hängt allein mit dem einmalig guten Nutzeffekt des Fahrzeugkonzepts zusammen. Mit 25% Luftwiderstand eines Kleinwagens unterbietet das Kabinenmotorrad Verbrauch und damit auch Umweltbelastung um FAKTOREN, stösst aber fahrleistungsmässig weit in den Supersportwagenbereich vor. Weil nur 25-30% Relativleistung benötigt werden, liegt die Vergleichsbasis für die 85-96 *ECO*-kW beim Sportwagen im Bereich von um 300 kW oder etwa 400 PS. Konsequenterweise ist dem Autor oft vorgeworfen worden, seine effizienteste Fahrzeugformel im Bereich der *RAKETEN* zu VERSCHWENDEN. Das auf S.186 erwähnte, mit ~ 15‘000 Euro preislich populäre, kompakte <CROSSBOW> Kabinenfahrzeug mit 200 km/h Spitze und

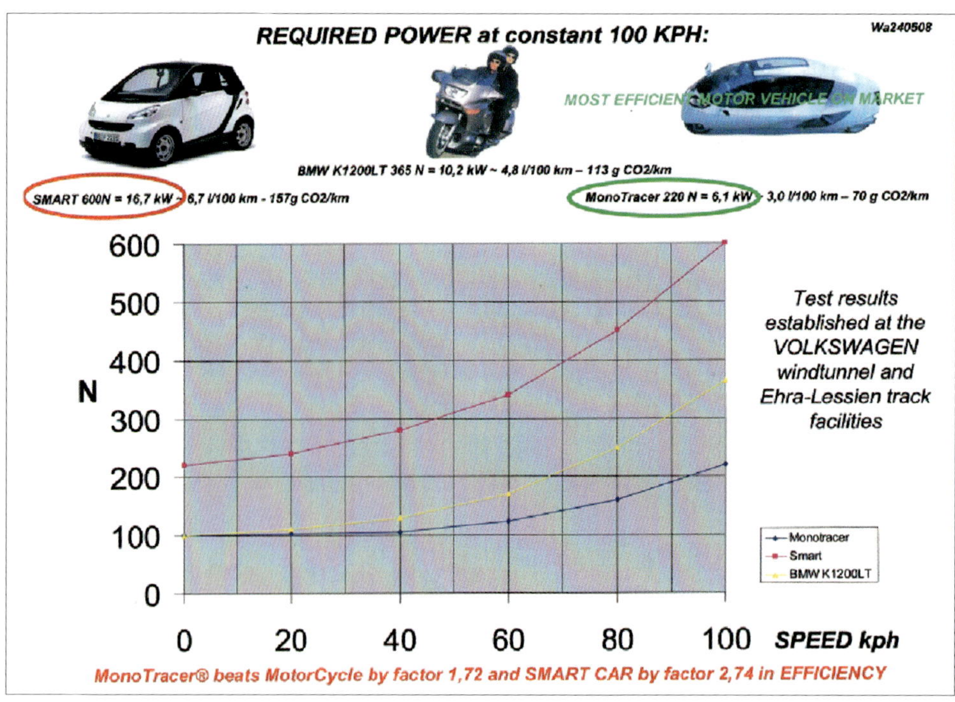

drei Liter/100 km Verbrauch wäre für das allgemeine Publikum sicher ein weit nützlicheres Produkt. Es würde dem heutigen Verkehrsinfarkt durch den Blutverdünnungseffekt mittels kleinerer, beweglicherer Fahrzeugkörperchen in den urbanen Verkehrsarterien stark entgegenwirken, Umwelt und Geldbeutel entlasten und erst noch Zweirad-Fahrspass in die unvermeidlichen Pendlerströme injizieren, ohne Komfort und Sicherheit im Vergleich zum PKW abzusenken. Selbstverständlich stimmen diese Überlegungen zu 100%. Deren Verwirklichung ist dem KMU-Betrieb wegen Produktions-Investitionen unmöglich. Dazu sagt ***Friedrich DÜRRENMATT*** in den PHYSIKERN, *<dass EINER ALLEIN nicht tun kann, was ALLE tun müssten>*. Er sagt aber im selben Stück auch, dass *<jeder Gedanke, der gedacht werden kann, einmal gedacht werden wird>*, und weiter, dass <ein Gedanke, der gedacht worden ist, nicht mehr zurückgenommen werden kann>. Dies bedeutet, dass die schnarchenden RIESEN früher oder später unseren Fortschritt in der Effizienz des Individualverkehrs zur Kenntnis nehmen müssen. Der Erste, der aufwacht und das kompakte Kabinen-Einspurfahrzeug fördert, wird damit ein grosses Geschäft machen. Die andern werden auch aufwachen und, zum Wohle des Individualverkehrs und der Umwelt, mittun. Bis dahin wird eben der *BUGATTI*, unsere *RAKETE*, die bereits gewonnene, kleine Stellung sichern, und ausbauen. Umständehalber bleiben also *ECO* und *MonoTracer*, die ***BUGATTIS*** und ***RAKETEN*** des ***Kabinenmotorradkonzepts***, noch ohne ergänzendes Populärmodell und somit eine elitäre Sache. Ein vergeblicher Weckversuch bei *BMW* mittels einer Einladung der gesamten Geschäftsleitung *Sparte MOTORRAD* nach Winterthur für zwei Demo-Tage im Werk und im Fahrzeug, am 19.- 20.09.1994, sowie die gewundene Begründung der Ablehnung lief dann auf einen FREUD'schen Verschreiber hinaus. Der damalige Chef *BMW-Motorradtechnik, Dipl.-Ing. Wolfgang DÜRHEIMER*, schrieb uns nämlich nachher, dass das Kabinenmotorrad weder ins PKW- noch ins *Motorrad*-Portfolio von *BMW* passe, die zusammen den Bereich zwischen Auto und Motorrad schon vollständig abdeckten. Es wäre allenfalls keine Markterweiterung, sondern Beeinträchtigung sowohl des unteren PKW-Segments als auch des oberen Motorradbereichs zu erwarten. Ausgedeutscht heisst das, dass das *ECO* sich sowohl im Auto- als auch in den Motorradbereich verkaufsmässig <eingefressen> hätte und weder die damals offenbar trägen Sparten *BMW-MOTORRAD* noch *BMW-AUTO* eine solche Konkurrenzierung haben wollten. An die Möglichkeit, dass bei der Konkurrenz ebenfalls ein <Einfressen> in weit grösserem Ausmass und somit eine grosse Markterweiterung möglich gewesen wäre, soweit dachte man bei *BMW* nicht, dies trotz des schon damals kolportierten BMW-Werbeslogans <BMW denkt weiter>. Auch der klassische *Grossbetriebs-Apparatschik DÜRHEIMER* war kein Weiterdenker und tickte nur für Schmalspurfortschritt, was ich noch nicht wusste. Klar wurde es mir erst, als er bei PORSCHE die Chefsache des wahnsinnigen Fortschritts vom zweitürigen 911er zum viertürigen PANAMERA vollendet hatte und dann als Chef zur bedächtigen Nobelmarke BENTLEY abdampfte. Später, bei *BUGATTI*, hat er bis heute auch keine grossen Stricke mehr zerrissen... Wirksame Mittel, die Grossfirmen doch noch zu einem Einstieg zu bewegen, sind aber schon entdeckt worden. Anlässlich einer kleineren Fahrzeug-Ausstellung, wo Probefahrten möglich waren, machten wir uns einen Spass daraus, den Sport- und Nobelkarossen

aufzulauern und sie dann auf der nahen Autobahn zu versägen. *Prof. SPIEGEL* erfand Vervollkommnungen, indem er aus dem *ECO*-Mitfahrersitz seines schnellen Juniors *Götz* beim Überholen die Autos angähnte oder Zeitung las. Die wütenden Beschwerden der Auto-Aussteller zeigten so den sehr menschlichen, effizienten Ansatzpunkt jenseits des meinerseits vorgezogenen Mitfahr-Arguments. Gleiches passierte, als bei RENAULT in Boulogne-BILLANCOURT bei einer Fahrzeugvorführung Leader *Philipp HALL* von fünf mit RENAULT-Honoratioren beladenen *ECOS* plötzlich im strömenden Regen auf der Banlieue mit Volldampf lospreschte, dass wir hinten rennmässig Tempo machen mussten, um den Anschluss nicht zu verlieren. Das vorherige <hm>, <äh> und <hhn> verwandelte sich am <SIÈGE SOCIAL> dann in heisse Diskussionen über die unglaubliche Fahrt, insbesondere deshalb, weil die RENAULT-Verfolgerautos, von Versuchsfahrern gefahren, abgehängt eine klar negative Vergleichsbasis produziert hatten.
Auf den ***Henri FORD*** oder ***Heinz NORDHOFF*** des *Kabinenmotorrades* muss offensichtlich noch gewartet werden. Andererseits machte es mir sicher mehr Spass, den ***Ettore BUGATTI*** oder ***Enzo FERRARI*** meines Konzepts zu spielen, weil wir ja alle lieber *TYP 57* oder *TESTA ROSSA* statt der *TIN LIZZIE* bzw. des ewigen *KÄFERS* fahren möchten. Zu meinem zweiten Lebenswerk, *ECO* und *MonoTracer*, kann daher nach Robert Louis STEVENSON gesagt werden: ***<To travel hopefully is a better thing than to arrive and the true success in life is to labour>***.

Kapitel XIII

Auf Lernen und Reisen beruht alle Bildung

Fritz Schelling

USA-REISE
1996

Meine Flüge in die STAATEN, notabene mit vorzüglichen amerikanischen Flugzeugen, hatten mich schon lange zu einem USA-Fan gemacht. Dies schon aus geschichtlichen Gründen, denn die STAATEN haben unser altes EUROPA dreimal aus schlimmen Bredouillen gerettet, nämlich 1918 vor dem wilhelminischen KAISERREICH, 1944 vor ADOLF dem GROSSEN und 1945-1989 mit dem MARSHALLPLAN und der NATO vor dem russisch-imperialistischen ML (MARXISMUS-LENINISMUS). Ohne diese übrigens für uns kostenlose AMIHILFE gäbe es heute weder eine eigenstaatliche SCHWEIZ noch einen CHF mehr und wir würden nun hier entweder mit REICHSMARK oder mit RUBEL bezahlen und bezahlt werden...
Meine Kenntnis der riesigen USA, ihrer Geschichte, HIGHWAYS und die IDEE, mit einer *ECO*-Gruppe die Reise meines Lebens dort abzuhalten, hatte schon lange in meinem Hinterkopf gespukt. Denn warum sollten nur GOLDWING-, HARLEY- und ELECTRA-GLIDE-Schlauchboote dort die INTERSTATES für sich gepachtet haben?

Ein verbaler Versuchsballon an der *PERAVES*-Weihnachtsfeier 1995 rannte offene Türen ein. Wenn es zu vernünftigen Bedingungen möglich wäre, die *ECOS* nach drüben und zurück zu bringen, würde das QUORUM von zehn Fahrzeugen und etwa 15 Teilnehmern sicher erreichbar sein. Also richtete ich 20 Offertanfragen an Airlines, Spediteure und Reisebüros und bekam auf elf davon keine Antwort. Sieben Angebote lagen zwischen unverschämt und Ku-Klux-Klan, darunter auch jenes meines früheren Arbeitgebers *SWISSAIR*, die 15'000 CHF pro Fahrzeug für die Frachtkosten allein und dazu 3'000 CHF für ein Return-Ticket in der Holzklasse wollte. AMERICAN und LUFTHANSA machten brauchbare Angebote, wobei uns die HANSA mit ihrem Partner für Motorradreisen, dem GEISLINGER Reisebüro, kurzschloss.

TURBO-ECO 5055 festgezurrt auf der LD-07-Palette

Dessen Boss, Werner KIEFER, machte das Rennen mit 5'600 DM für Fahrzeug plus Lenker von Zürich über Frankfurt nach Atlanta und zurück. Die Ampel schaltete somit auf Grün und mit 16 Teilnehmern in zehn *ECOS* wurde das Quorum in einer Woche geschafft. Am Osterdienstag, 09.04.1996 begann der Verlad mit einem Probegalopp für *ECO 5047*, das vorab nach LA versandt wurde. Am 15.04. verluden wir die restlichen neun Fahrzeuge für ZRH-FRA-ATL und die JET-AVIATION liess sich von meiner Lademethode auf den LD-07-Paletten überzeugen. Grösstes Hindernis war der Schweizer Zoll, der partout nicht begreifen wollte, dass hier eingelöste Fahrzeuge mit Nummernschildern keine Ausfuhrerklärung brauchten, keine <Merchandise> seien sondern <personal belongings> und wie ein Auto an der Grenze, beispielsweise in Basel, diese ohne Formalitäten hin und zurück überqueren könnten. Schliesslich half mein Ansinnen, der Zöllner müsse mir entweder die Bestimmungen im Zollgesetz vorzeigen oder die Ausfuhr zulassen. Er verliess seinen Posten und wir benützten die Gelegenheit, die beladenen Paletten schnell in den Exportbereich zu verschieben. Um 18 Uhr war alles paletti. Die Teilnehmerliste zeigte das typische Kundenprofil der *PERAVES-ECOMOBILFABRIK*. Dabei waren, in der <Senioritätsreihenfolge> der Fahrzeuge:

ECO 5008, Baujahr 1989, 150'000 km, rot-weiss Polizeikennzeichen BMA-61-29 / CZ
Fahrer *PROCHAZKA* Gustav, 31, Ingenieur, unser CZ-*ECO*-Bauer, Brno-CZ
Beifahrerin *PROCHAZKOVA* Sarka, 31, Direktorin

ECO 5013, Baujahr 1990, 55'000 km, rot PKZ GR 2692 / CH
Fahrer + Besitzer *WAGNER Robi*, 53, Hotelier zur Post, Cunter GR /CH
2. Fahrer R*IEDENER Roger*, 39, Kaufmann, Rümlang ZH / CH

ECO 5021, Baujahr 1991, 74'000 km, blau-weiss-rot PKZ BE 9806 / CH
Fahrer *HALL F.* Xavier (Chavi), 29, Angestellter, Zollikofen BE / CH
Beifahrerin *HALL-MARTI* Anna, 54, alleinerziehende Mutter

ECO 5041, Baujahr 1993, 43'000 km, rot-pearl PKZ BE 7744 / CH
Fahrer *HALL Philipp*, 33, Kaufmann, Zollikofen BE / CH
Beifahrerin *BÜRKI, Isabelle*, 25, Floristin

ECO 5045, Baujahr 1993, 53'000 km, blau-pearl PKZ ZH 73060 / CH
Fahrerin *WAGNER Franziska*, 52, Chef-Stewardess, Winterthur ZH / CH

ECO 5047, Baujahr 1993, 33'000 km, weiss PKZ GE 29474 / CH
Fahrer *VON LEDERSTEGER Thomas*, 33, Kaufmann, Laconnex GE / CH

ECO 5054, Baujahr 1995, 14'000 km, grün-pearl PKZ ZH 2299 / CH
Fahrer *REUTEMANN Adrian*, 28, Pilot, Rheinau ZH / CH

TURBO-ECO 5055, Baujahr 1995, 15'000 km, rot-pearl PKZ ZH 11872 / CH
Fahrer *WAGNER Arnold*, 55, PERAVES-Unternehmensleiter, Winterthur ZH / CH

ECO 5060, Baujahr 1995, 19'000 km, Bugatti-blau, PKZ AI 392 / CH
Fahrer *HINDER Heinz*, 48, Fabrikant, Sulgen TG / CH
Beifahrer *HINDER Marc*, 15, Schüler

TURBO-ECO 5061, Baujahr 1996, 3'000 km, pink-pearl, PKZ ZH 7666 / CH
Fahrer P*ERDRAZZI Stefano*, 49, Bauspenglerei, Aadorf ZH / CH
Beifahrerin *PEDRAZZI Renate*, 45, aufklärende Bürokraft

DER HINFLUG
fand mit LH4563 am Montag, 22. April 0700 ab ZRH (Zürich) nach FRA (Frankfurt) statt und erstaunlicherweise waren alle rechtzeitig da. Dann ging es weiter mit LH444 im neuen A340 von FRA nach ATL (Atlanta Hartsfield), wo wir zehn Minuten zu früh eintrafen. Der Captain rollte aber so langsam, dass wir mit zehn Minuten Verspätung, um 0210 PM andockten. Unser präsumtiver US-Vertreter, *Jim LORIMER* erwartete uns und organisierte den Transport zum Cargo Terminal.

DIE MOBILISIERUNG
war komplexer als die Kiefersche Beschreibung („Dort sind dann Ihre Dinger abholbereit"). Ein Replikat der Marianne SÄGEBRECHT / Out of ROSENHEIM fuhrwerkte im LH-Cargo-Office mit Effizienz und Teutonen-Englisch. Sie konnte aber kaum noch Deutsch und hiess deshalb schon Helga COUGLER statt KUGLER. Wir liessen uns von ihr zum Zoll über die Strasse scheuchen, was in den USA gar nicht so einfach ist, weil auch für 200 Meter das Auto benützt wird und wir ja unsere Fahrzeuge noch gar nicht hatten. Dann gelang es mir, mit der Fahrermannschaft ins Zoll-Lager vorzudringen, die Maschinen loszubinden und von den Paletten zu fahren. *Jim* führte uns dann mit seinem <Muscle Car>, einer grünen Chevy-Crevette, zum BW-Hotel East Airport in Hartsfield. An der Bar dort empfing uns die gestandene Bardame in jugendlichem <Little Red Riding Hood>-Outfit mit einem Welcome-Drink. Auf meinen Wunsch briefte sie den Hotel-Courtesy-Busfahrer mit der Adresse eines guten Steak- und Seafood-Lokals und ich gab dort den USA-Novizen eine Einführung in US-Food.
Wegen der Zeitverschiebung wollten fast alle früh in die Klappe. Am Morgen besorgten *Roger* und *Robi* für alle Fälle einen Radar-Warner und wir machten die *ECOs* startbereit. Statt 98-ROZ-Super bekamen die Maschinen nur 93-MON-Premium und ich erklärte den besorgten Fahrern, dass eine Differenz zugunsten der MOTOR-OCTANE-NUMBER (MON) von etwa fünf gegenüber unserer RESEARCH-OKTAN-ZAHL (ROZ) bestehe, also auch bei den *TURBOS* keine Klopfschäden zu erwarten wären. Da es damals noch keine Three-Band-Cellulars gab, mussten wir für teures Geld zwei US-Handys mieten. Die Mobilisierung dauerte bis in den späten Nachmittag und wir landeten dann wieder in der Bar. Riding Hood stellte Drinks auf Verlangen aus und organisierte auch Sandwiches. Auf *Rogers* Wunsch nach der Adresse der nächsten Titty-Bar plus Taxis ging sie allerdings nicht ein.

VON ATLANTA
fuhren wir am Mittwoch, 24.04. schon um 0730 Uhr los auf unsere erste, <ambitiöse> Tagesetappe von 485 Statute Miles bzw. 778 km. Den US-Fahrstil von <no unforced lane changes> musste ich den sieben US-Fahrlaien beim ersten Stopp in Montgomery ALABA-

9 ECOS im Hafen von MOBILE, AL - dahinter Schlachtschiff USS ALABAMA

MA, zwecks Pissy, Coke, Ice-Cream und Tanken mühsam erklären. Gegen Mittag erreichten wir den Hafen von MOBILE, AL und besichtigten dort das riesige Schlachtschiff USS ALABAMA mit seinen 42,5- cm-Geschützen. Die ECO-Reisenden mussten meinen Vortrag über die Schussweite (38 km), das Granatengewicht (1'200 kg), die grossen Babetten sowie Torpedos anhören und U-Boote wie Flugzeuge im NAVY-Museum dort besichtigen, bevor sie auf der Interstate 10S hinter MOBILE zum Mittagessen in einer Verpflegungsbaracke mit gutem Beef und Seafood sowie Bud und Chardonnay losgelassen wurden.

Die Weiterfahrt nach NEW ORLEANS war, abgesehen von den landschaftlichen Reizen des Mississippi-Deltas und dem dichten Verkehr bei sonnigem Wetter um KENNER, wo unser BW-Hotel in der Nähe des Airports lag, ohne besondere Vorkommnisse. Beim Apéro nach 805 km in 7 Std. 30' motzte *Anna*, es sei zu viel Interstate statt über Land gefahren worden. Als ich sie darauf hinwies, dass sie noch gar nicht reklamieren könne, weil sie per Highway erst in zwei Stunden hier ankäme, stoppten dann ihre wohlgemeinten Ratschläge. Schon um 6:00 PM waren wir zur Taxifahrt ins VIEUX CARRÉ bereit. Im Royal Café & Deli assen wir bestens und im daneben liegenden Jazz-Lokal mit einer aus beleibten, weissen Überfünfzigern bestehenden Acht-Mann Combo mit grossartigem Sound genossen wir den Abend. Erstaunlicherweise liess man unser Küken, den 15-jährigen *Marc*, auch ins nur mit Alkohol bestückte Musiklokal.

AB NEW ORLEANS

fanden wir uns am Donnerstag, 25.04. um 0900 Uhr später auf einer <leichten Etappe> über 352 Miles / 565 km auf der Interstate 10W nach BATON ROUGE, wo wir die Stadt und das obligate Kriegsschiff, hier den Zerstörer USS KIDD, besichtigten. Zwei Mississippi-Raddampfer mit dem in Europa unbekannten Heckflügelrad-Antrieb lagen auch im Hafen. Einer war ein Gambling-Casino mit Restaurant, wo wir uns wieder sehr gut mittagsverpflegten. Unseren *Bernern* war es zu teuer. Als wir zum Parkplatz zurückkamen, hatten sie noch kein billigeres Lokal gefunden und mussten sich mit Coke aus einem Getränkeautomaten als Mitagessen begnügen. Weiter fuhren wir dann im Neuner-Verband direkt nach Orange-Beaumont an der Grenze zu TEXAS. Dort tankten wir und füllten Coke auf, wobei sich das Anmotzen der Exponenten europäischen bzw. amerikanischen Fahrstils erfreulicherweise in Grenzen hielt. Das Gelände änderte sich vom sumpfigen, bewaldeten Mississippi-Delta zu offenem, flachem und entlang der Interstate mit Shopping-Centers, Fast-Food-Restaurants und Tankstellen umlagertem Gebiet. Riesige Raffinerien wechselten ab mit ebenso texanisch weiten Agrar-Anbauflächen. Erstmals spürten wir von der Galveston-Bay her starken Seitenwind von um die 20-30 MPH. Die schrägstehenden *ECOS* richteten sich dann um das Ballungszentrum auf den Stadtumfahrungen von HOUSTON auf, weil wir hier erstmals in kleinere Staus im Abendverkehr gerieten und uns zeitweise auf den Stützrollen ausruhen konnten. Das HOLIDAY INN am William P. HOBBY-Airport war leicht zu finden, und mit 605 Tageskilometern bzw. 1'410 ab Atlanta waren wir nach GA, AL, MS und LA bereits im fünften US-Staat TX eingetroffen, on Time and on Schedule...

HOUSTON SPACE CENTER

war als Hauptpunkt für Freitag, den 26.04. angesagt. Die eindrucksvoll abgezogene Show im riesigen NASA-Weltraum-Bahnhof sah uns auf dem Rundfahrt-Bähnchen erstmals mit US-Regen beträufelt und mein ehemaliger Copilot bei *SWISSAIR*, der nunmehrige Astronaut ***Claude NICOLLIER***, liess sich trotz der umlagerten *ECOS* auf dem Hauptparkplatz nicht blicken. Nach der Rückfahrt zu HONDA-Pasadena, Chef Jim BRADY, uns von Werner KIEFER als technischer Stützpunkt angegeben, fuhren wir dort einige ECO-Passagierrunden mit dem üblichen <I can't belive it>-Effekt. Jim revanchierte sich mit einer Führung zum <Flying Dutchman>, einem malerisch gelegenen Fischrestaurant an der Galveston Bay mit dem zweitbesten Lobster aller Zeiten. Alle ausser *Anna* hatten unbeschränktes Lob für den Fressabend. Zwei deutsche MOPPED-Fahrer, die bei BRADY ihre HARLEY und GOLD-WING gekauft und abgeholt hatten, waren auch dabei. Beide tuckerten uns rein zufällig in den White Sands am 29.04. wieder über den Weg.

ZUR ALAMO MISSION

machten wir uns am Samstag, 27.04. um 9:00 AM auf den Weg über das jetzt ziemlich leere Stadtautobahnnetz auf die Interstate 10 W und eine Planetappe von 335 Miles / 535 km. Auf dieser dreispurigen Interstate hielten wir uns auf der linksten Spur bis zu einem Schild <Left Lane Ends>, aber ohne Änderung der Fahrbahnbreite bzw. der Spurmarkierungen. Weil sie schön frei war, blieb ich darauf und sah plötzlich im Spiegel die Meute nach rechts ausscheren in einer von mir aufgewirbelten Sandwolke. Bei näherem Hinsehen fand ich mich auf einer Betonspur mit einem 15-cm-Absatz gegen die Interstate und dies bei den in TX erlaubten 70 MPH bzw. 112 km/h. Meine Überlegungen, wie das *ECO* bei diesem Tempo den Absatz überspringen würde, bestätigten sich durch den praktischen Versuch als problemlos. Dann piepste der Radarwarner wegen eines mit genau 70 MPH vor uns dahingondelnden Sheriffs, der uns bis fast nach SAN ANTONIO abbremste. Am Astrodome vorbei franzte ich ins Stadtzentrum. Mit einigen Schritten waren wir bei den historischen Resten der ALAMO MISSION. Mein Vortrag über Davy CROCKETT, Jim BOWIE und Colonel TRAVIS sowie den bösen General SANTA ANA war den anderen zu langfädig und ich folgte schliesslich den zwei Letzten auch zum RIVERSIDE-Restaurant. Bei der Weiterfahrt reduzierte sich die IS 10W auf zwei Spuren des HIGHWAY 10W, während sich die Landschaft von der feuchten Meeresebene zum austrocknenden Hochland wandelte und es auch entsprechend wärmer wurde. Die <mid-80s> beim Tankstopp in Sabinal führten zur Suche nach schattigen Parkplätzen und zum Einsetzen der Ostblock-Klimaanlagen bei den *ECOS* ohne A/C. Hinter UVALDE verlor mein *ECO* nach einem Bahnübergang plötzlich die Stabilität in der hinteren Aufhängung. Mein Vorsichtsstopp war nicht zu früh, denn ich hatte einen veritablen Plattfuss. Ein vorstehendes Eisenstück am Bahnübergang hatte einen zwölf mm langen Schnitt im Hinterreifen verursacht. Aufbocken, Reparaturkit auspacken, ein Kontrollblick auf die ausgestiegene Jugend- und Damen-Riege und ich erstarrte fast vor Schreck. Alle hatten sich am sandigen Strassenbord zwischen Kakteen und Agaven hingesetzt. Fluchend scheuchte ich alle auf und wies darauf hin, dass ich vor etwa zwei Meilen eine überfahrene Klapperschlange neben der Strasse gesehen und wir kein Schlangen-Serum dabei hätten. Bei den Reisevorbereitungen hatte man mich auch vor Skorpionen gewarnt. Bis das Pneukit sein übliches Flickwunder bewirkte, ***standen*** dann besonders die Damen nur noch am Strassenrand und wir setzten unsere Reise nach etwa 25 Minuten fort, nachdem ich der staunenden Gemeinde vorgelesen hatte, dass nach dieser Notreparatur höchstens 100 km mit max. 60 km/h bis zum Reifenersatz gefahren werden dürften, gemäss der Kit-Gebrauchsanweisung. 10500 km später, nach Höchstgeschwindigkeitsfahrten in Montana und nach dem Rückflug von einer Fahrt nach Rom und retour, ergab die Demontage einen absolut einwandfreien Flickzapfen. Man staunt, was Produktehaftungsängste einem vorzüglichen Reparaturmittel bei Grossbetrieben alles unterschieben können...

In Eagle Pass fanden wir ein neues Best-Western-Hotel mit Swimmingpool. *Adrian* organisierte eine Kiste Budweiser und wir machten Technischen Dienst mit einem Anlasserwechsel bei *Chavi HALL* und Gustav pflegte seine Schleifkupplung. Im Flutlicht studierte *Marc* ein von *Adrian* besorgtes Pamela-ANDERSON-Photoheft, wobei sich eine Diskussion bei den begleitenden Damen darüber erhob, ob es hier Wix- oder tatsächlich Wichsvorlage heisse.

BIG BEND NATIONAL PARK

war das Programm vom Sonntag, 28.04. nach der Abfahrt um 8:30 AM. 452 Miles/725 km wurden in Angriff genommen. Grandioses Wetter, mid-70s to mid-90s und wir kamen,

entlang des RIO GRANDE DEL NORTE, durch die ansteigende Halbwüste in Marschformation, dh. 5055-5061-5021-5041-5008-5013-5060-5054-5045, zügig durch den Seminole Canyon Park voran. Zum ersten Mal sahen wir hier die riesigen, meilenlangen Güterzüge mit bis zu fünf Lokomotiven sich mit etwa 50 km/h durch das Sandgelände winden. Deren regelmässige, meilenweit hörbaren Hupsignale, ähnlich der LKW-Dreiklang-Drucklufthupen, aber weit talfüllender, wird kein Texasreisender je wieder vergessen. LANGTRY und Judge Roy BEAN's Saloon/ Museum war unsere erste Station. Miss Lilly LANGTRY, eine englische Schauspielerin kam das ihr gewidmete Kaff tatsächlich dann einmal besichtigen.

Auf der Weiterfahrt durch die Halbwüste nach Marathon begegnete uns bei 90° F eine deutsche *BMW*-Motorradgruppe und dann ein radelndes Paar, etwa 35 Meilen vom nächsten Ort entfernt! Im historischen Marathon-Hotel wurden wir von jungen Damen mit einem tadellosen Essen verwöhnt und machten uns dann Richtung BIG BEND Nationalpark durch 70 Meilen unbewohntes Gebiet auf. Zum ersten Mal sahen wir ganz nahe einige <Dust-Devils>, Windhosen mit Staubfahnen hochgehen. Über Study Butte fuhren wir eine wunderschöne Strecke entlang dem gar nicht soo grossen Rio Grande nach PRESIDIO. Die Route weist kaum Kunstbauten, aber unzählige HUPPEL auf, wo man richtig abhebt bzw. in den Sitz gedrückt wird und beim Hochfahren über den Strassenverlauf auf der abfallenden Seite rätselt. In PRESIDIO bei einer Bierbar riss *Adrian* den Kupplungszug ab und wir teilten uns auf. *Franziska* stieg zu mir ins *ECO*, während Roger ihr *ECO* mit dem grossen Werkzeug-Koffer nahm und mit *Gustav* bei der Reparatur half. Kurz vor MARFA gerieten wir in eine Polizeikontrolle, welche die Mexikaner vor der illegalen US-Einwanderung abhalten sollte. *Franziska* auf meinem Hintersitz hatte prompt ihre Papiere im *ECO* bei Roger gelassen. Meinen Vorschlag, Madame daher abzufassen, quittierte der prächtige, mit *SAURER*-Stickerei-Abzeichen und Knarre im Holster geschmückte SHERIFF durch Hervorziehen von Handcuffs. Schreiend flüchtete *Franziska* hinter mich und beruhigte sich erst durch das laute Auflachen des Sheriffs und von mir. Unbehelligt konnten wir dann weiterfahren. Unser Ziel, Fort DAVIS, ein malerisches Wildweststädtchen, wurde mit knapp 800 km auf dem Tacho erreicht. Im historischen LIMPIA-Hotel erwarteten uns Zimmer in Wohnungsgrösse und ein sehr gutes Restaurant mit Bar. Beim Nachtessen störte uns eine plärrende TV-Riesenleinwand, worauf sich der gelernte Elektriker *Adrian* zum Kappen des TV-Kabels entschloss. Prompt waren wir von riesigen Texanern umringt, deren SUPER-BOWL-Match wir unterbrochen hatten. Mittels zweier Runden Freibier konnte dann die bedrohliche Situation knapp entschärft werden.

WHITE SANDS

kurz vor dem Etappenziel ALAMOGORDO war als Highlight für Montag, 29.04. geplant. Mit der Mountain-Time-Zone von El Paso gewannen wir eine weitere Stunde und fuhren gemütlich um 0930 auf diese Etappe von 340 Meilen / 545 km los.

Kurz vor El Paso riss eine der vorderen Bremsscheiben von *ECO 5021*. *Chavi* und *Anna* beschrieben das Klopfgeräusch als *FOOCHTBAAHR*. In El Paso trafen wir *Thomas von LEDERSTEGER* mit dem *ECO 5047*, das wir vorab nach Los Angeles spediert hatten. In einem bekannten Beef-Lokal gab es das übliche Schlemmermahl.

Zwischen El Paso und Las Cruces übertrafen sich die 18-Wheeler-Brummis bei starkem Wind mit 80-85 MPH Fahrgeschwindigkeit. Ich traute meinen Augen nicht, als wir zum Überholen von Lastern, die Fertighäuser geladen hatten, auf mehr als 130 km/h beschleunigen mussten. Dachpappe flatterte grausam und die Anhänger schwankten im Wind so stark, dass durch die Hinterräder auf dem Pannenstreifen Staubwolken aufgewirbelt wurden. Hinter dem 6'000 Fuss hohen San-Augustin-Pass sahen wir weitere Kamikaze-Brummis mit bis zu 160 km/h die östliche Passrampe voll hinunterblochen. Wenn man bei uns

WHITE SANDS - und die MOPPEDS unserer deutschen Freunde von Pasadena

das Theater mit 80 km/h für Lastzüge und die Sicherheitsargumente für 28 Tonnen hört, kann man angesichts der US-Truckerei nur milde lächeln. Obwohl die Interstates oft von abgerissenen Truck-Pneu-Laufflächen übersäht sind, haben wir nur zwei Brummi-Unfälle auf unserer 11'200-km-Tour gesehen. Nach Passieren einer weiteren Mexico-Einwanderersperre auf dem HWY 70 drehten wir dann links ab in diese WEISSEN SÄNDE, die wie Pulverschnee aussehen. Mitten in den Dünen trafen wir zufällig auf unsere MOPPED-Deutschen von Houston. Im nahen ALAMOGORDO, das wir mit 587 Tageskilometer erreichten, fanden wir leider nur einen mittelmässigen, budlosen Fast-Food-Schuppen. Der bewährte *Adrian* aber schleppte dann wieder die Bud-Kiste an, als wir unseren *ECOS* am Abend eine Scheiben- und Staubwaschung verpassten.

SANTA FE TRAIL & ROUTE 66

waren am Dienstag, 30.04. auf einer 465 Meilen / 731 km-Etappe zu kreuzen. Wir kamen nur knapp 15 Meilen weit Richtung Tularosa, als ein Sheriff mit Blaulicht und Sirene von hinten in die ECO-Formation hineinfuhr. An die amerikanische Anhaltemethode musste ich mich zuerst gewöhnen, denn die Kerle fahren, nicht wie bei uns VOR, sondern HINTER das zu stoppende Fahrzeug. Grund sei die bessere Überwachung mit der Knarre, erklärte mir später in Pocatello ein FBI-Agent. Auch müsse man im Fahrzeug sitzen bleiben und dürfe die Hände nicht vom Steuer nehmen. Natürlich war nun die Speed-Limite der Diskussionspunkt. Nach der Aufklärung über unsere Fahrzeuge und Gruppenreise liess uns der State-Trooper salutierenderweise weiterfahren, <because I do not want to spoil your holidays>, ermahnte mich aber zur strikten Einhaltung der hier geltenden 65 MPH. Das wüstenartige Hochplateau von New Mexico ist gegen Norden etwas fruchtbarer. In CORONA, einem hinterwäldlerischen Kaff am HWY 54, stoppte ich bei der einzigen Beiz gegenüber dem Bahnhof zwecks Bud. Einer der Mordsgüterzüge mit vier Diesel-Loks wälzte sich vorbei. Unsere Weiterfahrt wurde von einer gestikulierenden Mittvierzigerin verhindert. Sie sei die Lehrgotte, und ob wir nicht mit den *ECOS* zur Gesamtschule fahren könnten? Also gut, und eine knappe halbe Stunde umlagerten uns grosse und kleine ABC-Schützen zwischen fünf und 40 Jahren, bis Stefano mit der Trillerpfeife das Zeichen zum Aufbruch gab und wir uns Richtung Pastura nordwärts verzogen. Zwischen der IS 40N und Romeroville fuhren wir der berühmten Route 66 entlang, sahen aber nichts Besonderes. Die Kreuzung des Santa-Fe-Trails vor Las Vegas fiel noch weniger auf.

Dort parkten wir hinter dem Sheriff-County-Office zwecks Mittagessen. Es gab nur ein mexikanisches Restaurant und ich werde <never-ever> mir unbekannte Mestizen-Gerichte nur nach Namen und Empfehlung bestellen. *Röbi* zeigte sich enttäuscht von der Mittelmässig-

keit des berühmten Gambling-Resorts und ich klärte ihn darüber auf, dass <Las Vegas> in den USA ein häufiger Name sei, etwa wie bei uns <Oberwil>, und dies nicht der Sündenpfuhl LAS VEGAS in Nevada an der kalifornischen Grenze wäre. Den nächsten Stopp machten wir mit Walsenburg CO, bereits im siebten US-Bundesstaat, COLORADO.
Die Schlampe in Alys FIRESIDE Cafe lieferte Apple Pye und Bud, kassierte aber dreifach bei den offerierenden Zahlern, bis ich das merkte und abstellte. Bei der Weiterfahrt hängten die ECOS hinter mir und *Stefano* dauernd ab, weil die turbolosen Maschinen auf dieser Höhe von 6'000 Fuss unter Atemnot litten. In Colorado Springs gab nach es 760 km ein neues, schönes BW-Hotel, ausnahmsweise mit einem vorzüglichen Restaurant. Nach dem Dinner stellten wir erfreut fest, dass *Adrian* und Marc, dieser trotz der täglichen Unterhosenwäschepflicht für sich und den Vater, Zeit gefunden hatten, unsere *ECOS* von Dreck zu befreien und die Scheiben zu putzen.

THE LONGEST DAY TO SLC (SALT LAKE CITY)

war am Tag der Arbeit, Mittwoch, 01. 05. angesagt mit 604 Meilen / 970 km. Wir passierten Denver bei schönem Wetter und starkem Wind. Nach Cheyenne Wyomingauf der IS 80W stieg das Gelände der Rockies auf über 9'000 Fuss und das Wetter wurde schlechter. Auf der Höhe von Laramie kämpften wir uns gegen einen immer stärkeren Steam und Graupelschauer vorwärts. In den Elk-Mountains begann es dazu noch zu regnen. Plötzlich überholte *Philipp* mit *ECO 5041* in unserer Kolonne und kam vorne neben mich. Er gestikulierte mit seiner rechten Hand durch das Sonnendach, das der Wind zur Hälfte abgerissen hatte. So stoppte ich in Sinclair bei der nächsten Gas-Station mit General Store, wo wir uns verpflegten und die Store-Mutter für *Philipps ECO* ein Stück dicken Karton auftrieb, mit welchem wir das Loch im Sonnendach mittels unserer Scheibenbruch-Folie zupflasterten.
Dann drängte ich zur Weiterfahrt. In Sweetwater war das Tagesziel in Tankreichweite. Wegen des nun fürchterlichen Steams von 50-65 MPH konnte ich aber erst in Tables Rock

zu einer Tankstelle ausfahren, deren Einfahrt genau in Windrichtung lag und uns also keine allzu üble Seitenwindlandung aufnötigte. Es blies derart stark, dass wir die geöffneten Türen der *ECOS* beidhändig festhalten mussten, um ein Abreissen zu vermeiden. Grasbüschel mit Staubwolken eines veritablen Sandsturms vertrieben die Nichttanker sofort in den General Store mit Kasse. Mitten im Fueling näherte sich ein Streifenwagen und der Ranger mit festgebundenen Pfadihut kam herein und wollte mich sprechen. Er sei uns seit Sinclair gefolgt und hätte uns nicht einholen können, weil sein Ford unter diesen Bedingungen nur etwa 90-100 MPH schaffe. Wir müssten also mindestens über 100 MPH, 160 km/h drauf gehabt haben.

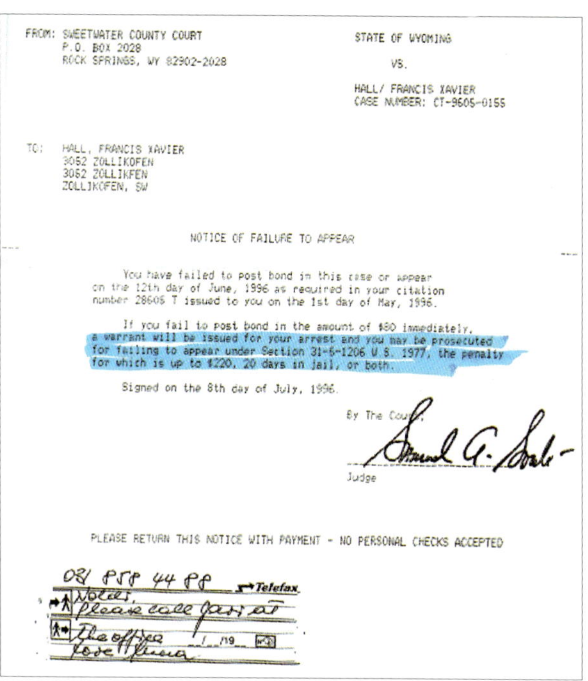

FROM: SWEETWATER COUNTY COURT
P.O. BOX 2028
ROCK SPRINGS, WY 82902-2028

STATE OF WYOMING

VS.

HALL/ FRANCIS XAVIER
CASE NUMBER: CT-9605-0155

TO: HALL, FRANCIS XAVIER
3052 ZOLLIKOFEN
3052 ZOLLIKFEN
ZOLLIKOFEN, SW

NOTICE OF FAILURE TO APPEAR

You have failed to post bond in this case or appear on the 12th day of June, 1996 as required in your citation number 28605 T issued to you on the 1st day of May, 1996.

If you fail to post bond in the amount of $80 immediately, a warrant will be issued for your arrest and you may be prosecuted for failing to appear under Section 31-5-1206 W.S. 1977, the penalty for which is up to $220, 20 days in jail, or both.

Signed on the 8th day of July, 1996.

By The Court,

Judge

PLEASE RETURN THIS NOTICE WITH PAYMENT - NO PERSONAL CHECKS ACCEPTED

Telefax

Strafmandat vom SWEETWATER COUNTY COURT, zu spät zahlbar

Das zulässige Maximum sei aber 75 MPH. So wurde jedem ein Strafzettel über 80 $ ausgestellt, der bis zum 12.06. zu bezahlen / überweisen sei.

Nach der Prozedur kam aus, dass wir den Ranger schon abgehängt hatten und er rein zufällig dieselbe Tankstelle aufsuchte, weil ihm der Sprit ausgegangen war!

In Rock Springs machte ich dann bei abflauendem Steam noch einen Abschieds-Stopp, um über die geographische Lage des Gerichtsgebäudes im Bild zu sein, wo man höchstwahrscheinlich vergebens auf uns bzw. zehnmal 80 $ warten würde.

Kurz nach der Staatsgrenze von UTAH, dem neunten besuchten US-Bundesstaat, schwärmte bei der Abzweigung der IS 84N ein riesiges State-Trooper-Aufgebot herum, diesmal aber nicht zu unseren Ehren. Ein mit Timber beladener 18-Wheeler hatte die Rechtskurve verfehlt und seine Ladung samt Anhänger auf die Gegenfahrbahn in Auslegeordnung abgeworfen. Unsere Route nach Park City bei SLC war nicht betroffen und wir erreichten den Ort um 1830 Uhr nach 1'039 Tageskilometern. Dieser Wintersportort, 20 Meilen vom berühmten SLC, Sitz der US-Ski-Nationalmannschaft ist im Sommer verödet. So gelang es wieder nicht, in der Nähe eine Titty-Bar zu finden. Das Gespräch darüber hatte natürlich eine weitere Aufklärungsrunde mit dem Pamela-Anderson-Heftli für unser Küken *Marc*

Mormonentempel rechts, Administrationsgebäude links

zur Folge, wobei auch Renate und unsere *Selbstfahrerin* mitmischten oder zumindest die Ohren spitzten.

MORMONEN

haben den Staat UTAH (UT) geprägt. Vor 1850 soll im Gebiet um den Grossen Salzsee noch kein einziger Baum gestanden haben. Als wir um 8:30 AM zu den geplanten 368 Meilen / 590 km am Donnerstag, 02.05. aufbrachen, war der Katzensprung zum Mormonentempel in SLC erstes Tagesziel. Wir parkten davor und ich wies die Gruppe auf das merkwürdige Missverhältnis der zwei riesigen Administrationsgebäude zum relativ kleinen Tempel hin. Der war durch eine Hochzeit besetzt und nicht zu besichtigen. Beim am Temple Square gelegenen Beehive-House begann gerade eine Führung, an die sich einige historisch Interessierte mir anschlossen. Die offenbar deutschstämmige, sehr gepflegte Dame, Mrs. ROSENBERGER, zeigte uns das 1854 gebaute, mehrfach erweiterte Gebäude von Brigham YOUNG, welcher nach dem Tod des Sektengründers Joseph SMITH die Mormonen aus den Wirren von Missouri 1850 in die damals unbevölkerte Salzwüste geführt hatte. Das wunderbar erhaltene Haus wiederspiegelt den Weg vom kargen Pionierleben bis zum französischen Empire-Luxus der YOUNG-Söhne. Am Schluss konnte ich mir die in dieser soignierten Umgebung beinahe obszön wirkende Frage nicht verkneifen, wie viele Frauen denn Brigham YOUNG gehabt hätte. Mit grösster Selbstverständlichkeit kam die Antwort von Mrs. ROSENBERGER: „Oh, 27, of course". Daraus gab es dann noch 52 Kinder, aber im Beehive-Haus lebten nur ein- bis zwei Frauen und etwa zehn Kinder <at any time>, wohlverstanden. Man stelle sich das ***Gifteln von 27 Ehefrauen*** unter einem Dache vor, um Brigham's Dispositionen richtig zu verstehen! Er war erster Gouverneur und Representative vom UTAH-Territory. Nach 1876 mussten seine Nachfahren die Polygamie auf dem Altar der Erhebung von UTAH zum US-Bundesstaat opfern. Es sei damals auch nicht mehr notwendig gewesen, laut Mrs. ROSENBERGER, da diese Polygamie bei den Mormonen eine rein bevölkerungspolitische Massnahme nach den Verfolgungen im Mittelwesten gewesen sei.
Bei den *ECOS* auf dem Temple Square hatten sich mittlerweile zwei TV-Networks eingefunden und Roger hatte mich grossartig vertreten, wie sich aus diversen späteren Fax- und Letter-Reaktionen über die Sendungen zeigte.

Den anfangs geplanten Trip nach den Bonneville Salt Flats auslassend (es soll dort kaum permanente Installationen vor der wegen Wasserstand noch nicht angebrochenen Rekordsaison haben), fuhren wir nordwärts Richtung IDAHO auf der IS 15N mit friedlichem Normal Cruise von ~ 100 MPH. Doch plötzlich hängten hinten Roger und *Franziska*, die sonst keine Kolonnen-Oberhandörgeler waren, weit ab. Dahinter schlossen schnell drei verdächtige, schwarzweisse Autos auf und das vorderste schaltete den Blaulicht-Christbaum auf dem Dach ein. Abdrosseln und ich stoppte kurz vor POCATELLO ID, wo ich sowieso Mittag machen wollte. Der freundliche Officer im vordersten Police-Car erlaubte mir das Fotografieren der gestoppten Formation mit den drei Polizeiautos Flashlights on. 80 MPH = 40 $ waren es diesmal. Mit den drei Fahrzeugen ging das Ticket-Schreiben zügiger voran. Im hintersten Police-Car, der von einer Police-Woman gefahren wurde, sassen auch noch zwei FBI-Officers in Zivilkluft, mit unübersehbaren Knarren im Holster. Sieben Telefone von überholten Automobilisten in dieser ersten Handy-Zeit hätten der Polizei gemeldet, dass ***a gang of speeding motorcyclists*** die IS 15N unsicher mache. In Erwartung von Harley-Rockers wären sie zwecks <law enforcement> mitgekommen. Mein verbales Entsetzen über diese Denunziationen, nicht in East-Berlin, sondern in den freien STAATEN, nahmen die Ordnungshüter etwas betroffen zur Kenntnis. Die Polizeuse meinte, dass wir mit unseren tollen Fahrzeugen sicher viel schneller als die hier erlaubten 75 MPH fahren könnten, während <normal folks> schon bei den früheren 55 MPH (88 km/h) überfordert sei. Somit, sagte ich, müssten wir bei unserem nächsten US-Trip bei President HILARY eine <exemption> für 95 MPH beantragen, was allgemeine Heiterkeit auslöste. Zwischenzeitlich hatte die lokale Fernsehstation durch Abhören des Polizeifunks Wind von den seltsamen Vögeln auf der Interstate bekommen und Kameramann plus Reporter bannten die ganze Fahrzeugkolonne von vorne nach hinten und umgekehrt auf Video. Der Sheriff im ersten Police-Car führte uns auf meinen Wunsch zu einem Griechen, <best food in town>, wo wir tatsächlich sehr gut speisten. Allerdings musste ich dort noch ein TV-Interview geben und auch die lokale Newspaper-Redaktorin musste noch abgefertigt werden. Es sollte sich alles am nächsten Tag auf der Titelseite des IDAHO-State-Journals niederschlagen und eine Belegnummer wurde uns, gemäss unserer Reiseroute, tatsächlich nach Rapid-City ins Hotel nachgesandt. Auch hier setzten die Sheriffs den Termin für die Bezahlung der zehnmal 40 $ auf den Juni an, sodass man beim BANNOCK COUNTY COURT wohl vergebens

West entrance / exit YELLOWSTONE National Park

auf Geld warten würde. Dann bummelten wir weiter nach Idaho Falls, wo wir den Scenic Fall des Snake Rivers bekuckten und dann in der Ebene von Rexburg auf den HWY 20N Richtung Yellowstone abbogen. Entlang der riesigen Bewässerungsmaschinen endloser Kartoffelfelder verfinsterte sich der Himmel wegen eines Sandsturms. Bald kämpften wir uns wieder mit Schräglagen bis zu 25 Grad bei Seitenwindkomponenten von 50 MPH zu einer Tankstelle mit Ausfahrt in den Wind vor. Hier offerierte *Gustav Roger* und *Robi* noch ein Klebband zur Befestigung des klapprigen Sonnendachs von *ECO 5013*, stiess aber auf Ablehnung. 15 Minuten später war dieses Dach abgerissen und weggeflogen. Ich bemerkte das Fehlen von *ECO 5013* und hielt in einem Wald, der uns vor dem Steam gut schützte, baldmöglichst an. Nach einer bangen Viertelstunde kreuzte das verlorene *ECO* auf. *Roger* hatte sich getraut, beim sturmartigen Querwind zu stoppen. Aber das Dach war unauffindbar in einem riesigen Kartoffelfeld verschwunden. Wir liessen uns von *Roger* den Trick für Seitenwind-Landung und -Start erklären, nämlich beim Anhalten und Abfahren mit geringer Geschwindigkeit genau in den Wind zu drehen und dann die Stützrollen auszufahren bzw. einzuziehen. Nun zeigte sich an den Strassenrändern immer mehr Schnee, aber der HWY 20N blieb bis zu unserem Tagesziel YELLOWSTONE WEST ENTRANCE geräumt und trocken. Als wir nach 620 km das Hotel erreicht hatten, begann es stark zu schneien. *Roger* fand einen lokalen Schreiner im saisonal noch toten Ort, der zwei Holzdächer für die *ECOS 5013* und *5040* für je zehn $ schnitzte. Das Essen in der einzigen offenen Beiz war erstaunlicherweise wieder vorzüglich, inklusive Bud, NAPA-Valley-Cabernet und Bison- oder Angus-Beef. Die unermüdliche Suche von *Roger* und Adrian nach einer Titty-Bar konnte aber in diesem verlassenen Barackendorf natürlich keinen Erfolg haben.

BUFFALOS, CUSTER & BILL CODY

standen am Freitag, 03.05. in dieser Reihenfolge auf dem wegen des noch mit Schnee geschlossenen EAST-EXITS geänderten und verlängerten Programms über 453 Meilen / 695 km. *Thomas* hatte verdankenswerterweise schon vor dem Frühstück abgeklärt, welche Routen im YELLOWSTONE-PARK schon von Schnee geräumt waren. Somit rollten wir vorsichtig auf teilweise sehr schlechten Strassen. Bald mussten wir wegen einer Bison-Herde anhalten. Der Chef-Buffalo quittierte mein Ausfahren der Stützrollen mit einem Angriffs-Gump, drehte dann aber ab und liess uns passieren. Gelbe, wegen Schwefelquellen verfärbte Felsen, die dem Park den Namen gaben, Roaring Mountain und weitere Sehenswürdigkeiten sahen wir auf dem Weg zum einzig offenen NORTH EXIT, wo wegen der vielen Bisons und Hirsche auf der Strasse ein von *Anna* gewünschter Fototermin zum Erfolg wurde. Die Ausweichroute nach Norden brachte uns ausserplanmässig nach MONTANA (MT), dem elften Staat. Hier galt 1996 keine Speed-Limite, das Band zum Strassenzustand sagte nur: „Drive at reasonable speed". Bis nach Livingston auf dem HWY 89 wurden wir durch Schneeschauer und Sichtbehinderung abgebremst. Zum Mitagessen fand mein nunmehr ziemlich geübtes Auge wieder die beste Gaststätte. Einige äusserten Enttäuschung über den Yellowstone-Park, was auf den grossen Brand von 1989 und die stark mitgenommenen Wälder zurückzuführen war. Von Livingston nach Billings und Hardin auf der IS 90 E fetzten wir dann mit 210-230 km/h an den Troopers vorbei. Das Vergnügen blieb aber nicht ungetrübt. Die Interstate war nämlich noch vom Winterbetrieb her mit Sand und Split verdreckt, sodass die hinteren *ECOS* regelrecht sand- und splitgestrahlt wurden. Zwei gesprungene Windschutzscheiben und stark erodierte Lackierungen vorne waren die Strafe für diese Raserei. Hingegen gab das immer bessere Wetter zeitweise den Blick auf das grossartige Gebirgspanorama der Rockies frei, welches dem Staat MT den Namen gegeben hat. Der Umweg über Montana freute mich, weil die Route nach SHERIDAN uns am <Little Bighorn Battlefield> vorbei führte, das wir dann besichtigten. Bekanntlich war der in vierter Generation aus der Rheinecker Apothekerfamilie abstammende Boy General des Sezessionskrieges, George Armstrong CUSTER am 25. Juni 1876 dort von den SIOUX-Kriegern des Häuptlings SITTING BULL geschlagen worden und gefallen. Meine ausführliche Besichtigung des <Last Stand Hills> und der Video-Show im Museum war für die Meisten zu langfädig, sodass sie sich in den Pub und ins Handicraft & Indian Sales Center zurückzogen. *Gustav* und ich hingegen hörten die atemberaubende, mit Artefacts genau rekonstruierte Story der Schlacht ab. Custer wurde ein Opfer seiner Selbstüberschätzung, indem er seine an sich schon kleine Truppe mehrfach aufteilte und davon ausging, dass die anderen Gruppen nach dem Sieg zu seiner Unterstützung anrücken würden. Es muss für ihn unglaublich gewesen sein, als seine letzten 150 Mann gegen 5'000 SIOUX-Krieger ihre Pferde auf dem <Last-Stand-Hill> erschiessen und die Kadaver als Deckung gegen die anstürmenden Indianer verwenden mussten. Dass die anderen Gruppen genauso geschlagen waren und ihm niemand helfen konnte, musste dem eitlen Mann, der auch Präsidialambitionen hegte, in den letzten Momenten vor dem Tod wohl schockartig eingefahren sein, denn ein Ausbruchsversuch einer Meldegruppe zwecks Anforderung von Hilfe endete nur knapp 300 Meter entfernt mit der völligen Vernichtung. Ausser einem noch lebenden Pferd fanden die anrückenden Governements-Soldiers zwei Tage später nur noch skalpierte Leichen und Kadaver...

Etwa um 1730 Uhr / 5:30 PM trafen wir in SHERIDAN ein, einem Frontierstädtchen, benannt nach dem notorischen, irischstämmigen, rothaarigen General Philipp H. SHERI-

DAN, der im Sezessionskrieg das Shenandoah-Valley derart hatte verwüsten lassen, dass nach seinen Angaben selbst Krähen ihren Proviant mitführen müssten, wenn sie dieses landschaftlich sehr schöne Tal überqueren wollten. Im historischen SHERIDAN-Hotel mit Buffalo-Bill-Cody-Saloon-Bar, Halfdoors, Stetsons, vorzüglichem Essen und Country-Musik erlebten wir den schönsten Abend unserer Reise. Die Band spielte mir sogar den <Bad-bad-Leeroy-BROWN> und nach 836 Tageskilometern mochte man sich fast wundern, dass die Fête in der Cody-Bar bis Mitternacht und Polizeistunde andauerte.

DEVIL'S TOWER, STURGIS & RAPID CITY

wurden am Samstag, 04.05. gruppenweise auf einer Kurzetappe von geplanten 247 Meilen bzw. 396 km angesteuert. Bei der Abfahrt wollten wir die Eisenbahnlinie vor dem SHERIDAN-Hotel queren. Aber es fuhr ein Güterzug mit einem Vorspann von nicht weniger als 6 Dieselloks im Schritt-Tempo an. Es dauerte fast zwölf Minuten, bis die Zugskomposition mit über 150 Wagen, also mehr als 600 Achsen, den Übergang passiert hatte. Auf der IS 90E kamen wir gut vorwärts und legten die 220 Meilen nach STURGIS in knapp zwei Stunden zurück. Eine Reparaturgruppe besuchte *BMW* STURGIS, einen gut organisierten Laden. Chef Lyle CROWSER, wahrscheinlich ein früherer KRAUSER, half *Robi* beim *ECO 5013* mit einem neuen Hinterreifen aus. Mein *TURBO-ECO 5055* wurde betr. Flickzapfen im Hinterreifen geprüft. Zudem war der Stützwerk-Zahnriemen beschädigt. Ich schliff eine Verbreiterung weg und dreht ihn so, dass die verarbeitete Stelle nicht durch das kleine Ritzel lief. Ölstandskontrolle, Pneudruck-Checks und Reinigungsarbeiten, eine lose Auspuffhalterung und *Gustavs* Kupplung waren zu prüfen und, wenn möglich, instand zu stellen. Dann drehten wir mit Lyle und seinem netten Adlaten im *ECO* um den Block mit dem <I can't believe it>-Effekt. Wir speisten nach seiner Empfehlung in einer Pizzeria mit tatsächlich italienischer Qualität. Weiter fuhren wir zum NATIONAL-MOTORCYCLE- MUSEUM. Die darin Beschäftigten zeigten eine merkwürdige Scheu, in Richtung unserer vor dem Gebäude parkierten *ECOS* zu blicken. Im Museum ist eine Sammlung von mittelmässigen Maschinen ausgestellt, die wenigstens nicht überrestauriert sind. Das offenbar frustrierte Museumspersonal sprach kein Wort mit uns und tuschelte verstohlen miteinander, wenn

sie uns abgelenkt glaubten. Auch im HARLEY-Zubehörladen gegenüber stiessen wir auf dieses, für die freundlichen USA merkwürdige Verhalten. Offenbar ist man in STURGIS zwar auf die 50'000-Milwaukee-Schlauchbote des jährlichen HARLEY-Grosstreffens vorbereitet, nicht aber auf unsere Motorrad-Neuzeit. Am frühen Nachmittag nahmen wir das Restchen bis RAPID CITY und siesteten dann im BW-Hotel bis zur Ankunft der Nachhut, die ohne Reparaturarbeiten via DEVIL'S TOWER hergefahren war. Ein glücklicher Zufall hatte gerade ein Aufreissen der Wolken und den Blick auf den Vulkankegel bei der Vorbeifahrt ermöglicht.

Lyle CROWSER hatte mir in Rapid City die FIRE HOUSE BREWERY zum Essen empfohlen. Sie stellte sich tatsächlich als gutes, originelles und interessantes Bierbrau-Lokal im alten Feuerwehrgebäude heraus. Bei der Rückfahrt zum Hotel hatten wir Probleme, Taxis zu bekommen. Am Schluss fanden sich fünf Gentlemen, die den Damen den Vortritt gelassen hatten, nämlich *Adrian*, *Thomas, Roger, Robi* und der *Autor* in einem Taxi heading for ***Shot-Gun-Willy's***, der ersten, endlich gefundenen ***Titty-Bar***. Wir bekuckten nun die Künste der Titty-Girls bei Bud und Whisky-Sour. Als *Thomas* einer netten Brünetten auf die Frage, warum wir uns nicht näher zur Bühne begäben, erklärte, wir seien eine Gruppe von Soziologen, die sich von Switzerland in die Staaten zur Untersuchung der US-Titty-Etablissements begeben habe, musste ich als deren *emeritierter Professor* mich rücklings auf diese Bühne legen. Die Brünette schleuderte zuerst ihre länglichen Hängebrüste gefährlich über mein Gesicht, was mich zum Abnehmen meiner Brille bewog. Dann drehte sie sich um und wegen der ebenfalls gefährlichen Bewegungen ihres Hinterteils musste ich die Brille wieder aufsetzen. *Adrian* und *Thomas* schoben mir von der Seite Dollarnoten für das Girl zwischen die Zähne, um das merkwürdige Spektakel, zum Gaudi aller, möglichst zu verlängern. Als wir nach unserer späten Rückkehr am nächsten Morgen beim Frühstück die Sache erzählten, wollten die Damen unbedingt genau wissen, wie denn die Girls die Dollarscheine ***gepackt*** hätten. Meine Erklärung dazu, wie alle Frauen hätten diese das Geld <mit Vergnügen> genommen, reichte bezüglich Detailgenauigkeit und Ablaufbeschreibung wohl nicht, denn sowohl die Damen als auch *Marc* behielten einen unbefriedigten Gesichtsausdruck während dieser meiner abschliessenden Schilderung des offenbar sehr interessierenden Ergreifungs-Vorgangs.

MOUNT RUSHMORE, CRAZY HORSE & DEADWOOD

waren die Sehenswürdigkeiten, zwecks deren Besichtigung ich in Rapid City einen Rasttag eingeplant hatte. Um zehn Uhr fuhren wir los zum Mount Rushmore und bestaunten bei Postkartenwetter die riesigen vier Präsidentenköpfe, welche der dänische Emigrant Gutzon BORGLUND in den Fels hatte sprengen lassen gemäss dem Motto <The US are monumental, therefore our monuments must be colossal>.

Roger hatte eine Kurve beim Hochfahren erspäht, in welcher man alle **ECOS** aufstellen und mit den Präsidentenschädeln im Hintergrund ablichten konnte. Das führten wir durch, wobei auffiel, dass lediglich Teddy ROOSEVELT verschämt durch seinen angedeuteten Zwicker auf die ECOS herunterschaute, während George WASHINGTON, Thomas JEF-

Zehn ECOS vor dem Mount RUSHMORE am Sonntag, 05.05.1996

FERSON und Abe LINCOLN unbeeindruckt in die Ferne starrten. Dies wohl deshalb, weil sie zu ihrer Zeit weder wissen konnten, was ein Motorrad noch ein Automobil sei. Teddy hingegen hat immerhin die ersten 19 Jahre des 20. Jahrhunderts erlebt und damit schon Erfahrung mit solchen Dingern gehabt. Beim Wegfahren war ich froh, dass also nur einer der 4 Präsidenten zuschaute, denn das Entwirren der engen Parkerei führte zu einigen roten Köpfen und gegenseitigem Gefluche, bis die Marschkolonne abfahrbereit war...

Crazy Horse Mountain, der Berg, welcher in ein Reiterstandbild dieses Indian Chiefs verwandelt werden soll, hat noch eine verrücktere Geschichte als Mount Rushmore.
Der Initiant, Kocziak ZIOLKOWSKI, ein Pole, starb schon nach der mehr als 25 Jahre dauernden Abtragung der überflüssigen Bergteile und seine Familie rechnet noch mit weiteren 30-40 Jahren, bis das Werk vollendet sei. Erst das Gesicht des Häuptlings ist erkennbar. Im Restaurant rätselten wir bei einem akzeptablen Lunch darüber, ob die Statik des Gesteins für den nach vorne deutenden, ausgestreckten Arm genügend Biegung aufnehmen würde, eine Betonverstärkung geplant oder etwa gar ein Bergsturz die Folge des ameisenhaften Menschenwerks an diesem Riesenhubbel sein würde. Wir fuhren dann weiter zum Wildwest-Goldgräberstädtchen DEADWOOD, wo bekanntlich WILD BILL HICOCK beim Skat von hinten erschossen wurde. Wir parkten auf 15-Min.-Feldern. Trotz Sonntag verwies

CRAZY HORSE Mountain - oben das bereits erkennbare Gesicht

uns ein Sheriff auf einen Hinterhof-Parkplatz ohne Zeitbeschränkung. Mit Verwunderung stellte ich fest, dass auf der *SAURER*-Stickerei an seinem Ärmel <The Dead Man's Hand>, nämlich das beim Tod von Wild Bill gehaltene Skatblatt, abgebildet war. Wegen des mexikanischem Nationalfeiertags war die Hauptstrasse mit einem Doppeltisch von einer Meile Länge, gedeckt mit einer endlosen Tortilla und hispanischem Jubel-Trubel-Heiterkeit blockiert, sodass wir uns ohne einen Besuch des Doppelgrabs von WILD BILL und CALAMITY JANE nach Rapid City zurückzogen.

WALL- DRUG, BADLANDS & TICKETS

sollten die geplanten HIGHLIGHTS von Montag, 06.05. werden. Für lange 527 Meilen / 845 km brachen wir um 7:30 AM auf, im Ungewissen darüber, ob wir etwa eine Stunde mit Zeitzonenänderung verlieren würden. Im Mittelwesten herrscht nämlich nicht nur ein Puff mit der unregelmässig durch die Staaten verlaufenden Zeitzonengrenze, sondern auch mit der nicht von allen Staaten eingeführten Sommerzeit. Nun, die Fahrt nach WALL auf der IS 90E verlief mit leerem Magen wohl nur für mich angenehm, denn ausser mir wusste noch nie-

WALL-DRUGSTORE with world-famous CINAMON ROLLS

Badlands - Szenerie für Wildwest-Filme

mand von WALL DRUG, wo es gemäss *Ron MARCUM* die weltbesten CINAMON ROLLS gäbe. Jedermann war angetan von den Verpflegungs- und Shoppingmöglichkeiten in diesem riesigsten Drugstore. Das Sammeln der Gruppe war dann etwas schwieriger wegen der Weitläufigkeit. Es dauerte bis zehn Uhr, bis der Letzte gefunden war, weil es einigen wie mir erging, als ich eine dieser CINAMON ROLLS bestellt hatte und kräftig brummte, als mir *Franziska* sofort die Hälfte davon wegfrass. Wir fuhren dann los Richtung BADLANDS, wo die meisten Wildwestfilme gedreht werden. Dieses einmalige Landschaftsbild muss man gesehen haben, unbeschreiblich!
In Cedar Pass stoppten wir zwecks Fotos. *Chavi* und *Stefano* gerieten aneinander, weil jener wegen eines Rehs gestoppt hatte und dieser ihm wegen der foochtbahren Bremsscheibe fast ins Heck gefahren wäre.
Weiter bis MURDO, wo wir das merkwürdige GEISLER-Automuseum besichtigten, das eine umspannende Substanz des US-Auto und -Motorradspektrums in historischen Räumlichkeiten präsentiert. Wenn in Europa die Exponate fast immer überrestauriert sind und sich in Acrylfarben chromblitzend präsentieren, wie es 1920 zur Vernicklungszeit mit Nitrofarbe nie möglich war, muss hier leider gesagt werden, dass die Grösse des Museums in keinem Verhältnis zu den Instandhaltungs- und Restaurierungsmöglichkeiten der Familie GEISLER steht und vieles Schöne mehr oder weniger unkontrolliert verrottet und vergammelt.

Nun, im Restaurant gab es Lunch und Dave GEISLER himself begrüsste mich als quasi-Kollegen mit Autogramm und Museums-Info inklusive Einladung zur nächsten Gant. *Thomas* probierte auf dem Vorplatz Adrians *ECO 5054* und riss prompt den provisorisch reparierten Kupplungszug wieder ab. Somit teilten wir uns wieder in eine Reparaturgruppe mit *Gustav, Adrian* und *Roger* und eine Vorhut auf, als dann plötzlich wieder die bekannten Blinklichter angingen und wir von zwei Polizeiautos gestoppt wurden. Diesmal waren die Herren stocksauer, fast wie die Schweizer Polizisten beim Parkbussen-Verteilen. 99 MPH hätten sie gestoppt, 75 sei die gewiss schon hoch genug liegende Limite. Sheriff VAUGHAN (No. 74) meant business, denn hier mussten wir auf der Stelle jeder 100 $ hinblättern.

Die Ordnungshüter waren wiederum ausgerückt, weil ein halbes Dutzend Telefonate auf unseren Vormarsch hingewiesen habe. Der Sheriff erklärte mir, unsere Strafen seien <more justified than any of his 25 years career with HWY-Traffic Control Duty>, während ich mir die Antwort nicht verkneifen konnte, dass somit unfaire Denunziationen in South Dakota nichts Ungewöhnliches seien, während wir damit eigentlich nur in Russland oder Ostberlin gerechnet hätten. Über Sioux-City und die IS 29 S schlichen wir nach OMAHA weiter und der Radar-Warner identifizierte nicht weniger als fünf Police-Cars, die offenbar alarmiert waren und uns regelrecht auflauerten. Das BW Regency Hotel dort erreichten wir nach 892 km entsprechend spät. Es reichte gerade, die Fressbeiz gegenüber am Schliessen zu verhindern und auch für die Nachzügler noch offen zu halten. Mit IOWA und NEBRASKA hatten wir somit bereits 14 Staaten auf unserer Tour besucht.

NECKTIE-HARRY, JEFF CITY & HERMANN MISSOURI (MO)

kamen am Dienstag, 07.05. über geplante 410 Meilen / 658 km zum Zug. Diese Etappe freute mich ganz besonders. Mein geplanter Besuch in der TRUMAN-Library löste zwar bei der Gruppe keine Begeisterung aus. Ich tat aber, als ob ich nichts bemerkt hätte und fuhr zwecks Verseckelung der Trooper nicht auf der Interstate, sondern auf dem HWY 75 zum Frühstück nach Auburn. In diesem altmodischen Westernstädtchen wollten wir das mangelhafte BW-Frühstück aufbessern. Stefano bog nach dem Überholen eines 18-Wheelers so zackig vor diesem ein, dass der Fahrer die Lenkung verriss und haarscharf am rechten Strassengraben die Fuhre abfangen konnte. Für das Zweitfrühstück wählte ich ein Lokal mit Bud-Reklame aus und wir wurden auch recht flott und anständig bedient. Die Berner motzten wegen meiner Bierfreudigkeit und suchten etwas Temperenztauglicheres. Als wir fertig waren und losfahren wollten, war man bei den Blaukreuzanhängern noch am Warten. So trennten wir uns wieder in zwei Gruppen und ich fuhr mit der ersten los. Vom HWY 75

"If you can't stand the heat, get out of the kitchen."

HARRY S. TRUMAN

franzte ich im 15. Staat KANSAS auf den HWY 36 nach St. JOSEPH und auf der IS 29S weiter nach Kansas-City und INDEPENDENCE MO, wo ich die ***TRUMAN-Library*** verzugslos fand. „Do motorcyclists really visit Presidents Libraries?“ hatte *Ron MARCUM* in seinen Anmerkungen zu unserem Itinerary geschrieben. Nun, mein Geschichtsinteresse an diesem Kleinbürger aus Independence, der fast durch Zufall im kritischsten Zeitpunkt Präsident der USA wurde, sich dann, zum Erstaunen der Welt und von Winston CHURCHILL der Lage vollkommen gewachsen zeigte und heute als einer der grossen US-Präsidenten gilt, sollte an Ort und Stelle befriedigt werden. Vom Batteriekommandanten im ersten Weltkrieg zum Haberdasher mit Konkurs, County-Judge, Congressman und Senator von MISSOURI aufgestiegen, wurde der senkrechte und lebhafte Mittelwestler vom grossen FDR (Franklin Delano ROOSEVELT) nur deshalb als Vizepräsident ausgewählt, weil FDR sich mit seinem bisherigen Vize Henry WALLACE vor der vierten Wiederwahl verkracht hatte. Am 20. Januar 1945 war die vierte Inauguration von FDR, am 12. April bereits starb er in Warm Springs GA und TRUMAN wurde 32. US-Präsident.
Dieser Mr. Nobody beendete den Krieg mit Japan furchtlos mit dem Einsatz der Atombombe, stoppte Stalin in Europa mit der NATO, dem MARSHALLPLAN und dem Berlin-AIRLIFT und liess auch die UN-Aktion organisieren, die die Kommunisten in KOREA aufhielt und Südkorea rettete. Als der populäre General Mac ARTHUR mit Drohungen gegen China einen dritten Weltkrieg riskierte, entliess er diesen sofort ohne Zögern. Seine geradlinige Politik, ohne tägliches Schielen auf die Gallup-Polls, schaffte ihm aber nicht nur Freunde. Bei der Wahl 1948 erklärten die Zeitungen seinen Gegner Thomas DEWEY schon zum Sieger und das berühmteste Bild von TRUMAN wurde am Morgen nach der Wahl geknipst, nämlich ein strahlender Präsident mit der HERALD-TRIBUNE in der Hand, Headline auf der Titelseite <DEWEY beats TRUMAN>. Auf die Frage, wie er all dem politischen Druck standhalten könne, antwortete er mit seinem bekannten Zitat: „If you can't stand the heat, get out of the kitchen.“ Die AMI-Urlauber 1946 in Arosa, die Diskussionen meiner empörten Eltern bei der Entlassung Mac Arthurs, die Wasserstoff-Bombe und all die Geschichten aus <Das Beste aus Readers Digest>, seit ich lesen lernte und dann Ike EISENHOWER 1953 TRUMAN ablöste, dies wurde wieder lebendig in den Hallen der Library vor den Bildern und der Nachbildung von TRUMAN'S Oval Office mit dem berühmten Schild: *<The BUCK stops HERE>*. Eine nette Empfangsdame versicherte uns ihrer schweizerischen Abstammung, sie heisse WHLLTSCHMOTHS. Nach Rätseln und Fragen, Wartmann, Waldmeier, Werkmeister, Waldvogel etc. entpuppte sie sich als Mrs. WOHLGEMUTH und gab uns den Tipp für ein nahes Restaurant, in welchem sowohl <good food> als auch <libations> erhältlich seien. Die Beiz machte TRUMAN, der einem guten Liquor nie abgeneigt war, alle Ehre und die verspäteten Frühstückler schlossen nach einer halben Stunde und einem lustlosen Besuch der Library zu uns dort auf. Daher sah ich mich beim Essen dazu genötigt, lauthals zu verkünden, dass jeder Westeuropäer und auch jeder Schweizer diesem unscheinbaren, grossartigen Mann mehr zu verdanken hätte als den Bundesräten MINGER, MOTTA, ETTER und General GUISAN zusammengenommen und dass, wie erwähnt, ohne ihn heute in Westeuropa ziemlich sicher mit *RUBEL* bezahlt würde.

Dann wandte sich das Interesse dem Nachmittag und der Fahrt nach HERMANN, einer deutschen Siedlung am Missouri zu. Auf der IS 70E nach Columbia bei schönstem Wetter und Temperaturen in den Mid-Eighties zuckelten wir brav mit den hier erlaubten 65 MPH entlang, als plötzlich *Franziska* mit *ECO 5045* neben mir vorzog und verzweifelt das internationale Zeichen für einen Nicker, nämlich Kopf in die rechte Handfläche gelegt, machte. Auch ich war während der fast zwei Stunden auf der schnurgeraden, öden Interstate am Kämpfen gegen den Schlaf. Nach einem Stopp mit Freiübungen und Abzweigen auf den HWY 63S wurde es landschaftlich interessanter und wir hielten in JEFFERSON City, <State Capital> von MO. Auf dem Hauptplatz, umgeben von schrecklichen, neoklassizistischen Prunkbauten, dem Capitol mit einer Kuppel wie der Petersdom in ROM usw. zogen wir im Café Capitol ein Bud oder Coke ein. An meinem *ECO* fand ich vor der Abfahrt eine Visitenkarte des Assistant Attorney General vom Supreme Court of Missouri unter dem Scheibenwischer. Dieser Mr. PRECKSHOT wollte aber keine Busse verteilen, sondern wunderte sich darüber, dass er hier in Missouri solche, ihm vom Sky-Channel DISCOVERY her bekannte Cabin-Motorcycles zu Gesicht bekommen habe. Es waren tatsächlich 1989 und 1994 in Winterthur Kamerateams von diesem SKY-Channel DISCOVERY erschienen und die Beiträge wurden weltweit immer wieder gesendet. Schätzungsweise etwa 30 Prozent der Zuschauer in den USA, denen wir begegneten, hatte mindestens einen dieser Videos ein- oder mehrmals gesehen und unsere Fahrzeuge sofort erkannt. Der Missouri führte Hochwasser und bei der Weiterfahrt nach HERMANN war die Zufahrt zur Flussbrücke ab HWY 94 gerade noch befahrbar. Bis zum Hermann-Motel hatten wir 694 km auf dem Tacho, den 16. Staat besucht und wir freuten uns über die <Welcome-Beschriftung> unter dem MOTEL-Schild, siehe anliegendes Bild. Ausladen des Gepäcks und dann tankte ich *Franziskas 5045* und mein *5055* bei der gegenüberliegenden Tankstelle auf und dampfte auch noch den Dreck ab. Dabei sah uns der Sheriff und führte drei abgehängte Nachzügler zum Motel. Ich benützte die Gelegenheit für ein Gespräch. HERMANN habe noch etwa 3'000 deutschstämmige Einwohner, von denen aber niemand mehr Deutsch spreche. Auf dem Friedhof hinter dem Motel drückte sich das auf den Grabstein-Inschriften eines Familiengrabs wie folgt aus: <Johannes Krättli 1840-1895 - Maria Krättli geb. Kunz 1847-1914 - Duane Krattli 1892-1952 - Jane Krattli 1903-1982>. Ein Journalist des lokalen Newspapers tauchte auf und erbot sich, uns zu einer lokalen Weinkellerei mit seinem Ford-Pickup zu fahren und der Sheriff rief dort an mit der Bitte, für uns offen zu halten. Dann stiegen 13 Leute unserer Gruppe auf die Ladepritsche des Fords. Der Sheriff schien nichts dagegen zu haben und schloss sogar selbst die hintere Ladewand. Aus Sicherheitsgründen kommandierte ich alle zum Absitzen auf den Pritschenboden und bald erreichten wir die Vinery auf einem Hügel über HERMANN, wo sich in einem ehemaligen Pferdestall ein schönes, nostalgisches Restaurant befand. Der lokale Riesling und das Essen waren vorzüglich. Den Rückweg nahmen wir um 23 Uhr zu Fuss.

ST. LOUIS, INDY & FRIENDS

Vor der Etappe am Mittwoch, 08.05. über 250 Meilen / 433 Km nach Indianapolis stärkten wir uns im Coffee-Shop neben dem Motel bei der freundlichen Mrs. GASTEIGER („Gässteitscher" nannte sie sich), bevor wir uns für eine Gruppenfoto vor dem Motelschild unter <WELCOME ECO MOBILE CLUB J.A.V.> aufstellten. Über Deutschheim und Rhineland fuhren wir den HWY 94, eine tolle Motorradstrecke weiter nach St. LOUIS entlang des angeschwollenen Missouri, wobei die Flut oft fast bis zur Strasse stand. Die Gegend erinnert sehr an Europa, etwa an das Gebiet zwischen Worms und Mainz. Vermutlich haben sich die vielen Deutschen eben deshalb hier niedergelassen. Auf der IS 64 ging es durch zur Riverside am Mississippi, der auch Hochwasser führte. Wir verfehlten die Fahrt mit einem Heckrad-Dampfer um zehn Minuten und marschierten zum Gateway Arch, dem 190 m hohen Mac Donalds-Reklamebogen. Die Mehrzahl wollte die anderthalb Stunden Wartezeit akzeptieren und mit dem Lift hinauf fahren, um dort einen Hamburger zu verdrücken. Einige gingen mit mir zur Second Street und wir speisten dort im KENNEDYS ausgezeichnet. Dann fuhren *Thomas* und ich zu *BMW* of St. LOUIS, um endlich für *Chavy* eine Ersatzbremsscheibe zu beschaffen. Bill HEGGARTY und Bob ODELL, die Manager, hatten meine Zuschrift betr. technischer Unterstützung bei der Tour als Witz betrachtet und weggeworfen. Sie konn-

ten sich kaum sattsehen an den ECOS und gaben nach der Tour um den Block den bekannten <I can't believe it> Kommentar ab. Wir bekamen die Bremsscheibe, ich sammelte die Arch-Besucher ein und wir machten uns auf den Weg per IS 70E Richtung Terre Haute und INDIANAPOLIS. Mit Illinois und Indiana durchquerten wir den 17. bzw. kamen zum 18. US-Bundesstaat unseres Trips. An einem Camelback-Kaffeenuckel-Blasenentleerungs-Stopp, von Thomas verursacht, kamen wir auf einem Trucker-Rastplatz mit einem der Landstrassen-Kapitäne von J.B. HUNT, einer riesigen LKW-Transportfirma, ins Gespräch. Der Kerl trug ein Schild: <DRIVER OF THE MONTH>, gab uns Details zu seinem 18-Wheeler MACK-Truck und Umfeld preis und warnte uns vor *unforced lane changes*, der Hauptursache von Unfällen auf den Interstates. Die anderen waren an uns ohne Halt vorbeigezogen und ich musste es längere Zeit mit über 200 km/h knallen lassen, bis wir kurz vor INDY zur Arch-Gruppe aufgeschlossen hatten. Roger navigierte diese souverän zum Red-Roof-Inn-Hotel und verfranzte sich erst auf dem riesigen Parkplatz davor. *Jim LORIMER* und *Christie* erwarteten uns mit ihrem <MUSCLE-CAR>, der CHEVY-Crevette. Am Abend speisten wir vorzüglich im Union Jack Pub auf der anderen Seite der Interstate. Sinnigerweise wurde man fast totgefahren beim Überqueren derselben, denn es existierte keine Fussgänger-Verbindung von den drei Hotels auf der einen zu den fünf Gaststätten auf der anderen Strassenseite, weil der Yankee auch für 100 Meter sein Amifass und nicht die Füsse benützt. Als wir an der Hotelbar darüber sprachen, meinte der Barkeeper, dazu gäbe es hier kostenlos den Hotel-Courtesy-Bus.

BMW of St. LOUIS - Bob ODELL hinten schaut misstrauisch

INDIANAPOLIS RACEWAY PARK & SPEEDWAY

sollten am nächsten Tag, Donnerstag, 09.05., programmbestimmend werden. Um 8:00 AM war TD und Fahrzeugpräparation und dann fuhren wir hinter *Jims* Crevette zum Raceway Park, wo ich von 9.00 AM bis 1:00 PM den Street Course gemietet hatte. Diese Anlage mit Dragster-Strip, Strassenkurs und anderen Anlagen ist etwas ausserhalb von INDI, rund 15 Meilen vom berühm-

Der verdreckte INDI-Raceway-Park – Mitte mit Federgang Jim LORIMER vor dem TURBO 5055 des Autors

Nudeltopf-Indy-500-Training - v.l.n.r. Roger, Robi, Thomas, Stefano, Adrian, oben Jim und Christy

ten NUDELTOPF entfernt gelegen. Nach dem in den Staaten üblichen Unterschreiben von Liability-Waivers konnten wir mit Rundendrehen auf dem durch die Regenfälle ziemlich verdreckten Kurs beginnen. Schon beim Aufwärmen riss die hintere Bremsscheibe an meinem *TURBO 5055* und ich war als schleichendes Hindernis immerhin Zuschauer interessanter Verfolgungsrennen zwischen *Chavi, Adrian und Philipp*. Gustav scheuchte zwecks Kupplungsschonung *Franziskas ECO 5045* herum und wir machten Passagierfahrten mit *Jim, Christy*, der ganzen Raceway-Park-Administration und dem schon bekannten <I can't believe..etc.>-Kommentar. Endlich jagte *Roger Jim's* Crevette so um den Kurs, dass dieser bei jedem Bremspunkt erstmals das ABS-Rattern bemerkte, was mit dem Driften auch den Kurs ziemlich von Dreck säuberte. Aber als die Verhältnisse gut waren und *Anna* in *Chavis 5021* Solorunden zu drehen begann, war unsere Zeit abgelaufen und wir begaben uns in die Stadt.
Dort schleppte uns jemand in ein <Mrs. APPLEBEE>-Restaurant, wo ich erstaunt feststellte, dass diese Fast-Food-Kette durchaus anständige Mahlzeiten mit allem drum und dran wie Chablis, Burgunder usw. auftischen konnte. Dann fuhren wir zum Nudeltopf, wo gerade das berüchtigte Training zu INDI 500 im Gang war. Trotz des diesjährigen Krachs der zwei 500-Speed-Organisationen und Abwesenheit von Big AL und Little AL Unser, der Andrettis, Foyts, Rahals, Boesels und Fittipaldis gab es genug zu sehen. Eine Rekordrunde mit 236,570 MPH wurde vor unseren Augen durch einen Rookie aufgestellt. Drei Tage später hörten wir allerdings, dass dieser Fahrer in die berühmte Mauer geknallt und ums Leben gekommen war. Das Museum mit den alten Siegerwagen, früher noch asymmetrisch mit einseitig profilierten Reifen im Innenbereich des Nudeltopfs ist für jeden technisch interessierten Auto-Freak eine grossartige Sache. Die Damen fanden auch tolle Shopping-Possibilities. Gegen Abend fuhren wir die *ECOS* zum Hotel zurück, nachdem sie auf dem Innenparkplatz gewaltig bestaunt und abgelichtet worden waren. Das Dinner jenseits der Interstate, per Courtesy-Bus erreicht, verlief weniger harmonisch als am Vortag, indem sich das <SIZZLER> als Flop entpuppte und eine übereifrige Türsteherin unserem 15-jährigen *Marc* partout keine 20 Jahre zubilligen wollte. Immerhin konnte ich meiner Frau *Franziska* eine Freude bereiten, indem ich dem Barman sagte, er solle von ihr die ID verlangen, um sicher zu gehen, dass sie schon Alkohol bekommen dürfe. Dass er ihre 52 Lenze als Grenzfall Nähe 20 eingeschätzt hätte, würde natürlich jede Dame mit grosser Genugtuung erfüllen.

LOUIS- & NASHVILLE

waren für Freitag, 10.05. auf einer 290 Meilen / 465 km langen Tagesetappe programmiert. Um 8:45 AM fiel im Zimmer der Strom aus und um 9 Uhr leitete uns die Polizei von der Interstate ab, weil ein Brummi eine Hochspannungsleitung herunter gerissen und ein Mordsfeuerwerk beim Hotel verursacht hatte. Auf der IS 65S mussten wir franzen, um auf die <kleine> Ohio-Brücke (die natürlich RIESIG war) zur Waterfront in LOUISVILLE zu gelangen. Mit einer Flussfahrt auf der <Belle of Louisville> war es wieder nix, denn der hochgehende OHIO-River hatte die Landungsstege unter Wasser gesetzt und damit die Steamerfahrten eingestellt.

Im KINGFISH-Restaurant, einem aufs Ufer gesetzten Heckrad-Steamer, speisten wir vorzüglich ausser *Roger*, dessen Trennkostsalat nicht und nicht kommen wollte.

Also bestellte er angesichts unserer Schlemmerei mit seinem ganzen Trennkostfrust den <goddammned fucking salad> ab, worauf die Serveuse in Tränen ausbrach. *Jim* übernahm die Führung der Gruppe, weil einige noch shoppen und *Gustav* mit *Adrian* den Zahnriemen an *Stefanos Turbo 5061* wechseln sollten. Mit *Franziskas 5045* hinter mir fuhr ich auf der IS 65S nach Nashville zum BW Music City Hotel Antijoch. Nach 500 Tageskilometern warteten wir die Ankunft von *Jim's* Gruppe ab, die noch den Mammoth Onyx Cave in Kentucky besucht hatten. Dann liessen wir uns per Taxi zum STOCKYARD-Restaurant in Donwtown Nashville fahren, das tatsächlich das beste Speiselokal in Nashville ist, wo wir in bekannter Weise gegen die Gewichtsvorschriften sündigten. Zurück im Hotel erwies sich das gegenüberliegende Musiklokal als genau das, was man hier erwartet hatte, nämlich als ein fetziger Country-Musik-Schuppen, in welchem wir noch einige Pitchers in sehr angenehmer Stimmung leeren mussten.

HOT DOGS & GATLINBURG

sollten die Merkpunkte von Samstag, 11.05. auf einer Kurzetappe von 235 Meilen / 377 km, innerhalb von TENESSEE nach KENTUCKY, unserem 20. besuchten US-Staat, sein. Wegen des Zeitsalats, wo es in Louisville eine Stunde später war als auf der OHIO-River-Nordseite, legten wir die Abfahrt auf 10:00 AM fest. In den Crab Orchard Mountains stoppten wir auf der IS 40E bei einem Golden Barrel Drugstore, wo zu unserer Verwunderung der letzte Platz von Brunch-Eatern besetzt war, die eine Stunde weniger als wir auf ihren Watches hatten. Bei leichtem Regen rief ich *Ronald MARCUM* in SEYMOUR an. Ihn hatte

Ron MARCUM, Col. USAF ret. - putting KNOCKWURSTS on the grill

ich 1980 auf dem Nürburgring an einem BMW-Lehrgang kennen gelernt, wo er in unserer Klasse mit Helmut DÄHNE als Instruktor auf seiner BEE-EMM *R100* mit Luftmeister-Verkleidung, selber in einem US-Airforce-Piloten-Kombi steckend, ebenfalls teilnahm. Als Flieger fanden wir damals schnell das Gespräch. Er berichtete über seine Flüge mit der F-105 in Vietnam, der F-4-Phantom in Deutschland und den Privilegien als US-Airforce-Colonel, die wir mit meinen damaligen DC-8-Kapitänskonditionen und meiner *<Oblt der Reserve-Flugwaffentätigkeit>* verglichen. Hauptunterschied war seine Pensionierung mit 47 zu unseren 55-60 Jahren. Wir blieben in Kontakt und er besuchte uns in der Schweiz bis zu seiner Rückkehr in die Staaten mit Ruhestand 1985. Ein ganzes Jahr klapperte er dann diese auf der Suche nach einem Alters-Wohnort ab, den er in der Nähe der Great Smokey Mountains schliesslich fand. Also legte ich unsere Route über Knoxville zwecks Besuch bei ihm fest und er half mir bei der Ausarbeitung durch viele wertvolle Hints und Tipps. Bei ihm sollten wir ein typisches US-Familienidyll erleben, wozu er uns zu sich nach Hause einlud. Verabredungsgemäss trafen wir uns also an der Exxon-Tankstelle am HWY 441 südlich Knoxville um 12:30 PM, on time and on Schedule, nach immerhin 19 Tagen <ambitious itinerary> und nahezu 10'700 km. BEE-EMM in makelloser Form, trotz 70'000 Meilen auf dem Tacho und *Ron* in alter Frische führten uns zu seinem Haus. Der grosse Vorplatz und Garten sowie das für unsere Verhältnisse riesige Einfamilienhaus ergaben keine Platzprobleme für die Gruppe und die ECOS. Nach einem Welcome-Drink begann die Braterei auf dem Grill. Zum Zusammensetzen der Hot Dogs hatte *Ron* eine Merktafel verfasst, deren letzte Zeile <ENJOY> lautete. Wir sprachen auch wieder über die Fliegerei und ich stellte mit Verwunderung fest, dass Ron nach fast einem Dutzend Jahren seinen Abschied von dieser immer noch nicht überwunden hatte. Schliesslich führte uns *Ron* mit der BEE-EMM nach Gatlinburg zu unserem Edgewater Hotel, wo wir, entsprechend seiner Voraussage, perfekt untergebracht waren und verpflegt wurden.

PARKS, CATFISH & BUNGEE

Sonntag, 12.05. führte uns *Ron* mit BEE-EMM durch die Parks an der Nordseite der Smokies. Ich liess mir die Fahrt am Kolonnenende nicht entgehen, nachdem ich vorher die Gruppe fast nur im Rückspiegel gehabt hatte. Über Elkwood zum Cades Cove folgten wir schönsten Motorradstrassen, bis wir auf der Einbahn zum Cove auf einen kilometerlangen Stau stiessen. Die Leute stiegen alle aus ihren Autos, was wir dann auch aus den ECOS machten. Ron wusste den Grund: „There must be a black BEAR somewhere nearby". Tatsächlich sah man dann weiter vorne, etwa 50 Meter von der Strasse, eine Bärenmutter mit einem Puppy, völlig unbeeindruckt durch Autos und Gaffer am Spielen. Nach etwa einer Stunde kam wieder Bewegung in die Kolonne und wir erreichten kurz vor Mittag PIGEON FORGE und das Catfish-Restaurant. Der Catfish schmeckte gut, etwas zwischen Felchen und Äsche, aber Pigeon Forge liegt in einem Dry Belt und ohne Weisswein ist für mich Fisch etwa so geniessbar wie ein Vers ohne Reim oder Tennis ohne Netz...
Zurück nach Gatlinburg verabschiedeten wir uns von *Ron* und seiner Frau *Pam*. Auch *Jim LORIMER* und *Christie* trennten sich von uns mit ihrer Muscle-Crevette. Per Sessellift fuhren

wir auf einen Huppel. *Marc* und *Adrian* erspähten Bungee-Jumping und andere Jahrmarkt-Attraktionen und die sportlichen Gruppenmitglieder waren nicht aufzuhalten, dort den Rest des Nachmittags zu verbringen. Wir gingen in ein nettes Kleinlokal und verbrachten den Abend angenehm mit Touristen aus Deutschland, die uns ins <HEIDELBERG-CASTLE> abschleppten. Dort sang und spielte der Chef zur Musik alle Heimwehlieder, erste Strophe auf Deutsch, zweite übersetzt. So erklang etwa <Nun ADE du mein lieb Heimatland> als <Goodbye you my dear Germany> usw. Die holperigen Übersetzungen machten uns nach reichlich Moselwein kaum Bauchweh, sondern waren eher eine Belustigung.

NEWFOUND GAP, BLUE RIDGE PARKWAY & STONE MOUNTAIN

Unser letzter Reisetag über geplante 612 Meilen / 975 km am Montag, 13.05. sollte es nochmals in sich haben. Bei bedecktem Himmel fuhren wir um 0830 vom Edgewater in Gatlinburg los. Eine Superstrasse führt über den Newfound-Gap-Pass durch die Great Smokey Mountains-Hauptkette, allerdings mit ausgezogener Sicherheitslinie und 45 MPH Speedlimit. Trotzdem gestattete ich mir das Umfahren einiger PKW-Hindernisse. Auf der Passhöhe bot sich eine wunderbare Aussicht über NORTH CAROLINA, dem 21. besuchten Staat. Wegen eines Polizeifahrzeugs hielt ich nur kurz an und fuhr dann zum Oconaluftee-Visitors-Center weiter. Das Museum dieses Indianerstamms war aber nicht allzu interessant, sodass wir auf den Blue-Ridge-Parkway Richtung ASHEVILLE einbogen. Auch durch einige Regentropfen liess ich mich nicht davon abhalten, diese wundervoll angelegte Kurvensammlung über fast 100 km bei schwachem Verkehr flüssig durchzulassen. An einer Tankstelle kurz vor Asheville machten wir den letzten Tankstopp und bogen dann auf die IS 26S Richtung Spartanburg ein. Vor der Grenze zu SOUTH CAROLINA, dem 22. Staat, fand ich bei East Flat Rock ein <Mrs. APPLEBEE>-Restaurant, wo wir mit gleichem Ergebnis wie in INDY gut assen und tranken. *Stefano* zog beim Hinausgehen wegen der frischen Temperatur einen Pullover verkehrt über die Beine in den Ärmellöchern und liess zu allem Überfluss auch noch eine Banane aus der Kopföffnung baumeln. Während die Damen kreischten und *Anna* fotografierte, musste ich zu Vorsicht mahnen, weil man ja in den Staaten bekanntlich schon wegen Pissens im Freien abgefasst werden und ins Kittchen wandern kann. Dann fuhren wir über die Scenic Road HWY 11W am Lake Keowee vorbei auf die IS 85W und dann weiter zum ***Stone Mountain***, schon

Stefano mit der Banane in den Unterhosen bei Mrs. APPLEBEE

STONE MOUNTAIN - Jefferson DAVIS, Bobby LEE + Stonewall JACKSON

nahe bei Atlanta. Hier erwischten wir gerade noch den letzten Zug um den Berg mit Sehenswürdigkeiten wie einem Lager der Konföderierten-Armee, gestellten Wildszenen und der historischen Bahnanlage. Das berühmte Relief von General Robert E. LEE, Jefferson DAVIS und Stonewall JACKSON, 30 Meter hoch, ist ein ebenso kolossales Denkmal wie der Mount Rushmore und ich referierte mit meinen Kenntnissen aus dem <Neuen Universum> meines Vaters von 1923 und dem Aufmalen der Konturen auf die Felswand mittels nächtlicher Riesen-DIA-Projektoren aus einer Meile Entfernung.
Zurück beim BW-Airport-East-Hotel endete die Rundreise dann mit gut 11'400 km, also über 7'100 Meilen mehr auf den Tachos oder total über 114'000 ECO-km.
Die technische Bilanz, kein Hardware failure, Unfall oder Umkipper, machte mir.
wahrhaft grosse Freude. Zur Feier liess ich alle mit dem Hotelbus ins <Malone's> karren und wir fanden dort spät, aber wer hätte das geglaubt, das überhaupt allerbeste US-T-bone-Beef der ganzen Reise nebst allen weiteren Zugehörigkeiten. Die Schlussfeier in der Hotelbar fiel allerdings flach, da die mittelalterliche Barmaid, unser <Little Red-Riding-Hood>, nicht zur Arbeit erschienen war.

DE-MOBILISIERUNG & GEMÜTLICHKEIT
regierten den Dienstag, 14.05. Am Morgen besuchten einige noch die berühmte MARTA-Underground-Shopping-Area, während ich die Cellulars zurückgab und mit der Lufthansa-Sägebrecht-COUGLER den Rückverlad vorbereitete. Vor der Abfahrt zur LH brachte es Roger noch fertig, sich und die Tour mit einem harmlosen Umkipper auf dem Hotelplatz zu entjungfern, zum Gaudi aller. Bei der Hansa-Cargo gab es die bestellten Pallets und Spannriemen. In gemeinsamer Arbeit schafften wir den Verlad von 0300 bis 0500 PM mit allem Drum und Dran. Mobillos zurück im Hotel begab man sich in die nun offene Bar. *Franziska* organisierte einen Transport und die Reservation im PEACH-TREE-TOWER-TOP-Drehrestaurant. Aber als dies geschehen war, hatten sich einige Junioren und Halbsenioren in der

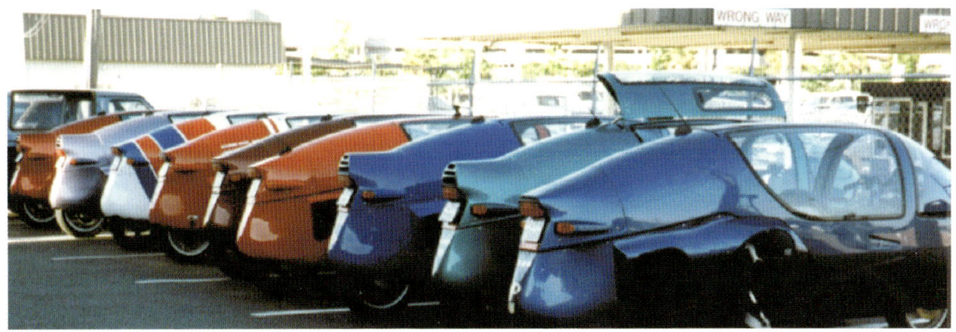

Bar schon derart volllaufen lassen, dass der Event sicherheitshalber auf den nächsten Mittag verschoben wurde. Also nochmals <Malone's> und zurück zu Little-Red-Riding-Hood, soweit die Saufkondition noch ausreichte. Die dabei verlorenen Utensilien, Fotoapparate, Sonnenbrillen usw. fanden sich am nächsten Tag in den Händen temperenzlischer und aufmerksam gebliebener Gruppenmitglieder wieder, nachdem schon grosse Winkelzüge zu deren Rückholung am Frühstückstisch diskutiert worden waren.

NUN ABER HEIM

war NICHT die allgemeine Devise am Mittwoch, dem 15.05., obwohl um 1645 Uhr der Rückflug mit LH 455 gebucht war. Doch die Längerbleibenwollenden konnten ihre Wünsche nicht mehr umsetzen, sodass nach dem Mitagessen auf dem Peach-Tree-Tower direkt mit der MARTA zum Flughafen gefahren wurde. Laut *Franziska* als Fachfrau waren die Lufthansa-Walküren beim Rückflug im Service besser und wir kamen, wie üblich zerknittert, zur Zeit in Zürich am Morgen des 16.05. an. Bekannte von *Stefa*no hatten ein Wurstgehänge in die Arrival-Halle gebracht und wir liessen uns von den zahlreichen Fluggästen und Abholern nicht beim Auffressen stören. Adrian wurde von *Renate* mit der Begrüssung ihrer zwei Töchter beauftragt, die so lebhaft ablief, dass er die jüngere bald heiratete und *Stefano* mit Renate binnen eines Jahres Grosseltern wurden. Schliesslich verzogen sich alle nach Hause und werden dann irgendwie ihre einsetzende Müdigkeit ausgeschlafen haben...

Am Montag, 20.05. waren unsere *ECOS* am Flughafen angekommen und die Abholung verlief problemlos. Nur der CH-Zöllner fiel nicht aus seiner Rolle und verlangte einen Stempel, den aber der andere Zöllner uninteressiert auf alle AWBs knallte. Mit der Zeit verging auch die Mühe, sich nach so einer Reise wieder an den Alltagstrott zu gewöhnen. Allerdings wurden bald Einzelheiten einer nächsten Reise, z.B. im Indian Summer an der Ostküste bis Kanada usw. diskutiert. Nun, nochmals, wie der schon zitierte Arthur JORGE sagte: „Man wird sähen.."

Auch aus heutiger Sicht (2012) ist uns mit dieser USA-Reise, dank unserer modernen *Kabinenmotorräder,* der eindrucksvollste und schönste Beweis für die erreichte Gleichwertigkeit meines Fahrzeugkonzepts zum Automobil, ja sogar für die Überlegenheit zum

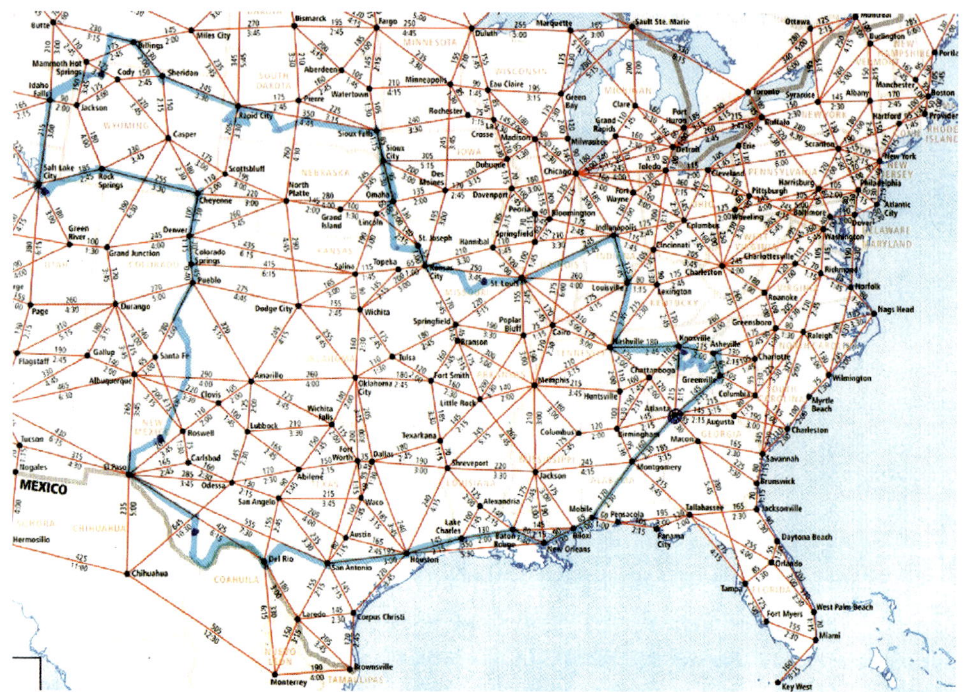

From ATLANTA to ATLANTA, > 7'100 MILES across 22 STATES with 10 ECOS in 26 DAYS

Freizeitmotorrad, gelungen. Dieselbe Reise im Auto wäre vergleichsweise stocklangweilig gewesen. Mit Freizeitmotorrädern hätten wir bei unseren Tagesfahrleistungen das <Iron-Butt-Syndrom> (Langstrecken-Motorradveranstaltung in den USA, IRON BUTTS = eiserne Ärsche) kräftigstens erlebt. Als Linien-Flugkapitän habe ich die ganze Welt bereist, gesehen und vieles davon schon fast vergessen. Die grossartigen Eindrücke dieser USA-TOUR von 1996 im riesigen Land der unbegrenzten Möglichkeiten mit unseren *ECOS* sind mir dagegen als ***DIE REISE meines*** zweiten ***LEBENS*** unlöschbar in Erinnerung geblieben.

Kapitel XIV

Il faut soigner les détails
Napoléon

Machen wir das DING perfekt
(K 1200-TURBO-ASR-Sicherheit)

Die Jahre 1996 - 2005 waren der Perfektion der *ECOMOBILE* gewidmet. Schon im November 1996 konnte uns Johann HAUZENEDER den ersten neuen *BMW-K1200RS*-Motor liefern. Es war ein Demo-Motor für Werkschulung und damit bauten wir das erste *SUPER-ECO-W-18K12* für *Hubertus BAHLSEN* aus der KEKS-Dynastie, der sich als Rennfahrer laufend über mangelnde Leistung seines *ECOS 5049* beklagt hatte. Er war ein ***Materialfahrer***, dh. wenn ein Fahrzeug bei ihm durchhielt, war es für den Normalverbraucher unzerstörbar. Das neue Modell lief wegen der hohen Verdichtung ziemlich ruppig und ich musste die Silentblocks zwischen Motorträger und Brandspant umändern und verbessern, um das Innengeräusch in erträglichen Grenzen zu halten. Dank der Modultechnik von *BMW* passten Zwischenflansch und unser *K100*-Rückwärtsgang-Getriebe mit einer kleinen Änderung der Keilverzahnung an der Kupplungsscheibe, sodass auch der Motorträger, ausser der Silentdämpfung, nicht geändert zu werden brauchte. Der Leistungsgewinn von den 66 und 72 kW der früheren 1000er und 1100er *BMW-K*-Motoren zu den 96 kW des neuen *1200ers* war beeindruckend. Die Spitzengeschwindigkeit stieg auf über 270 km/h, was Probleme mit der Reifen-Tragfähigkeit brachte. Auch die Bremsen mussten verbessert und

Testen des W-18K12-SUPER-ECOS 5064 auf der Masaryk-Rennstrecke in BRNO

das Monocoque mit einer Querstange und Kohlefasergewebe versteift werden. Das Fahrzeug wurden nun echt Topklasse.

Um den Vorsprung des *TURBO-ECOS* wieder herzustellen, gingen wir auch dort auf das neue *K1200*-Triebwerk über und erreichten damit später bis zu 155kW (212 PS) durch Erhöhung des Ladedrucks auf bis zu 1,2 bar, indem eine stärkere Feder das Wastegate zudrückt. Auch hier kamen durch unerhörte Fahrleistungen Schwachpunkte zum Vorschein, die durch aufwändige Änderungen behoben werden mussten. Dabei traten schon bald spektakuläre Vorfälle auf, bei denen auch der *Autor* unfreiwillig Crash-Erfahrungen sammelte.
Das grosse Drehmoment des *TURBOS* von über 200 Nm, das beim Aufziehen von Vollgas sogar noch um bis zu 20% kurz darüber hochging, führte zu zwei spektakulären *<HIGHSIDERN>* auf der Rennstrecke, bei welchen das Hinterrad in voller Schräglage durchdrehte, worauf das Heck des Fahrzeugs ausbrach. Um dieses Ausbrechen zu stoppen, musste man das Gas schnellstens zumachen.
Wenn das nicht blitzartig geschah und sich in Sekundenbruchteilen schon ein Fahrzeugwinkel von 30-45 Grad Drift nach aussen entwickelt hatte, führte das zu späte Abdrosseln durch den nun wieder vorhandenen Grip des Hinterreifens unweigerlich zum schlagartigen ***HIGHSIDER***. D.h. das *TURBO-ECO* rollte um die Längsachse nach aussen, die durch Schräglage gespannte Federung fuhr aus, schmiss das Fahrzeug in die Luft und bis zu 15 m Flug mit einer Dachlandung und Weiterrollen in die Ausgangs-Seitenlage folgten. Von innen sah alles aus wie eine geschletzte (gerissene) Rolle im Flugzeug, wobei das grässliche Schabgeräusch der Karosse und der Scheiben auf der Piste alles fürchterlich akustisch untermalte. Den ersten solchen *HIGHSIDER* produzierte *Chavi HALL*, bekannt aus der USA-Reise, der mein *TURBO-ECO 5055* gekauft hatte und in der letzten Kurve vor Start und Ziel in BRNO damit eine spektakuläre Show abzog. Ich glaubte, ihn darauf hinweisen zu müssen, dass man am Gas schneller reagieren sollte. Seine Versicherung, er habe sofort reagiert, nahm ich ihm schon deshalb nicht ab, weil er ein BERN-Burger ist. Ein Jahr später aber passierte mir mit dem neuen *SUPER-TURBO-ECO W-18K12T 5062* dasselbe in der drittletzten Kurve vor dem Ziel. Wenn das dem *ALTEN* auch passieren konnte, war nun allerdings sofortiger Handlungsbedarf angezeigt. Es musste ein(e) ***ASR*** *(Antischlupfregelung)* her. Mir war bekannt, dass im *BMW-ABS 1* ein Drehzahlvergleich zwischen Vorderrad und Hinterrad dazu verwendet wird, ein Überbremsen des Hinterrads bei sehr geringen Reibwerten zu verhindern. So liess ich mir von Johann HAUZENEDER einen Kontakt zum ABS-Hersteller

IHI-Turbolader-Einbau im TURBO-MONO-ECO W-18K12T 5083 des AUTORS

FAG, der inzwischen FTE heisst, geben. Der sehr kompetente und hilfreiche Dipl.- Ing. Norbert OBERLACK fand eine simple Schema-Änderung in der ABS-Box, die ein Minussignal generiert, wenn das Hinterrad 10% schneller dreht als das Vorderrad. Dieses Signal leitete ich über einen nicht belegten PIN im Gerätestecker auf ein Öffner-Relais, welches dann die Einspritzung unterbricht. Die Sache funktionierte bestens mit etwa der dreifachen ABS-Schaltfrequenz und weitere Unfälle wurden durch den Einbau in alle *TURBO-ECOS* verhindert. Das ASR hilft auch auf Schnee als Traktionskontrolle bei abgesenkten Stützrollen. Für das ABS II musste ich dann bei LUMATRON, unserem Hauselektroniker *Hans KURTH*, diesen Drehzahlvergleich in das Stützwerk-Kontrollgerät integrieren lassen. *PERAVES* wurde damit 1998 die erste Firma, die nur noch (Kabinen-) Motorräder mit Vollverbund-ABS produziert und mit dem optionalen *ASR* eine Traktionsregelung anbietet. Als SUZUKI 1999 die +300-km/h-HAYABUSA ohne ABS und ASR auf den Markt brachte, habe ich an mehreren Fachtagungen und in Vorträgen vorgeschlagen, man möge den Chefentwickler dieser Verantwortungslosigkeit dazu verknurren, fünf Mal bei Regen auf der Autobahn eine Vollbremsung aus Höchstgeschwindigkeit zu machen. Wenn er dann noch lebe, werde sicher sofort ein ABS nachgerüstet, andernfalls würden seine Nachfolger schon dafür sorgen. Nachzutragen ist, dass bei den zwei *HIGHSIDERN* keiner der Fahrer auch nur geringfügig verletzt wurde, während solche bei Motorädern ziemlich sicher mit schweren Prellungen oder sogar Knochenbrüchen einhergehen.

Mit Vollverbund-ABS-Bremse und ASR wurde das *1200er-TURBO-ECO* zum bevorzugten Sportgerät für die Schnellfahrer, welche sich dadurch nicht stören liessen, dass der Platz für den Airconditioning-Kondensator hier durch den Ladeluftkühler verbaut war und somit nur die <Ostblock-Klimaanlage> verfügbar blieb. Diese besteht in einem Beschlag, der zwischen Türe und Schlossanker eingefügt wird und so die Türe etwa fünf Zentimeter offen sicher blockiert. Entwickelt hatte ich diese Belüftung als Backup in der Anfangszeit der Klimaanlagen, die erst ab dem Jahrhundertsommer 2003 gut und störungsfrei zu funktionieren begannen.

Eine Reihe weiterer Entwicklungen und Erfindungen, so die <***Einrichtung** zum Verbessern des Fahrverhaltens*> und der ***SOFTMODE***, wurden erprobt und patentiert, fanden aber aus verschiedenen Gründen nicht den Beifall aller *ECOMOBILISTEN*. Immerhin sind es zukunftsweisende Entwicklungen, die unseren Vorsprung auf die schnarchenden Riesen auf die üblichen 10-15 Jahre ausbauten.

Bei der *Einrichtung zum Verbessern des Fahrverhaltens* handelt es sich um eine senkrechte, frei drehbare Führungsflosse, welche die gegenüber dem Vergleichsmotorrad bereits halbierte Seitenwindabweichung nochmals auf die Hälfte verringert und auch die Fahrstabilitär bei hohen Geschwindigkeiten und in Turbulenz entscheidend verbessert. Damit konnten die in den Kapiteln VIII und XI erwähnten Seitenwind-Absurditäten des *FKT-Sonderausschusses Zweiräder* sogar wissenschaftlich widerlegt werden. Mit der Abnahme der Lenkerkraft durch einen Piezo-Sensor, einer elektrischen Trimmung und der elektronisch überwachten und mechanisch durch ein Getriebe betätigten Steuerflosse wurde die Sache

Zusammenfassung von WO9823478 (A1)

The invention relates to a device to improve driveability, one or many of which can be installed in road vehicles (11). Said device comprises at least one freely rotating guide fin (1) whose first rotating axis (2) is connected to the vehicle structure (3), and a steering fin (4) which extends upwards, rotates round a second rotating axis (15), and displaces the guide fin (1) by aerodynamic force to bring about certain guiding forces in the guide fin (1) depending on its swing.

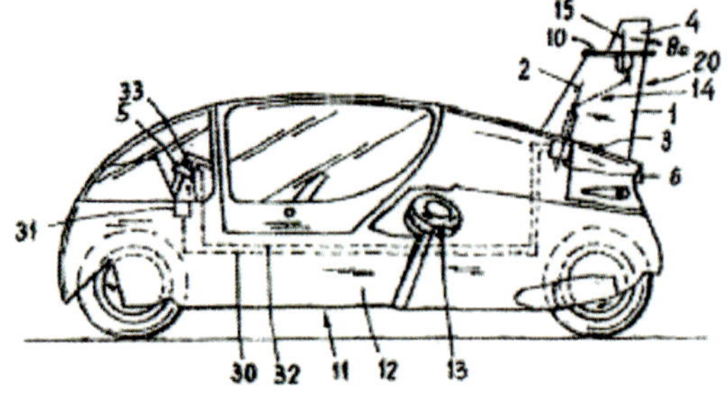

<EINRICHTUNG> - Grundpatent mit sieben Länderpatenten CH-EU-US-JP

aber recht teuer und besonders <Nichtflieger> schätzen das selbsttätige, autopilotenhaft fühlbare Eingreifen der <*Einrichtung*> nicht. Selber habe ich mir jedoch das *SUPER-TURBO-ECO 5089* mit Flosse, *SOFTMODE* und Keramikbremse als Fahrzeug mit ziemlich allen meiner Erfindungen und Entwicklungen, quasi als mein schönstes Spielzeug, 2006 hereingezogen, dh. dafür 162'000 CHF an *PERAVES* bezahlt.

Beim <*SOFTMODE*> kann ich mit Hilfe einer blockierbaren Gasfeder als Stützwerk-Federbein die ausgefahrenen Stützrollen <weich> schalten, sodass das Gegenlenken auch beim abgestützten Fahrzustand sicher erlernbar wurde. Auf S. 271 instruiert *Felix WAGNER* eine Fahrschülerin im Gegenlenken mit *SOFTMODE*, dh. mit deblockiertem Stützwerk-Federbein. Da in der Blockiersteuerung eine mehrjährige Entwicklungszeit benötigt wurde, um diverse Störungen zu beheben, so z.B. ein <Weichwerden> bei winterlichen Temperaturen, haben meine Nachfolger 2011 diese Option aufgegeben, obwohl sie seit dann perfekt ist und insbesondere das Beschädigen des Zahnriemenantriebs beim nicht neigungsfreien

Zusammenfassung von WO2004014716 (A1)

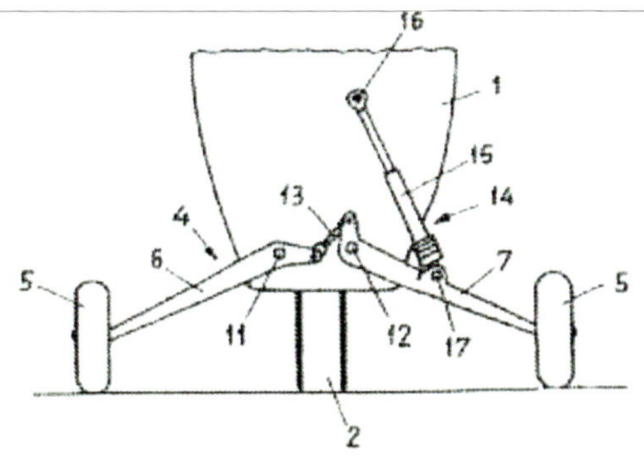

Disclosed is a device for stabilizing a single -track vehicle, comprising a support mechanism (4) and a displacement mechanism (14) which optionally lowers and raises support elements and can be actuated via a control unit (10). Said control unit (10) can be influenced according to a combination of control signals of a speedometer detecting the speed of the vehicle and a meter measuring transversal acceleration. The displacement mechanism (14) comprises at least one supporting and actuating element (15) which deploys and retracts the support mechanism (4) and can be influenced in a combined manner via the control unit (10) and/or driver signals, and means for optionally blocking and unblocking the supporting and actuating element (15). The inventive device allows the support mechanism (4) to be automatically lowered or raised without additional operating requirements.

<SOFTMODE> - Grundpatent mit sieben Länderpatenten CH-EU-US-JP

Ausfahren des Stützwerks sicher verhindert. Nach meinem Austritt bei *PERAVES 2010* habe ich also diese Option an meinen eigenen Fahrzeugen beibehalten und biete auch anderen *ECO*- und *MonoTracer*-Besitzern auf Wunsch solche Federbeine an.

Durch die gute Aerodynamik mussten wir die stärker motorisierten Fahrzeuge immer länger übersetzen, was mittels eines extrem langen End-Winkelgetriebes von 2,62 erfolgte. Dadurch wurden auch die unteren Gänge R-1-2-3 zu lang und insbesondere das Anfahren am Berg bei voller Beladung zum kupplungsfressenden Vorgang. So studierte ich die verbliebenen Möglichkeiten unseres *K100*-Rückwärtsgang-Getriebes und fand eine Möglichkeit, durch Ändern des Primärantriebs mit gleichzeitiger Modifikation des vierten Gangzahnrads die kleinen Gänge um 22,5% zu verkürzen und den vierten Gang um 6% zu verlängern. Dieses perfekte, noch heute (2012) verwendete ***Sportgetriebe*** hatte eine schwere Geburt und kann daher als Übergang zu den Unfalleigenschaften der Kabinenmotorräder beispielhaft abgehandelt werden. Beim Testen im *SUPER-TURBO-MONO-ECO 5083* auf dem Masarykring in Brno blockierte mir in der tiefen Rechtskurve beim Zurückschalten in den dritten Gang beim ersten Versuchs-*Sportgetriebe* das Hinterrad mit etwa 140 km/h. Das *ECO* drehte sich rechtsliegend um rund 200 Grad, beim Rückwärtsrollen deblockierte das Getriebe und die Kerbs schmissen das ECO in einer Rechtsrolle übers Dach wieder auf die linke Seite. Der unverletzt ausgestiegene *Autor* dachte dann (Bild 4) beim Fahrzeug über den Text des Briefes an den Getriebelieferanten einige Minuten nach.

Die Unfalleigenschaften des modernen Kabinenmotorrads sind, auf Grund der mittlerweile (2011) etwas über 15 Mio. Strassenkilometer Erfahrung und etwa 50 Unfällen mit erheblicher Beschädigung der betroffenen *ECOS* einigermassen bekannt. Die gute aerodynamische Durchbildung beeinflusst nicht nur die (aktive) Fahrsicherheit, sondern über die Aussenkonturen auch die (passive) Sicherheit bei Unfällen in erheblichem Masse. Schon von der *BMW R100RS*-Verkleidung von 1976 ist, wie von den Dustbin-Verkleidungen, bekannt, dass sie verletzungsmindernd wirken können, z.B. beim Entlangscheuern an einem

Getriebe blockiert – schwarzer Strich auf Piste (links) Hinterrad überholt Fahrzeug (rechts)- Überschlag-Rechtsrolle, Spiegel + Sonnendach fliegen weg (unten links)- AUTOR ausgestiegen, unverletzt (unten rechts)

Hindernis, einer Mauer oder einer Felswand. Die als selbsttragende Monocoque-Struktur ausgebildete *ECO*-Karosserie hat in dieser Beziehung bahnbrechende Möglichkeiten für den Motorrad-Unfallschutz aufgezeigt. Der Autor hat es immer als unnatürlich empfunden, dass man bei Flugzeugen, Schiffen und Autos schon lange auf selbsttragende Struktu-

ren/Bootskörper/Karosserien übergegangen ist, während beim Motorrad, mit Ausnahme gewisser Schalenansätze bei Rollern, mit großem Aufwand Rahmen gebaut und darum herum reine Formverschalungen teuer befestigt werden. Eine MONOCOQUE-Struktur mit Kraftübertragung auf der Aussenkontur ist nicht nur die widerstandsärmste und leichteste, sondern auch die sicherste Form des Flug- und Fahrzeugbaus. Wie eine Nussschale den Kern schützt ein solches Konzept den/die In- und Aufsassen bestmöglichst und ist auch für einen <Unfallgegner>, seien es Lebewesen, Fahrzeuge oder Anderes, durch glatte Aussenfläche schadenmindernd. *PERAVES* hat für das *ECO* Composite-Strukturen mit großer Arbeitsaufnahme ohne glasartiges Zerplatzen und hoher Abrasionsfestigkeit gegen Rutsch-Schäden entwickelt. Ein typischer Unfall hat sich auf unserer Club-Alpenfahrt im September 1997 im Pinzgau ereignet. Eine betagte Dame bog mit ihrem AUDI 100 auf der Schnellverkehrsstrasse trotz *ECO*-Gegenverkehr plötzlich nach links ab. Der Zusammenstoss der *ECO*-Front auf die vier AUDI-Ringe erfolgte bei ~ 80 km/h mit dem Resultat psychisch blank gelegter Nerven der Unfallbeteiligten, je einem AUDI-100- und Handy-Totalschaden sowie einer etwa 50%igen Reduktion des *ECO*-Fahrzeugwerts mit entsprechenden Instandsetzungskosten. Die stabile Frontschale des *ECOS 5016* hat zu einem harmlosen, seitlichen Abpraller geführt, wo mit einem *PKW ein* ***Frontalzusammenstoss*** *resultiert hätte und mit einem konventionellen Motorrad* ***magenumdrehende Bilder*** *entstanden wären!* Wir haben heute genügend Unfallerfahrung für die Feststellung, dass die Monocoque-Vollverschalung des Motorrad-Vorderteils, unter Einbezug des Rades mit dem Reifen als Puffer- und Deformationselement eine sehr effektive Maßnahme zur Reduktion von Unfallfolgen ist. Sie verhindert das Anhängen an Hindernissen bei einem Sturz und das Verklemmen von Objekten mit Vorderradblockierung. Auch sind mehrere Leitplankenunfälle passiert, bei denen die Insassen geschützt und die Fahrzeuge nur wenig beschädigt wurden, dh. das Monocoque ist hier wirksamer als die Sisyphusarbeit der Polsterung aller Leitplankenpfosten. Die gleichzeitig erreichbaren aerodynamischen Vorteile sind denjenigen der Sicherheit klar nachzuordnen.
Zu diesem Unfall ist nachzutragen, dass der von dieser Seniorin abgeschossene *ECO*-Fahrer *Reto SEITZ* ein Sohn des in den Kapiteln V und VI erwähnten *Eugen SEITZ* ist, vom Vorbesitzer meiner *KZ-8*. Sinnigerweise half seine Mutter, *Rita SEITZ* ihrem Sohn *Reto* finanziell, dieses spätere Unfall-*ECO 5016* zu kaufen, weil sie ihn, mit soeben gegründeter Familie, damit vor den Gefahren des konventionellen Motorrads schützen wollte. Die erwähnten, magenumdrehenden Bilder blieben ihr, ihm und uns dadurch erspart. *Reto SEITZ* hat zudem wesentlichen Anteil an der VVB-Bremse (Kap. XI), die zu einem großen Sicherheitsgewinn durch Verschwinden von Bremsunfällen bei unseren Kabinenmotorrädern geführt hat und fährt heute (2012) sein viertes unserer Fahrzeuge, einen *MonoTracer*.

Mit dem C1-Roller hat *BMW* im Jahr 2000 als zweiter Hersteller, etwa 13 Jahre nach der Zulassung des ersten *ECOMOBILE*, ebenfalls ein Motorrad mit Sitzgurten und ohne Helmpflicht, zumindest für den Fahrer, auf den Markt gebracht. Fotos von Crashtests sind damals in Umlauf gekommen und wir möchten unsere Freunde bei *BMW* besonders auf das Verhalten des unverkleideten Vorderrades und das Ausschlagen der damit verbundenen Lenkstange hinweisen mit dem freundlichen Rat, den sicher akzeptablen Deformationsvorgang mit einer Vollschalenverkleidung des Vorderrades und zum Knie- und Handschutz weiter zurückgezogenen Seiten etwa wenigstens in die Nähe des vom *ECO* heute vorgegebenen Standes der Technik zu bringen. Der Frontal-Aufprall mit hoher Longitudinalverzögerung spielt bei Zweirad-Unfällen eine erheblich geringere Rolle als beim PKW und die weit häufiger vorkommenden Stürze mit Verletzungen der Extremitäten in seitlichen Rutschlagen sind beim C1-Konzept nicht praxisgerecht berücksichtigt worden. Noch weniger ist ein Dach-Eindrucktest notwendig, der erlaubt, den C1 im zweiten Stock verkehrt aufzuhängen und, mit guten Überlebenschancen des Fahrers, fallen zu lassen. Dieser Dach-Eindrucktest hat auf Grund der übertriebenen Dach-Rahmenstruktur eine Kopflastigkeit des C1 zur Folge, die ihn sehr schwierig zu fahren macht. Meine Frage dazu: Wie kommt ein Roller verkehrt in den zweiten Stock? Das weist auf den Fehler hin, PKW-Sicherheitsvorschriften gedankenlos auf Zweiradfahrzeuge zu übertragen. Sowohl der *TÜV* als auch *BMW* hätten hier viel mit Nachsitzen zu verbessern.

BMW- C1-Crash - Quelle: BMW-Pressedienst - Fuss rechts und linker Arm hängen ungeschützt aus dem Fahrzeug

Der *Chef der Sparte Motorrad bei BMW, Herr Hendrik von KUENHEIM*, hat in einem Interview mit MOTORRAD 2011 angedeutet, dass er sich Gedanken mache, wieder ein ähnliches Fahrzeugkonzept wie diesen C1 auf den Markt zu bringen. Meine obigen Ratschläge bezüglich Sicherheit wären dann dazu aktueller denn je.

Abschließend zur Perfektionsphase hier die Spezifikationen des bis 2005 produzierten *SUPER-ECOMOBILE*-Modells sowie zwei damals gebaute Exoten:

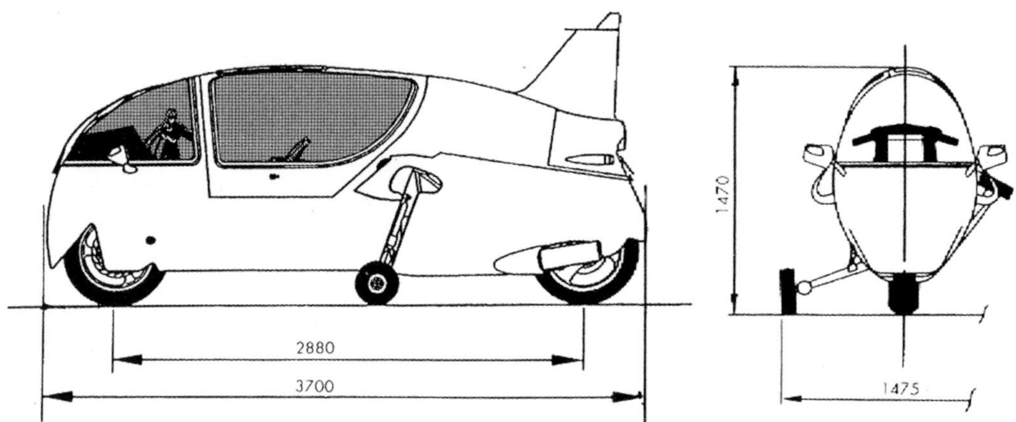

DIMENSIONEN & TECHNISCHE DATEN W-18K12 SUPER-ECO
Dimensionen in mm

Trockengewicht 400 kg, Leergewicht vollgetankt 460 kg, Maximalgewicht 685 kg. Wendekreis zwischen Mauern 8500 mm Antrieb *BMW-K1200RS*-Vierzylinder längsliegend, 1171 ccm, 96kW bei 9'200/min, Getriebe el.-mech. 4 Vorwärts-, 1 Rückwärtsgang, Vollverbund-ABS-Integralbremse, ASR, Servostützwerk elektrisch mit Überwachung. Heizung, Belüftung, Klimaanlage.
Selbsttragende Verbundwerkstoffkarosserie aus Glas-, Kevlar-, Kohlenfasergewebe und Araldit-Epoxydharz, verstärkt durch Überroll- und Sturzbügel aus Flugzeugstahl.
Linksseitige Flügeltüre durch Gasfeder geführt, mit demontierbarem Ventilations-Sonnendach. Sicherheitsverglasung aus blaugetöntem Acryl-Plexiglas, 150 l Kofferraum hinter Beifahrerkopfstütze, durch Schliessen der Türe automatisch verriegelt. Integraltank in Karossenstruktur mit 47 l Fassungsvermögen. Progressive Telegabel mit 125 mm Federweg, Einschlag +/- 43°, Nachlauf 58 mm, Monolever-Kardanschwinge mit Öhlins-Federbein, Federweg 115 mm.
Aluminium-MTH2-Felgen, 2.50x18" oder 3.00x17" vorne, 4.50x18" hinten.
Bereifung v. 140/70VB18, h. 170/60VB18, Stützrollen 3.00x4" 3ply-M/C

Hier die zwei EXOTEN

Renn-Einsitzer des AUTORS: SUPER-TURBO-MONO-ECO 5083 155kW

Urs WAGNERS Renn-Einsitzer TURBO-MONO-ECO 6001 v. vorn + hinten

Kapitel XV

ANDERE BIRDS of a FEATHER ... *(Feet Forward-QUASAR-PULSE etc.)*

Motorcycles are obsolete
Royce Creasey

Mittlerweile wurden meine Kabinenmotorräder von der sektiererischen Zweiradbewegung *Feet-Forward* freundlich von hinten und vorne beschnuppert, wie wenn sich Hunde förmlich begegnen. <Feet Forward> ist eine Zweiradsekte, welche von Malcolm NEWELL mit dem *QUASAR* gegründet und von Royce CREASEY mit dem *VOYAGER* fortgepflegt wurde. Ihr Prophet und Apologet ist der Journalist Paul N. BLEZARD. Feet-Forward-Zweiräder

BEST FEET FORWARD MOTOR CYCLE CLUB

werden definiert von der Sitzposition mit den Füssen vor dem Fahrersitz, was natürlich bei unseren Kabinenmotorrädern auch zutrifft. Zusätzlich haben *VOYAGER* (Bild oben links) und *QUASAR* (Zweiter Umriss v. l.) <Funny Front Ends>, nämlich Radnabensteuerungen oder geschobene Schwingen, was, zusammen mit der Sitzposition, laut Royce CREASEY, dem Schöpfer des *VOYAGERS*, unerhörte Vorteile bringen und <Motorcycles obsolete> machen soll. Mark CROWSON nahm zweimal mit einem *QUASAR* an unseren Weltmeisterschaften der Kabinenmotorräder in BRNO teil. Das Fahrzeug war aber störanfällig und

Sieben QUASARS an einem Meeting 2006, 2.v.r. Paul BLEZARD

technisch überholt. Bei einem Sturz durch Überbremsen erwies sich der Unfallschutz als ungenügend, weil dabei Arm- und Beinverletzungen resultierten. Der *VOYAGER* von Royce CREASEY (Bild unten) ist eine dachlose Weiterentwicklung und sollte in WALES in Produktion gehen. Die altmodische Gitterrohrrahmen-Konstruktion mit merkwürdigem Aussehen und ungenügendem Unfallschutz der Extremitäten, wie auch beim schon erwähnten *QUASAR* und dem *BMW-C1*, zeigte sich dann nicht unerwarteterweise aber als unfinanzierbar.

VOYAGER von Royce CREASEY

PULSE Zweiradfahrzeug mit festen, verkleideten Stützrollen

Von 1985 bis 1990 wurden in den USA etwa 350 *Autocycles*, später Litestars und PULSE genannte Fahrzeuge gebaut, die auf eine Konstruktion von *Jim BEDE*, einem Flugzeugbauer zweifelhaften Rufs, zurückgehen. Sie sind in den USA als Motorräder klassifiziert nach der Definition: *<Motorcycles are vehicles with no more than 3 wheels in contact with the ground>*. Diese Bedingung wird dadurch erreicht, dass die beiden <outrigger wheels> so fest angebaut sind, dass einseitig mindestens ein Zoll (25,4 mm) Luft zur Strassenoberfläche besteht. Auf den US-Highways durchaus brauchbar und mit Motorradmotoren (Urversion YAMAHA 400 ccm, später bis HONDA-GL1500) versehen, ist dank der guten Aerodynamik mit den kleinvolumigen Motoren ein niedriger Verbrauch von 65 MPG

~4 l/100 km möglich. Wegen der Grösse des Fahrzeugs *(L=4,85 B=1,93 H=1,37 Meter)* im Vergleich zum *ECO (L=3,70 B=1,35 H=1,41 Meter)* und dem Wendekreis zwischen Mauern *(13,50 zu 8,50 Meter)* ist allerdings der Betrieb auf breite Strassen mit weiten Kurven beschränkt. Infos dazu auf: http://www.autocycles.org

Ausser diesen seltsamen Vögeln zeigte sich ab etwa 2000 ein GOLDFASAN, Preis 1,6 Mio. Euro, auf dem Gebiet des Kabinenmotorrads, nämlich das ACABION des angeblichen Dr.-Ing. Peter MASKUS, am Autosalon 2006 in Genf erstmals in Natura gesehen. Es war auf der Grundlage eines ASK-21-Segelflugzeugrumpfs aufgebaut, mit einer YAMAHA-GTS-Vorderrad-Achsschenkel-Lenkung und einem angeblich auf 700 PS aufgeblasenen SUZUKI-HAYABUSA-1300 cm3-Turbomotor versehen und sollte abgeregelt *<0 to 500 km/h in less than 30 seconds>* erreichen (Zitate aus der ACABION-HOMEPAGE). Weitere unmöglich richtige Angaben von dort sind etwa:

Acabion GTBO

550 km/h at 30% throttle.
2100 hp per ton.
4.5 l/100 km at 300 km/h

Das Fahrzeug wurde m. W. nur ein einziges Mal (vom SPEED-NETWORK aus den USA) hier auf öffentlichen Strassen gefilmt. MASKUS umging dabei die nicht geschaffte Zulassungshürde damit, dass er zur Tarnung vor Polizeikontrollen das Polizeikennzeichen eines Miet-Anhängers seitlich auf das Fahrzeug klebte, siehe Bild unten. Das auf dem Speed-Video ausgefahrene Stützwerk ist auf Bildern der Homepage erkennbar wegretuschiert, um den Eindruck von Einspurfahrt zu vermitteln. Mit solchen Vorspiegelungen hat sich Dr. Peter MASKUS als neuer *<Baron MASKUSHAUSEN>* geoutet, dessen Erzählungen etwa von gleichem Wahrheitsgehalt sind wie diejenigen des bekannten Lügenbarons **Carl Hieronymus Friedrich von** und **zu MÜNCHHAUSEN** (1720-1797). Selbst finde ich Münchhausens Schnurren allerdings origineller und sympathischer als die im Wesentlichen aus Vergewaltigungen der Physik bestehenden, virtuellen Plaudereien MASKUSHAUSENS...

Kapitel XVI

Die nützliche, 250-jährige Kurbelwelle ist nun museumsreif

Massgebliche Überzeugung des Autors

KUGELMOTOR-GEBURTSWEHEN
(Dr. Hüttlin-Frank Berry)

Von Kindsbeinen an, seit Beginn seiner Erinnerung, ist der Autor von Motoren fasziniert gewesen. Das hat sich schon am Brummen der amerikanischen Bomber über dem Bodensee und dann beim ersten Auto des Vaters manifestiert (Kap. II).
Als es 1946 wieder Benzin und Dieselöl gab, ist er mit der damaligen Jugend hinter dem Postauto und unserem *ADLER* hergerannt, um Abgas zu <derschnaufen>. Bald kamen dann die Modelldiesel- und die Glühzünder-Zweitakter, gefolgt vom frisierbaren 50ccm-*DKW-Hummel*-Moped und dem Occasions-*DKW-3=6* in Bearbeitungsreichweite. In Fliegerei und im Kunstflug ging es später um den HIRTH-HM504-A2 mit Schnappmagnet, Startschwierigkeiten und weiter um den GIPSY- Major-VIII und den FRANKLIN 6A-350-C1 sowie die Entwicklung der Rückenflug- Benzin- und Schmierstoffversorgung dazu. Am Motorenprüfstand bei *SAURER* konnte man mit HS-51-Flug- und OM-Diesel-Motoren tagelang messen, prüfen und spielen. Die Sternmotoren von DC-3 und CV-440, Pratt + Whitney R1830 mit 1'200 bzw. der R2800-CB-17 mit 2'500 HP, letzterer mit Wassereinspritzung, Autofeathersystem, Augmentorheizung und Reverse, waren technische Wunderwerke von beschränkter Zuverlässigkeit und Lebensdauer, die den möglichen Entwicklungs-Zenit des *Hubkolbenmotors* bereits aufzeigten bzw. schon überschritten hatten. Mit all diesen erwähnten und noch mehr Motoren hat sich der Autor eingehend beschäftigt und dann auch beim *ECOMOBILE* an den *BMW-K*-Motoren Umkonstruktionen an Kupplung, Getriebe und Kardan sowie eine eigene Turboentwicklung darauf realisiert. Vom Zündwinkel zur Gemisch-Zusammensetzung, der Oktanzahl bis zu Ventilüberschneidungen und Ignition-Analyzer-Anzeigen eines Open-Primary ist ihm alles bekanntes Gebiet. Aber wegen Vollbeschäftigung mit anderen Technologien kam nie eine Chance, die vielfach vorhandenen Ideen zum Motorenbau umzusetzen, ja nicht einmal eingehend darüber nachzudenken oder gar den Motorenbau zur Hauptbeschäftigung zu machen. Das Unbehagen, insbesondere beim Kuckucksei *Kurbelwelle*, die heute, im Vergleich zu James WATT und seiner doppelwirkenden Dampfmaschine, statt NULL beim Viertakter DREI Leerhübe pro Arbeitshub macht, also nur bei 25% der Drehung Leistung bringt, war aber immer da. Selbst der dem Verfasser immer näher stehende Zweitakter mit 50% Drehung für Leistung nützt erst halb soviel HÜBE wie WATT. Der Schluss <Das ist ein Seich, kann man besser machen>, wurde vom Autor aus Zeitmangel nie fertig gezogen.

Mein latenter Kriegszustand mit dem Hubkolbenmotor kam dann durch eine Initialzündung am 23.12.2003 zum Ausbruch. Schuld daran war *Moritz SUTER*, der von einer <INNOJET Technologies>, später <INNOMOT> in Lörrach DE ein Beteiligungsangebot mit einer Einladung zum Besuch eines Motorenversuchslabors bekam. Aus den mir vorgelegten Unterlagen konnte ich das Prinzip des vorgeschlagenen, *<neuen Kugelmotors>* nicht verstehen.

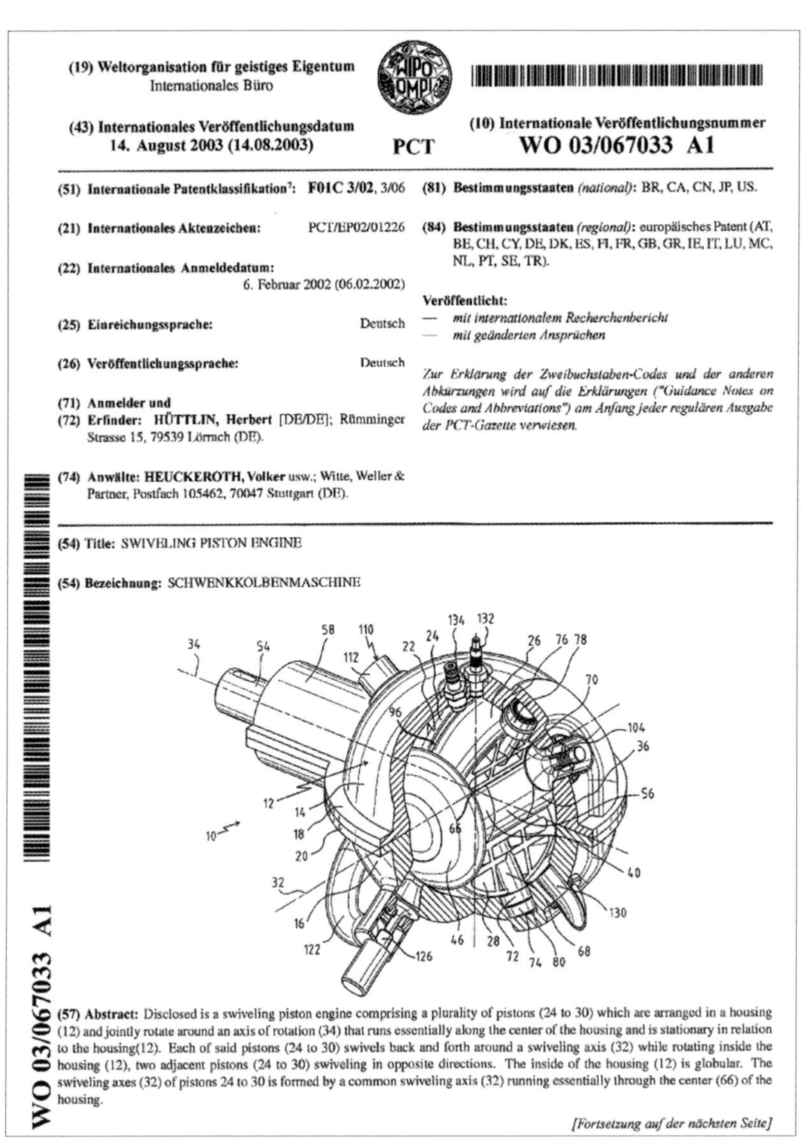

(19) Weltorganisation für geistiges Eigentum
Internationales Büro

(43) Internationales Veröffentlichungsdatum
14. August 2003 (14.08.2003)

PCT

(10) Internationale Veröffentlichungsnummer
WO 03/067033 A1

(51) Internationale Patentklassifikation⁷: F01C 3/02, 3/06

(21) Internationales Aktenzeichen: PCT/EP02/01226

(22) Internationales Anmeldedatum: 6. Februar 2002 (06.02.2002)

(25) Einreichungssprache: Deutsch

(26) Veröffentlichungssprache: Deutsch

(71) Anmelder und
(72) Erfinder: HÜTTLIN, Herbert [DE/DE]; Rümminger Strasse 15, 79539 Lörrach (DE).

(74) Anwälte: HEUCKEROTH, Volker usw.; Witte, Weller & Partner, Postfach 105462, 70047 Stuttgart (DE).

(81) Bestimmungsstaaten *(national)*: BR, CA, CN, JP, US.

(84) Bestimmungsstaaten *(regional)*: europäisches Patent (AT, BE, CH, CY, DE, DK, ES, FI, FR, GB, GR, IE, IT, LU, MC, NL, PT, SE, TR).

Veröffentlicht:
— *mit internationalem Recherchenbericht*
— *mit geänderten Ansprüchen*

Zur Erklärung der Zweibuchstaben-Codes und der anderen Abkürzungen wird auf die Erklärungen ("Guidance Notes on Codes and Abbreviations") am Anfang jeder regulären Ausgabe der PCT-Gazette verwiesen.

(54) Title: SWIVELING PISTON ENGINE

(54) Bezeichnung: SCHWENKKOLBENMASCHINE

(57) Abstract: Disclosed is a swiveling piston engine comprising a plurality of pistons (24 to 30) which are arranged in a housing (12) and jointly rotate around an axis of rotation (34) that runs essentially along the center of the housing and is stationary in relation to the housing(12). Each of said pistons (24 to 30) swivels back and forth around a swiveling axis (32) while rotating inside the housing (12), two adjacent pistons (24 to 30) swiveling in opposite directions. The inside of the housing (12) is globular. The swiveling axes (32) of pistons 24 to 30 is formed by a common swiveling axis (32) running essentially through the center (66) of the housing.

WO 03/067033 A1

[Fortsetzung auf der nächsten Seite]

HÜTTLIN Kugelmotor 1- Abstract der Patentschrift

Also bat mich *Moritz*, mit ihm hinzufahren und der Sache auf den Grund zu gehen, nämlich, ob es sich hier um eine lohnende Investition handeln könnte. Auch *Isenrüedu* kam mit und wir wurden auf dem Weg noch von einem rückwärtsfahrenden Rentner gerammt. Im Auto erzählte ich den beiden, dass es nicht so leicht sei, den Hubkolbenmotor durch etwas Neues und Besseres zu ersetzten, Felix WANKEL lasse grüßen.
Wir wurden in Lörrach von Herrn *Dr. h.c.* ***Herbert HÜTTLIN*** freundlich empfangen und sahen in seinem Büro eine Animation des ***Kugelmotors***, wie er sein Ding nannte. Diese Animation haute mich buchstäblich aus den Socken. Das Prinzip dieses <*Kurvenbahn-Motors*> mit Aufladung durch die Kolbenhinterseiten traf ziemlich genau dorthin, wo meine noch nebelhaften Vorstellungen einen neuen Verbrenner platziert hätten. Ich blieb noch etwas im Büro bei der Animation und liess die anderen ins Keller-Labor vorausgehen. Damit konnte ich mich genau in dieses Wunderwerk vertiefen und es verstehen.

Dr. HÜTTLIN hat leider der Veröffentlichung der Animation nicht zugestimmt, was es natürlich unmöglich macht, seinen Kugelmotor 1 zu begreifen. Selber habe ich ihn auch erst nach der Animation verstanden.
Im Kellerlabor gab es bereits einen Prototyp, der zwar noch nicht befeuert, aber bereits geschleppt werden konnte. Dieser Prototyp wich erheblich vom dargestellten Prinzip in der Animation ab. Beim unbefeuerten Schleppen schüttelte er sich ziemlich in Rotationsrichtung. Ein geschnittenes, drehbares Modell zeigte die Unterschiede, die ich mir genau merkte. Wir bekamen Unterlagen, darunter zwei bereits offen gelegte Patentanmeldungen, die vollen Einblick in die Systematik gestatteten. Herr *Dr. HÜTTLIN* hatte uns wegen dieser bereits eingereichten Patentanmeldungen keine Geheimhaltungs- bzw. Vertraulichkeitsvereinbarung vorgelegt bzw. unterschreiben lassen und gab auf alle Fragen offen Auskunft.
Bei der Rückfahrt nach Basel soll ich, laut *Moritz* und *Isenrüedu*, entgegen meiner sonstigen Gewohnheit kaum ein Wort gesprochen haben.
Hingegen hatte ich sowohl *Dr. HÜTTLIN* als auch *Moritz* versprochen, mich innert fünf Tagen schriftlich zum Gezeigten zu äußern.
In meinem Brief vom 28.12.2003, den ich bei der Abfassung dieser Zeilen nochmals gelesen habe, sind die wesentlichen Vorteile der Animation sowie Nachteile des Prototyps erfasst und das Fazit <Animation genial - Prototyp suboptimal> etwa so festgehalten.
Der Ober-Kalfaktor von *Dr. HÜTTLIN*, ein Schweizer Verwaltungsrat namens René LANG, nahm mir das Wort suboptimal (das ja sowohl 95% oder 15% bedeuten könnte) übel und beschuldigte mich telefonisch, <schlecht über den Kugelmotor gesprochen zu haben>.
Meine Meinung, dass man mit diesem genialen Prinzip den Hubkolbenmotor ins Museum schicken könne, aber dabei in der Konstruktion geschickter vorgehen müsse, führte zu einer Diskussion in der Kanzlei von *Dr. Fredy J. WIEDERKEHR*, dem Ex-VR-Präsidenten der *CROSSAIR*, wohin mich *Moritz SUTER* nach einer Sitzung wegen des Unfalls in Bassersdorf abgeschleppt hatte. Übereinstimmend meinten *Moritz* und *Dr. WIEDERKEHR*, dass der Emissionspreis der INNOMOT-Aktien zu hoch sei und der schlaue Fuchs Fredy sagte offen, er traue diesem *Dr. HÜTTLIN* nicht!

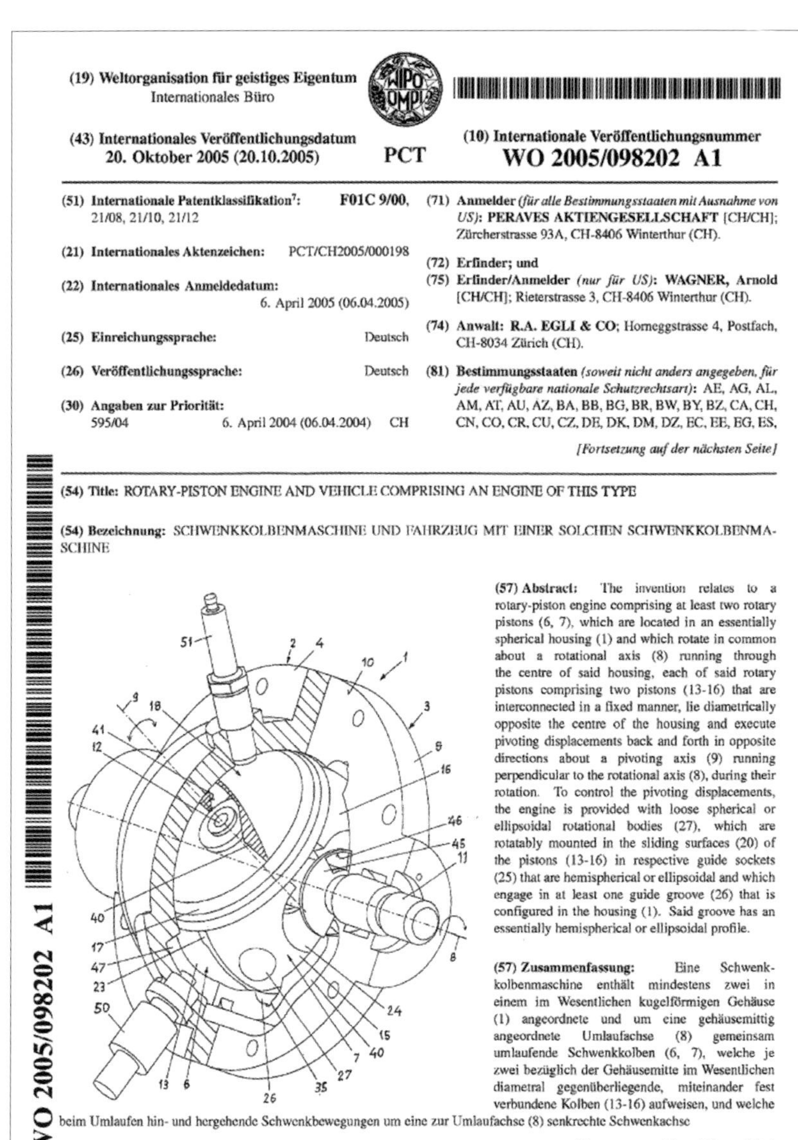

(19) Weltorganisation für geistiges Eigentum
Internationales Büro

(43) Internationales Veröffentlichungsdatum
20. Oktober 2005 (20.10.2005)

PCT

(10) Internationale Veröffentlichungsnummer
WO 2005/098202 A1

(51) **Internationale Patentklassifikation[7]:** **F01C 9/00,** 21/08, 21/10, 21/12

(21) **Internationales Aktenzeichen:** PCT/CH2005/000198

(22) **Internationales Anmeldedatum:** 6. April 2005 (06.04.2005)

(25) **Einreichungssprache:** Deutsch

(26) **Veröffentlichungssprache:** Deutsch

(30) **Angaben zur Priorität:**
595/04 6. April 2004 (06.04.2004) CH

(71) **Anmelder** *(für alle Bestimmungsstaaten mit Ausnahme von US)*: **PERAVES AKTIENGESELLSCHAFT** [CH/CH]; Zürcherstrasse 93A, CH-8406 Winterthur (CH).

(72) **Erfinder; und**

(75) **Erfinder/Anmelder** *(nur für US)*: **WAGNER, Arnold** [CH/CH]; Rieterstrasse 3, CH-8406 Winterthur (CH).

(74) **Anwalt: R.A. EGLI & CO**; Horneggstrasse 4, Postfach, CH-8034 Zürich (CH).

(81) **Bestimmungsstaaten** *(soweit nicht anders angegeben, für jede verfügbare nationale Schutzrechtsart)*: AE, AG, AL, AM, AT, AU, AZ, BA, BB, BG, BR, BW, BY, BZ, CA, CH, CN, CO, CR, CU, CZ, DE, DK, DM, DZ, EC, EE, EG, ES,

[Fortsetzung auf der nächsten Seite]

(54) **Title:** ROTARY-PISTON ENGINE AND VEHICLE COMPRISING AN ENGINE OF THIS TYPE

(54) **Bezeichnung:** SCHWENKKOLBENMASCHINE UND FAHRZEUG MIT EINER SOLCHEN SCHWENKKOLBENMASCHINE

(57) **Abstract:** The invention relates to a rotary-piston engine comprising at least two rotary pistons (6, 7), which are located in an essentially spherical housing (1) and which rotate in common about a rotational axis (8) running through the centre of said housing, each of said rotary pistons comprising two pistons (13-16) that are interconnected in a fixed manner, lie diametrically opposite the centre of the housing and execute pivoting displacements back and forth in opposite directions about a pivoting axis (9) running perpendicular to the rotational axis (8), during their rotation. To control the pivoting displacements, the engine is provided with loose spherical or ellipsoidal rotational bodies (27), which are rotatably mounted in the sliding surfaces (20) of the pistons (13-16) in respective guide sockets (25) that are hemispherical or ellipsoidal and which engage in at least one guide groove (26) that is configured in the housing (1). Said groove has an essentially hemispherical or ellipsoidal profile.

(57) **Zusammenfassung:** Eine Schwenkkolbenmaschine enthält mindestens zwei in einem im Wesentlichen kugelförmigen Gehäuse (1) angeordnete und um eine gehäusemittig angeordnete Umlaufachse (8) gemeinsam umlaufende Schwenkkolben (6, 7), welche je zwei bezüglich der Gehäusemitte im Wesentlichen diametral gegenüberliegende, miteinander fest verbundene Kolben (13-16) aufweisen, und welche beim Umlaufen hin- und hergehende Schwenkbewegungen um eine zur Umlaufachse (8) senkrechte Schwenkachse

[Fortsetzung auf der nächsten Seite]

WO 2005/098202 A1

HKM-Kugelmotor – Abstract der Patentschrift

Wenn ich schon überzeugt vom Motorenkonzept sei, wäre es wohl besser, bei *HÜTTLIN* eine Lizenz zu kaufen und den Motor in meinem Betrieb, der *PERAVES AG*, fertig zu entwickeln. Mit diesem Konzept rettete *Fredy WIEDERKEHR* mich aus einer Zwangslage. Ich hatte den Großteil meiner Ideen für das moderne Kabinenmotorrad verwirklicht und war unbewusst auf der Suche nach einer neuen Herausforderung. *Dr. HÜTTLIN* hatte mir eine

Funktion als Berater bei der *Kugelmotorentwicklung* angeboten. Ich Trottel hätte wissen müssen, dass es mir nie möglich gewesen wäre, mit *Dr. HÜTTLIN* gemeinsam am *Kugelmotor* zu arbeiten, weil mir schon einige konstruktive und physikalische Fehler in der Dokumentation und beim Prototyp aufgefallen waren. So behauptete *Dr. HÜTTLIN* im Film mit der Animation, der *Kugelmotor* habe einen doppelt so hohen Wirkungsgrad, weil beim Hubkolbenmotor die Hälfte der Explosionsenergie am feststehenden Zylinderkopf wirkungslos <verpuffe> und nur auf der Kolbenoberseite Leistung abgegeben werde. Dies war der erste einer Folge von physikalischen Fehlschlüssen, welche ich bei INNOMOT feststellen sollte und die auf mangelnde Physikkenntnisse hinwiesen. Ich hielt nun den Kalfaktor LANG bei Laune, indem ich dem heiligen *Kugelmotor* meine hohe Anerkennung zollte und laut betete: *<Herr lass diese Kugel nicht an mir vorbeirollen>*, anlehnend an das Matthäus-Evangelium 26/39 zum Karfreitag. Gleichzeitig sondierten wir betreffend eines Lizenzvertrags und ich formulierte auch das erste PATENT, welches meine Verbesserungen in 15 Ansprüchen zusammenfasste. Es wurde am 06.04.2004 eingereicht, ging mit 14 Ansprüchen durch und ist mittlerweile in 37 Ländern angemeldet und davon in 32 Ländern schon erteilt worden.
Die Verhandlungen betr. Lizenzvertrag für das *HÜTTLIN*-Patent WO 030-67033 verliefen harzig. Wir konnten uns schliesslich auf einen Vertrag einigen, der nur auf dieser Patentanmeldung beruhte, wofür bereits eine Mitteilung nach Regel 51 der EPÜ vorlag, nämlich, dass vorgesehen sei, ein Patent zu erteilen. Wir mussten zwar 200‘000 CHF in teure INNOMOT-Aktien investieren und erst dann wurde uns dieser Vertrag ausgestellt mit der ausdrücklichen Erlaubnis, aufbauend auf der erwähnten WO-Anmeldung eigene Patente anmelden zu können.
Im Frühsommer 2004 begann ich also, die *PERAVES AG* und mich selbst auf diese neue Aufgabe vorzubereiten. Nach Umfragen bei *Patrick MÉGARD*, unserem Genfer Vertreter, der mit POLYSOFT eine fachkompetente Firma leitete, fand ich das richtige 3D-CAD-System für die Motorenkonstruktion bei <PRO-ENGINEER> und hatte dann sechs Monate Schlafprobleme, bis ich als mein erster und eigener Konstrukteur den Übergang vom Zeichnungsbrett zum <3D-COMPUTER-AIDED-DESIGN> geschafft hatte. Mit meinen nun 63 Jahren wurde ich hier seit langem erstmals wieder auf eine Kompetenzprobe gestellt, die ich zwar nicht in alter Frische, aber immerhin doch bestand. Das Arbeiten mit dem neuen Werkzeug war eine Offenbarung. Konstruktionsdaten konnten als STEP- oder IGS-Dateien per E-Mail verschickt werden. Wenn man dann mit dem Auto eine Stunde später, beispielsweise bei der GK-Tool AG in Busslingen-Remetschwil aufkreuzte, ratterten im optimalen Fall bereits die 5-Achsen-Fräsmaschinen und produzierten schwierigste, fehlerfreie Teile in unglaublich engen Toleranzen. Wären mir diese Konstruktionsmöglichkeiten schon bei *WHN* oder beim *ECO* zur Verfügung gestanden, würde wohl vieles meiner damaligen Arbeit ganz anders ausgesehen haben.

Auch die finanziellen und baulichen Voraussetzungen wurden an die Hand genommen. Eine Kapitalerhöhung von 50‘000 auf 500‘000 CHF mit einem AGIO fünf aus meinem

Pensionskassenguthaben in der Firma und von *Moritz SUTER* und *Fredy WIEDERKEHR* in Cash ergab die Anfangsfinanzierung der Kugelversuche, eine HYPO-Aufstockung der ZKB auf meinem Betriebsgebäude die Ausbaukosten. Nun ging ich an die Arbeit und stimmte mich sicherheitshalber auch mit der Firma SOLO in Maichingen, die mir seinerzeit beim Schubmodul für den *DRACULA-MG* geholfen hatte, ab. Zwar war mein seinerzeitiger Kontakt, der geschäftsführende Hauptgesellschafter Heinz EMMERICH, zwischenzeitlich verstorben, aber sein nunmehr nachgerückter NEFFE gleichen Familiennamens gab mir einige wertvolle Tipps, wie eine Motorentwicklung anzugehen sei. *Dr. HÜTTLIN* hatte mit einem 1'000-ccm-Motor begonnen und ich wurde überzeugt, dass es sinnvoller sei, kleiner zu starten, da insbesondere die Kosten und vor allem die im Kubus mit der Grösse steigenden Kräfte bei einem grossen Versuchsträger nur Schwierigkeiten verursachen würden.
Also konstruierte ich einen 125-ccm-*Kugelmotor* und fügte meine Erfindungen, nämlich den KUGELUMLAUF, die Kolbenführung mittels Keramikkugeln statt Kegelrollenlagern, die zwei-in-eins-Drehschiebersteuerung der Aufladung sowie eine Gehäuseteilung mit eingearbeiteten Überström-Nuten und optimaler Kerzenposition, schlitzgesteuerten Einlass- und Auspuff-Fenstern mit Überschneidungen wie auch weitere, patentrelevante Verbesserungen ein. Auf einer Drehmaschine konstruierte ich einen Prüfstandsaufbau und bereits im Dezember war mein *KÜGELCHEN* soweit, dass es mit Vergaserbetrieb für ein <FIRING-UP> bereit war. Durch Optimierung der Brennräume hatte ich 147 ccm herausholen können und wir probierten etwa eine Woche lang vergeblich, das Kügelchen zu befeuern. Am Sylvester, Freitag, den 31.12.2004 lud ich die *PERAVES*-Crew zum Mittagessen in der PIZZERIA Cardinal ein. Alle wollten dann schnell verduften, doch ich bat Zeichner *Andi ANDEREGG*, mit mir nochmals im Betrieb einen Befeuerungsversuch zu machen. Um die Schmierung visuell kontrollieren zu können, hatte ich die Ölwanne abgeschraubt und unter das Motor-

PKM12-EB (PERAVES-Kugelmotor 12 cm Innen-Ø) zündet erstmals am 31.12.04

engehäuse gestellt. Bereits beim zweiten Versuch zündete der Motor und setzte wegen des abmontierten Auspuffrohrs, das die Beobachtung der Befeuerung erleichtern sollte, sofort die Ölwanne in Brand. *Andi* stand verdutzt mit dem Photoapparat in der Hand da und schaute zu, wie ich mit einem Halonfeuerlöscher das Ölfeuer ausblies. Als ich ihn fragte, ob er den historischen Moment geknipst hätte, schüttelte er verständnislos den Kopf. Also mussten wir den Vorgang nochmals wiederholen. Wieder brannte die Wanne, aber erst auf meine Zurufe knipste *Andi* dann endlich zweimal. Obwohl ich mir darüber im Klaren war, dass noch Unmengen von Arbeit geleistet werden mussten, wurde damit dieser Sylvester 2004, 1415 Uhr die Geburtsstunde meines *KUGELMOTORS*.

Dr. HÜTTLIN hatte ebenfalls kurz vorher ein Erfolgserlebnis, indem sein nun befeuerbarer Motor die Auspuffanlage zum Glühen brachte. Meine späteren Versuche haben dann aber ergeben, dass dieses Phänomen durch Spätzündung und fettes Gemisch verursacht wird. Sowohl unsere Befeuerung als auch das glühende Auspuffrohr waren also vorerst nur Teilbeweise für Funktionsfähigkeit, nicht aber für eine definierte Leistungsabgabe. Es blieb noch viel zu tun.

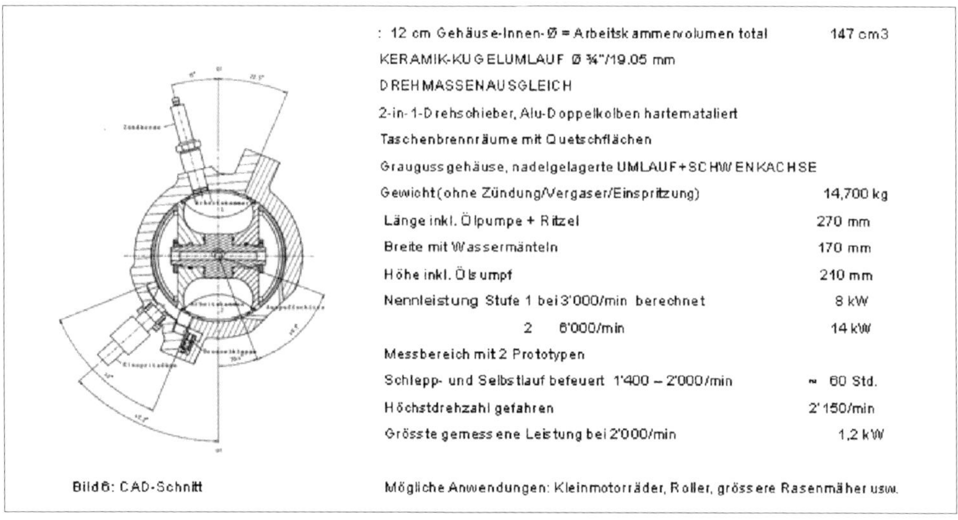

: 12 cm Gehäuse-Innen-Ø = Arbeitskammervolumen total 147 cm3
KERAMIK-KUGELUMLAUF Ø ¾"/19.05 mm
DREHMASSENAUSGLEICH
2-in-1-Drehschieber, Alu-Doppelkolben hartemataliert
Taschenbrennräume mit Quetschflächen
Graugussgehäuse, nadelgelagerte UMLAUF+SCHWENKACHSE
Gewicht (ohne Zündung/Vergaser/Einspritzung) 14,700 kg
Länge inkl. Ölpumpe + Ritzel 270 mm
Breite mit Wassermänteln 170 mm
Höhe inkl. Ölsumpf 210 mm
Nennleistung Stufe 1 bei 3'000/min berechnet 8 kW
2 6'000/min 14 kW
Messbereich mit 2 Prototypen
Schlepp- und Selbstlauf befeuert 1'400 – 2'000/min ≈ 60 Std.
Höchstdrehzahl gefahren 2'150/min
Grösste gemessene Leistung bei 2'000/min 1,2 kW
Mögliche Anwendungen: Kleinmotorräder, Roller, grössere Rasenmäher usw.

Bild 6: CAD-Schnitt

Die Versuche mit dem PKM12 verliefen erfolgversprechend, aber es gelang nicht, auch nur in die Nähe der über die Luftmenge berechneten Leistungsabgabe zu kommen. Mess-Bestwert war eine solche von 1,2 kW bei 2'000/min, wo theoretisch über 5 kW hätten erreicht werden sollen. Als ursächliches Problem wurde mangelnde Verdichtung wegen Kompressionsverlust festgestellt. Hier wirkte sich der (zu) kleine Versuchsmotor negativ aus, denn das Arbeitskammervolumen beim Kompressions-Totpunkt betrug, bei einem Verdichtungsverhältnis von 10,5:1, gerade einmal noch sieben ccm, die natürlich schnell durch das noch unfertige Dichtsystem verdufteten.

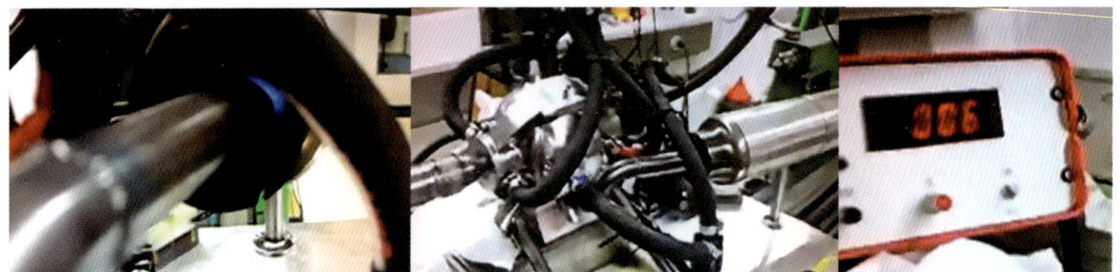

Selbstlauf PKM12 v. 11.06.2005 - Auspuff, Gesamtansicht, Messwaage 1,2 kW

Im Laufe des Sommers 2005 wurde es klar, dass mit dem PKM12 das Ziel eines Antriebs für den bereits von *YAMAHA* zur Verfügung gestellten 125-ccm-Roller nicht erreicht werden konnte. Die Verwendung von Vergasern, mit dem auch dieser Roller ausgerüstet war, ergab zusätzlich zum Kompressionsverlust unüberwindliche Kaltstartprobleme wegen der langen Ansaug- und Vorkompressions-Wege. Es musste auf Benzineinspritzung umgestellt werden. Die Adaption einer LE-Jetronic mit verstellbarem Einspritzwinkel und verstellbarer Einspritz-Impulslänge durch unseren Hauselektroniker *Hans KURTH* von *LUMATRON* sowie die Anpassungen der Prüfstandseinrichtung dauerten bis zur Jahresmitte 2005. Immerhin konnte im Juni ein Selbstlauf mit der erwähnten Leistungsabgabe von 1,2 kW gemessen werden.

Da *YAMAHA* damals nur über den Majesty-400-Roller mit Einspritzung verfügte und einen Austausch des 125-ccm-Rollers mit einem solchen in Aussicht stellte, machte ich mit einem einfachen Scale-up des Kugel-Innendurchmessers von 12 auf 16 Zentimeter den Sprung zum PKM16 mit nunmehr knapp 400 ccm Kammervolumen, wobei auch das Dichtsystem erweitert und überarbeitet wurde. Im Dezember 2005 konnten die ersten Versuche auf dem Drehmaschinenprüfstand gemacht werden, wobei ein deutlicher Fortschritt in der Leistungsabgabe, aber auch einige Kinderkrankheiten auftraten. Die Konstruktion wurde durch einen Zwischenflansch ergänzt, mit welchem diese Kugel anstelle des einzelnen Zylinders beim inzwischen gelieferten *YAMAHA-XP400-Majesty*-Roller auf das Kurbelgehäuse aufgesetzt werden konnte. Dieser 400-ccm-Kugelmotor wurde zum Jahresende erstmals in den Roller eingebaut. Zur Erklärung seiner Funktionsweise ist ein Video geschaffen worden, welches die zwar einfachen Vorgänge, aber auch die komplizierteren Strömungszusammenhänge aufzeigt. Es ist zu sehen durch Anklicken auf die folgende Internet-Adresse: www.hiteng.ch/KUGELMOTOR

Im April 2005 lief die weltweite Jahrespriorität meiner ersten Kugelmotor-Patentanmeldung ab. Rechtzeitig mussten bei der WO-Anmeldung die Länder benannt werden, in welchen das Patent beantragt werden sollte. *Fredy WIEDERKEHR* verlangte einen <guten> Schutz und dazu eine international versierte Patentanwalts-Kanzlei. Mein hilfreicher und kostengünstiger *Patentingenieur Adolf TRIEBLNIG* war zwischenzeitlich bei *SULZER* in Rente

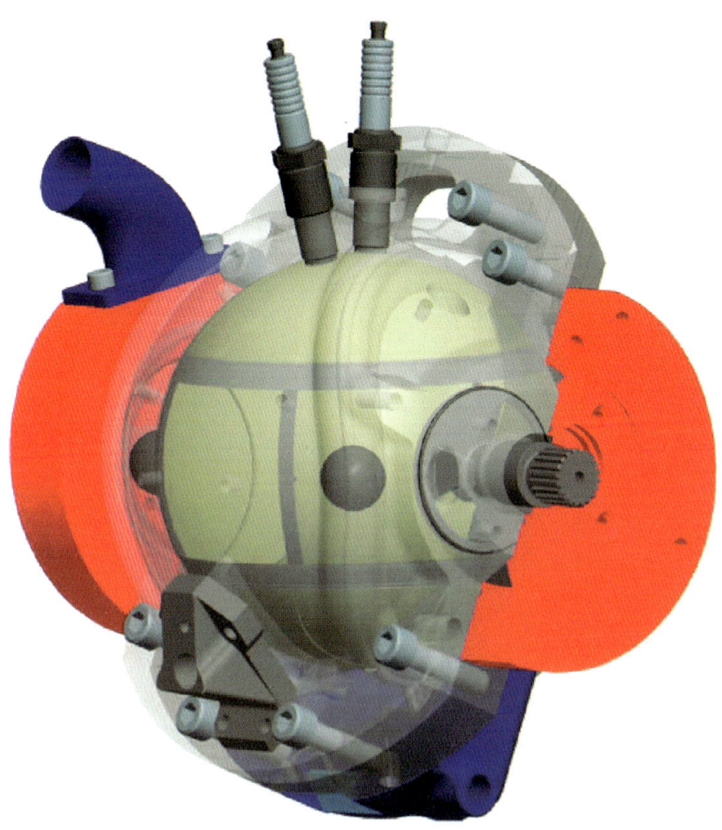

HITENG Kugelmotor

gegangen, oder war, wie er es bezeichnete, dort <volljährig> geworden. Daher verfügte er nicht mehr über die entsprechenden, internationalen weltweiten Verbindungen. So beauftragten wir die renommierte *Kanzlei* ***EGLI Patentanwälte*** mit unseren Patentgeschichten und *Richard A. EGLI* landete bald einen grausamen Volltreffer. Eine Überwachung des *HÜTTLIN*-Patents WO 030-67033, das unserem Lizenzvertrag zugrunde lag, ergab eine ganz böse Geschichte. Schon vier Wochen nach Abschluss unseres Vertrags wurde nämlich *Dr. HÜTTLIN* vom Europäischen Patentamt mitgeteilt, dass eine weitere Patentrecherche auf ein US-Patent von 1963 gestoßen sei, welches die Mehrzahl der Patentansprüche vorwegnehme. Damit war das Patent, das zwar durch Umstellungen und Umformulierungen in Bruchteilen gerettet wurde, als Gegenstand des Lizenzvertrags für uns wertlos geworden, zumal die verbliebenen, geschützten Ansprüche bei meiner Konstruktion anders gelöst waren oder werden konnten.

Dr. HÜTTLIN machte sich nicht die Mühe, uns über diesen Zusammenbruch des Patents aufzuklären. Ein Studium des abgelaufenen *US-Patents 3,075,506 von* ***Frank BERRY***, das

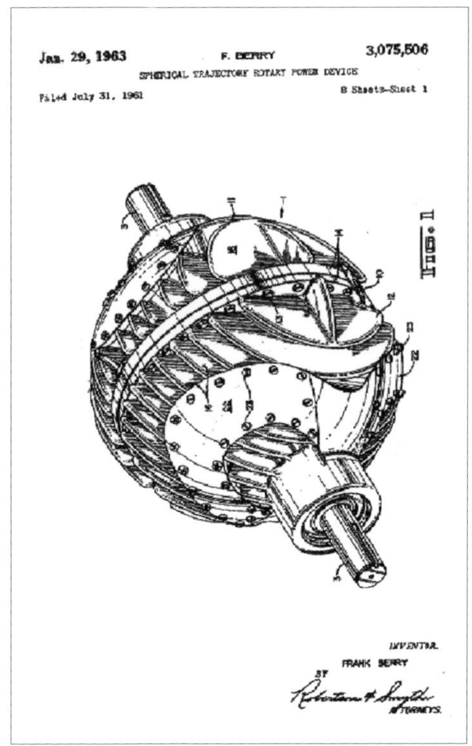

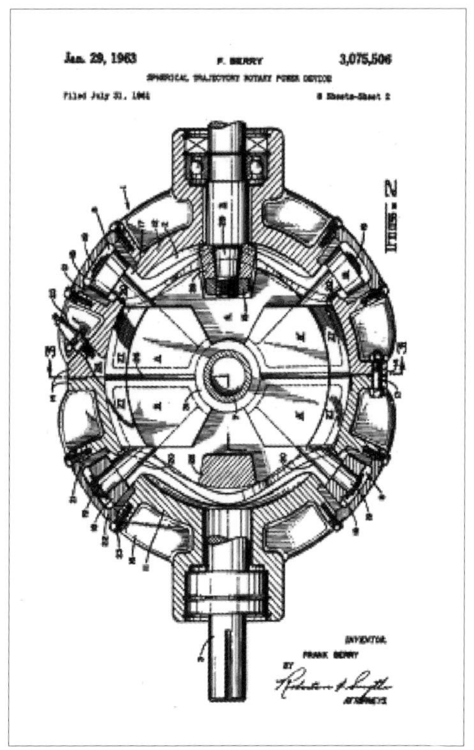

<ROTARY POWER DEVICE> von Frank BERRY, US-Grundpatent 1963

nun Stand der Technik und allgemein zugänglich war, ergab als einzigen Unterschied die Verwendung der Kolbenrückseiten als Luftpumpen zur Aufladung, während *BERRY* diese lediglich zur Kühlung oder als Gegendruck visualisierte. Dies war einerseits Grund genug, bei *Dr. HÜTTLIN* eine Abänderung des Lizenzvertrags mit einer auf den sehr beschränkten Schutzumfang reduzierten Stücklizenzgebühr zu verlangen und andererseits meine Konstruktion derart abzuändern, dass sie nicht mehr mit den Restansprüchen der WO 030-63033 und auch einer zweiten *HÜTTLIN*-Anmeldung, der WO-2005064119, kollidierte. *Dr. HÜTTLIN* kaufte zwar entgegenkommenderweise unsere für 200‘000 CHF erworbenen INNOMOT-Aktien zum gleichen Preis zurück, aber bei der Stücklizenz gab es kein Einsehen, sodass wir den Vertrag am 10.05.2006 kündigen mussten. *Dr. HÜTTLIN* gab dann das Konzept dieses *HÜTTLIN*-Kugelmotors EINS oder *BERRY*-Motors bald auf, weil er die Abdichtung des Schmieröls aus dem Verbrennungsbereich und die Kompressionsverluste nicht lösen konnte. Er beschäftigt sich heute mit einer anderen Kinematik und direkt auf der Kugel gesetztem Elektro-Motor bzw. Generator.

Schon im Juni 2006 forschte ich auf Grund der Patentanmeldung nach der Familie *BERRY* in CORINTH, Mississippi und fand tatsächlich den Sohn des Erfinders, *Frank BERRY II* und

auch die Familie. Der Erfinder war allerdings 1969 an Darmkrebs verstorben. Ich hielt es trotzdem für wünschbar, anlässlich meiner USA-Reise im August 2006 mit dem *ECO 5079* eines USA-Kunden, *Dr. Tom MOHN*, das er mir freundlicherweise auslieh, von Philadelphia die 1'000 Meilen nach CORINTH, MS zu fahren und dort die Familie *BERRY* zu besuchen. Im lokalen Museum konnte ich den Nachlass von *Frank BERRY I* einen Tag lang durcharbeiten. *BERRY* hatte mehrere Patente auf dem Getriebe- und Hydrauliksektor und betrieb eine Fabrik für seine Erfindungen. Das erwähnte US-Patent 3,075,506 beinhaltet einen Motor und auch eine Pumpe. Vom Motor gibt es im Museum eine Holzmaquette. Eine Pumpe aus Metall mit Gebrauchsspuren ist ebenfalls ausgestellt. Den Grabstein des Erfinders ziert ein Symbol des Motors. Das Städtchen CORINTH liegt an einer früher wichtigen Eisenbahnkreuzung und diese spielte im Sezessionskrieg eine Nebenrolle, über die ich mich im Museum ebenfalls schlau machen konnte. Zudem liegt es in einem sogenannten <DRY BELT>, dh. bei 100 Grad Fahrenheit im August gab es nur unter der Hand hie und da ein warmes Bier. Auf der Rückfahrt nach Philly hatte ich genügend Musse, über *BERRY* und seinen Motor nachzudenken. Er war leider 40 Jahre zu früh damit, denn ohne 3D-CAD, 5-Achsen-Fräsmaschinen und Drehbänke mit bewegbarem Werkzeug ist dieses nun endlich *dreidimensionale* ***Motorenkonzept*** nicht in der erforderlichen Präzision konstruier- und herstellbar.
Die *BERRY*-Geschichte wirft nun auch die Frage der Namensgebung für Erfindungen auf. Im deutschen Sprachbereich gibt es beispielsweise den DIESEL-, OTTO- und den WANKEL-MOTOR oder die BÜCKER-Doppeldecker, den FIESELER-Storch, den SCHEIBE-Falke und den *HIRTH-ACROSTAR*. Entsprechend hat nun z.B. *Dr. HÜTTLIN* seine Motoren <*HÜTTLIN-Kugelmotor* EINS, ZWEI> usw. getauft. Diese Namensgebung verrät einen gewissen Personenkult, der im fremdsprachingen Umgang weniger verbreitet ist und dabei auch Probleme auslässt, wenn es sich herausstellen sollte, dass der *HÜTTLIN*-Kugelmotor EINS schon einmal das <ROTARY-POWER-DEVICE> des Amerikaners *BERRY* war. Selber neige ich zur Ansicht, es sei besser, auch bei neuen Firmen nicht Besitzer- oder Gründer-Eigennamen wie BOSCH, SIEMENS, ZEPPELIN, DAIMLER-BENZ und PORSCHE usw., sondern, wie etwa bei AEG, VFW, AUDI und VW, bezeichnende Namens-Konstruktionen, in unserem Fall *PERAVES* (siehe Kap. XII) oder HITENG zu verwenden. Entsprechend benannte ich nach dem <Sündenfall> *HIRTH-ACROSTAR* den Gleiter *PERAVES W-17 DRACULA*, unsere Kabinenmotorräder *PERAVES-SUPER-ECO*, *PERAVES MonoTracer* und die Kugel *PERAVES-KUGELMOTOR* bzw. auf Englisch *PERAVES-SUPERBALLMOTOR*. Nach meinem Austritt bei *PERAVES* unter Mitnahme des Motorenprojekts wurde die Kugel dann ab 2011 zum *HITENG-KUGELMOTOR* bzw. *HITENG–SUPERBALLMOTOR*. Heutige technische Produkte können kaum mehr einer Einzelperson namentlich zugeordnet werden, ohne dass man damit die Schöpfer der Ausgangs-Voraussetzungen ungerecht in den Schatten stellt. Der seinerzeit von den Romands gewünschte Name <*WAGNER*> für das *ECOMOBILE* (Kap. XII) blendet selbstherrlich die Vorgeschichte des Kabinenmotorrads mit dem MAUSER, MONOTRACE, *ANDERLÉ* und BAUMM etc. aus, welche in diesen Memoiren (Kap. IX) und in der Firmengeschichte der *PERAVES AG* nachgelesen werden kann. Den Alleskönner

<UOMO UNIVERSALE> gibt es seit *Leonardo DA VINCI* nicht mehr, denn das menschliche Wissen und Können hat sich seither im hohen dreistelligen Faktorenbereich vervielfacht und niemand kann heute allein selbst bahnbrechende Technologie aus dem Nichts zaubern. Personenkult sollte also spätestens seit ***STALIN*** vorbei sein, ausser in Nord-KOREA. Als erfolgreicher Ingenieur, Erfinder und Unternehmer sollte man sich hüten, bei Namensgebung für nur teilweise selbst entwickelte Technologien ***KIM JONG UN*** zu imitieren.
Leider machten mir es die Umstände unmöglich, die Kugelmotor-Entwicklung aus Zeitgründen zügig fortzusetzen. Erst nach zwei Jahren Stillstand, 2009-10, kam ab 2011 bei *HITENG AG* wieder Dampf ins Projekt, siehe Kap. XX S. 328-329.

... wie der PHÖNIX aus der Asche

Symbol der Unsterblichkeit in der Antike

Aus FEUER + RAUCH geboren - MonoTracer *(Werkbrand-CZ etc.)*

Am Morgen des 15. Februars 2005 läutete das Telefon langfädig, als ich, wie gewohnt, um 0800 umständlich das *PERAVES*-Betriebsgebäude aufschloss. *Gustav PROCHAZKA* war am Apparat. Er fragte mich, ob ich sitze. Nein, aber das kann ich ja tun, meinte ich. Seine gepresste Stimme machte mich neugierig und ich fragte also, wie es denn gehe in BRNO? Oohh.., hüstelte er, eine Katastrophe.., unser Betrieb ist diese Nacht abgebrannt, war die Antwort, mit weiterem Oohh - Oohh...

Dieses ehemalige AERON-Werkgelände war während des Kriegs von Adolf dem Grossen als Segelflugschule für spätere Kampfpiloten mit riesigen, hölzernen Hangars, welche teilweise in Werkstätten umgewandelt waren, angelegt worden. Die Kommunisten hatten zwar einige kleinere Massivgebäude errichtet. Unser Schwesterbetrieb *BOHEMIA-Mobil* befand sich aber noch in einer Holzwerkstatt, die zentral von einer grossen Heizanlage für das gesamte Areal erwärmt wurde. Eine Russexplosion in dieser zentralen Heizung war die Brandursache. Ein fast fertiges Neufahrzeug, *SUPER-ECO 5087*, bei welchem nur die Scheiben noch nicht eingeklebt waren, wurde, nebst Formwerkzeugen, Vorrichtungen und Material für die Fertigung, vernichtet. Vertragsgemäss hätte *Gustav* dieses *PERAVES*-Eigentum brandversichern sollen, hatte es aber wegen der in Tschechien hohen Prämien unterlassen. Somit war klar, dass, neben dem Betriebsunterbruch, für uns ein grosser

BOHEMIA-Mobil-Betrieb BRNO-MEDLANKY am Morgen des 15.02.2005 - links ein Auspufftopf, rechts (oberer Pfeil) K1200-Motor, unten Kardanwelle

Schaden entstanden war, den *BOHEMIA Mobil* nicht bezahlen konnte. Ein Prozess gegen den Kaminfegermeister, der für die Heizanlage verantwortlich war, führte in der ersten Instanz zu einer Verurteilung, aber der gute Mann war auch nicht adäquat versichert und somit auch zahlungsunfähig. Immerhin hatte ich die in *PERAVES*-Besitz befindlichen Fahrzeuge mit Standort BRNO für 100‘000 CHF bei der GENERALI hier versichert. Wie die meisten Versicherungsgesellschaften versuchte diese, sich beim *Fahrzeug 5088* um die Schadenszahlung zu drücken mit der Ausrede, dass es sich dabei nicht um ein solches, sondern um nicht versicherte Einzelteile gehandelt habe. Ich musste die GENERALI betreiben und erst der Friedensrichter in Adliswil brachte eine widerwillige Zahlung von immerhin 85‘000 CHF zustande.

Mit diesem Brand und der Zerstörung der Formwerkzeuge und Vorrichtungen stellte sich für unseren Fahrzeugbau die Gretchenfrage: ***WAS NUN?***

Seit Beginn meiner Kugelmotorentwicklung 2004 hatte ich meine Söhne *Felix* und *Urs* gebeten, den Fahrzeugbau zu übernehmen. Sie machten mir klar, dass die Produkte-Lebensdauer des *SUPER-ECOS* sich dem Ende nähere und ein Neumodell, *<EVO-ECO>* genannt, über welches *Felix* mit *Roger RIEDENER* schon Studien gemacht hatte, erforderlich sei. Als Hauptverbesserung müsse man von meiner rein nach technischen Anforderungen konstruierten Fahrzeugform abgehen und einen *Designer* mit der Formgestaltung beauftragen. Mitten in diese Deliberationen platzte die Brandnachricht. Nun setzten wir uns zusammen und beschlossen, die an sich mögliche Rekonstruktion der Formwerkzeuge und Vorrichtungen ab einer noch vorhandenen, neuen und leeren Karosserie zu vergessen und ein Neufahrzeug-Design auf der technischen Basis des *SUPER-ECOS* zu starten. *Felix* und *Urs* waren damals (2005) als Piloten bei der SWISS auf Kurzarbeit, da sich diese noch nicht ganz von der Zäsur der *SWISSAIR*-Pleite 2001 erholt hatte. Ich musste mich verpflichten, die Finanzierung des Neumodells zu organisieren und den Junioren, ausser in Kostenfragen, nicht dreinzureden.

Felix begann auf meinen Wunsch damit, für das *SUPER-ECO* eine <EU-Gesamtgenehmigung> zu erarbeiten, was, dank einer Zusammenarbeit mit dem etwa gleichaltrigen Prüfingenieur Andreas KOHLHAS beim *TÜV-Automotive* in Filderstadt, grösstenteils auf der Basis von existierenden Versuchsprotokollen des *SUPER-ECOS* innert Jahresfrist gelang. Auch der Betrieb wurde nun vom *TÜV* zertifiziert. Damit waren immerhin die papiermässigen Voraussetzungen für die Herstellung des neuen Modells, das dann, auf Vorschlag von *Felix*, ***MonoTracer*** genannt wurde, vorhanden.

Zwischenzeitlich stellte sich für das neue Modell die Frage der <DESIGN-OPTIK>.
Beim *ECO* hatten sich in verschiedenen Phasen sog. DESIGNER gemeldet, die das Fahrzeug sogar <KONSTRUIEREN>, mindestens aber dann das <STYLING> gewaltig <VERBESSERN> wollten. Ursprünglich war mein Verhältnis zu solchen <DESIGNERN>, die

PERAVES WINTERTHUR

EC – CERTIFICATE OF CONFORMITY

The undersigned: Arnold Wagner

hereby certifies that the following motorcycle:

0.1.	Make:	PERAVES AG,
0.2.	Type:	W19 K12
0.2.1.	Commercial name:	MonoTracer
0.4.	Vehicle category	L3e
0.4.1.	Vehicle category according to Directive 97/24/EC, Chapter 7: D	
0.5.	Name and address of manufacturer:	PERAVES AG Fahrzeug- und Motorenbau Zürcherstr. 93a CH-8406 Winterthur
0.6.	Location of the statutory plate: Vehicle identification number (VIN):	Behind the passenger cabin TCP60W195A6007025
0.7.	Location of the VIN on the chassis:	On the steering head

conforms in all respects to the type described in EC type approval

- EC type-approval number: e1*2002/24*0437*00
- Dated: 14.07.2009

The vehicle can be permanently registered without requiring any further approvals, for driving on the right and using metric units for the speedometer.

Done at Winterthur, 24.07.2010

A. Wagner

Board of Management

EG-Typengenehmigung für den MonoTracer

eigentlich nur <STYLISTEN> sind, nicht gestört. Nach der Fertigstellung der *K-OEMIL*-<Badewanne> mit Einbauten im Sommer 1984, welche die untere Fahrzeughälfte durch die technischen Bedingungen der Boden- und Neigungsfreiheit, des Straks um die Insassen und den Antrieb sowie die Öffnungen für Steuerausschläge + Federwege der Räder, Aufhängungen und Stützachsen ziemlich genau bestimmt, betraute ich einen solchen mit dem Entwurf für das Fahrzeugoberteil. Das Resultat war unbrauchbar, denn die Türöffnung war unten 80 Zentimeter über dem Boden, das Dach verlief vorne auf Schulterhöhe des <Norm-Dummies> und die Verglasung ergab Sichtverhältnisse wie bei den Sehschlitzen eines Panzers. Zusammen mit dem *Abgebrannten* musste ich den Kerl handgreiflich hinaus- und ihm für den Pfusch noch einen Scheck über 2'500 CHF nachwerfen. Der <grosse Professor> ***COLANI*** motzte mich an einer Ausstellung hier im TECHNORAMA nach drei Sekunden Blick aufs Fahrzeug an: „Da vorne sieht das schrecklich aus. Auch müssen da SPOILER dran!“ Das schreckliche <da vorne> ist dabei eine technisch unveränderbare Linie, auch beim *MonoTracer* gleich, nämlich die Durchdringung des vorderen Kotflügels mit der <Badewannenkontur>. Wie ein SPOILER beim 52 Grad neigbaren

MonoTracer-Modell 1:4 mit <WAMPE> und <BLADES> von Tobias WÜLSER

Zweirad ohne Bodenkontakt funktionieren sollte, ist heute noch unklar. Auch andere Design- und Styling-Koryphäen kümmerten sich keinen Dreck um die technischen Voraussetzungen und quatschten ohne fahrzeugspezifisches Nachdenken ähnlich unsinnig. So limitierte ich schliesslich das Mitspracherecht von solchen <Designern> auf Vorschläge zur Lackierung. Auch dann waren diese Designer-Vorschläge oft schlecht wegen der nicht beherrschten Parallaxe an den stark gewölbten Flächen um die eingezogenen Stützrollen. Den Junioren ging es nun beim *MonoTracer* um kein Haar besser. Zwei von *Gustav PROCHAZKA* vermittelte <Design-Brothers> aus Tschechien brachten die Jungen fast zum Heulen, denn die zwar form- und farbschönen Sketches waren auf den ersten Blick als für Zweiradfahrzeuge völlig untauglich erkennbar.

Kurze Zeit später, im April 2005, schleppte *Felix* einen Mittzwanziger zu mir ins Büro.

Er war mit einem Toyota-Bus, bemalt mit Taliban-Schriften, *Felix* im *ECO 5048* nachgerast bis vor unseren Betrieb, herausgesprungen und hatte gerufen: „Ich bin <DESIGN-Student> und brauche eine Diplomaufgabe. Kann ich dieses Fahrzeug <designen>?“ Sein Name war ***Tobias WÜLSER***. Auf Nachfrage nach seiner Ausbildung (Formenbauer) und Kenntnissen (CAD) unterdrückte ich meine normalen, anfänglichen Aversionen gegen nachlässige Kleidung, Rasur und Haarschnitt und meinte, dass er zu diesem Zweck bei uns die Fahrzeugtechnik studieren müsse, um die Fehler seiner <Design-Vorgänger> nicht zu wiederholen. Wir einigten uns darauf, dass er einige Monate bei uns als Volontär arbeiten und wir ihm alle technischen Anforderungen unseres *MonoTracer*-Projekts abgeben und injizieren würden. Kurzfristig begann er dann seinen Stage und baute in unseren alten Formen einen <DUMMY> aus Polyesterharz mit Holzboden, um die nicht veränderbaren Konturen festzulegen.

Scheibenloser MonoTracer-Prototyp am Fahrlehrgang 05.08.2006 in BRNO
V.l.n.r vorne Tobi WÜLSER, der Autor, Franziska, Felix und Urs WAGNER

Dann dislozierte er zu Üdelhoven in Gaimersheim bei Ingolstadt, wo er ein 1:4 Modell des *MonoTracers* fertigte und im August dann von der <DESIGN-Hochschule> Aarau das Diplom mit Auszeichnung dafür verliehen bekam. Ich freute mich zwar am Ergebnis und die Junioren einigten sich darauf, dass wir dieses Modell der *MonoTracer*-Konstruktion zugrunde legen sollten, obwohl im Pflichtenheft festgeschrieben war, dass sich das neue Modell günstiger herstellen lassen müsse als das *ECO*. Die zugefügten, *WÜLSER'schen* Styling-Elemente, nämlich die sogenannte <WAMPE> = schräger, ansteigender AEQUATOR-Wulst, sowie das <BLADE> habe ich aber sofort als Kostensteigerer erkannt. Als der *AUDI-R8* mit den gleichen Blades herauskam, der gleichzeitig bei Üdelhoven entstand, erklärte *Tobi* deren Ursprung so: Er habe die Blades am R8 gesehen, die aber noch über das Dach miteinander verbunden gewesen seien und sie, zwecks optischer Verkürzung, auch bei seinem Modell zugefügt. Die verkürzende Wirkung sei aber erst entstanden, nachdem er sie oben abgeschnitten habe und das Dachteil weg liess. Als die *AUDI*-Leute das gesehen hätten, wären sie auch auf die zweigeteilten Blades umgeschwenkt. Nach *WÜLSERS* Auftritten als <Designer, Konstrukteur und Erbauer> des von uns ohne Antrieb gelieferten <ZEROTRACERS> müssen allerdings an dieser Story, wie an allen seinen Selbstlob-Geschichten, grosse Vorbehalte

bezüglich Wahrheitsgehalt angebracht werden. Die Hochschule Aarau und WÜLSER liessen dieses <Styling-Design> unter Diebstahl von *Felix'* Namen MonoTracer dann schützen. Wegen der Ähnlichkeit zum R8 bekamen wir merkwürdigerweise weder mit *AUDI* noch Üdelhoven Ärger, wohl nach dem Motto: Eine Krähe hackt der anderen kein Auge aus.
Es muss nun hier festgestellt werden, dass solche <DESIGNER> wie *Tobi WÜLSER* keine Ahnung von <FAHRZEUGDESIGN> haben, was auch für die angebliche DESIGN-Hochschule Aarau gilt. Es handelt sich bei deren beackertem Gebiet dabei vorwiegend um <STYLING>, also nur um äusserliche Formgebungen, welche das ENGINEERING des darunterliegenden *Fahrzeugs,* mangels entsprechenden Ingenieurwissens, einfach vergewaltigen. Beim PKW mit viel Luft in der umhüllenden Blechdose können die bedauernswerten Ingenieure normalerweise noch eine einigermassen funktionierende Technologie auch in *gestylten FURZFORMEN* unterbringen. Beim VW-New-Beetle etwa haben sich die Limiten dieser stylistischen Vergewaltigung der GOLF-Technik dann aber darin manifestiert, dass u. a. Kopffreiheit der Hintersitze, Sitzbreite wegen der Trittbretter und das Kofferraum-Volumen entsprechend sehr mangelhaft ausgefallen sind. Beim Kabinenmotorrad mit einer wesentlich eingeschränkteren Raum-Ökonomie musste der flotte Strich des nun diplomierten *Stylisten-Designers WÜLSER* trotz der von uns im Stage vorgegebenen Rahmenbedingungen mit grosser Mühe den ingenieurmässigen Notwendigkeiten angepasst werden. Trotzdem stellte ich auf Vorschlag von *Felix* dann *Tobi WÜLSER* ein für die Mitarbeit an der Herstellung der Positivform und auch beim Form-Werkzeugbau. Natürlich konnte die Modellform nicht 1:1 auf das Fahrzeug übertragen werden. Es wurden beispielsweise Scheinwerfer, Heckleuchten, Kühl- und Kabinen-Luftführung vorschriftskonform bzw. den Strömungsgesetzen angepasst. Dann war die Kabine zu niedrig. Die Fensterkonturen sowie die Form der Frontscheibe wurden aus Sicht- und fabrikationstechnischen Gründen stark verändert. Nachdem am Fahrlehrgang auf dem Masarykring in Brno im August der Prototyp, zwar ohne Scheiben, erstmals erprobt werden konnte und *Felix* den Kommentar abrang: „Ich finde keine Fehler," dauerte es aber dann noch bis zum Autosalon GENF im März 2007, wo mit vielen weiteren Abänderungen endlich ein einigermassen fertiges Fahrzeug ausgestellt und einige Bestellungen entgegengenommen werden konnten.
Der Verkauf lief gut an, aber die geplante Fertigstellung von zehn Prototypen in der Schweiz gab grosse Probleme auf. Ich hatte für die Fertigung und als spätere Ausstellungshalle an der Zürcherstrasse 300 anfangs 2006 gut 400 m2 Hallenfläche gemietet, die wir mit der Firma ANNEN AG, Kunststoffbau teilten. Thomas ANNEN, deren Chef, war ein ausgesprochen freundlicher und williger Kerl, hatte aber, wie *Tobi WÜLSER*, keine Erfahrung in unserer Segelflugbau-Technologie. Die bei ANNEN gebauten Formwerkzeuge hatten Mängel und Fehler, sodass zum Beispiel beim Einbau der Alu-Überrollbügel, bei der Türe, bei den Blades usw. grosse Spalt- und Fugenprobleme entstanden. Das aufwändige Spantwerkzeug passte erst im zweiten Anlauf. Als die Fensterkonturen zum vierten Mal durch unterschiedliche, provisorisch fixierte Scheibenreste in der Oberform abgenommen werden sollten, hatte ich genug von diesen Anfängereien und organisierte den sofortigen Transfer aller Kunststoffarbeiten zu unserer neugegründeten *PERAVES CZ*, bei welcher wir und *Gustav*

PROCHAZKA je 50% hielten und einvernehmlich handeln konnten. Vorher schon war *Tobi WÜLSER* zu mir gekommen und hatte mich gebeten, wieder im Fahrzeugbau voll einzusteigen, da <sonst alles kaputtgehen> würde. Bei *SWISS* wurden die Piloten knapp und die Kurzarbeit war vorbei, sodass wir von *Felix* und *Urs* im Betrieb immer weniger sahen. Im Herbst 2007 hatte ich mit der Verlagerung der *MonoTracer*-Produktion nach Brno und der Serienreifmachung des *MonoTracers* wieder ein übervolles Fahrzeugprogramm am Hals, was dem Kugelmotor natürlich schadete, denn es blieb mir wirklich keine Zeit mehr dafür. Bis Ende 2008 konnte ich noch einige kleinere Fortschritte und Verbesserungen aufgleisen. Dann aber sollte für zwei Jahre Schluss sein mit der *KUGEL*-Motorentwicklung, weil ich schlicht und einfach meine Zeit voll im Fahrzeugbau verbraten musste, obwohl ich, wie seit Jahrzehnten, auch samstags und sonntags arbeitete und nach dem Lehrgang Brno nur gerade einmal drei Tage Urlaub pro Jahr einzog.

Hier muss nun eine interessante Episode mit dem Volkswagenwerk eingefügt werden, die 2001 begann und sich bis heute hinzieht. Wir erhielten eine Anfrage von der VW-Getriebe-Entwicklung in Hattdorf bei Wolfsburg. *Dipl.-Ing. Georg KRUSE* wollte Näheres zu meinem K-Rückwärtsganggetriebe wissen. Ich schlug einen Besuch vor, zu dem ich ein Schnittmodell mitbringen, einen Vortrag halten und eine Schalt- und Fahrdemonstration im *ECO* machen würde. Zur Einladung kamen auch noch zwei Kunden aus Holzminden, *Dr.*

Erstes MonoTracer-Serienmodell, Foto für Broschüre Salon GENF 2007

DIMENSIONEN & TECHNISCHE DATEN W-19K12 MONOTRACER

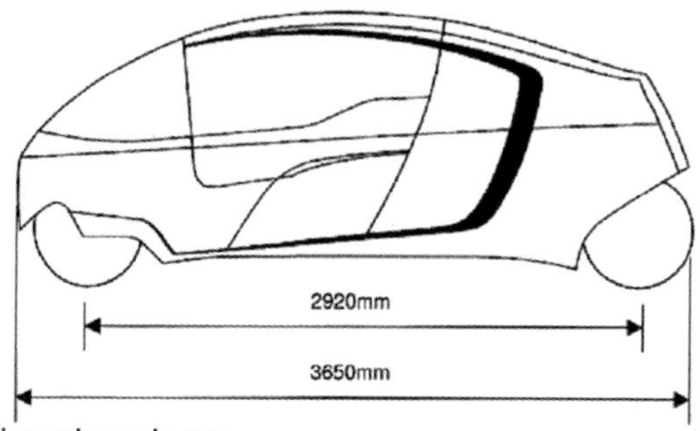

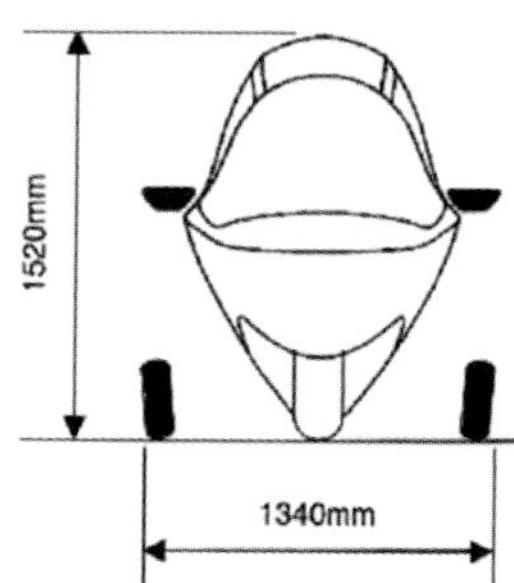

Dimensionen in mm

Trockengewicht 453 kg, Betriebsleergewicht vollgetankt 488 kg, Maximalgewicht 685 kg.
Wendekreis zwischen Mauern 8500 mm

Selbsttragende Verbundwerkstoffkarosserie aus Glas-, Kevlar-, Kohlenfasergewebe und Araldit-Epoxydharz, verstärkt durch Überroll- und Sturzbügel aus Aluminiumguss.
Linksseitige Flügeltüre durch Gasfeder geführt, mit elektrisch verstellbarem Ventilations-Sonnendach.
Sicherheitsverglasung aus blaugetöntem Akryl-Plexiglas.
140 l Kofferraum hinter Beifahrerkopfstütze, durch Türe automatisch verriegelt.
Integraltank in Karossenstruktur mit 50 l (14 USG) Fassungsvermögen

Progressive USD-Telegabel mit 120 mm Federweg, Einschlag +/- 43°, Nachlauf 58 mm
Monolever-Kardanschwinge mit Öhlins-Federbein, Federweg 115 mm

Aluminium-MTH2-Felgen, 2.50x18" oderr 3.00x17" vorne, 4.50x18" oder 5.00x17" hinten

Bernd STÜCKMANN und *Dietrich WOLFF* mit ihren *SUPER-ECOS* mit. Insbesondere unser geräuschloses Schalten des unsynchronisierten Getriebes bei den Fahrten mit den Versuchsingenieuren machte eine gute Falle. Etwa ein Jahr hörten wir nichts mehr. Dann rief *Georg KRUSE* an. Unsere Fahrzeuge hätten ihm Eindruck gemacht und er möchte gerne eine günstige Occasion kaufen. Also bekam er das *ECO 5006*, revidiert und neu gespritzt nach 160'000 km. Georg kam nach Winterthur, um Fahren zu lernen. Dabei verriet er uns, das VW-Interesse am Getriebe sei dadurch motiviert gewesen, weil ein kleines und leichtes solches für das *Einliter-Auto* von *Ferdinand PIËCH* gesucht wurde, mit dem dieser von Wolfsburg nach Hannover zum Abschied als VW-CEO gefahren sei. Es wurde gegen uns entschieden wegen der zu kleinen Spreizung zwischen erstem und viertem Gang, obwohl ein Gewichtsunterschied zu unseren Gunsten von 13 zu mindestens 20 kg bestand. Nun, ich hätte sagen können, wie diese Spreizung vergrösserbar wäre, aber man hatte mich nicht befragt. 2003 rief *Georg* wieder an.

Ein Konzeptvergleich von kleinen Fahrzegen sei bei VW angesagt. Man habe ihn gebeten,

VW-1-Liter-Auto, Ferdi PIËCH am Steuer

sein *ECO 5006*, das mittlerweile 15 Jahre auf dem Buckel hatte, dafür zur Verfügung zu stellen. Nun habe er seinem Chef gesagt, sie sollten von mir ein neues *ECO* dafür verlangen, um unseren Stand der Technik korrekt wiederzugeben. So fuhr ich also mit dem Hänger und *SUPER-ECO 5086* darin nach Wolfsburg und übergab es *Georg KRUSE*. Drei Tage verbrachte ich teilweise in Bad HARZBURG mit dem Studium der Harzburger Front Alfred HUGENBERGS und des <Stahlhelms> und dann in der historischen, von der Autostadt WOLFSBURG umwucherten Kleinstadt FALLERSLEBEN, wo ich im Geburtshaus des Liederdichters HOFFMANN von Fallersleben speiste und an seine auch bei uns bekannten Kinderlieder <Ein Männlein steht im Walde, Alle Vögel sind schon da> usw. erinnert wurde. Als ich das *ECO* wieder abholte, hatte es 700 km mehr auf dem Tacho. Bis meine von VW versprochenen, läppischen 1'000 Euro Unkosten schliesslich überwiesen wurden, brauchte es drei Mahnungen. *Georg KRUSE* entschuldigte sich und offerierte als zusätzliche Gegenleistung gratis die Vermessung des ECOS im VW-Windkanal.

2007 kam dann eine weitere Anfrage für den neuen *MonoTracer* zu einer weiteren Fahrzeug-Vergleichsfahrt, wieder mit Angebot von Windkanalmessungen, wohl weil man sich bei VW selber um die CwxF-Werte unserer Fahrzeuge interessierte. Nun machte ich also die Zurverfügungstellung eines *MonoTracers* davon abhängig, dass wir die Windkanalmessungen diesmal <einziehen> würden. *Georg KRUSE* durfte daher mit dem *MonoTracer 7002* die Prominenz auf dem VW-Versuchsgelände Ehra-Lessien herumfahren und ich brachte den neuen *MonoTracer 7003* im Hänger zum Klimawindkanal, wo er am 29.11.2007 vormittags ausgiebig angeblasen wurde.

Sensationelles Resultat war ein CwxF von 0,18. Wir machten dann auch noch Ausrollmessungen mit dem TÜV Automotive auf dem VW-Versuchsgelände und haben es nun schwarz auf weiss, dass der *MonoTracer* mit Abstand das ***effizienteste*** *Zweisitzer-****Strassenfahrzeug*** der Welt ist, siehe auch Grafik Kap. XII S. 225.
Sinnigerweise musste ich bei VW eine Geheimhaltungsvereinbarung unterschreiben, auf der mir Kopie und Gebrauch von Know-how usw. verboten und alles, was ich anlässlich meines Besuchs gesehen hätte, als VERTRAULICH klassifiziert wurden. Was VW von uns abkupfern konnte oder durfte, war nicht erwähnt. Man sperrte mich dann auf dem Parkplatz beim Versuchsgelände für drei Stunden von diesem aus und liess mich weder bei den Vergleichsfahrten noch bei den Ausrollversuchen zuschauen oder mithelfen. Das eigene ABKUPFERUNGSPOTENTIAL hält man bei VW offenbar für riesig. Ich weiss natürlich, dass das unsere ebenso gross ist.

Seither blieben wir mit VW im Gespräch. Auch den *Kugelmotor* habe ich dort schon vorgestellt. Allerdings ist bei den Auto-Fritzen eine fast panische Scheu vor dem *MOTORRAD*, auch in seinen zivilisierten Formen des *ECOS* und *MonoTracers*, vorhanden. Das Argument der Effizienz, schon heute bei den Ingenieuren prioritär anerkannt, sollte nach meinem Dafürhalten aber auch hier bald einen scheuklappenlosen Weg öffnen können...

MT 7003 im VW-Klimawindkanal 29.11.2007, Autor mit Rauchlanze

Fahrzeuge der Vergleichsfahrt
1 1-Liter-Auto
2 Monotracer
3 EcoRacer
4 Carver
5 Twike
6 MS Kabinenroller
Fahrzeuge werden verglichen im Hinblick auf
Sitzposition
Ähnliches Konzept
Geringen Verbrauch
EG
Produktoptimierung
EGP
*Autos zur Vergleichsfahrt nicht verfügbar

KAMPF mit FINANZIA BESTIALIS ... *2004 -10 (Rücktritt A. WAGNER)*

... if I were a rich man

Milchmann Tevje in Anatevka

Bei der Aufnahme der Kugelmotorentwicklung 2004 hatte ich mich mit der *PERAVES AG* erstmals auf ein Gebiet begeben, dessen Finanzierung aus meinen eigenen oder Betriebsmitteln unmöglich war. Meine Freunde *Moritz SUTER* und *Fredy WIEDERKEHR* hatten jedoch konkrete Vorstellungen, wie diese *FINANZIA BESTIALIS* zu zähmen sei. Wir begannen 2004 mit Kapitalerhöhungen in Schritten, zuerst von 50'000 CHF AK (Aktienkapital) auf 300'000 CHF mit einem Agio von 5, dh. 500 CHF Ausgabekurs für eine Aktie von nominal 100 CHF. Beim zweiten Schritt von 300'000 auf 500'000 CHF setzten wir das Agio auf zehn fest, dh. 1'000 CHF pro Aktie. In insgesamt acht Schritten ging es so bis auf ein AK von 1,2066 Mio., was *PERAVES* total *10,316 Mio. CHF* an Mitteln bis 2010 einbrachte. Erstaunlicherweise wurde ich selbst zum grössten Kapitalgeber. Von meiner *SWISSAIR*-Pensionskasse, die ich als zinsloses Darlehen in die Firma eingeschossen hatte, wurden die noch buchmässig vorhandenen 2,4 Mio. CHF nach und nach in 2'400 Aktien gewandelt. Dabei gab es für die AG natürlich nicht CASH, aber die Schulden bei mir wurden, sozusagen kostenlos, in Aktienzertifikate umgesetzt. Mit diesen Umwandlungen von Schulden in Aktienkapital hatten wir nun ein System, quasi selber Geld zu drucken in Form von Aktien-Eintragsbestätigungen und Zertifikaten. Von 1976 bis 2006 hatte ich in der *PERAVES AG* nur gegen Spesen und die Rückzahlung von Darlehen gearbeitet. Erst ab 2007 wurde mir vom VR ein Lohn von 144'000 CHF pro Jahr genehmigt, wobei von den zu meinen Gunsten total verbuchten und von mir auch versteuerten 432'000 CHF nur gerade 32'000 CHF bezogen und der Grossteil wieder in Aktien gewandelt wurde. Dann belehnte ich unsere Wohnung sowie das Betriebsgebäude mit Hypotheken und gab diese Belehnungen in vielfach sechsstelliger Höhe wieder als zinslose Darlehen in die AG, die mir dann in Schritten mit Aktien vergütet wurden. Von den 12'066 Aktien à 100 CHF nominal bei meinem Austritt Ende 2010 habe ich kumuliert bis zu 5'974 Stück besessen und also knapp 50% der AG selbst finanziert. Die restlichen 6092 Aktien wurden zu drei Vierteln von *Fredy WIEDERKEHR* und *Moritz SUTER* gezeichnet. Bei allen meinen Freunden und Kunden ging ich auch regelmässig mit dem Hut in der Hand vorbei. *Fredy* und *Moritz* vermittelten Kontakte zu Geschäftsfreunden und wir platzierten das letzte Viertel mit dem gleichen Agio von 10, sodass die erwähnten ~ zehn Mio. CHF zusammen kamen. Bis zur ***Finanzkrise 2007- 08*** ging das gut. Als aber dann die Börse abgestürzt war, wurden wir auf dem falschen Fuss erwischt, denn ich bekam bei meinen Bittgängen mehr und mehr den Bescheid zu hören:

„Jetzt kann ich nichts verkaufen und flüssig machen, weil die Kurse meiner Anlagen zu tief sind!" Die *Bankisten* spielten also nicht nur der Finanzwirtschaft, sondern auch unserer Firma einen üblen Streich mit ihrer Unfähigkeit, finanzielle Seifenblasen zu erkennen und den ***Reinfall*** zu vermeiden. Mein Mathematiklehrer, Prof. JOLLER, pflegte seinerzeit dazu zu sagen: „Der kleinere ist bei Schaffhausen..."
Für die Restfinanzierung der *XPRIZE*-Beteiligung und -Expedition nahm ich schliesslich 2010, mit Zustimmung des *VR*, *COB* und *CEO* Geld auf, indem bei Gewinn dieses *XPRIZE* entweder eine Kapitalrückzahlung von 150% oder zwei statt einer Aktie pro Zeichnung von 1'000 CHF versprochen wurden. So kamen nochmals 620'000 CHF zusammen, welche den Rest unserer Teilnahmekosten am *XPRIZE* finanzierten und damit den Gewinn des

ZEICHNUNGSSCHEIN für Aktien
der PERAVES AG in CH-8406 Winterthur
aus den Genehmigten Kapitalerhöhungen vom 08.11.2008 – 2. Tranche

ACHTUNG: Trotz der Produktionsaufnahme MonoTracer®, der Projektfortschritte E-Tracer, Kugelmotor® und weiterer Projekte, 35 Jahre erfolgreicher Tätigkeit der Firma PERAVES im Fahrzeug- + Motorenbau sowie umfangreicher patentrechtlicher Absicherung können weder der Verwaltungsrat noch die Geschäftsleitung eine Garantie für den erwarteten, großen wirtschaftlichen Erfolg abgeben. Diese Anlage wird somit auf eigenes Risiko getätigt.

Für die Finanzierung des mir zugestellten Business-Plans 01.10.2009 - 31.12.2013 der PERAVES AG Bereich Fahrzeugbau zeichne(n) ich/wir

Stck. Namenaktien mit Nominalwert CHF 100.--
(Anzahl)
Es ist mir/uns bekannt, dass ein Preis von CHF 1'000.- pro Aktie für Zeichnungen bisheriger und neuer Aktionäre festgelegt ist.

Mit der Unterzeichnung verpflichte ich mich definitiv, die Einzahlung von CHF innert 10 Tagen vorzunehmen auf die Bankverbindung

BIC/SWIFT
IBAN
Z.G. PERAVES AG CH-8406 Winterthur

Im Gegenzug wird eine Bestätigung über den Eintrag im Aktienbuch ausgestellt. Die Ausgabe bzw. der eingeschriebene Versand von Aktienzertifikaten erfolgt nur auf ausdrückliches Verlangen und ist gewährleistet.

Anrede:

Name, Vorname:

Strasse/Adresse:

PLZ und Ort:

Ort + Datum:

Unterschrift: ....

Zertifikat(e) erwünscht)* JA NEIN)* Nichtzutreffendes bitte durchstreichen

Bitte senden an FAX +41 52 2025425 oder peraves@bluewin.ch

oder an PERAVES AG
Werk 1 Zürcherstrasse 93A – Einfangstrasse 2
CH-8406 Winterthur

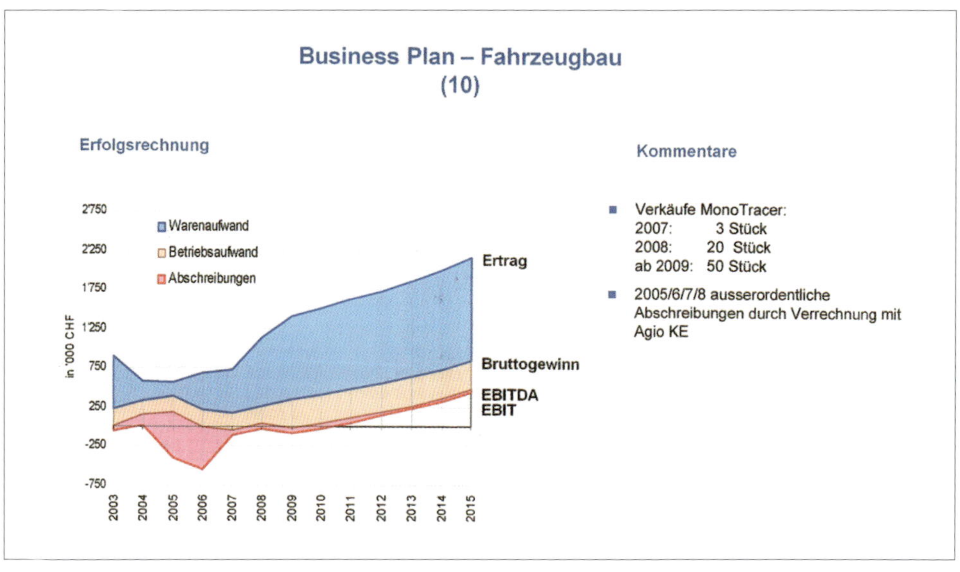

Preisgelds von 2,5 Mio. CHF überhaupt erst ermöglichten. Total gingen für die Vorbereitungen dazu, den Umbau des einen und den Neubau des zweiten Wettbewerbsfahrzeugs mit Fremdkosten, die USA-Expedition und die Kapitalbeschaffungskosten bei *PERAVES* über 1,7 Mio.CHF drauf, die Arbeitszeiten von mir, *COB* und *CEO*, der ausser den *XPRIZE*-Spesen ein Salär von 144'000 CHF für dieses mehrheitlich auswärts verbrachte Jahr einzog, nicht eingerechnet. Wofür wurde, ausser dem *XPRIZE*, soviel Geld benötigt und verbraten? Nun, schon in 2004 lagen unsere akkumulierten Betriebskosten in der Grössenordnung von 100'000 CHF pro Monat. Bis zum Feuer von 2005 konnten wir immerhin etwa 60-70'000 CHF monatlich mit Instandhaltung und Neufahrzeugverkauf gut machen und die von der *Kugelmotor*-Entwicklung verursachten Löcher wie CAD-Arbeitsplätze, Arbeits- und Teile-Beschaffungskosten mit den ersten zwei Kapitalerhöhungen stopfen. Nach dem Brand vom 15.02.2005 reduzierte sich der Umsatz auf unter 20'000 CHF Instandhaltung pro Monat, da der Neufahrzeugverkauf wegfiel und immer mehr Kapazität für den *MonoTracer*-Prototypenbau blockiert wurde. Gleichzeitig waren nun, zusätzlich zum *Kugelmotorprojekt*, die *MonoTracer*-Entwicklungskosten zu finanzieren. Das sollte mir fünf Jahre mit schlaflosen Nächten, dabei umgewälzten Zahlen für die Verpflichtungen der *PERAVES AG* und Aushecken von Zeichnungsscheinen für Kapital-Sammelaktionen bescheren. Vom *FLIEGER, INGENIEUR, ERFINDER, KONSTRUKTEUR* und *FABRIKANT* musste ich mich nun auch noch zum Finanzfachmann weiterentwickeln. *Moritz* vermittelte mir zur Hilfe seinen ehemaligen *CROSSAIR*-Buchhalter Thomas HOFMANN, der 2005 einen cleveren Businessplan für das kombinierte Motoren- und Fahrzeug-Geschäft aufstellte. Das Durchlesen dieses OUEVRES erfüllte mich mit Stolz, Freude und Zuversicht. Aber nach Eingang der berechtigten Rechnung dafür von 30'000 CHF hatte ich schlaflose Nächte

<to make ends meet>, wie die Engländer den Umgang mit der leeren Kasse nennen. Die AK-Erhöhungen kamen natürlich nicht wie Geschäftsumsatz als einigermassen regelmässiger Geldfluss herein, sondern erfolgten in grösseren Schüben. Für diese brauchte es umfangreiche Vorbereitungen wie Herausgabe eines vom Verwaltungsrat zu genehmigenden *Zeichnungsscheins*. Merkwürdigerweise blieb diese Aufgabe an mir hängen, da sich sonst einfach niemand darum kümmerte. Von 2005 bis 2010 musste ich über 40 solcher Formulare, z.T. auf Personen oder Kategorien wie <bisherige> und <Neuaktionäre> abgestimmt, anregen, verfassen, vom VR absegnen lassen und dann an potentielle Zeichner versenden oder vertragen. Dann musste der VR eine Kapitalerhöhung (KE) beschliessen, evtl. sogar eine ausserordentliche GV einberufen und die KE durch diese genehmigen und von einem Notar alles beglaubigen lassen. Diese zeitraubenden Verfahren wurden von mir meist rechtzeitig angeregt, da ich als Einziger den Kassenstand kannte und als Einzelunterschrifts-Berechtigter unsere Gläubiger befriedigen musste. Von Fall zu Fall wurde es aber schwieriger, den VR zu termingerechtem Handeln zu bringen. Dadurch kam es zu einigen Zahlungsschwierigkeiten und insbesondere meine Freunde *Fredy WIEDERKEHR* und *Moritz SUTER* äusserten sich mehrfach ungehalten über die, nach ihrer Auffassung, durch Planlosigkeit verursachten Finanzklemmer. Also sollte der Businessplan von Thomas HOFMANN genau implementiert werden. Es wurde vorgesehen, mir die Verfügung über die Finanzen zu entziehen und an unseren Buchhalter Roger GIGER zu übertragen, der einen Zwischenabschluss machen und für alle drei Monate nun einen verbindlichen Finanzplan aufstellen sollte. Doch das Resultat dieser gutgemeinten Planungsübungen war nur Makulatur, weil, wie ich aus Erfahrung wusste, sich bei Entwicklungen nur die Ausgaben planen lassen, nicht aber der dabei erzielte Fortschritt! Wenn, wie beim *MonoTracer*, der Projektfortschritt verzögert ist, wird damit der Produktionsbeginn ebenfalls verzögert und zwischenzeitlich fressen die Betriebs-Fixkosten nicht bezifferbare Beträge auf, weil die Dauer der Verzögerung weder planbar noch bekannt ist. *Roger RIEDENER (RR)*, gelernter Buchhalter, praktizierender Baumarketing-Geschäftsmann und dreifacher ECO-Kunde, versuchte 2007 den ***Business-Case-Mono-Tracer*** in Zahlen zu fassen. Dabei kam ich nicht gerade schmeichelhaft weg, weil meine *ECO*-Teile-Einkaufspolitik als <Frau Doktor MEYER kauft im GLOBUS-Delikatessen ein> betitelt wurde. Dass damals, mit drei bis sechs produzierten Fahrzeugen pro Jahr, kein grosser Druck auf die Lieferantenpreise ausgeübt werden konnte, war einer der Gründe für unseren GLOBUS-Delikatessen-Einkauf. Die Riedener'sche Kostenerfassung allerdings war schon seit Jahren überfällig, denn wir hatten mit der ausgelagerten Buchhaltung und Produktion mehrheitlich weder einen direkten Einfluss noch eine genügende Übersicht über die vielschichtige Kostenlage. Die Tschechen hatten im Kommunismus das Kalkulieren verlernt und die Auslagerung unserer Fertigung funktionierte am Anfang nur deswegen gut, weil dort Regiekosten, wegen des Wechselkurses zwischen CZK (Tschechenkronen) und CHF, der durch das sozialistische Preisniveau zwei Jahre nach der Wende noch grotesk verzerrt war, nur etwa *zehn Prozent der unsrigen* ausmachten. Bei meinen ersten Besuchen in BRNO 1991 kostete ein Bier sechs CZK (-.30 CHF) und der Gastwirt entschuldigte sich noch dafür, dass auf der

Flasche noch ein Preis von drei CZK = 15 Rappen aufgedruckt sei! Die Preise *mussten* also schnell und stark steigen. Dies wiederum überforderte die kaum wieder existierende, tschechische Kalkulation. Ohne Unterlagen dazu war der Verdacht naheliegend, dass die nun erhöhten Angebote reine Schätzpreise enthielten. Da die Kosten nicht kalkuliert werden konnten, wurde sicherheitshalber einfach <GENUG> verlangt, inklusive verhandelbarem Rabatt von 25-50%. Ich musste es mir zur Gewohnheit machen, nur bei der Hälfte oder weniger Abschlüsse zu tätigen. In dieses finanzielle Sumpfgebiet musste nun *RR* einsteigen und brachte mit den mittlerweile etwas weniger schlechten Offerten aus Brno eine immerhin ziemlich plausible Übersicht zustande, wurde aber in seiner Ahnungslosigkeit dann doch mehrfach von den Tschechen kräftig über den Tisch gezogen. Seine Hoffnungen auf grosse Einsparungen bei den Einkäufen in DE und CH gingen auch nicht in Erfüllung, weil wir dort schon früher die Preise gedrückt hatten und die Anhebung der Einkaufs-Stückzahlen von ~ 10 auf 50-100 im Fahrzeugbau noch keine <Leverage> ergibt. Erst im Jahr 2009 kamen wir, mit schweren Zwistigkeiten, auf brauchbare Zahlenwerte für einen <Business-Case-MonoTracer>, sodass *Felix* und Roger in Vorabsprachen sich immerhin bereit erklärten, die Kaderpositionen *COB* (Verwaltungsratspräsident) und *CEO* (Geschäftsführer) nach meinem sich ankündigenden Rücktritt zu übernehmen.
Zwischenzeitlich kehrten wir dann wieder zu meinem Verfahren zurück, nämlich nur solche Commitments einzugehen, welche aus den vorhandenen Mitteln gedeckt werden konnten. Trotzdem blieben Kreditüberschreitungen wegen ***Unglücksfällen***, wie z.B. die Probleme mit den zu guten Selbstdarstellern ANNEN und WÜLSER im Kunststoffbau und ihrer Fehler plus die dadurch notwendige, vorzeitige Verlegung der Serienreifmachung und Produktion nach Tschechien, weder vorausseh- noch vermeidbar. Da sich solche *Unglücksfälle* schnell einmal zur Grössenordnung von sechsstelligen Beträgen aufblasen konnten, kam es 2008-09 zu insgesamt drei <Feuerwehr-Finanzübungen>, die vor allem der zwar darüber ungehaltene, aber trotzdem loyale *Fredy WIEDERKEHR* mit beträchtlichen Zeichnungen rettete. Um über die gezeichneten Beträge sofort verfügen zu können, bevor das VR-, GV- und Notariats-Prozedere seinen bedächtigen Lauf genommen hatte, musste ich dann, mit Zustimmung des VR, eigene Aktien an Neuaktionäre verkaufen mit der Verpflichtung, den Zeichnungsbetrag voll als zinsloses Darlehen sofort der *PAG* zur Verfügung zu stellen. Damit und mit dem Überlaufen von *Felix* zur *E-Tracer AG* ging die Aktienmehrheit für die Familie *WAGNER* verloren und mein Einfluss auf die Firma erodierte ziemlich schnell. Beim dritten <Unglück> hatte ich genug davon, dauernd dem Geld nachzulaufen und kaum mehr Zeit für das Fahrzeuggeschäft und überhaupt keine für die *KUGEL* zu haben. Das Fass war voll und lief über. So setzte ich auf Dienstag, 06. Oktober 2009 eine Verwaltungsrats-Sitzung an und ***trat*** *als VR-Präsident (COB) und Geschäftsführer (CEO) der PERAVES AG* per sofort ***zurück***.

Für meine fast 34 Jahre im Dienste und an der Spitze der von mir gegründeten Firma erhielt ich immerhin beim Verlesen der Rücktrittserklärung ein beifälliges Gemurmel. Allerdings erhob *Moritz SUTER* sofort Einwände gegen die vorgesehene Aufteilung der Zuständigkeit

06.10.2009

An den
VERWALTUNGSRAT der
PERAVES AG
Übergeben an der Sitzung
vom 06.10.2009

~

Liebe FREUNDE,

absprachegemäss trete ich mit heutigem Datum von meinen Funktionen als VR-Präsident (COB) und Unternehmensleiter (CEO) zurück. Als Nachfolger empfehle ich Felix WAGNER als VR-Präsident und Roger RIEDENER als Unternehmensleiter.

Es ist mein Wunsch, bis zum 31.12.2009 Felix und Roger in Ihre Funktionen einzuarbeiten und ihnen ihre Ressorts sukzessive zu übergeben. Zu diesem Zweck stehe ich noch bis Ende 2009 im bisherigen Arbeitsumfang zur Verfügung. Ab Anfang 2010 werde ich nur noch das Kugelmotorprojekt im Rahmen der vom Verwaltungsrat zu bewilligenden oder von mir selbst beschafften Mittel mit reduzierter Arbeitszeit zum Erfolg führen. Mit der Reduktion der Arbeitszeit und der Abgabe meiner Kaderfunktionen verzichte ich hiermit gleichzeitig auf die Hälfte meines bisherigen Salärs.

Auf Anforderung der neuen Firmenleitung halte ich mich benötigtenfalls 2010 als SENIOR ENGINEER für Fahrzeugbau-Projekte weiterhin bis zur bisherigen Voll-Arbeitszeit bereit.

Eure materielle und ideelle Unterstützung hat es mir seit 2004 ermöglicht, das 1980 begonnene Projekt des modernen Kabinenmotorrads in produktionsreife, zugelassene, marktfähige und weltweit mit Abstand effizienteste Strassenfahrzeuge umzusetzen. Der Kugelmotor ist wegen meiner allzu hohen Beanspruchung im Fahrzeugbau leider zurückgeblieben, wird aber dank der heutigen Umbesetzungen bald auch mit entsprechenden Resultaten aufwarten können.

Mein Dank für Eure grossartige Hilfe soll nicht nur in einem herzlichen Dankeschön bestehen. Ich verpflichte mich hiermit dazu, mich weiterhin mit aller Kraft für die Ziele der PERAVES AG einzusetzen, damit deren wirtschaftlicher Erfolg schlussendlich Euern Mut und Einsatz angemessen entschädigt.

Mit freundlichsten Grüßen:

Euer Noldi Wagner

Noldi WAGNER

PERAVES AG
Fahrzeug- + Motorenbau
Zürcherstrasse 93a
CH-8406 Winterthur

Warenanlieferung:
Einfangstrasse 2
Werk II:
Zürcherstrasse 300

Tel. 052 202 54 24
Fax 052 202 54 25
Tel. 052 343 05 90 Werk II
Homepage: http://www.peraves.ch
E-Mail: info@peraves.ch

Postcheck-Konten: 84-5476-7 (CHF) 91-266015-9 (EUR)
Bankverbindung: ZKB CH-8400 Winterthur
BIC/SWIFT: ZKB KCH ZZ 80A
CHF IBAN: CH64 0070 0113 2004 8351 6
EUR IBAN: CH53 0070 0133 2000 4672 8

des *CEO* in einen Technischen und einen Kaufmännischen Leiter und drückte durch, dass dem CEO trotz mangelnder Technik-Kompetenz alles unterstellt wurde. Ich musste meine Rücktrittserklärung noch während der Sitzung entsprechend abändern. Als ich diesen Fehler von *MS* später wegen der katastrophalen Auswirkungen auf unsere Fahrzeugtechnik zu korrigieren versuchte (siehe S. 320-321), war es dann leider vergebens, weil sich der neue *CEO* um das entsprechend geänderte Organisations- und Geschäftsführungsreglement einfach foutierte und über den Kopf des Technischen Leiters hinweg weiterhin in die Fahrzeugtechnik hineinpfuschte, was den neuen TL bald zum Rücktritt bewog. Die Position wurde dann einfach nicht mehr besetzt. Zum Ende der Sitzung bekam ich von den Nachfolgern und verbliebenen Verwaltungsräten aber doch noch einen herzhaft verabschiedenden, persönlichen Hundedräck, „Tschuldigung, Händedruck..."

Kapitel XIX

Je preiser ein Konzept gekrönt wird, desto durcher fällt es.

Theaterbosheit frei nach Adolphe L'Arronge

Wird INDIVIDUAL-MOBILITÄT elektrifiziert? *(XPRIZE + E-Tracer)*

Schon zu *OEMIL*-Zeiten bekam ich viele Anrufe, ob es unsere *OEkoMoblLe* auch in elektrischer Ausführung gebe. Grund dafür waren wohl die jährlichen <TOUR-DE-SOL>-Veranstaltungen, die in der Schweiz von 1985 bis 1993 durchgeführt wurden.
Auch der alte *Jan ANDERLÉ* hatte schon mit einem Elektro-*DALNIK* (erfolglos) experimentiert. Mehrmals befasste ich mich mit den damaligen Möglichkeiten und kam zum Schluss, dass das Mitführen der Vortriebsenergie in Batterieform (noch?) keinen Sinn machen würde, sondern nur Elektrofahrzeuge mit Stromabnehmern wie Eisenbahn und Trolleybus. Die damals verwendeten Batterien vom Bleisammler- und NiCd-Typ kamen auf Energiedichten von 20 bzw. 50 Wattstunden (Wh) pro Kilogramm (kg) Batteriegewicht, während ein kg flüssiger Kohlenwasserstoffe wie DIESEL oder BENZIN, auch unter Berücksichtigung der Motorenwirkungsgrade von maximal ~ 40 bzw. 35 % = 5,4 Kilowattstunden (kWh) bzw. 4,5 kWh beinhalten. Die 50 Liter Benzin des *MonoTracers* = 35 kg, bei einem wegen Überdimensionierung des Motors geringeren Wirkungsgrad von nur 20%, sind immer noch 90 kWh und wögen als Bleisammler 4'500 kg, als NiCd-Akku 1'800 kg. An einer SATW-Fachtagung schlug ich deshalb vor, wenn schon <ums Verrecken> die urbane Individualmobilität auf elektrisch umgestellt werden müsse, man in den Städten elektrisch geladene Gitternetze etwa vier Meter über den Strassen, wie bei den Autoskootern am Jahrmarkt, aufspannen solle. Dann könnten die urbanen Fahrzeuge mit Stromabnehmern fahren und das Ganze hätte zudem den Vorteil, dass Einbrüche in den zweiten Stock von Balkantouristen mit Stromschlägen abgewehrt würden. Etwas bösartig bezeichnete dann an der gleichen Fachtagung der damalige ARALDIT-Verkaufschef Theo STÄHLI die urbanen Elektrofahrzeuge als *Tschernomobile*. Ich benützte diesen schlagkräftigen Begriff mehrmals etwas gedankenlos dazu, mir unergiebig scheinende Diskussionen zu diesem Thema quasi vorhändig abzustellen.

Im Frühjahr 2008 wurden mir Gerüchte über ein <Neufahrzeug> zugetragen, von dem mir unser Lieferant Bernhard SPALINGER sogar ein FOTO zeigte. Es war das *ECO 5051* ohne Auspuff. Zum Fahrlehrgang erschienen *Roger RIEDENER* und *Felix WAGNER*, die vorher im Betrieb kaum mehr präsent waren, mit der nunmehr in einer Hinterhofwerkstatt auf Elektroantrieb umgebauten Maschine unangemeldet in BRNO. Durch dieses einigermassen ungewöhnliche Vorgehen liess ich mich nicht beirren und informierte mich nach

Möglichkeit über das <uneheliche> Kind der *PERAVES AG*, da es sich ja, ausser dem Elektroantrieb, um eines unserer Kabinenmotorräder als Plattform handelte. Anlässlich einer mir zugestandenen Versuchsfahrt auf dem Ring war ich von der Geräuschlosigkeit und dem Jetähnlichen, vibrationslosen Zug beeindruckt, stellte aber auch die zu hohe Schwerpunktlage und das zu grosse Gewicht des Prototyps fest, welche zu Schaukelbewegungen im Geradeauslauf und später zu mehreren Umkippern aufs Dach mit grossen Schäden führen sollten. Die Reichweite lag, beim angezeigten Verbrauch auf dem Rennring von 15-25 kW, bei höchstens 15 meiner nicht allzu schnellen Runden mit den 120 kg Li-Po-Batterien. Bei konstant 100 km/h mit 6-7 kW liessen sich 300 km Reichweite auf der Autobahn hochrechnen, was zwar gegen die Vierrad-Konkurrenz der Autoindustrie-BEV (Battery Electric Vehicles) gut aussah und mindestens doppelt so weit war. Gegenüber unserem Verbrenner-MonoTracer hingegen, mit bis zu 1'500 km bei gleicher Geschwindigkeit, sah es eher unschön aus. Diese Entwicklung sei ausserhalb von *PERAVES* erfolgt, weil ich immer gegen Elektrofahrzeuge ***gehetzt*** hätte, wurde mir, wohl aus dem schlechten Gewissen heraus, von *Felix* unaufgefordert mitgeteilt. Natürlich hätte ich kein Geld dafür locker machen können, weil wir mit *MonoTracer* und *KUGEL* schon über Gebühr finanziell engagiert waren. Falls die <ELEKTRIKER> *RR* und *FW* das gewollt hätten, wäre es aber im Betrieb, mit Kostenbeteiligung und Mitsprache, wohl ziemlich besser heraus gekommen. Der *E-Tracer-Prototyp* wurde dann auch bei einer Vorführung mit Überbremsung und Rolle über das Dach ziemlich vernichtet. Trotzdem nahm ich das Stiefkind unserer Firma gerne <zur Brust> und sagte den Vätern meine Unterstützung für die weiter nötige Entwicklung innerhalb der *PERAVES AG* zu. Als aber in verschiedenen Presseberichten diese Väter des

Erster E-Tracer in Brno 2008 – umgebautes, auspuffsloses ECO5051

E-Tracers bekanntgaben, dass nicht *PERAVES*, sondern eine *Firma E-Tracer Ltd.* solche Fahrzeuge herstellen würde, stellte *Fredy WIEDERKEHR* einen Interessenskonflikt zwischen dem Verwaltungsratsmandat von *Felix WAGNER* bei der *PERAVES AG* und seinem solchen bei der *E-Tracer Ltd.* fest. Auf *Fredys* Wunsch hin setzte ich daraufhin eine VR-Sitzung in der Kanzlei SEARS *WIEDERKEHR* an der Bahnhofstrasse 42 in Zürich auf den 21.01.2009 an. *Felix* wurde dort zu diesem Thema befragt und kam unter erheblichen Druck des VR. Kurz vorher hatte ich mit ihm und *Roger RIEDENER* einen Kooperationsvertrag zwischen der *PERAVES AG* und der *E-Tracer Ltd.* ausgehandelt, der auch beidseitig unterschrieben wurde und die weitere Entwicklung der Elektrofahrzeuge bei *PERAVES* vorsah. Sollte *PERAVES* später keinen *E-Tracer* bauen wollen, könnte die *E-Tracer Ltd.* gegen Lizenzgebühr die *PERAVES*-Kabinenmotorrad-Plattform benützen. Der VR ordnete eine beidseitig profitable Zusammenarbeit an und Felix bestätigte mir dann bei einem Bier im KROPF, dass er damit keine Probleme haben werde.
Nach dem Überbremsungsunfall des ersten *E-Tracers* hielten sich *RR* und *FW* teilweise an den Kooperationsvertrag. Statt aber vertragsgemäss bei P*ERAVES* eine neue *MonoTracer*-Plattform zu ordern, tauschte *RR* seinen FERRARI 512 TR gegen den *MonoTracer 7002* von *Reto SEITZ*. Reto hatte mit diesem Fahrzeug kurz vorher ein Rennen des <Kabel 1 Fernsehens> von München zur AVUS Berlin gegen eine CHEVY-Corvette und eine SUZUKI HAYABUSA gewonnen, zu sehen auf http://www.youtube.com/watch?v=E3MDIY8h1P0
Batterien, Controller und Elektromotor wurden nun aus dem beschädigten *ECO 5051* ausgebaut und in den *MT 7002* verpflanzt. Immerhin wurden die Arbeiten diesmal bei *PERAVES* ausgeführt, wobei allerdings ein betriebsfremder Mechaniker unsere Infrastruktur einfach

Roger RIEDENER bewegt den E-Tracer 7002 auf 3 Punkten im BRNO-2009-Cup

zahlungsfrei benützte. Das Fahrzeug war auf den Lehrgang 2009 in Brno hin fertig. Wegen des Gewichts mussten breitere Felgen für Reifen höherer Traglast verwendet werden. Die Sechs-Zoll-Felge hinten war nicht mit dem kannibalisierten Motorträger aus dem *MT 7002* kompatibel, denn den hatte ich für eine Felgenbreite von 2,75-4.00 Zoll konstruiert. Mit der zu breiten Felge verschob sich die Reifenmitte um fast vier Zentimeter nach links. Wenn je eines unserer Fahrzeuge krumm und schräg gelaufen ist, dann war es dieser *E-Tracer 7002*. Die Neukonstruktion des Motoreinbaus war unvermeidlich. Immerhin konnten vorher Schlängel-Fahrerfahrungen mit dieser neueren MT-Plattform gesammelt werden.

Im Frühjahr 2009 waren Roger und *Felix* auf einen ***Wettbewerb*** in den USA, den ***XPRIZE***, aufmerksam geworden. Es wurden *10 Mio. $* ausgesetzt für den CAR, der *100 MPG* (Miles per Gallone, ~ 2.25 l / 100 km) Verbrauch unterbiete. Vom der ursprünglich viersitzigen CAR-Klasse trennte man schliesslich zwei Zweisitzer-Klassen ab, nämlich mit Side-by-Side- oder Tandem-Seating. Die 10 Mio. $ wurden aufgeteilt in fünf Mio. für den Viersitzer und je ***2,5 Mio.*** für Side-by-Side und Tandem-Seating. Wir wussten schon um die konkurrenzlose Effizienz unserer Tandem-Seating-Fahrzeuge, siehe Diagramm Seite 232. Die Ausschreibung für die Klasse war massgeschneidert auf den *X-Tracer*, wie die *E-Tracer7002 + 7009* bei der bald eingereichten Anmeldung zum *XPRIZE*-Wettbewerb nun genannt wurden.

Nach meinem Rücktritt am 06. Oktober 2009 wollte ich mit der Übergabe meiner *CEO*- und *COB*-Funktionen meinen Weg bis zum 31.12.2009 in den Teilruhestand und zur Kugelmotor-Fertigentwicklung einschlagen. Es sollte aber nicht dazu kommen. Weil weder *Felix* noch *Roger* sich kurzfristig freimachen konnten, übertrug man mir den obligatorischen Besuch der ***XPRIZE-Konferenz*** <Technik-Reglemente> in Las VEGAS NV USA. So brach ich in der zweiten Oktoberwoche auf nach den Staaten, besuchte drei unserer Kunden in Atlanta GA, Dallas TX und Philadelphia PA, behob Kinderkrankheiten an *MonoTracern* und flog dazwischen an die erwähnte Konferenz. Dort konnte ich verschiedenen Einwendungen gegen das <nicht ausschreibungskonforme Zweirad> die Spitze brechen. Ich liess gegenüber Steve WESOLOWSKI, *XPRIZE*-Chef Technik, durchblicken, dass wir mit den CAR-Fahrtests Mühe haben würden, was natürlich nicht zutraf. Damit und mit weiterem Tiefstapeleien gelang es mir, den *X-Tracer* quasi als Wolf im Schafspelz zum Aussenseiter zu machen. Die Leute von APTERA und auch Ollie KUTTNER von EDISON-2, der spätere Car-Sieger, offerierten mir Drinks an der Bar mit Bemerkungen, dass auch Teilnahmen von <Underdogs> geschätzt würden. Lediglich *Julie ZONA*, resolute Wettbewerbsleiterin mit einer eindrucksvollen WAGNER-OPER-Walkürenfigur, nahm mich mehrmals virtuell zur Brust und Inquisition, weil sie meine Understatements richtig als Kaschieren einer Bombe vermutete. Sie sprach mich an der Preisverteilung in Washington dann auch an und sagte: *„You never fooled me, Arnold TERMINATOR-SHWARZENAGER!“*

Als ich von diesem sechswöchigen USA-Trip zurückkam, befand sich Roger im Urlaub in Thailand. *Felix* flog auf der Linie und machte zwei Wochen später ebenfalls dort Ferien. Die

Karosse 7009 war am 12.11.2009 aus Tschechien angekommen und der umzubauende *E-Tracer 7002* auch schon in der Montage, zum Umbau bereit.

Steven Van den BERGHE, ein belgischer Ingenieur, der 2001 das *ECO 5014* gekauft hatte, wurde von mir seit 2007 wochenweise bei technischen Arbeiten zur Serienreifmachung des *MonoTracers* beschäftigt. Unsere Zusammenarbeit klappte bestens. Weil ich meine *COB*- und *CEO*-Funktionen noch nicht abgeben konnte, da die neuen Chefs abwesend waren, behoben wir einige der MonoTracer-Anlaufprobleme und wunderten uns sehr, dass mit den Wettbewerbsfahrzeugen *7002* und *7009* gar nichts lief.

Am 22.11. flog ich nach QATAR und lieferte den *MonoTracer 7016* an unseren Vertreter, T-REX-Motors QATAR in Doha aus. *Tarek AL ATTAR*, Syrer und begeisterter Fahrzeughändler, empfing mich am Flughafen und löste nachts um 23 Uhr das Fahrzeug beim Cargo-Zollamt aus. An diese Nachtarbeit wegen der hohen Tagestemperaturen musste ich mich zuerst gewöhnen. *Tarek* dagegen hatte zu begreifen, dass ich nur in Hotels und Gaststätten ass,

XPRIZE-Wettbewerbsfahrzeuge X-Tracer7002 links, 7009 rechts am 18.12.2009

wo es auch Bier und Wein gab. Ich machte mit einem Scheich aus der regierenden AL-THANI-Familie Fahrschule im Innenhof seines Palasts, der dazu ausreichend gross war und wurde dann auf einen Trip in sein Wüstencamp eingeladen. Dabei fuhr der Kerl mit seinem riesigen TOYOTA-Landcruiser mit uns über Sanddünen, die sicher 50 Meter hoch waren, Steigungen bis zu 30 Grad und Gefälle auf der windabgewandten Seite bis zu 45 Grad hatten. Um aus der 45-Grad Neigung in Fall-Linie auf die ebene, feste, mit Steinbrocken übersähte Wüstenpiste zu gelangen, schaltete er in den Rückwärtsgang, als die Motorhaube noch etwa zwei Meter über dem Pistenboden war, gab Gas und der Allradantrieb grub sich vor allem hinten in den Sand, sodass er dann, ohne mit der Stosstange vorne aufzusetzen, geradeaus weiterfahren konnte. Als ich nach vier Tagen zurückflog, fuhren Tarek und Scheich Mansoor AL-THANI wie gelehrige Schulknaben miteinander um die Wette zwischen den Roundabouts auf der sechsspurigen Autobahn hinter dem Gebäude unserer Vertretung hin und her.
Vor den und über die Festtage versuchten *Steven* und ich mehrmals vergeblich, von *Roger* und *Felix* Instruktionen für den Baubeginn der zwei XPRIZE-Wettbewerbsfahrzeuge 7002 und 7009 zu bekommen. Erst am 02. Januar <ernannte> mich *Roger* zum <Time- und Bau-Manager> dafür. Meine Antwort war, ich verstünde von Time-Management nix und könne/ würde aber so schnell wie möglich arbeiten. Laut Ausschreibung XPRIZE mussten die Fahrzeuge Mitte April in den USA sein. Damit hatte ich meinen <toughsten> Fahrzeugbau-Job gefasst, arbeitete bis zum 27. April 2010 durchgehend wie nie zuvor und weder Teilzeit noch Sekunden für die Kugel waren möglich. Es blieb nichts anderes übrig, als, zusammen mit *Steven*, in die Hände zu spucken und loszulegen. Ich rief noch Buchhalter GIGER an, dass es vorläufig nichts mit Halbsold bei mir wäre. Für den *MonoTracer*-Prototyp hatte ich in der Harzerei eine Richtplatte von zwei auf vier Metern und eine Hebevorrichtung eingerichtet. Auf dieser bauten wir zuerst für 7002 mit dem BRUSA-Motor einen fluchtenden Motorträger, ein gangfreies Direktgetriebe und neue Motorverkleidungen mit Formwerkzeugen auf und setzten dann alles zusammen. Elektrik und Batteriekästen wurden von Roger mit externer Hilfe verkabelt. Der zweite X-TRACER, 7009 hatte einen AC-Propulsion-Motor, der elektrisch vom Motorträger und Getriebe isoliert sein musste, da die Motorwicklungen auch als Ladevorrichtung dienen. Wir mussten also einen komplett verschiedenen, isolierten zweiten Einbau machen. Für die kleineren Li-Po-Batterien bauten wir fünf austauschbare Kunststoff-Batteriekästen. Da der BRUSA-Motor wassergekühlt und der AC-Propulsion luftgekühlt waren, kamen auch zwei unterschiedliche Kühlvorrichtungen zur Ausführung. Auf meinen Vorschlag hin liessen wir beide Fahrzeuge in der Schweiz zu, um sie als <personal belongings> der Fahrer *Felix* und *Roger* in die Staaten überführen und dort alle öffentlichen Strassen befahren zu können. Alles ging haarscharf auf, weil wegen des Asche spuckenden Vulkans in Island und den daraus resultierenden Luftverkehrs-Verspätungen die Deadline für die Ankunft auf dem Michigan Speedway Nähe Detroit auf Anfang Mai verschoben worden war. Am Montag, 26.April 2010 wurde das zweite Fahrzeug 7009 beim Strassenverkehrsamt Winterthur abgenommen. Dienstag, 27.04. wollte ich 7009 nachmittags, mit 16 km auf dem Tacho und 30 Minuten Zeitreserve, nach dem Flughafen Zürich

überführen und auf dem Weg noch das ABS testen. Nach zehn Metern deblockierte der *SOFTMODE*-Strut und das Fahrzeug fiel 25 Grad nach rechts. Ich pfiff Steven und unseren Chefmech., Beat GABRIEL heraus, der mich anschnauzte, ich hätte den *SOFTMODE*-Schalter falsch gestellt. Die Maschine wurde aufgerichtet und fiel wieder nach zehn Metern zur Seite, weil der Chefmech. einen üblen Verdrahtungsfehler begangen hatte. Ich liess die *SOFTMODE*-Elektrik abhängen und erreichte nach dem gottlob erfolgreichen ABS-Testing gerade noch auf den Drücker die Verladung in der Fracht-Ost-Zone des Flughafens.

Am 28.04. wurden die Wettbewerbs-Fahrzeuge nach Chicago überflogen. Sie wurden nach sechs Std. Security-Delay am 30.04. <just in time> zum MI-Speedway überführt. Unsere *X-Tracer 7002* und *7009* fuhren dann, mit *Felix WAGNER* und *Roger RIEDENER* als Piloten, ziemlich problemlos durch die langwierigen Prozeduren, die sich bis in den August hinzogen, mit 100-Meilen-Fahrten auf dem Speed-way-Oval, einem Urban-Test im Innern des Speedways, Prüfstands-, Brems- und Beschleunigungs-Messungen, Elch-Testähnlichen Spurwechseln und weiterem Krimskrams. Im Shakedown und Knockout schieden bald alle Konkurrenten der Tandem-Two-Seat-Klasse aus. Ein Doppelsieg in dieser mit 2,5 Mio. $ dotierten Klasse war uns nicht mehr zu nehmen.

Interessant ist, dass die *X-Tracer* die absolut besten Verbrauchswerte aller Klassen, mit über 200 MPG/e (= Miles per Gallone/Äquivalent, Umrechnung für E-Antrieb) erreichten, was einem Benzinverbrauch von ~ 1,1 Liter auf 100 km entspräche.

XPRIZE-Scheck 2'500'000.00 Dollars, rechts Felix WAGNER, hinten Mitte Roger RIEDENER, ganz rechts der Schweizer US-Botschafter ZISWYLER

Der einen halben Quadratmeter grosse Scheck über 2,5 Mio. US-Dollar Siegespreis wurde dann am 15. September in Washington DC übergeben. Selber verfolgte ich die Zeremonie anonym aus hinterem Rang und applaudierte kräftig. Meine Mitarbeit wurde aber nur von der SHWARZENAGER-Zurbrustnahme der *Julie ZONA* belohnt.

Das Jahr 2010 lief dann komplett gegen mich. Mein Saukrampf mit dem Bau der Wettbewerbsfahrzeugen wurde schon erwähnt. *Felix* übernahm aus Zeitmangel das Amt des COB erst beim letzten Traktandum der GV vom 15.03.2010 und liess mir den Vortritt für den Jahresabschluss, die Organisation der GV und alle weiteren Pflichten. Die von den Wettbewerbsfahrzeugen für vier Monate blockierte Werkstatt kostete intern 400'000 CHF und extern weitere solche. Es konnten, da keine Instandhaltungsarbeiten möglich waren, auch keine Rechnungen mehr geschrieben werden. Nach der GV war das Geld ausgegangen, aber ***die neuen Chefs taten nichts***, um mir bei der Bezahlung der Rechnungen zu helfen. So musste wiederum ich allein die im Kap. XVII beschriebene *XPRIZE*-Restfinanzierung durchziehen.
Roger war erst anfangs August für die Übernahme der Finanzen verfügbar. Hingegen kürzte man mir fieserweise für diese Überlastung rückwirkend den Lohn auf das 50%- Ruhestandssalär, das dann schlussendlich nicht einmal bezahlt wurde. Der *Chefmech.* Beat GABRIEL trat am 28.04. in den Streik, weil ich seine im Zusammenhang mit seinem Soft-

mode-Verdrahtungsfehler vorgebrachten Entschuldigungen korrekt als <Verdammt nochmal!> und ihn auf weitere Widerrede hin ebenso richtig als TROTTEL bezeichnet hatte. So musste ich bis zum 05.09.2010 die Stellung in der *Kabinenmotorrad*-Fabrik ***allein*** sieben Tage in der Woche halten, während die Knaben sich in den USA mit dem Gewinnen des XPRIZE vergnügten...

Roger hatte dem *Designer-Stylisten Tobi WÜLSER* einen *MonoTracer* ohne Antrieb zu einem Trinkgeld zugehalten und ihm auch erlaubt, am *X-Tracer 7009* alle Flächen fotografisch zu digitalisieren. *WÜLSER* gewann OC OERLIKON als Sponsor für eine Weltumrundung und komplettierte unseren *MonoTracer* mit einem BRUSA-Elektromotor wie beim *X-Tracer 7002*. Als er das Fahrzeug zulassen wollte, verlangte das Strassenverkehrsamt dazu unsere EU-Gesamtgenehmigung und ich wurde mit der Abwicklung beauftragt. Dabei stellte ich fest, dass man es unterlassen hatte, eine Geheimhaltungs- und Vertraulichkeitsvereinbarung mit *WÜLSER* abzuschliessen und ihm alle Daten ***einfach so*** zugänglich waren. Dass der nun, mit OC OERLIKON im Rücken, unsere *E-Tracer* hätte nachbauen können, war unseren blauäugigen Neulingen im Fahrzeugbaugeschäft nicht einmal aufgefallen. So teilte ich *WÜLSER* mit, dass ich keine Lust verspüre, ihm bei der Zulassung zu helfen, solange nicht ein Kooperationsvertrag zwischen ihm und *PERAVES AG* abgeschlossen sei. Er wartete bis zum letzten Drücker und unterschrieb dann das von mir aufgesetzte Dokument, das auch eine Regelung der Lizenzgebühr für unsere exklusive Produktion von Fahrzeugen, die *WÜLSERS* geschütztem Styling ähnlich sähen, umfasste. Vorher hatte er meine Vorschläge dazu 4 Jahre einfach nicht beantwortet. Vertragswidrig liess sich dann dieser Schwindler *WÜLSER* als Konstrukteur, Designer und Erbauer des von uns ohne Antrieb gelieferten *MonoTracers Werk-Nr. 7022* publizistisch feiern. Dieses Schmücken mit unseren Federn, zu welchem wir viele Anfragen erhielten, war uns aber wurscht, weil wir mit dem Kooperationsvertrag eine Konkurrenzproduktion im Keim ersticken könnten. Also liess ich dann gnädigstens <seinen> *ZEROTRACER* beim StVA Winterthur auf der Basis unserer PERAVES-EU-Gesamtgenehmigung am Donnerstag, den 24.06.2010 für ihn zu.
Kurz darauf desavouierten *Felix* und *Roger* mich, indem sie *Chefmech.* GABRIEL erlaubten, in seinem zur Hinterhofwerkstatt umgebauten St.-Chrischona-Sektentempel in Wilchingen Instandhaltungsarbeiten durchzuführen. Das führte natürlich zu einem neuen Cash-

MonoTracer-Fertigung bei PERAVES CZ - rechts rot der <ZEROTRACER>

Drain. Im Juni war ich auch als *PAG*-Verwaltungsrat zurück getreten. Dieser setzte sich nun, nach den Rücktritten von *Fredy WIEDERKEHR*, *Moritz SUTER* und mir aus *Felix* als COB, *Ernst A. WIDMER*, einem böswilligen, nicht besonders hellen RA der Kanzlei *WIEDERKEHR* und *Dr. iur. Nicola FEUERSTEIN,* begeisterungsfähiger, bündnerischer Liechtensteiner, zusammen. Meine letzte Handlung war die Einführung eines neues Organisations- und Geschäftsführungsreglements, in dem der Posten eines Technischen Leiters geschaffen wurde, welchen mein jüngerer Sohn *Urs WAGNER* übernahm. Damit sollte das chronische Dreinreden in die Fahrzeugtechnik des *kaufmännischen Angestellten* und *CEO Roger RIEDENER*, den wir nun auch als ***Fachlaien*** erkannt hatten, unterbunden werden. Er hätte nur noch das Vorschlagsrecht zu Neuerungen, Änderungen und Entwicklungen gehabt, während die Entscheide darüber dem TL (Technischer Leiter) zustanden. Selber hatte ich

Der von Oerlikon Solar auf dem Genfer Autosalon präsentierte Zerotracer ist eine eben solche Mobilitätslösung von morgen. Konstruiert wurde das Elektromobil von dem Schweizer Unternehmen Designwerk, das Produkt- und Fahrzeugdesigns von der konzeptionellen Idee bis hin zum ersten Prototypen entwickelt. Teamchef und Erster Pilot des Zerotracers, Tobias Wülser von Designwerk: „Unsere Idee des Zerotracers besteht darin, hohe Performance in attraktivem Design

Tobias WÜLSER schwindelt mit unseren Federn

einen refüsierten *MonoTracer 7025* von einem unzufriedenen VIP-Kunden zurück gekauft, erlitt damit 20 Pannen und musste 40 Modifikationen machen, bis das Fahrzeug zu meiner vollen Zufriedenheit funktionierte. Diese Modifikationen rapportierte ich an TL *Urs* und *Gustav PROCHAZKA* zur Umsetzung. Der *MonoTracer* wurde so immerhin einigermassen serienreif und zuverlässig. Aber der *Fachlaie* liess sich durch das Reglement nicht von weiteren, direkten Anweisungen zur Fahrzeugtechnik über den Kopf von *Urs* hinweg abhalten. Dieser nahm entnervt dann bald seinen Hut.
Bereits im Oktober 2009 hatten wir vereinbart, dass *PERAVES AG (PAG)* die mittlerweile von *RR* und *FW* gegründete *E-Tracer AG (ETAG)* für 600 *PAG*-Aktien zum aktuellen Kurs von 1'000 CHF übernehmen werde, wenn der XPRIZE gewonnen würde. Dabei war unter der Hand abgesprochen, dass den beiden Teilhabern der *ETAG* die Aktien privat zu diesem Kurs abgekauft würden, sodass sowohl *Felix* als auch *Roger* je 300'000 CHF in Cash bekommen hätten. Als sich im Laufe des Sommers abzeichnete, dass die 2,5 Mio. $ tatsächlich in Reichweite kamen, bewirkte der schnöde Mammon bald grosse GELDGIER bei den Anmeldern und damit Forderungsverschiebungen in Höhen, bei welchen die Aufwendungen der PAG bei Weitem nicht mehr gedeckt werden konnten. Schon im Frühsommer zeigten meine Analysen, dass diese drohend vorgebrachten Ansprüche die Firma in die ***Zahlungsunfähigkeit*** treiben müssten. Meine Vorstellungen von einem geruhsamen Halb-Ruhestand mit Fertigentwicklung des *Kugelmotors* gerieten in *tödliche Gefahr*. Alle meine Patentanmeldungen waren zwar mit mir als Erfinder, aber mit *PERAVES AG* als Anmelder und Inhaber eingereicht worden und müssten dann in der Konkursmasse evtl. unwiederbringlich verloren gehen. Auch auf die Versuchsteile und CAD-Arbeiten könnte wohl kaum mehr zugegriffen werden. So stand mein Entschluss bald fest, vor dem sich abzeichnenden Debakel aus der *PERAVES AG* auszutreten und Patente plus *Kugelmotor*-Projekt mit etwas Zugemüse <zurück> zu kaufen. Am 01.09.2010 teilte ich das an einer VR-Sitzung mit. Um die Investoren, die vorwiegend für den *Kugelmotor* in *PAG* investiert hatten, an diesem weiter prozentual partizipieren zu lassen, wollte ich eine neue AG mit 15'000 Aktien gründen und jeden interessierten Aktionär für 1% seines Investments in *PAG* daran beteiligen. Wer z.B. eine Mio. CHF in 1'000 PAG-Aktien investiert hatte, konnte für 10'000 CHF die gleichen 6,67 % an der neuen AG mit der Kugel posten. Diese *HITENG AG* wurde dann am 18.01.2011 gegründet. Sieben *PAG*-Aktionäre kauften sich proportional mit Aktien ein. Auch der Erwerb der *ETAG* wurde an der VR-Sitzung vom 01.09. eingeleitet. Ein Vertrag dafür sollte <steuerschonend> abgeschlossen werden. Der damit beauftragte *VR Dr. iur. Nicola FEUERSTEIN* gab sich, obwohl in TEUFEN AR wohnhaft, eine HEIDEN-Mühe, zu einem vernünftigen Abschluss mit den *XPRIZE*-Anmeldern und *ETAG*-Inhabern zu kommen. Er war dadurch handikapiert, dass er etwa die Informationen eines *Barney GERÖLLHEIMERS* von der Finanzlage der *PAG* hatte und masslos untertriebene PAG-Kosten für den *XPRIZE* und die zwei Fahrzeuge von den *ETAG*-Besitzern unterschoben bekam. Die mit dem *XPRIZE* verbundenen Kapitalbeschaffungskosten, nebst anderen grossen Posten, gingen beispielsweise schlicht und einfach <vergessen>.

Das Ende dieser Sitzung wartete ich wegen eines privaten Anlasses nicht ab. *Franziska* und ich hatten entschieden, am fünften September in die Staaten zu fliegen und fünf Wochen Urlaub zu machen. Auf eigene Kosten liess ich meinen *MT 7025* auch hinüberfliegen und wir besuchten *Tom und Kathy MOHN* in Philly. Sie begleiteten uns mit ihrem *ECO 5079* am 14.09. nach Washington und am 15. wohnten wir der Preisverleihung *XPRIZE* ganz hinten als Zaungäste bei. Während sich die Damen darüber unterhielten, warum *Felix* allen möglichen Frühstücksdirektoren und selbst seiner einjährigen Tochter für ihre Siegeshilfe durch Verständnis mit seinen monatelangen Abwesenheiten von zuhause im Acceptance-Sermon gedankt hatte und über mein Lebenswerk *Kabinenmotorrad* als Erfolgsplattform kein Wort verlor, machte ich in der Nähe ein gutes Restaurant aus. Wir dampften still und leise ab dorthin und die aufgeregte Stimmung unserer Damen wurde durch Super-Baby-Beef wieder ruhiger. Am nächsten Tag fiel bei der Fahrt nach Richmond im *MT 7025* zuerst die Klimaanlage mit einem Knall aus. Dann versagte im Stau die Batterie. Wir mussten den *MT* aus der mittleren Spur der Interstate-Umfahrung von Washington DC im Kriechverkehr auf den Pannenstreifen schieben. Nach dem Anschieben mit ausgeschalteten Verbrauchern erholte sie sich und wir fuhren (eine halbe Stunde mit abgesenktem Stützwerk) weiter Richtung Atlanta-Decatur zu Shinji MOROKUMA, wo ich Garantiearbeiten an seinem *MT 7005* machte. Beim nachfolgenden Sightseeing nordostwärts auf dem Blue Ridge Parkway, durch WV, PA, NY, CT und RI bis Cape Cod MA kämpfte ich mit weiteren Pannen, wie einem durchgescheuerten Kühler, wieder gerissenen Klimaschläuchen, Motorüberhitzung, Bremsrubbeln usw. usf. In Provincetown an der Spitze von Cape COD überholte ich einen Reporter des lokalen TV-Networks, der uns bis auf den Parkplatz am Hafen verfolgte, ein Interview und etwas Zugemüse drehte und es schon am nächsten Tag ins YOUTUBE stellte. Es kann heute noch mit der Adresse
http://www.youtube.com/watch?v=C5Vqr_h7Ris&feature=related
abgerufen und abgespielt werden.

Wir fuhren zurück nach Boston. Zum Essen gaben wir nach einiger Diskussion dem UNION OYSTER HOUSE mit dem weltbesten LOBSTER den Vorzug über das deutsche Lokal JACOB WIRTH mit Pigs Knuckles and Sauerkraut. Ein guter Chardonnay zum Lobster tröstete uns über das so verpasste, beste Münchner PAULANER Hefeweizenbier hinweg. Über New Hampshire fuhren wir weiter nach Vermont. Franziska hat eine signierte Kopie von <Als wärs ein Stück von mir>, den Memoiren von *Carl ZUCKMAYER*. Dieser Autor von <Hauptmann von Köpenick, des Teufels General, Katharina KNIE> usw. hatte sich während des Krieges als Farmer im Exil in Vermont mitsamt Familie auf einer <Backwood Farm> durchgeschlagen. Anhand der Angaben in seinem Buch und jenen in <Die Farm in den grünen Bergen> seiner Frau *Alice HERDAN-ZUCK-MAYER* suchte ich nun diese Farm zwischen Woodstock VT und Silver Lake. Die Beschreibungen sind so exakt, dass wir die historische Stätte, von der die AMIS dort aber nichts mehr wissen, tatsächlich sofort gefunden haben. Die Farm ist nun ein Wochenendhaus einer Familie KAHN und wir wurden freundlich empfangen. Sogar der berühmte Kamin aus dem 18. Jahrhundert ist noch da und wurde uns gezeigt.

Über SARATOGA mit Schlachtfeldern der US-Revolution fuhren wir zurück nach Philly bzw. zu *Tom und Kathy MOHN* in Gulph Mills. Der falsch montierte, obere Kühler meines *MT* war zwischenzeitlich irreparabel kaputt. Am zehnten Oktober seuchte ich meinen *MT 7025* mit Zugiessen von Mineralwasser nach Newark-EWR langsam bei 55 MPH durch, verlud ihn und wir flogen zwei Tage später von JFK nach Zürich zurück. Vom 14.10. bis zum Jahresende war ich mit den Modifikationen des unzuverlässigen MT 7025 und deren Aufarbeitung bei *Urs* und *Gustav* beschäftigt. *Nicola FEUERSTEIN* traf sich mit mir mehrmals, um eine AUSTRITTSVEREINBARUNG zustande zu bringen. Am 24.11.2010 konnte sie endlich unterschrieben werden. Sie enthielt, nebst Rückzahlung zinsloser Darlehen, die ich für den *XPRIZE* aufgenommen und in den Betrieb gepumpt hatte, den Vertrag für den Übergang des Kugelmotorprojekts und der Patente plus Zugemüse an mich, für die ich über 1 Mio. CHF in *PAG*-Aktien bezahlte. So würde mein Austritt aus der *PERAVES AG* und der Übergang an die Jungen anscheinend problemlos vollzogen werden können.

Roger RIEDENER war nach der X-Preisverteilung einige Wochen in den Staaten geblieben und konzipierte eine US-Lizenzfertigung des E-Tracers mit AC-Propulsion-Antrieb bei ebendieser Firma in Kalifornien, wobei die fertigen, bemalten und gepolsterten Karosserien von RAYONG in Thailand direkt zugeliefert werden sollten.
Der *E-Tracer* wurde auf der *PERAVES*-HOMEPAGE als <unsere Hoffnung> vorgestellt. Dem *MonoTrace*r mit dem BMW-Vierzylinder schenkte man keine grosse Beachtung mehr. Zwar war es das einzige lieferbare und serienreife Produkt, von welchem *Gustav* jeden Monat zwei Exemplare produzierte, das bis Jahresende 2010 dann zu einer unverkauften Halde von über einem halben Dutzend Stück anwuchs.

Selber beschäftigte ich mich natürlich auch mit den Ergebnissen des *XPRIZE*-Wettbewerbs und kam zum Schluss, dass der dort ausgelöste <Battery-Electric-HYPE> in Anbetracht der möglichen Fahrzeugreichweite zumindest verfrüht sei und wahrscheinlich bald abklingen würde. Hingegen liesse sich aus der *MonoTracer*-Karosse, meinem Kugelmotor, einem Planetengetriebe, einem <kleinen> Elektro-MOTOR-GENERATOR von 10-15 kW Leistung und einer etwa 5 kWh-Batterie ein ***Parallel-Seriell-HYBRID-Fahrzeug*** kombinieren, das leer nur knapp 400 kg wiegen, 200 km/h schaffen und weniger als zwei Liter auf 100 Kilometer verbrauchen würde. Es müsste nie an die Steckdose und käme mit den 50 Litern Benzin des MT-Tanks über 2‘500 km weit. Diese beeindruckenden Zahlen schaute ich mit einer CAD-Konstruktion bezüglich Realisierbarkeit genauer an. Fazit: Es würde klappen!

Tatsächlich zeigte sich bald, dass der Markt für ein rein Batterie-Elektrisches Fahrzeug (BEF) auf der *MonoTracer*-Plattform sehr beschränkt ist. Wegen der undiskutabel sehr geringen Reichweite, der (noch) zu langen Ladezeit, hohem Gewicht und Preis sowie problematischer Nebenfunktionen wie Heizung, Klimaanlage und wenig Erfahrung mit dem

Betriebsverhalten der LiPo-Akkus ist m.E. das Zeitalter solcher BEF noch nicht gekommen, wäre aber beim ***HYBRID*** schon in Griffnähe.
Unter: www.hiteng.ch/HYBRID kann eine der sieben Hybridfunktionen angesehen werden, nämlich das Rekuperationsbremsen mit dem untenstehenden Modell.

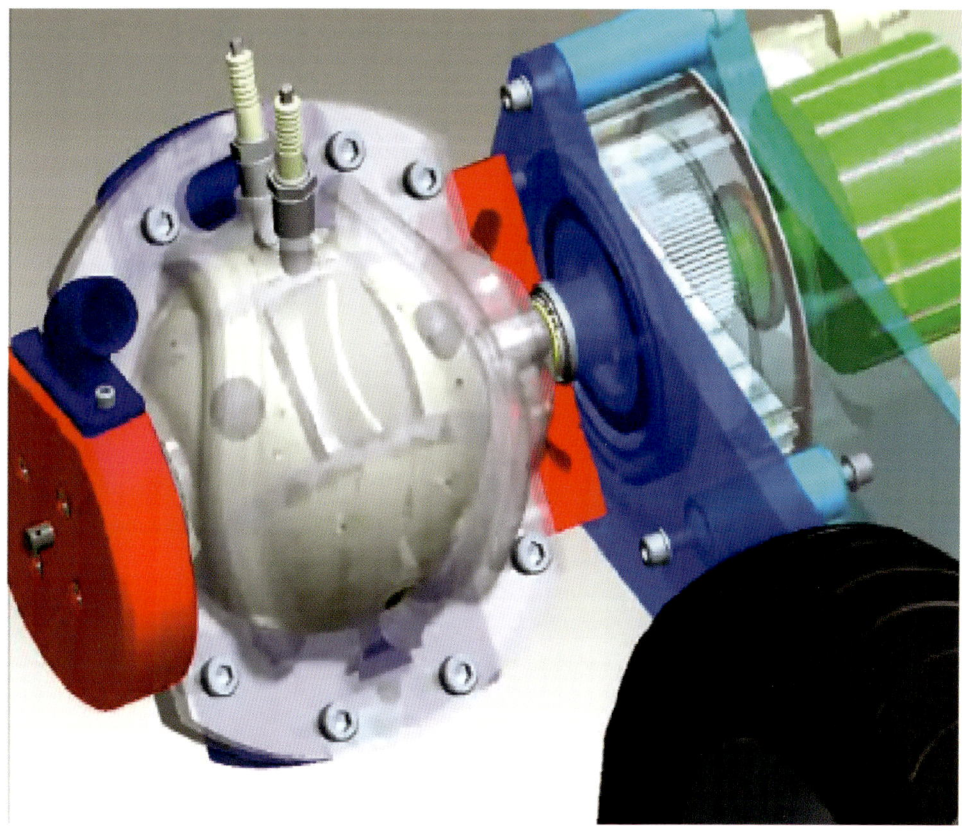

Die anderen ***XPRIZE-Winner-Fahrzeuge,*** der Side-by-Side-Zweisitzer LI-ION und der EDISON 2-CAR mit vier Plätzen, konnten ebenfalls keine grossen kommerziellen Stricke zerreissen. Selbst die GOOGLE-Suche fördert keinerlei Markt-Angebote für deren mögliche Nachfolgerprodukte zutage. Beim EDISON 2, der wie das Einliter-Auto von VW recht hübsch anzuschauen ist, macht der Start des Einzylinder-YAMI-Motors, wie beim VW der Diesel-Knalltopf-Treibling, die ganze Optik jedoch akustisch und damit das Ding selbst komplett zur SAU. Leider scheint sich also einmal mehr das einleitend zu diesem Kap. XIX zitierte, böse Wort von Adolphe L'ARRONGE über PREISER GEKRÖNTE und umso DUR-

CHER GEFALLENE KONZEPTE zu bewahrheiten. Eine halbbatzige Ausnahme von dieser Regel wäre dann lediglich die recht bescheidene, geplante Versuchs-Produktion von zehn *X-Tracer-Replikas*, nun umbenannt in *MonoTracer E* bei der *PERAVES AG*.

Kapitel XX

NEUSTART** mit* ***NEBENGERÄUSCH
(Finanztricks + SPIELEREIEN)

Der Prophet gilt nichts in der Heimat und bei den Seinen

Markus-Evangelium
Kap. 6 Vers 4

Am Donnerstag, 16. Dezember 2010 gab ich eine Abschiedsparty im Gasthof ROSSBERG ob Kempttal. Wie jedes Jahr hatte der <Kunsthandwerker> Erich BUCHER in der Küche Gelegenheit, sein weltbestes FILET oder den besten Süsswasserfisch, die ÄSCHE, perfekt zuzubereiten. Oft nannte ich diesen superausgezeichneten Küchenchef <Künstler>, bis er protestierte, Kochen sei ein Handwerk und keine Kunst. Wir einigten uns dann eben auf Kunsthandwerker. Auch war ich stolz darauf, dass ich dieses Restaurant damit perfektionieren konnte, indem jeweils für meine Anlässe der beste Schweizer Weisswein, <AIGLE Les-Murailles> und der beste RIOJA, <Baron de LEY> beschafft, serviert und schliesslich auf die Weinkarte aufgenommen wurden. Es kamen immerhin noch rund 60 angenehme Zeitgenossen zusammen. Mein Austritt bei *PERAVES* bewirkte eine Polarisierung der Meinungen. Bei diesem Firmenanlass, den ich jedes Jahr für Freunde und Kunden organisiert hatte, waren früher jeweils 100 und mehr Gäste dabei. Die neue Führung hatte nun entschieden, dass anstelle solcher Fressorgien und meiner Einladungs-Neujahrskarten ein Kalenderversand mit (zugegebenermassen sehr guten, aber mit Englischfehlern kommentierten) *MonoTracer*-Aufnahmen sowie einer Spende nach KANTHA-BHOPA erheblich billiger, zweckmässiger und eben wirksamer wären. Da ich jeweils die Einladungen verschickte, strich ich natürlich in diesem Jahr 2010 mir offen feindlich begegnende, unangenehme Zeitgenossen von der Adressliste. Dafür kamen Originale wie *Harry HOFMANN* (Siehe Kap. IV) dazu. Der nun 94-jährige Navigator und Instruktor las ein Stück seiner Memoiren als Seeoffizier zum allgemeinen Ergötzen vor. Die Party verlief grossartig. Ich behielt für mich, dass zwei Wochen früher *Felix* die erste, nach Austrittsvereinbarung geschuldete Zahlung verweigert hatte. *Franziska* streckte mir dann Kosten für den Anlass vor, weil wir diese nicht ins Kamin schreiben lassen und uns die Türe des vorzüglichen Gasthofs weiter offen halten wollten...

Bereits im Dezember hatte ich bei *Reto SEITZ*, der in Effretikon Hochdruckventile für Erdgastankstellen produziert, einen Büroraum und eine Werkstatt gemietet. Die Gründung meiner neuen Firma *HITENG AG, HI-TECH-ENGINEERING*, war schon vorbereitet. Vertragsgemäss zügelte ich die zwei von *YAMAHA* für die *Kugelmotor*-Versuche überlassenen *YP-400-Roller*, alle *Kugelmotorteile* und Prototypen, den Prüfstandsaufbau der Test-Drehmaschine sowie Werkzeuge, Werkbänke und Vorrichtungen, 15 Ordner Patentunterlagen

und den *OPEL*-Omega dorthin, Adresse <Im Ifang 10, CH-8307 Effretikon>. Nachdem der Umzug im Wesentlichen erledigt war, zog ich zum Jahresende Bilanz. *PERAVES* schuldete mir gemäss Buchhaltung von Roger GIGER gegen dreiviertel Mio. CHF für Miete, zinslose Darlehen und Gehalt, wovon ich 300‘000 CHF für die abgelaufene Privathypothek meiner zwei Cousins weiterzugeben hatte. Eigene Reserven waren nur mit dem *Turbo-MONO-ECO*, einem neuen *SUPER-TURBO-ECO* und dem *MT 7025* vorhanden. Geld war keines mehr da, gesichertes Einkommen die AHV (Staatliche Altersrente) zu 1‘762 CHF / Monat . Wie würde es nun weitergehen?
Nachdem auch die zweite Zahlung aus der Austrittsvereinbarung zu Neujahr ausblieb, wandte ich mich an *Nicola FEUERSTEIN* und sagte ihm, dass das natürlich nicht ohne Folgen bleiben würde. Er konnte daraufhin *Roger RIEDENER* bewegen, eine Zahlung von 154‘000 CHF <per Saldo aller Ansprüche> am 07.01.2011 zu überweisen. Ich gründete damit die *HITENG AG* am 18.01.2011. Gleichzeitig begann ich wieder mit Entwicklungsarbeiten an der *KUGEL*. Mit neuen <full complement needle bearings> von SKF und Wankel-Zündkerzenanpassungen gelangen wesentliche Verbesserungen. 100‘000 CHF überwies ich dann an meine Cousins zur Abzahlung eines Teils der Privathypothek. Der Rest ging schnell für die übernommenen Patente und Arbeiten an der Kugel drauf. So musste ich meinen *MonoTracer* und das neue *SUPER-TURBO-ECO* verleasen und das *TURBO-MONO-ECO* an Dieter MUTSCHLER verkaufen. Mit dem <per Saldo aller Ansprüche> des *Roger RIEDENER* konnte ich natürlich nicht einverstanden sein. Nach einem halben Jahr HIN- und HER war ich gezwungen, mehrere Betreibungen gegen die *PERAVES AG* einzuleiten. Meine Vorhersage der Zahlungsunfähigkeit erwies sich als richtig, denn verschiedene Lieferanten mahnten auch mich für offene Verpflichtungen meiner Ex-Firma an. Wie von mir vorausgesagt, konnte der überhöhte Preis für die ETAG trotz *XPRIZE*-Eingang nicht in Cash ausbezahlt werden. *Felix* und *Roger* bekamen somit nur rund die Hälfte und mussten den Rest in zwischenzeitlich von ihnen um 65% abgewerteten *PAG*-Aktien aus meiner Kugelmotor-Zahlung nehmen, was aber doch noch die Firma aller Liquidität beraubte und sie an den Rand der Zahlungsunfähigkeit brachte. Rückwirkend stellte sich heraus, dass ich offenbar der einzige *COB, CEO, VR* und Grossaktionär der *PAG* zwischen 2005 und 2011 war, der rechnen kann...

Immerhin merkte man nun, was man am Verbrenner-*MonoTracer* hatte und konzentrierte sich auf dessen Verkauf. Durch den Absturz des EURO gegen den CHF gingen die Stückkosten um über 20% zurück, da ich seinerzeit die Lieferverträge mit *BMW* und *PERAVES CZ* in EURO abgeschlossen hatte. So stabilisierte sich die Lage Mitte 2011, aber man hatte nun schon die halbe Euro-Chance verschlafen. Verwaltungsrat RA *Ernst A. WIDMER* betätigte sich nun zum Ausgleich dieses Eigenversagens als abenteuerlicher Buchhalter und konstruierte zur Geldbeschaffung einfach meine Guthaben mit Hilfe von *Roger RIEDENER* um, wobei aus mir zustehenden Mieterausbaukosten und meinen Darlehen durch Umkehrung aller Vorzeichen eine Pseudoschuld für mich in mehrfach sechsstelliger CHF-Höhe zusammengeschustert wurde, die man sogar per Einschreiben zurückforderte. Dieses böswillige und schimpfliche Vorgehen, das mich in den Konkurs getrieben hätte, hob mir einmal mehr den Hut ab und ich klagte erfolgreich auf Rechtsöffnung eines kleineren Ausstands. Einen Tag vor dem Besuch des Gerichtsvollziehers bei der *PERAVES AG* rief mich ein alter Freund und Aktionär, *Peter L. MODEL* aus der Kartondynastie in Weinfelden an und offerierte seine Vermittlung. Bei der nun resultierenden, zweiten Austrittsvereinbarung wurden die *WIDMER-RIEDENER*'schen Seifenblasenforderungen vollständig flach gewalzt. Selber verzichtete ich auf einige 100'000 CHF und entliess *PERAVES AG* aus dem Zehnjahres-Mietvertrag meines perfekt für den Kabinenmotorradbau eingerichteten Werkstattgebäudes, das *Fachlaie RIEDENER* in seiner Ignoranz immer als <Mietzinswucherschuppen> bezeichnet hatte. Beim Umzug würde *PERAVES* entweder die Technik kastrieren müssen oder betr. nötiger Einrichtungen wie bisher ein internes Werkstatt-Wucherphänomen erleben, was zwischenzeitlich auch schon eingetreten ist. Die sieben Abschlagszahlungen wurden termingerecht oder verzögert geleistet. So hat sich nun mein zweiter, geregelter und endgültiger Ausstieg aus der *PERAVES* AG nach dem ersten KORINTHERBRIEF des Apostels PAULUS, Vers 13, abgespielt, in welchem es da heisst: „Nun aber bleibt LIEBE, GLAUBE, HOFFNUNG, diese drei, die LIEBE aber ist die Grösste unter ihnen."

Die Zeit seit dem Ende meines zweiten LEBENS am 31.12.2010 habe ich nicht verschlafen. Soweit die Konflikthandlungen gegen die *PERAVES AG* dies erlaubten, arbeitete ich voll an der *KUGEL* und an diesen *ERINNERUNGEN* und bin, wie gewohnt, ganz schön vorwärts gekommen. Wenn das eingangs Kap. XX erwähnte Prophetenzitat zumindest beim *Kabinenmotorrad* immerhin schon teilweise entkräftet ist, werde ich nun mit dem *Kugelmotor* dahin wirken, es ganz *AD ABSURDUM* zu führen. Denn dieses Motorenprojekt mit der Chance, kräftig in den Markt des Hubkolbenschüttlers einzudringen, ist präsumtiv von wirtschaftlich *ungeheurer Potenz*. Eine Marktanalyse der Hubkolbenmotoren im AUTOMOTIVE-Bereich allein ergab für das Jahr 2005 weltweit die Fabrikabgabepreis-Umsatzsumme von über ***60 Milliarden EURO***! Bei einem Marktanteil für die *KUGEL* von nur 5% würden sich ein Umsatz von 3 Mia. Euro und, bei 5% Lizenzgebühr, von 150 Mio. Euro an

Kerzenversuche mit modifizierten NGK-WANKEL-Flachelektroden

Lizenzeinnahmen ergeben. Somit habe ich mich voll für die Fertigentwicklung der *KUGEL* eingerichtet und engagiert.
Als Ingenieur und Techniker geht es mir dabei nicht in erster Linie um mein eigenes Portemonnaie. Zwar lassen sich mit mehr Geld Spielzeuge perfektionieren, aber das Investment meiner Freunde in die *KUGE*L, das bisher noch zu keiner Anzapfung des ungeheuren wirtschaftlichen Potentials, sondern lediglich zu einem guten Patentschutz geführt hat, muss endlich für diese mehrfach zurückkommen. Noch sind nicht alle Schwierigkeiten gelöst, beispielsweise die Zündung in den mit hoher Geschwindigkeit umlaufenden Arbeitskammern, was einen neuartigen Kerzentyp verlangt. Aber ich bleibe nun voll dran!

Es scheint hier zweckmässig, die nach meiner Erfahrung *notwendigen* ***Voraussetzungen*** für ein erfolgreiches ***Entwicklungsprojekt*** aufzuzählen. Erstaunlicherweise sind weder unbeschränkte Mittel noch umfangreiche, technische und persönliche Ressourcen direkt zielführend. Wenn man aus dem Vollen schöpfen kann, entstehen meist nur <MONUMENTE>, wunderbare, komplizierte, unpraktische und nicht bezahlbare Kunstwerke wie etwa der <CARGOLIFTER>. Deshalb floppen Staats-, Hochschul- und Grossbetriebs-Eigenentwicklungsprojekte meistens. Erfolgreiche solche dagegen kommen nur unter hohem ***persönlichem, finanziellem und zeitlichem STRESS*** zustande, was einen beschränkten, finanziellen und personellen Rahmen absteckt. Persönlicher Stress entsteht dadurch, dass die Verantwortung für den Projekterfolg selbst zu tragen ist, mit allen üblen Folgen beim Versagen für die Investoren, den Betrieb, die Mitarbeiter, Helfer und die eigene Person. Nachdem man alle selber für das Projekt begeistert hat, können keine Ausreden für den Misserfolg mehr vorgebracht werden. Wenn der STAAT, eine UNI oder ein RIESE eine Eigenentwicklung beginnen, verteilt sich der persönliche Stress auf so viele Häupter, dass er nicht mehr spürbar wird. Bei der Finanzierung und dem Zeitrahmen ist durch die wirtschaftliche Macht dieser Grossen ebenfalls nie richtig Druck vorhanden. Entwicklungen mit beschränktem personellem Rahmen ergeben finanziellen und zeitlichen Stress aus der Erfahrungstatsache, dass jede (auch meiner !) etwa doppelt so viel kostete und etwa ein bis zwei Jahre länger bis zur Verwendbarkeit dauerte, trotz vorsichtigster und detailliertester Planung. Grund für dieses Underscoring ist, dass man bekannte Probleme kostenmässig unterschätzt, weil einzelne Positionen immer vergessen gehen und keine unvorhergesehene neue solche erfunden werden. Die unbekannten Probleme, die plötzlich auftauchen, sind logischerweise nicht planbar. Der dreifache Stress hält den Ingenieur, Erfinder und Konstrukteur jede Nacht stundenlang wach mit dem Thema: Wie überwinde ich alle Hindernisse mit der einfachsten Lösung und was kann sonst noch alles simplifiziert oder gar weggelassen werden, um Zeit und Kosten zu sparen? *Nevil SHUTE* sagt dazu: *<A successful ENGINEER and INVENTOR is a GENIUS, who can do for TEN SHILLINGS what every FOOL can do for ONE POUND>.*
Oft wird nun einfach vorgeschlagen, die bekannt längere Dauer und die höheren Kosten bei der Planung mit Faktoren zu berücksichtigen. Das aber funktioniert darum nicht, weil bei dieser Rechnung der Bezug zur Wirklichkeit verloren geht, nämlich wenn die

Höhe der Kosten einfach manipuliert wird und durch wegfallenden Stress sowohl Finanzen als auch Projektdauer explodieren. Der dann prognostizierbare Preis kann das Produkt schon im Voraus unrentabel machen und das Projekt töten. Bei meiner Vorgehensweise mit dem dreifachen Stress müssen allerdings Sicherheitsventile eingebaut werden, um VOR der Belastungsgrenze der beteiligten Person(en) und der mit Zeitüberschreitungen verbundenen Finanzierungsprobleme Dampf ablassen zu können. Die für diesen Druckverlust vorgesehenen Massnahmen müssen aber sehr, sehr unangenehm ausgestaltet sein, damit sie nicht als bequeme Notausgänge aus der Verantwortung benützbar sind und dadurch wiederum den Projekterfolg zerstören. Bei meinen Entwicklungsprojekten standen alle Beteiligten dauernd unter grossem Stress, was sicher auch beim *KUGELMOTOR* weiterhin der Fall sein wird. Dieser Stress hatte persönliche Reibungen zur Folge und viele der geschilderten Zusammenstösse während meiner zwei Flieger- und Kabinenmotorrad-Leben sind vermutlich dadurch verursacht worden. Der Partisan der Technik ist sich aber aus nun bald 50 Jahren Erfahrung daran gewöhnt und wird seine Zukunft mit der *KUGEL* unter ähnlich gespannten, zwischenmenschlichen Beziehungsverhältnissen ohne ***Übergrüssen*** planen und erleben müssen. Zum Abschluss meiner *ERINNERUNGEN* stellt sich nun die Frage: ***„Warum tut man sich das an?"***

Wer, wie der *AUTOR,* das Glück hat, sechs Jahre nach dem üblichen Rentenalter von 65 Jahren immer noch über robuste Gesundheit und Arbeitsfreude zu verfügen, muss sich doch schon einmal Prioritätsfragen zum verbleibenden Leben stellen. In meinem Fall habe ich, zuerst unbewusst, später zielgerichtet, meine bevorzugten Tätigkeiten als ***Spielzeugbau*** erkannt. <Nur im Spiel ist der Mensch sich selbst>, sagt Hans FALLADA in <Kleiner Mann, was nun?>. Mit den Modellflugzeugen, frisierten *DKWS*, der *KZ-8*, dem *ACROSTAR*, *DRACULA*, *OEMIL-ECOMOBILE*, dem *MonoTracer* und *KUGELMOTOR* etc. habe ich meine Spielzeuge bekommen oder mir erschaffen. Meine Funktion auf dieser Welt ist also die des *Spielzeugbauers*, der gleichzeitig selbst sein wichtigster Kunde ist. Das genialste Spielzeug, das *Kabinenmotorrad*, schlägt deswegen alle anderen Kreationen, weil beim *SPIELEN* ein grosser praktischer *NUTZEN*, die *<individuelle MOBILITÄT>* anfällt. Auch die *KUGEL* wird sich im *Hybrid-Mono-Tracer* nützlich machen und während der Fertigentwicklung gibt es beim Arbeiten daran, seien es Modifikationen, Prüfstandsläufe usw., schönste Spielwiesen. Mit CAD und den Prototypen kann ich persönlichen, zeitlichen und finanziellen Stress komplett ausschalten und eben spielerisch die Fortschrittsmöglichkeiten durchdenken, prüfen und verwirklichen. Für dieses *kreative SPIELEN*, das trotz grösster Herausforderungen geradezu süchtig macht, tue ich mir eben das an, was dem Otto Normalmenschen als eine Verrücktheit vorkommen mag, nämlich die Belastungen ausserhalb der *Spielzeiten* mit den nächtlichen Stress-Wachperioden locker zu ertragen. Hingegen würde mir selbst ein normal üblicher, geruhsamer Lebensabend mit Pantoffeln im Fernsehsessel unmöglich und verrückt erscheinen. Auch wenn diese *SPIELE* mit dem Sonnenuntergang meines dritten *LEBENS* einmal aufhören, ob ich das in den Sielen oder im Rollstuhl erleben werde, macht mir das wenig Kummer, denn ***non omnis moriar*** *(Nein, ich sterbe nicht ganz)*, wie HORAZ in Carmina 3,30 sagt. Wenn die *KUGE*L heute noch nicht auf sicherem Grund steht, ist doch das Kabinenmotorrad schon so kräftig geworden, dass es sich ohne meine Mithilfe weiter verbreiten und auch die *Fachlaien* überleben wird. Schon betätigen sich meine Nachkommen bereits mit erstaunlichem Geschick in ähnlichen SPIELEREIEN, wobei meine Frau *Franziska* überzeugt davon ist, dass die Enkel Simon (6) und Philipp (7) (Bild links) meine Fähigkeiten geerbt hätten. Der rote LEGO-Sportwagen von *Philipp* (rechts) besteht aus fast 1'000 Bauteilen, der gelbe Bagger von Simon (links) aus immerhin 300 solchen. Ohne grosse Anleitung durch ihren Vater, meinen jüngeren Sohn *Urs*, haben sie nach der Weihnachtsfeier 2011 in knapp drei Tagen diese Fahrzeuge nach den LEGO-Plänen zusammengebaut. Nun versuchen sie bereits, aus den Bauteilen neue SPIELZEUGE zu erfinden, so z.B. einen DRAGSTER aus dem Sportwagen oder einen TRAKTOR aus dem Bagger. *Urs* will ein neues, besseres Kunstflugzeug bauen, den *ACROSTAR next generation* und hat dafür meine Unterlagen zum *ACROSTAR* behändigt. The DIFFERENCE between MEN and BOYS is only the PRICE and the SIZE of their TOYS...
Als SPIELZEUG-Prophet habe ich also, entgegen der Vorstellungen von JESUS im zitierten MARKUS-Evangelium, erhebliche GELTUNG mit meinen SPIELEREIEN bei den MEINEN erlangt. Sie ist auch schon in der HEIMAT vorhanden. JESUS und die BIBEL können also auch nicht immer recht haben ...

Personen- und Sachregister

Abfallhaufen Leichte Fl.-Staffel 7 S. 34-39, 144

ACABION S. 280, 332

Achtungstellung Drillbewegung der Schweizer Armee bis 1972 S. 26, 66

ACROSTAR S. 5, 7, 14, 79, 95-99, 102-115, 120-127, 155, 172, 331, 332

AECS (Aero-Club der Schweiz) S. 12, 58, 61, 64, 83, 115

AEROPERS Gewerkschaft d. SWISSAIR- + SWISS-Piloten S. 10, 51, 53, 92, 112, 178

ALPENSYMPOSIEN S. 166, 168

Altenrhein Flugplatz S.17, 19, 85, 100

ANDERLÉ, Jan Joseph *(1900-1982)* Testpilot und Chassisbauer S. 138-140, 142, 143, 145, 148, 150, 168-171, 201, 223, 291, 312

ANIMATIONEN ACROSTAR S.127, ANDERLÉ-Dalnik S. 140, ECO S. 211, KUGEL-MOTOR S. 288, Avusrennen S. 313, *MonoTracer* at Cape Cod S.322, Hybrid S. 325

ARESTI, José Luis Kunstflieger, erfand die *Aerokryptographie ARESTI* S. 62, 115

Autonomie, autonom S. 19, 22

Bankisten S. 229, 230, 231, 305

BERRY, Frank *(1904-1969)* Kugelmotor-Erfinder S. 281, 289-291

BFU (Büro Flugunfall-Untersuchungen) S. 7, 46, 37, 70, 91, 110

BLOCHER, Christoph Dr. iur. S. 40-41

Boeing 747-357 Jumbo-Jet (Verkehrsflz.) S. 5, 11-13, 50, 55, 92, 174-177, 207, 210

BOELKOW, Ludwig *(1912-2003)* S. 97, 131-132

BOENSCH, Helmut Werner *(1907-1996)* <MOTORRADPAPST>, BMW-Direktor 138, 162, 170

BÜCKER, Carl Clemens *(1895-1976)*, Flz.- Fabrikant S. 57, 58, Flz. *Bü-182* S. 58 *Bü-131 + 133* S. 25, 27, 44, 57, 58, 60-63, 65, 77

CASTROL S. 216-217

CHRUSCHTSCHOW, Nikita *(1894-1971)* Russ. Part.+ Reg.-Chef 1958-64 S. 82-83

CONVAIR *Flzge. CV-440 Metropolitan* S. 46-50, 54, 72, 165 *CV-880M* S. 46 *CV-990 Coronado* S. 50, 54, 72-73, 88

CORTI, Mario Dr. iur. SWISSAIR-CEO + VR, S. 54

CROSSAIR S. 70-71

DAEC (Deutscher Aero-Club) S. 77, 96, 91, 124
DALNIK (FERNER, nach DALNICE tschech. Fernstrasse) S. 139-141, 149-151, 155, 201, 203-204
De HAVILLAND *Flzge. DH-100 Vampire* S. 28, 30 *DH-112 Venom* S.28, 30, 66-67
Disziplinarstrafverfügung *10 Tage scharfer Arrest* S. 32-33
DOUGLAS *Flzge. DC-3* S. 44-46 *DC-6-7* S. 46, 48, *DC-8* S. 46, 163-164, 173 *DC-9* S. 47, 88-90, 92,
DRACULA Hängegleiter S. 5, 14, 128, 132-166, 172, 331
Drama in der Luft S. 37-39
DÜRRENMATT, Friedrich *(1921-1990)* Schweiz. Dramatiker S. 233

ECOMOBILE, ECO, OEMIL, KRAFTEI *Kabinenmrd.*, S. 5, 7, 10, 14, 139, 141-143, 150-151, 156-162, 166,168-173,178-202, 204-205, 207-213, 215- 228, 230-278, 281, 285, 293-298, 301-304, 307, 311-313, 315, 322, 327, 331
EDISON, Thomas Alva *(1847-1931)* S. 86
EINSPUR-ZEITUNG S. 162-163, 168, 216
EINSTEIN, Albert *(1879-1955)* S. 27, 133
Emserwasser Schweizer Benzinersatz 1941-1956 S. 17, 41
EPPLER, Richard, Prof. Dr. S. 97, 98, 104
ERZ, Hansrudolf *(1929-2011)* Fluglehrer S. 24-25, 27
E-Tracer, E-Tracer AG (ETAG) S. 309, 313-315, 321, 323

FIESELER, Gerhard *(1896-1987),* Kunstflieger + Flz.-Fabrikant S. 20, 62-63
FKT *(Fachausschuss Kraftfahzeugtechnik) Sonderausschuss* ***Zweiräder.*** S. 146, 218-221
Flachvrille S. 106
Flugwaffe *der Schweiz* S. 7, 12, 13, 25, 27-39, 41, 58, 61, 68, 79
FOKKER, Anthony *(1890-1939)* Flz.-Industrieller S. 130, 231
FREBEL, Hermann *(1919-1978)* Ing. S. 97, 99, 103, 122, 135 (Bild), 164-165

GAGARIN, Juri *(1934-1968)* S. 27, 83
Rangierter ***Gesamtangriff*** S. 160, 196, 197

HIRTH, Wolf *(1900-1959)* Segelflugpionier S. 97
HITENG AG S. 321, 326, 327
HOFMANN, Harry seebefahrener Navigator S. 44, 57, 95, 326
HORIUCHI, Kotaro R+D-Mgr. YAMAHA S. 189-190
HÖSSL, Josef, Kunstflieger, S. 96-97, 100, 107, 114, 120-121, 125
HÜTTLIN, Herbert Dr. h.c. S. 5, 281-291

Innovation S. 23

PRODUKTIONSETHIK S. 124
PULSE S. 274

RUPP, Samuel *(1904-1992)* Onkel Sämi, Insp.des Eidg. Luftamts, S. 13-14, 17
RIEDENER, Roger *(RR)* CEO PVS S. 227-259, 285, 298, 300, 302, 303, 305-309, 314-316

SAFETY S. 65-66
SAURER Schweizer Lastwagenhersteller bis 1968, S. 14, 21, 35, 55, 224, 244
SCHEIBE, Egon *(1908-1997)* S. 122
Scheidungs-Theorem S. 122
SHK *(Schempp-Hirth Kirchheim)* S. 130
SKM *(Schweizer Kunstflug-Meisterschaft)* S. 36, 48, 56, 78,79, 97
SLS *(Schweizerische Luftverkehrs-Schule)* S. 35, 37, 48
SOFTMODE S. 262-264, 306
SOLSCHENIZYN, Alexander *(1918-2008)* S. 15, 79,
SPIEGEL, Bernt Prof. Dr. Anthropol. S. 46, 126, 157, 177, 195-196, 205, 207, 224
STIEMER, Siegfried, Dr.-Ing. S. 91, 93, 94
SUTER, Moritz Linienpil. + *CROSSAIR-Chef* S. 45, 61, 62, 276, 277, 294, 297, 308
SWISSAIR, SWISS Schweizer Linienfluggesellschaften, S. 2-3, 6, 18, 35, 37, 38, 39, 41, 42, 43, 44, 46, 47, 56, 60, 61, 80-84, 87, 88, 101, 102, 106, 122, 137, 141, 163, 165, 197, 198-200, 203, 212, 218, 289, 294

Tschernomobil S. 302

Übergrüssungstheorem S. 22, 320
Unbekannte Pflicht, publ. 2009, Memoiren v. *Walter WOLFRUM* S. 76, 91, 117

Van den BERGHE, Steven Ing. S. 304, 305, 306

WAGNER, Arnold Flieger, Ingenieur, Erfinder, Konstrukteur und Unternehmer, *Autor von ACROSTAR KRAFTEIER + KUGELMOTOREN* S. 1-328
WAGNER, Arnold sen. *(1878-1959)* Grossvater des *Autors,* S. 9-10, 13
WAGNER, Arnold *August* ***jun.*** *(1909-1988) (Kaufhaus-)*Vater d. *Autors*, S. 8-14, 77
WAGNER, Clara *geb.* ***Rupp*** *(1907-2003)* Mutter d. Autors, S. 8, 13, 77
WAGNER, Felix *FW* Linienpilot, Dipl.-Ing. ETH, COB PVS S. 85, 131, 143, 199, 213, 214, 285-288, 298, 300-303, 304, 306, 307, 315
WAGNER, Franziska *geb.* ***Pfarrwaller***, Ehefrau des *Autors*, S. 2, 4, 132, 141, 142, 143, 150, 164, 172, 188-192, 199, 227-235, 236-259, 321
WAGNER, Urs Linienpilot, Dipl.-Ing. HTL, Tech. Leiter PVS S. 85, 131-133, 143, 199, 214, 285-288, 308, 309, 311, 321

WAGNER, Willy *(1913-2000)*, Pate (*Götti*) des *Autors*, S. 12-13, 34
Freier ***Warenverkehr mit der EU*** S. 34, 44, (Anmerkung: Als Nicht -EU-Mitglied hat die Schweiz zwar freien Marktzugang zur EU, zollbefreiter Warenverkehr ohne schrecklichen Papierkrieg und Red Tape an den Grenzen ist aber nicht möglich).
Weltmeisterschaften der Kabinenmotorräder S. 133-134, 216-217
WHN *(WOLF HIRTH Nabern)* S. 6, 86, 87, 101, 102, 103, 105, 120, 125, 137, 138, 139, 143, 144, 145, 148, 172
WIEDERKEHR, Alfred Julius Dr. iur. S. 276-277, 281, 294, 297, 299, 301-302, 308
WOLFRUM, Walter *(1923-2010)* Dt. Jagdflieger, *Kunstflugmeister* und Bundestrainer der *DE-Kunstflug*-Nationalmannschaft S. 69-72, 81, 86, 87, 134
WÜLSER, Tobias Dipl.- Designer, eigentlich Stylist S. 287-289, 299, 307-308

XPRIZE S. 295, 303-306, 309-310, 312-313, 315

ZUCKMAYER, Carl *(1896-1977)* Dt. Schriftsteller S. 312-313

Verzeichnis der Schutzrechte

Stand 31.03.2012

Patente und Patentanmeldungen mit Erfindernennung

Arnold WAGNER

Lfd. Nr.	Inhaber	Kennwort	Land/Region	Anmelde-Nr.	Anmelde-datum	Erteilungs-Nr.	Status	Bemerkungen
1	PERAVES AG	Einspur-Kabrinenfahrzeug	Schweiz		23.06.1982	CH656588 (A5)	Abgelaufen	
2			Deutschland		20.06.1983	EP 0097622	Abgelaufen	
3			Frankreich		20.06.1983	EP 0097622	Abgelaufen	
4			Grossbritannien		20.06.1983	EP 0097622	Abgelaufen	
5			Italien		20.06.1983	EP 0097622	Abgelaufen	
6	PERAVES AG	Stützvorrichtung für Einspurfahrzeug	Schweiz		23.06.1982	CH659977	Abgelaufen	
7	PERAVES AG	Kontrolleinrichtung für Stützvorrichtung eines Einspurfahrzeugs	Schweiz		23.06.1982	EP0097623	Abgelaufen	
8			Deutschland		23.06.1982	EP0097623	Abgelaufen	
9			Frankreich		23.06.1982	EP0097623	Abgelaufen	
10			Grossbritannien		23.06.1982	EP0097623	Abgelaufen	
11			Italien		23.06.1982	EP0097623	Abgelaufen	
12	PERAVES AG	Fluidische Verbund-Bremseinrichtung	USA	256815	16.11.1993	5501511	Erteilt	Laufzeit bis 16.11.2013
13			Japan		16.11.1992	JPH07503922 (A)	Abgelaufen	
14			Schweiz		16.11.1992	EP0623079	Abgelaufen	
15			Deutschland		16.11.1992	EP0623079	Abgelaufen	
16			Frankreich		16.11.1992	EP0623079	Abgelaufen	
17			Grossbritannien		16.11.1992	EP0623079	Abgelaufen	
18			Italien		16.11.1992	EP0623079	Abgelaufen	
19	A. WAGNER	Kugelmotor 2	Vereinigte Arabische Emirate	653/2006	06.04.2005	- -	Angemeldet	
20			Australien	2005230656	06.04.2005	- -	Erteilungs-verfahren	
21			Brasilien	PI0508729-5	06.04.2005	- -	Prüfungsantrag gestellt (2007)	
22			China	200580001316.1	06.04.2005	ZL 200580001316.1	Erteilt	
23			Ägypten	887 09 2006	06.04.2005	24337	Erteilt	
24			Indonesien	W00200602796	06.04.2005	- -	Prüfungsantrag gestellt (2007)	
25			Japan	2007-506635	06.04.2005	- -	Erteilt	
26			*Russland*	*2006139056*	*06.04.2005*	*2403400*	*Erteilt*	
27			USA	10/599669	06.04.2005	7469673	Erteilt	SMALL Entity
28			Südafrika	2006/07997	06.04.2005	2006/07997	Erteilt	
29			Hong Kong	07102405.8	05.03.2007	HK1095169	Erteilt	
30			Österreich	05714740.7	06.04.2005	EP 1733122	Erteilt	
31			Belgien	05714740.7	06.04.2005	EP 1733122	Erteilt	
32			Bulgarien	05714740.7	06.04.2005	EP 1733122	Erteilt	
33			Schweiz	05714740.7	06.04.2005	EP 1733122	Erteilt	
34			Tschechische Republik	05714740.7	06.04.2005	EP 1733122	Erteilt	
35			Deutschland	05714740.7	06.04.2005	EP 1733122	Erteilt	
36			Dänemark	05714740.7	06.04.2005	EP 1733122	Erteilt	
37			Spanien	05714740.7	06.04.2005	EP 1733122	Erteilt	
38			Finnland	05714740.7	06.04.2005	EP 1733122	Erteilt	
39			Frankreich	05714740.7	06.04.2005	EP 1733122	Erteilt	
40			Großbritannien	05714740.7	06.04.2005	EP 1733122	Erteilt	
41			Griechenland	05714740.7	06.04.2005	EP 1733122	Erteilt	
42			Irland	05714740.7	06.04.2005	EP 1733122	Erteilt	
43			Italien	05714740.7	06.04.2005	EP 1733122	Erteilt	
44			Litauen	05714740.7	06.04.2005	EP 1733122	Erteilt	
45			Niederlande	05714740.7	06.04.2005	EP 1733122	Erteilt	
46			Polen	05714740.7	06.04.2005	EP 1733122	Erteilt	
47			Portugal	05714740.7	06.04.2005	EP 1733122	Erteilt	
48			Rumänien	05714740.7	06.04.2005	EP 1733122	Erteilt	
49			Russland	2006139056	06.05.2005	2403400	Erteilt	
50			Schweden	05714740.7	06.04.2005	EP 1733122	Erteilt	
51			Slowakei	05714740.7	06.04.2005	EP 1733122	Erteilt	
52			Türkei	05714740.7	06.04.2005	EP 1733122	Erteilt	
53			Kroatien	05714740.7	06.04.2005	EP 1733122	Erteilt	
53			Indien	3700/CHENP/2006	06.04.2005	250936	Erteilt	
55			Kanada	2559027	06.04.2005		Erteilungsverfahren	
56			Südkorea	2006-7020'890	06.04.2005		Prüfungsantrag gestellt (2007)	

Lfd. Nr.	Inhaber	Kennwort	Land/Region	Anmelde-Nr.	Anmelde-datum	Erteilungs-Nr.	Status	Bemerkungen
57	A.WAGNER	Keramikbremse	Japan	2008-525361	08.08.2006	- -	Prüfbescheid erhalten	
58			USA	11/990096	08.08.2006	- -	Veröffentlicht	SMALL Entity
59			Österreich	06761264.8	08.08.2006	EP 1913278	Erteilt	
60			Belgien	06761264.8	08.08.2006	EP 1913278	Erteilt	
61			Schweiz / Liechtenstein	06761264.8	08.08.2006	EP 1913278	Erteilt	
62			Tschechische Republik	06761264.8	08.08.2006	EP 1913278	Erteilt	
63			Deutschland	06761264.8	08.08.2006	EP 1913278	Erteilt	
64			Spanien	06761264.8	08.08.2006	EP 1913278	Erteilt	
65			Frankreich	06761264.8	08.08.2006	EP 1913278	Erteilt	
66			Grossbritannien	06761264.8	08.08.2006	EP 1913278	Erteilt	
67			Italien	06761264.8	08.08.2006	EP 1913278	Erteilt	
68			Niederlande	06761264.8	08.08.2006	EP 1913278	Erteilt	
69			Schweden	06761264.8	08.08.2006	EP 1913278	Erteilt	
70	A. WAGNER	SOFTMODE	Schweiz	03729792.6	03.07.2003	EP 1526998	Erteilt	
71			Tschechische Republik	03729792.6	03.07.2003	EP 1526998	Erteilt	
72			Deutschland	03729792.6	03.07.2003	EP 1526998	Erteilt	
73			Frankreich	03729792.6	03.07.2003	EP 1526998	Erteilt	
74			Grossbritannien	03729792.6	03.07.2003	EP 1526998	Erteilt	
75			Italien	03729792.6	03.07.2003	EP 1526998	Erteilt	
76			USA	10/523455	03.07.2003	7357416	Erteilt	SMALL Entity
77	A.WAGNER	Einrichtung zum	Schweiz	97913076.2	29.11.1997	EP 0877699	Erteilt	
78			Deutschland	97913076.2	29.11.1997	EP 0877699	Erteilt	
79			Frankreich	97913076.2	29.11.1997	EP 0877699	Erteilt	
80			Grossbritannien	97913076.2	29.11.1997	EP 0877699	Erteilt	
81			Japan	10-524102	29.11.1997	4037462	Erteilt	
82			USA	09/117362	29.11.1997	6106054	Erteilt	SMALL Entity
83	A. WAGNER	Kugelmotor-Fluid-System	Australien	2007214182	09.02.2007	- -	Prüfbescheid erhalten	
84			Hong Kong	09107991.5	01.09.2009	- -	Veröffentlicht	
85			Indien	4868/CHENP/2008	09.02.2007	- -	Prüfungsantrag gestellt (2010)	
86			Japan	2008-553599	09.02.2007	- -	Prüfungs-verfahren	
87			USA	12/278,627	09.02.2007	- -	Veröffentlicht	
88			Europa	7701867.9	09.02.2007	EP1982050	Veröffentlicht / Prüfungsantrag gestellt (2008)	
89			China	200780005163.7	09.02.2007	- -	Prüfungs-verfahren	
90			Südkorea	2008-7021997	09.02.2007	- -	Prüfungsantrag gestellt (2012)	
91			Russland	2008136395	09.02.2007	- -	Prüfungs-verfahren	
92	A.WAGNER	Kugelmotor-Dicht-System	Australien	2007218986	19.02.2007	- -	Prüfungsantrag gestellt (2011)	
93			Brasilien	PI0708172-3	19.02.2007	- -	Prüfungsantrag gestellt (2010) / Veröffentlicht	
94			*Kanada*	*2642765*	*19.02.2007*	- -	*Prüfungsantrag gestellt (2012)*	
95			Indien	4993/CHENP/2008	19.02.2007	- -	Prüfungsantrag gestellt (2010)	
96			Japan	2008-555596	19.02.2007	- -	Prüfbescheid erhalten	
97			USA	12/280,153	19.02.2007	- -	Prüfbescheid erhalten	
98			Südafrika	2008/08074	19.02.2007	2008/08074	Erteilt	
99			Europa	7701888.5	19.02.2007	EP 1989398	Veröffentlicht / Prüfungsantrag gestellt (2008)	
100			Russland	2008137659	19.02:2007	- -	Prüfungs-verfahren	
101			Südkorea	2008-7022881	19.02.2007	- -	Prüfungsantrag gestellt (2012)	
102			Kanada	2642765	19.02.2007	- -	Prüfungsantrag gestellt (2012)	

Liste der Markenschutzrechte
SUPERBALLMOTOR®,
Inhaber Arnold WAGNER

Lfd. Nr.	Marken		Anmelde-Nr.	Anmelde-datum	Registrierungs-N	Status
103	**SUPERBALLMOTOR** Klassen 7, 8	**Schweiz**	50223/2006	11.01.2006	546627	Registriert
104		***Internationale Anmeldung***	890131	01.06.2006	890131	Registriert
105		***China*** *(limitierte Waren)*				
106		***Europäische Gemeinschaft***				
107		***Japan*** *(limitierte Waren)*				
108		**Russland**				
109		***USA*** *(limitierte Waren)*				
110	**SUPERBALLMOTOR in Japanese Characters** Klassen 7, 8	Japan	2006-062787	05.07.2006	5080791	Registriert